한국남동발전

NCS + 전공 + 최종점검 모의고사 4회

시대에듀

2025 최신판 시대에듀 한국남동발전
NCS + 전공 + 최종점검 모의고사 4회 + 무료NCS특강

Always **with you**

사람의 인연은 길에서 우연하게 만나거나 함께 살아가는 것만을 의미하지는 않습니다.

책을 펴내는 출판사와 그 책을 읽는 독자의 만남도 소중한 인연입니다.

시대에듀는 항상 독자의 마음을 헤아리기 위해 노력하고 있습니다. 늘 독자와 함께하겠습니다.

머리말 PREFACE

글로벌 스마트 에너지 리더로 도약하기 위해 노력하는 한국남동발전은 2025년에 신입사원을 채용할 예정이다. 한국남동발전의 채용절차는 「원서접수 ➜ 서류전형 ➜ 필기전형 ➜ 면접전형 ➜ 수습임용」으로 진행되며, 채용예정인원의 30배수에게 필기전형 응시 기회를 부여한다. 필기전형은 직무능력검사와 인성검사로 구성되는데, 직무능력검사는 공통으로 의사소통능력, 자원관리능력, 문제해결능력을 평가하고, 직렬별로 수리능력, 정보능력, 기술능력(전공)을 평가한다. 따라서 반드시 확정된 채용공고를 확인하여 지원하는 직렬에 맞춰 학습하는 것이 필요하다.

한국남동발전 필기전형 합격을 위해 시대에듀에서는 한국남동발전 판매량 1위의 출간경험을 토대로 다음과 같은 특징을 가진 도서를 출간하였다.

도서의 특징

❶ 기출복원문제를 통한 출제경향 확인!
- 2024년 주요 공기업 NCS 및 2024~2023년 전공 기출복원문제를 수록하여 공기업별 출제경향을 파악할 수 있도록 하였다.

❷ 한국남동발전 필기전형 출제영역 맞춤형 문제를 통한 실력 상승!
- 직무능력검사(NCS) 대표기출유형&기출응용문제를 수록하여 유형별로 대비할 수 있도록 하였다.
- 직무능력검사(전공) 적중예상문제를 수록하여 필기전형에 완벽히 대비할 수 있도록 하였다.

❸ 최종점검 모의고사를 통한 완벽한 실전 대비!
- 철저한 분석을 통해 실제 유형과 유사한 최종점검 모의고사를 수록하여 자신의 실력을 점검하고 향상시킬 수 있도록 하였다.

❹ 다양한 콘텐츠로 최종 합격까지!
- 한국남동발전 채용 가이드와 면접 기출질문을 수록하여 채용 전반에 대비할 수 있도록 하였다.
- 온라인 모의고사를 무료로 제공하여 필기전형을 준비하는 데 부족함이 없도록 하였다.

끝으로 본 도서를 통해 한국남동발전 채용을 준비하는 모든 수험생 여러분이 합격의 기쁨을 누리기를 진심으로 기원한다.

SDC(Sidae Data Center) 씀

◇ **미션**

> 깨끗하고 안전한 에너지를 안정적으로 공급하고,
> 지속가능한 미래성장을 선도하여 국가발전과 국민복지에 기여한다.

◇ **비전**

> **Clean & Smart Energy Leader**

◇ **핵심가치**

Real;ationship (Real & Relationship)

안전과 상생을 바탕으로 신뢰구축

Add;vanced (Add & Advanced)

도전과 변화를 통한 혁신성장

Deep;erence (Deep & Difference)

전문성과 차별성을 갖춘 가치선도

◇ **전략방향&전략과제**

"탄소중립" 기반의 안정적 전력 생산	▸ 안정적 · 효율적 전력 생산 ▸ 탄소중립 실행력 강화 ▸ 新전력시장 대응력 강화
미래성장 발판의 "에너지신사업" 강화	▸ 청정수소 밸류체인 구축 ▸ 해상풍력 중심 산업생태계 선도 ▸ 분산에너지 기반 융복합사업 개발
지속혁신 기반의 "경영체계 효율화"	▸ 경영리스크 극복 및 효율성 강화 ▸ 미래대응 조직 · 성과 관리 ▸ 디지털 신기술 활용 생산성 제고
신뢰 · 상생의 "책임경영" 실현	▸ 안전동행 가치경영 실현 ▸ 혁신성장형 동반생태계 구축 ▸ 윤리 · 준법 경영 내재화

◇ **인재상**

명확한 목표를 향해 스스로 행동하고 성과를 만들어 내는 실행형 인재

남다른 생각과 학습을 통해 새로운 기회를 만드는 학습형 인재

다양하게 소통하고 협업하는 개방형 인재

신입 채용 안내 INFORMATION

◇ 지원자격

❶ 자격 : **일반** 제한 없음

  보훈 보훈관련법에 의한 취업지원대상자로서 경남서부보훈지청으로부터 추천받은 자에 한함

❷ 학력·전공 : 제한 없음

❸ 외국어 : **일반** TOEIC 700점 이상

  보훈 TOEIC 500점 이상

❹ 연령 : 제한 없음[단, 한국남동발전 취업규칙 제59조상 정년(만 60세) 초과자 제외]

❺ 병역 : 병역법 제76조에서 정한 병역의무 불이행 사실이 없는 자

❻ 인사관리규정 제11조 결격사유에 해당하지 않는 자

❼ 입사일부터 정상근무가 가능한 자

◇ 전형절차

원서접수   서류전형   필기전형   면접전형   수습임용

◇ 필기전형

구분	직렬	내용	문항 수
직무능력검사 (100점)	사무	의사소통능력, 자원관리능력, 문제해결능력, 수리능력, 정보능력	50문항
	기술	의사소통능력, 자원관리능력, 문제해결능력, 기술능력(전공)	55문항 (기술능력 25문항)
인성검사(적부판정)	인성검사 종합결과, 부적응성 검사, 응답신뢰도 등 인성 전반		

◇ 면접전형

직무면접(50점) + 종합면접(50점)으로 진행

❖ 위 채용 안내는 2024년 채용공고를 기준으로 작성하였으므로 세부사항은 확정된 채용공고를 확인하기 바랍니다.

2024년 기출분석 ANALYSIS

총평

한국남동발전 필기전형은 피듈형으로 난이도가 평이했다는 후기가 많았다. 공통으로 출제되는 의사소통능력, 자원관리능력, 문제해결능력에서 모듈형 문제가 출제되었고, 사무직렬에서 출제되는 수리능력의 경우 응용 수리의 비중이 높았다. 또한, 기술직렬에서 출제되는 기술능력은 이론 관련 문제가 많이 출제되었으므로, 영역별 이론에 대한 전반적인 학습이 필요해 보인다.

◇ **영역별 출제 비중**

구분	출제 특징	출제 키워드
의사소통능력	• 맞춤법 문제가 출제됨 • 경청 문제가 출제됨	• 동음이의어, 육개장 등
자원관리능력	• 개념 문제가 출제됨 • 인원 선발 문제가 출제됨	• 자원에 대한 인식 부재, 시간낭비 요인, 승진 등
문제해결능력	• 명제 문제가 출제됨 • 규칙 적용 문제가 출제됨	• 근접효과, 비교연상법, 자리배치 등
수리능력(사무)	• 경우의 수 문제가 출제됨 • 최단거리 문제가 출제됨	• 삼각형, 속력, 배수, 미혼율 계산 등
정보능력(사무)	• 엑셀 문제가 출제됨 • 정보 이론 문제가 출제됨	• 검색엔진, 검색방식, 정보의 특성 등
기술능력(기술)	• 전기 : 무효전력, 송전단 전압, 비례추이, 병렬 조합 등 • 기계 : 극간비, 왕복대, 푸아송비, 마찰력 등 • 화학 : 폴리아세탈, 용제선별, 해수의 특징, 과잉반응률 등	

PSAT형

| 수리능력

04 다음은 신용등급에 따른 아파트 보증률에 대한 사항이다. 자료와 상황에 근거할 때, 갑(甲)과 을(乙)의 보증료의 차이는 얼마인가?(단, 두 명 모두 대지비 보증금액은 5억 원, 건축비 보증금액은 3억 원이며, 보증서 발급일로부터 입주자 모집공고 안에 기재된 입주 예정 월의 다음 달 말일까지의 해당 일수는 365일이다)

- (신용등급별 보증료)=(대지비 부분 보증료)+(건축비 부분 보증료)
- 신용평가 등급별 보증료율

구분	대지비 부분	건축비 부분				
		1등급	2등급	3등급	4등급	5등급
AAA, AA		0.178%	0.185%	0.192%	0.203%	0.221%
A⁺		0.194%	0.208%	0.215%	0.226%	0.236%
A⁻, BBB⁺	0.138%	0.216%	0.225%	0.231%	0.242%	0.261%
BBB⁻		0.232%	0.247%	0.255%	0.267%	0.301%
BB⁺~CC		0.254%	0.276%	0.296%	0.314%	0.335%
C, D		0.404%	0.427%	0.461%	0.495%	0.531%

※ (대지비 부분 보증료)=(대지비 부분 보증금액)×(대지비 부분 보증료율)×(보증서 발급일로부터 입주자 모집공고 안에 기재된 입주 예정 월의 다음 달 말일까지의 해당 일수)÷365
※ (건축비 부분 보증료)=(건축비 부분 보증금액)×(건축비 부분 보증료율)×(보증서 발급일로부터 입주자 모집공고 안에 기재된 입주 예정 월의 다음 달 말일까지의 해당 일수)÷365
- 기여고객 할인율 : 보증료, 거래기간 등을 기준으로 기여도에 따라 6개 군으로 분류하며, 건축비 부분 요율에서 할인 가능

구분	1군	2군	3군	4군	5군	6군
차감률	0.058%	0.050%	0.042%	0.033%	0.025%	0.017%

〈상황〉

- 갑 : 신용등급은 A⁺이며, 3등급 아파트 보증금을 내야 한다. 기여고객 할인율에서는 2군으로 선정되었다.
- 을 : 신용등급은 C이며, 1등급 아파트 보증금을 내야 한다. 기여고객 할인율은 3군으로 선정되었다.

① 554,000원
② 566,000원
③ 582,000원
④ 591,000원
⑤ 623,000원

특징
▶ 대부분 의사소통능력, 수리능력, 문제해결능력을 중심으로 출제(일부 기업의 경우 자원관리능력, 조직이해능력을 출제)
▶ 자료에 대한 추론 및 해석 능력을 요구

대행사
▶ 엑스퍼트컨설팅, 커리어넷, 태드솔루션, 한국행동과학연구소(행과연), 휴노 등

모듈형

| 문제해결능력

41 문제해결절차의 문제 도출 단계는 (가)와 (나)의 절차를 거쳐 수행된다. 다음 중 (가)에 대한 설명으로 적절하지 않은 것은?

(가)	→	(나)
전체 문제를 개별화된 이슈들로 세분화		문제에 영향력이 큰 핵심이슈를 선정

① 문제의 내용 및 영향 등을 파악하여 문제의 구조를 도출한다.
② 본래 문제가 발생한 배경이나 문제를 일으키는 메커니즘을 분명히 해야 한다.
③ 현상에 얽매이지 말고 문제의 본질과 실제를 봐야 한다.
④ 눈앞의 결과를 중심으로 문제를 바라봐야 한다.
⑤ 문제 구조 파악을 위해서 Logic Tree 방법이 주로 사용된다.

특징
▶ 이론 및 개념을 활용하여 푸는 유형
▶ 채용 기업 및 직무에 따라 NCS 직업기초능력평가 10개 영역 중 선발하여 출제
▶ 기업의 특성을 고려한 직무 관련 문제를 출제
▶ 주어진 상황에 대한 판단 및 이론 적용을 요구

대행사 ▶ 인트로맨, 휴스테이션, ORP연구소 등

피둘형(PSAT형 + 모듈형)

| 자원관리능력

07 다음 자료를 근거로 판단할 때, 연구모임 A~E 중 세 번째로 많은 지원금을 받는 모임은?

〈지원계획〉
• 지원을 받기 위해서는 한 모임당 5명 이상 9명 미만으로 구성되어야 한다.
• 기본지원금은 모임당 1,500천 원을 기본으로 지원한다. 단, 상품개발을 위한 모임의 경우는 2,000천 원을 지원한다.
• 추가지원금

등급	상	중	하
추가지원금(천 원/명)	120	100	70

※ 추가지원금은 연구 계획 사전평가결과에 따라 달라진다.
• 협업 장려를 위해 협업이 인정되는 모임에는 위의 두 지원금을 합한 금액의 30%를 별도로 지원한다.

〈연구모임 현황 및 평가결과〉

특징
▶ 기초 및 응용 모듈을 구분하여 푸는 유형
▶ 기초인지모듈과 응용업무모듈로 구분하여 출제
▶ PSAT형보다 난도가 낮은 편
▶ 유형이 정형화되어 있고, 유사한 유형의 문제를 세트로 출제

대행사 ▶ 사람인, 스카우트, 인크루트, 커리어케어, 트리피, 한국사회능력개발원 등

주요 공기업 적중 문제 TEST CHECK

속력 ▶ 유형

43 연경이와 효진이와 은이가 동시에 회사를 출발하여 식당까지 걸었다. 은이는 시속 3km로 걷고, 연경이는 시속 4km로 걷는다. 연경이가 은이보다 식당에 10분 일찍 도착하였고, 효진이도 은이보다 5분 일찍 식당에 도착했다. 이때 효진이의 [속력]은?

① $\dfrac{10}{3}$ km/h

② $\dfrac{13}{4}$ km/h

③ $\dfrac{18}{5}$ km/h

④ $\dfrac{24}{7}$ km/h

인원 선발 ▶ 유형

11 K사는 사원들에게 사택을 제공하고 있다. 사택 신청자 A ~ E 중 2명만이 사택을 제공받을 수 있고 추첨은 조건별 점수에 따라 진행된다고 할 때, 〈보기〉 중 사택을 제공받을 수 있는 [사람이 바르게 연결된 것은?]

〈사택 제공 조건별 점수〉

근속연수	점수	직급	점수	부양가족 수	점수	직종	점수
1년 이상	1점	차장	5점	5명 이상	10점	연구직	10점
2년 이상	2점	과장	4점	4명	8점	기술직	10점
3년 이상	3점	대리	3점	3명	6점	영업직	5점
4년 이상	4점	주임	2점	2명	4점	서비스직	5점
5년 이상	5점	사원	1점	1명	2점	사무직	3점

※ 근속연수는 휴직기간을 제외하고 1년마다 1점씩 적용하여 최대 5점까지 받을 수 있다. 단, 해고 또는 퇴직 후 일정기간을 경과하여 재고용된 경우에는 이전에 고용되었던 기간(개월)을 통산하여 근속연수에 포함한다. 근속연수 산정은 2023. 01. 01을 기준으로 한다.
※ 부양가족 수의 경우 배우자는 제외된다.
※ 무주택자의 경우 10점의 가산점을 가진다.
※ 동점일 경우 부양가족 수가 많은 사람이 우선순위로 선발된다.

보기

구분	직급	직종	입사일	가족 구성	주택 유무	비고
A	대리	영업직	2019. 08. 20	남편	무주택자	-
B	사원	기술직	2021. 09. 17	아내, 아들 1명, 딸 1명	무주택자	-
C	과장	연구직	2018. 02. 13	어머니, 남편, 딸 1명	유주택자	• 2019. 12. 17 퇴사 • 2020. 05. 15 재입사
D	주임	사무직	2021. 03. 03	아내, 아들 1명, 딸 2명	무주택자	-
E	차장	영업직	2016. 05. 06	아버지, 어머니, 아내, 아들 1명	유주택자	• 2018. 05. 03 퇴사 • 2019. 06. 08 재입사

① A대리, C과장

② A대리, E차장

③ B사원, C과장

④ B사원, D주임

한국전력공사

10 다음은 도서코드(ISBN)에 대한 자료이다. 주문한 도서에 대한 설명으로 옳은 것은?

〈[예시] 도서코드(ISBN)〉

국제표준도서번호					부가기호		
접두부	국가번호	발행자번호	서명식별번호	체크기호	독자대상	발행형태	내용분류
123	12	1234567		1	1	1	123

※ 국제표준도서번호는 5개의 군으로 나누어지고 군마다 '-'로 구분한다.

〈도서코드(ISBN) 세부사항〉

접두부	국가번호	발행자번호	서명식별번호	체크기호
978 또는 979	한국 89 미국 05 중국 72 일본 40 프랑스 22	발행자번호 - 서명식별번호 7자리 숫자 예 8491 - 208 : 발행자번호가 8491번인 출판사에서 208번째 발행한 책		0 ~ 9

독자대상	발행형태	내용분류
0 교양	0 문고본	030 백과사전
1 실용	1 사전	100 철학
2 여성	2 신서판	170 심리학
3 (예비)	3 단행본	200 종교
4 청소년	4 전집	360 법학
5 중고등 학습참고서	5 (예비)	470 생명과학
6 초등 학습참고서	6 도감	680 연극
7 아동	7 그림책, 만화	710 한국어
8 (예비)	8 혼합자료, 전자자료, 전자책	770 스페인어

02 다음 글에서 〈보기〉의 문장이 들어갈 위치로 가장 적절한 곳은?

문화가 발전하려면 저작자의 권리 보호와 저작물의 공정 이용이 균형을 이루어야 한다. 저작물의 공정 이용이란 저작권자의 권리를 일부 제한하여 저작권자의 허락이 없어도 저작물을 자유롭게 이용하는 것을 말한다. 대표적으로 비영리적인 사적 복제를 허용하는 것이 있다. (㉮) 우리나라의 저작권법에서는 오래전부터 공정 이용으로 볼 수 있는 저작권 제한 규정을 두었다.

그런데 디지털 환경에서 저작물의 공정 이용은 여러 장애에 부딪혔다. 디지털 환경에서는 저작물을 원본과 동일하게 복제할 수 있고 용이하게 개작할 수 있다. (㉯) 그 결과 디지털화된 저작물의 이용 행위가 공정 이용의 범주에 드는 것인지 가늠하기가 더 어려워졌고 그에 따른 처벌 위험도 커졌다. (㉰)

이러한 문제를 해소하기 위한 시도의 하나로 포괄적으로 적용할 수 있는 '저작물의 공정한 이용' 규정이 저작권법에 별도로 신설되었다. 그리하여 저작권자의 동의가 없어도 저작물을 공정하게 이용할 수 있는 영역이 확장되었다. 그러나 공정 이용 여부에 대한 시비가 자율적으로 해소되지 않으면 예나 지금이나 법적인 절차를 밟아 갈등을 해소해야 한다. (㉱) 저작물 이용의 영리성과 비영리성, 목적과 종류, 비중, 시장 가치 등이 법적인 판단의 기준이 된다.

저작물 이용자들이 처벌에 대한 불안감을 여전히 느낀다는 점에서 저작물의 자유 이용 허락 제도와 같은 '저작물의 공유' 캠페인이 주목을 받고 있다. 이 캠페인은 저작권자들이 자신의 저작물에 일정한 이용 허락 조건을 표시해서 이용자들에게 무료로 개방하는 것을 말한다. 누구의 저작물이든 개별적인 저작권을 인정하지 않고 모두가 공동으로 소유하자고 주장하는 사람들과 달리, 이 캠페인을 펼치는 사람들은 기본적으로 자신과 타인의 저작권을 존중한다. 캠페인 창안자들은 저작권자와 이

한국수력원자력

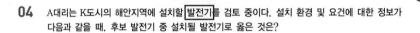

발전기 ▶ 키워드

2024년 적중

04 A대리는 K도시의 해안지역에 설치할 발전기를 검토 중이다. 설치 환경 및 요건에 대한 정보가 다음과 같을 때, 후보 발전기 중 설치될 발전기로 옳은 것은?

〈발전기 설치 환경 및 요건 정보〉

- 발전기는 동일한 종류를 2기 설치한다.
- 발전기를 설치할 대지는 $1,500m^2$이다.
- 에너지 발전단가가 1,000kWh당 97,500원을 초과하지 않도록 한다.
- 후보 발전기 중 탄소배출량이 가장 많은 발전기는 제외한다.
- 운송수단 및 운송비를 고려하여, 개당 중량은 3톤을 초과하지 않도록 한다.

〈후보 발전기 정보〉

발전기 종류	발전방식	발전단가	탄소배출량	필요면적	중량
A	수력	92원/kWh	45g/kWh	$690m^2$	3,600kg
B	화력	75원/kWh	91g/kWh	$580m^2$	1,250kg
C	화력	105원/kWh	88g/kWh	$450m^2$	1,600kg
D	풍력	95원/kWh	14g/kWh	$800m^2$	2,800kg
E	풍력	80원/kWh	22g/kWh	$590m^2$	2,140kg

성과급 ▶ 키워드

2024년 적중

03 다음은 KH학교의 성과급 기준표이다. 이를 적용해 H학교 교사들의 성과급 배점을 계산하고자 할 때, 〈보기〉의 A ~ E교사 중 가장 높은 배점을 받을 교사는?

〈성과급 기준표〉

구분	평가사항	배점기준	
수업 지도	주당 수업시간	24시간 이하	14점
		25시간	16점
		26시간	18점
		27시간 이상	20점
	수업 공개 유무	교사 수업 공개	10점
		학부모 수업 공개	5점
생활 지도	담임 유무	담임교사	10점
		비담임교사	5점
담당 업무	업무 곤란도	보직교사	30점
		비보직교사	20점
경력	호봉	10호봉 이하	5점
		11 ~ 15호봉	10점
		16 ~ 20호봉	15점
		21 ~ 25호봉	20점
		26 ~ 30호봉	25점
		31호봉 이상	30점

※ 수업지도 항목에서 교사 수업 공개, 학부모 수업 공개를 모두 진행했을 경우 10점으로 배점하며, 수업 공개를 하지 않았을 경우 배점은 없다.

보기

한국동서발전

맞춤법 ▶ 유형

04 다음 중 밑줄 친 ㉠~㉢의 맞춤법 수정 방안으로 적절하지 않은 것은?

우리 사회에 사형 제도에 대한 ㉠해 묵은 논쟁이 다시 일고 있다. 그러나 지금까지 여론 조사 결과를 보면, 우리 국민의 70% 정도는 사형 제도가 범죄를 예방할 수 있다고 생각한다. 그러나 과연 그 믿음대로 사형 제도는 정의를 실현하는 제도일까? 세계에서 사형을 가장 많이 집행하는 미국에서는 연간 ㉡10만건 이상의 살인이 벌어지고 있으며 ㉢좀처럼 줄어들지 않고 있다. 또한 2006년 미국의 ㉣범죄율을 비교한 결과 사형 제도를 폐지한 주가 유지하고 있는 주보다 오히려 낮았다. 이는 사형 제도가 범죄 예방 효과가 있을 것이라는 생각이 근거 없는 기대일 뿐임을 말해 준다. 또한 사형 제도는 인간에 대한 너무도 잔인한 제도이다. 사람들은 일부 국가에서 행해지는 돌팔매 처형의 잔인성에는 공감하면서도, 어째서 독극물 주입이나 전기의자 등은 괜찮다고 여기는 것인가? 사람을 죽이는 것에는 좋고 나쁜 방법이 있을 수 없으며 둘의 본질은 같다.

① ㉠은 한 단어이므로 '해묵은'으로 수정해야 한다.
② ㉡의 '건'은 의존 명사이므로 '10만 건'으로 띄어 써야 한다.
③ ㉢은 문맥상 같은 의미인 '좀체'로 바꾸어 쓸 수 있다.
④ ㉣은 한글 맞춤법에 따라 '범죄률'로 수정해야 한다.

도표 해석 ▶ 유형

22 다음은 2018~2022년 지역별 특산품의 매출현황이다. 이에 대한 해석으로 옳지 않은 것은?

〈2018~2022년 지역별 특산품 매출현황〉

(단위 : 억 원)

구분	2018년	2019년	2020년	2021년	2022년
X지역	1,751	1,680	2,121	2,001	1,795
Y지역	2,029	2,030	2,031	1,872	1,601
Z지역	1,947	1,012	1,470	2,181	2,412

① X지역의 2022년 특산품 매출은 전년 대비 10%p 이상 감소하였다.
② X지역의 전년 대비 증감률이 가장 적은 연도는 2019년이다.
③ 2022년 Z지역의 매출은 동년 X지역과 Y지역 매출의 합의 65% 이하이다.
④ Z지역의 2018년 매출은 2022년 매출의 70% 이상이다.

도서 200% 활용하기 STRUCTURES

1 기출복원문제로 출제경향 파악

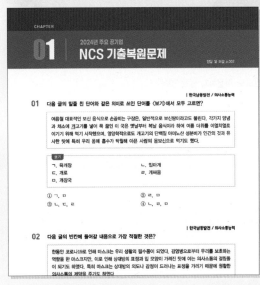
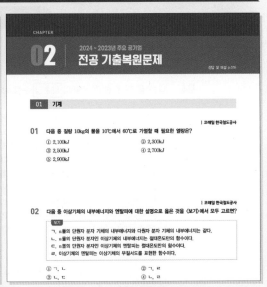

▶ 2024년 주요 공기업 NCS 및 2024~2023년 전공 기출복원문제를 수록하여 공기업별 출제경향을 파악할 수 있도록 하였다.

2 출제영역 맞춤형 문제로 필기전형 완벽 대비

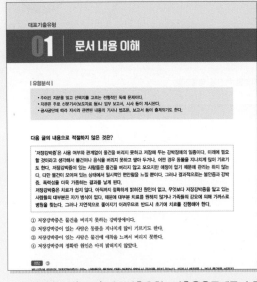
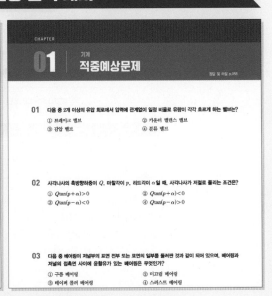

▶ 직무능력검사(NCS) 대표기출유형&기출응용문제를 수록하여 유형별로 대비할 수 있도록 하였다.
▶ 직무능력검사(전공) 적중예상문제를 수록하여 빈틈없이 학습할 수 있도록 하였다.

3 최종점검 모의고사 + OMR을 활용한 실전 연습

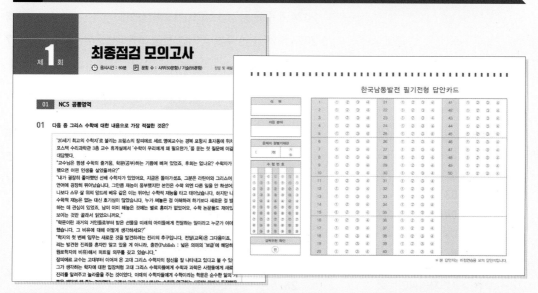

▶ 철저한 분석을 통해 실제 유형과 유사한 최종점검 모의고사를 수록하여 자신의 실력을 점검하고 향상시킬 수 있도록 하였다.
▶ 모바일 OMR 답안채점/성적분석 서비스를 통해 필기전형에 대비할 수 있도록 하였다.

4 인성검사부터 면접까지 한 권으로 최종 마무리

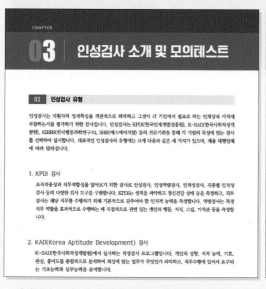

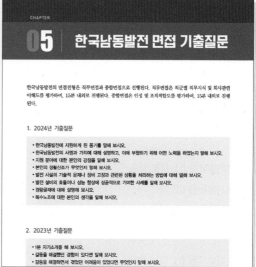

▶ 인성검사 모의테스트를 수록하여 인성검사 유형 및 문항을 확인할 수 있도록 하였다.
▶ 한국남동발전 면접 기출질문을 수록하여 면접에서 나오는 질문을 미리 파악하고 연습할 수 있도록 하였다.

이 책의 차례 CONTENTS

Add+

특별부록

01 | 2024년 주요 공기업
NCS 기출복원문제

정답 및 해설 p.002

│ 한국남동발전 / 의사소통능력

01 다음 글의 밑줄 친 단어와 같은 의미로 쓰인 단어를 〈보기〉에서 모두 고르면?

> 여름철 대표적인 보신 음식으로 손꼽히는 구장은 일반적으로 보신탕이라고도 불린다. 각가지 양념과 채소에 <u>개</u>고기를 넣어 푹 끓인 이 국은 옛날부터 복날 음식이라 하여 여름 더위를 이열치열로 이기기 위해 먹기 시작했으며, 영양학적으로도 개고기의 단백질 아미노산 성분비가 인간의 것과 유사한 탓에 특히 우리 몸에 흡수가 탁월해 아픈 사람의 몸보신으로 먹기도 했다.

> **보기**
> ㄱ. 육개장   ㄴ. 입마개
> ㄷ. 개로   ㄹ. 개싸움
> ㅁ. 개장국

① ㄱ, ㅁ   ② ㄹ, ㅁ
③ ㄴ, ㄷ, ㄹ   ④ ㄴ, ㄹ, ㅁ

│ 한국남동발전 / 의사소통능력

02 다음 글의 빈칸에 들어갈 내용으로 가장 적절한 것은?

> 한동안 코로나19로 인해 마스크는 우리 생활의 필수품이 되었다. 마스크는 감염병으로부터 우리를 보호하는 역할을 하였지만, 이로 인해 상대방의 표정과 입 모양이 가려진 탓에 의사소통의 걸림돌이 되기도 하였다. 특히 마스크는 상대방의 의도나 감정이 드러나는 표정을 가리기 때문에 원활한 의사소통의 제약을 주기도 하였다.
> 이러한 상황 속에서 흥미로운 사실 하나가 밝혀졌는데, 동양인은 상대의 감정을 눈을 통해 파악하지만, 서양인은 입을 통해 파악한다는 것이다. 즉, ＿＿＿＿＿＿＿＿＿＿＿＿＿＿＿＿＿＿＿＿
> 이와 같은 동양인과 서양인의 의사소통 방식의 차이는 이모티콘에도 영향을 주었다. 예를 들어 우리나라의 경우 이모티콘으로 감정을 표현할 때 ^^, ㅠㅠ, ——, >< 등의 사용처럼 눈에 그 감정을 담는 반면, 서양에서는 눈 모양은 그대로 둔 채 입 모양만 달리 하여 표현한다. 예를 들어 기분이 좋으면 :), 기분이 나쁘면 :(처럼 말이다.

① 동양인과 서양인이 얼굴 표정을 그리는 방식이 달랐던 것이다.
② 동양인보다 서양인이 마스크를 거부하는 이유가 여기에 있던 것이다.
③ 동양인과 서양인이 상대방에게 감정을 표현하는 방식이 달랐던 것이다.
④ 동양인과 서양인이 상대방의 감정을 파악하는 포인트가 달랐던 것이다.

03 다음 10개의 수의 중앙값이 8일 때, 빈칸에 들어갈 수로 옳은 것은?

10	( )	6	9	9	7	8	7	10	7

① 6   ② 7

③ 8   ④ 9

04 1 ~ 200의 자연수 중에서 2, 3, 5 중 어느 것으로도 나누어떨어지지 않는 수는 모두 몇 개인가?

① 50개   ② 54개

③ 58개   ④ 62개

05 다음 글에서 나타나는 화자의 태도로 가장 적절한 것은?

> 거친 밭 언덕 쓸쓸한 곳에
> 탐스러운 꽃송이 가지 눌렀네.
> 매화비 그쳐 향기 날리고
> 보리 바람에 그림자 흔들리네.
> 수레와 말 탄 사람 그 누가 보아 주리
> 벌 나비만 부질없이 엿보네.
> 천한 땅에 태어난 것 스스로 부끄러워
> 사람들에게 버림받아도 참고 견디네.
>
> ─ 최치원, 「촉규화」

① 임금에 대한 자신의 충성을 드러내고 있다.

② 사랑하는 사람에 대한 그리움을 나타내고 있다.

③ 현실에 가로막힌 자신의 처지를 한탄하고 있다.

④ 사람들과의 단절로 인한 외로움을 표현하고 있다.

⑤ 역경을 이겨내기 위한 자신의 노력을 피력하고 있다.

06 다음 글에 대한 설명으로 적절하지 않은 것은?

중국 연경(燕京)의 아홉 개 성문 안팎으로 뻗은 수십 리 거리에는 관청과 아주 작은 골목을 제외하고는 대체로 길 양옆으로 모두 상점이 늘어서 휘황찬란하게 빛난다.

우리나라 사람들은 중국 시장의 번성한 모습을 처음 보고서는 "오로지 말단의 이익만을 숭상하고 있군."이라고 말하였다. 이것은 하나만 알고 둘은 모르는 소리이다. 대저 상인은 사농공상(士農工商) 사민(四民)의 하나에 속하지만, 이 하나가 나머지 세 부류의 백성을 소통시키기 때문에 열에 셋의 비중을 차지하지 않으면 안 된다.

사람들은 쌀밥을 먹고 비단옷을 입고 있으면 그 나머지 물건은 모두 쓸모없는 줄 안다. 그러나 무용지물을 사용하여 유용한 물건을 유통하고 거래하지 않는다면, 이른바 유용하다는 물건은 거의 대부분이 한 곳에 묶여서 유통되지 않거나 그것만이 홀로 돌아다니다 쉽게 고갈될 것이다. 따라서 옛날의 성인과 제왕께서는 이를 위하여 주옥(珠玉)과 화폐 등의 물건을 조성하여 가벼운 물건으로 무거운 물건을 교환할 수 있도록 하셨고, 무용한 물건으로 유용한 물건을 살 수 있도록 하셨다.

지금 우리나라는 지방이 수천 리이므로 백성들이 적지 않고, 토산품이 구비되어 있다. 그럼에도 산이나 물에서 생산되는 이로운 물건이 전부 세상에 나오지 않고, 경제를 윤택하게 하는 방법도 잘 모르며, 날마다 쓰는 것을 팽개친 채 그것에 대해 연구하지 않고 있다. 그러면서 중국의 거마, 주택, 단청, 비단이 화려한 것을 보고서는 대뜸 "사치가 너무 심하다."라고 말해 버린다.

그렇지만 중국이 사치로 망한다고 할 것 같으면, 우리나라는 반드시 검소함으로 인해 쇠퇴할 것이다. 왜 그러한가? 검소함이란 물건이 있음에도 불구하고 쓰지 않는 것이지, 자기에게 없는 물건을 스스로 끊어 버리는 것을 일컫지는 않는다. 현재 우리나라에는 진주를 캐는 집이 없고 시장에는 산호 같은 물건의 값이 정해져 있지 않다. 금이나 은을 가지고 점포에 들어가서는 떡과 엿을 사 먹을 수가 없다. 이런 현실이 정말 우리의 검소한 풍속 때문이겠는가? 이것은 그 재물을 사용할 줄 모르기 때문이다. 재물을 사용할 방법을 알지 못하므로 재물을 만들어 낼 방법을 알지 못하고, 재물을 만들어 낼 방법을 알지 못하므로 백성들의 생활은 날이 갈수록 궁핍해진다.

재물이란 우물에 비유할 수가 있다. 물을 퍼내면 우물에는 늘 물이 가득하지만, 물을 길어내지 않으면 우물은 말라 버린다. 이와 같은 이치로 화려한 비단옷을 입지 않으므로 나라에는 비단을 짜는 사람이 없고, 그로 인해 여인이 베를 짜는 모습을 볼 수 없게 되었다. 그릇이 찌그러져도 이를 개의치 않으며, 기교를 부려 물건을 만들려고 하지도 않아 나라에는 공장(工匠)과 목축과 도공이 없어져 기술이 전해지지 않는다. 더 나아가 농업도 황폐해져 농사짓는 방법이 형편없고, 상업을 박대하므로 상업 자체가 실종되었다. 사농공상 네 부류의 백성이 누구나 할 것 없이 다 가난하게 살기 때문에 서로를 구제할 길이 없다.

지금 종각이 있는 종로 네거리에는 시장 점포가 연이어 있다고 하지만 그것은 1리도 채 안 된다. 중국에서 내가 지나갔던 시골 마을은 거의 몇 리에 걸쳐 점포로 뒤덮여 있었다. 그곳으로 운반되는 물건의 양이 우리나라 곳곳에서 유통되는 것보다 많았는데, 이는 그곳 가게가 우리나라보다 더 부유해서 그러한 것이 아니고 재물이 유통되느냐 유통되지 못하느냐에 따른 결과인 것이다.

— 박제가, 『시장과 우물』

① 재물이 적절하게 유통되지 않는 현실을 비판하고 있다.
② 재물을 유통하기 위한 성현들의 노력을 근거로 제시하고 있다.
③ 경제의 규모를 늘리기 위한 소비의 중요성을 강조하고 있다.
④ 조선의 경제가 윤택하지 못한 이유를 부족한 생산량으로 보고 있다.
⑤ 산업의 발전을 위해 적당한 사치가 있어야 함을 제시하고 있다.

07 다음 중 한자성어와 그 뜻이 바르게 연결되지 않은 것은?

① 水魚之交 : 아주 친밀하여 떨어질 수 없는 사이

② 結草報恩 : 죽은 뒤에라도 은혜를 잊지 않고 갚음

③ 靑出於藍 : 제자나 후배가 스승이나 선배보다 나음

④ 指鹿爲馬 : 윗사람을 농락하여 권세를 마음대로 함

⑤ 刻舟求劍 : 말로는 친한 듯 하나 속으로는 해칠 생각이 있음

08 다음 중 밑줄 친 부분의 띄어쓰기가 옳지 않은 것은?

① 운전을 어떻게 해야 <u>하는지</u> 알려 주었다.

② 오랫동안 <u>애쓴 만큼</u> 좋은 결과가 나왔다.

③ 모두가 떠나가고 남은 사람은 고작 <u>셋 뿐이다</u>.

④ 참가한 사람들은 누구의 키가 <u>큰지 작은지</u> 비교해 보았다.

⑤ 민족의 큰 명절에는 온 나라 방방곡곡에서 <u>씨름판이</u> 열렸다.

09 다음 중 밑줄 친 부분의 표기가 옳지 않은 것은?

① 늦게 온다던 친구가 <u>금세</u> 도착했다.

② 변명할 틈도 없이 그에게 일방적으로 <u>채였다</u>.

③ 못 본 사이에 그의 얼굴은 <u>핼쑥하게</u> 변했다.

④ 빠르게 변해버린 고향이 <u>낯설게</u> 느껴졌다.

⑤ 문제의 정답을 찾기 위해 <u>곰곰이</u> 생각해 보았다.

10 다음 중 단어와 그 발음법이 바르게 연결되지 않은 것은?

① 결단력 – [결딴녁]

② 옷맵시 – [온맵씨]

③ 몰상식 – [몰상씩]

④ 물난리 – [물랄리]

⑤ 땀받이 – [땀바지]

※ 다음과 같이 일정한 규칙으로 수를 나열할 때, 빈칸에 들어갈 수를 고르시오. [11~12]

11

• 7	13	4	63
• 9	16	9	( )

① 45   ② 51

③ 57   ④ 63

⑤ 69

12

−2 1 6 13 22 33 46 61 78 97 ( )

① 102   ② 106

③ 110   ④ 114

⑤ 118

13 길이가 200m인 A열차가 어떤 터널을 60km/h의 속력으로 통과하였다. 잠시 후 길이가 300m인 B열차가 같은 터널을 90km/h의 속력으로 통과하였다. A열차와 B열차가 이 터널을 완전히 통과할 때 걸린 시간의 비가 10 : 7일 때, 이 터널의 길이는?

① 1,200m   ② 1,500m

③ 1,800m   ④ 2,100m

⑤ 2,400m

14 K중학교 2학년 A ~ F 6개의 학급이 체육대회에서 줄다리기 경기를 다음과 같은 토너먼트로 진행하려고 한다. 이때, A반과 B반이 모두 두 번의 경기를 거쳐 결승에서 만나게 되는 경우의 수는?

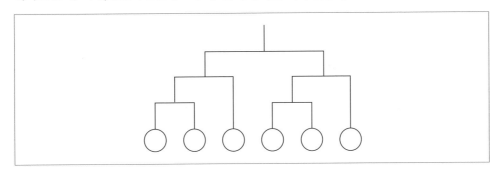

① 6가지
② 24가지
③ 120가지
④ 180가지
⑤ 720가지

15 다음은 연령대별로 도시와 농촌에서의 여가생활 만족도 평가 점수를 조사한 자료이다. 〈조건〉에 따라 빈칸 ㄱ ~ ㄹ에 들어갈 수를 순서대로 바르게 나열한 것은?

〈연령대별 도시 · 농촌 여가생활 만족도 평가〉

(단위 : 점)

구분	10대 미만	10대	20대	30대	40대	50대	60대	70대 이상
도시	1.6	ㄱ	3.5	ㄴ	3.9	3.8	3.3	1.7
농촌	1.3	1.8	2.2	2.1	2.1	ㄷ	2.1	ㄹ

※ 매우 만족 : 5점, 만족 : 4점, 보통 : 3점, 불만 : 2점, 매우 불만 : 1점

조건

• 도시에서 여가생활 만족도는 모든 연령대에서 같은 연령대의 농촌보다 높았다.
• 도시에서 10대의 여가생활 만족도는 농촌에서 10대의 2배보다 높았다.
• 도시에서 여가생활 만족도가 가장 높은 연령대는 40대였다.
• 농촌에서 여가생활 만족도가 가장 높은 연령대는 50대지만, 3점을 넘기지 못했다.

	ㄱ	ㄴ	ㄷ	ㄹ
①	3.8	3.3	2.8	3.5
②	3.5	3.3	3.2	3.5
③	3.8	3.3	2.8	1.5
④	3.5	4.0	3.2	1.5
⑤	3.8	4.0	2.8	1.5

16 다음은 전자제품 판매업체 3사를 다섯 가지 항목으로 나누어 평가한 자료이다. 이를 토대로 3사의 항목별 비교 및 균형을 쉽게 파악할 수 있도록 나타낸 그래프로 옳은 것은?

〈전자제품 판매업체 3사 평가표〉

(단위 : 점)

구분	디자인	가격	광고 노출도	브랜드 선호도	성능
A사	4.1	4.0	2.5	2.1	4.6
B사	4.5	1.5	4.9	4.0	2.0
C사	2.5	4.5	0.6	1.5	4.0

①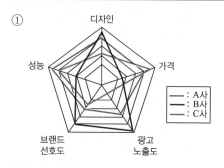

②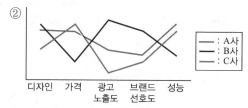

③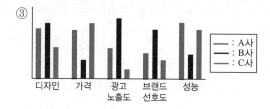

④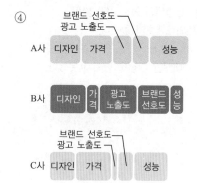

⑤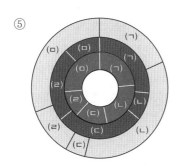

	— : A사
	— : B사
	— : C사

(ㄱ) – 디자인
(ㄴ) – 가격
(ㄷ) – 광고 노출도
(ㄹ) – 브랜드 선호도
(ㅁ) – 성능

17 다음은 2023년 K톨게이트를 통과한 차량에 대한 자료이다. 이에 대한 설명으로 옳지 않은 것은?

〈2023년 K톨게이트 통과 차량〉

(단위 : 천 대)

구분	승용차			승합차			대형차		
	영업용	비영업용	합계	영업용	비영업용	합계	영업용	비영업용	합계
1월	152	3,655	3,807	244	2,881	3,125	95	574	669
2월	174	3,381	3,555	222	2,486	2,708	101	657	758
3월	154	3,909	4,063	229	2,744	2,973	139	837	976
4월	165	3,852	4,017	265	3,043	3,308	113	705	818
5월	135	4,093	4,228	211	2,459	2,670	113	709	822
6월	142	3,911	4,053	231	2,662	2,893	107	731	838
7월	164	3,744	3,908	237	2,721	2,958	117	745	862
8월	218	3,975	4,193	256	2,867	3,123	115	741	856
9월	140	4,105	4,245	257	2,913	3,170	106	703	809
10월	135	3,842	3,977	261	2,812	3,073	107	695	802
11월	170	3,783	3,953	227	2,766	2,993	117	761	878
12월	147	3,730	3,877	243	2,797	3,040	114	697	811

① 전체 승용차 수와 전체 승합차 수의 합이 가장 많은 달은 9월이고, 가장 적은 달은 2월이다.
② 4월을 제외하고 K톨게이트를 통과한 비영업용 승합차 수는 월별 300만 대 미만이었다.
③ 전체 대형차 수 중 영업용 대형차 수의 비율은 모든 달에서 10% 이상이다.
④ 영업용 승합차 수는 모든 달에서 영업용 대형차 수의 2배 이상이다.
⑤ 승용차가 가장 많이 통과한 달의 전체 승용차 수에 대한 영업용 승용차 수의 비율은 3% 이상
이다.

※ 서울역 근처 K공사에 근무하는 A과장은 1월 10일에 팀원 4명과 함께 부산에 있는 출장지에 열차를 타고 가려고 한다. 다음 자료를 보고 이어지는 질문에 답하시오. [18~19]

〈서울역 → 부산역 열차 시간표〉

구분	출발시각	정차역	다음 정차역까지 소요시간	총주행시간	성인 1인당 요금
KTX	8:00	–	–	2시간 30분	59,800원
ITX-청춘	7:20	대전	40분	3시간 30분	48,800원
ITX-마음	6:40	대전, 울산	40분	3시간 50분	42,600원
새마을호	6:30	대전, 울산, 동대구	60분	4시간 30분	40,600원
무궁화호	5:30	대전, 울산, 동대구	80분	5시간 40분	28,600원

※ 위의 열차 시간표는 1월 10일 운행하는 열차 종류별로 승차권 구입이 가능한 가장 빠른 시간표이다.
※ 총주행시간은 정차·대기시간을 제외한 열차가 실제로 달리는 시간이다.

〈운행 조건〉

• 정차역에 도착할 때마다 대기시간 15분을 소요한다.
• 정차역에 먼저 도착한 열차가 출발하기 전까지 뒤에 도착한 열차는 정차역에 들어오지 않고 대기한다.
• 정차역에 먼저 도착한 열차가 정차역을 출발한 후, 5분 뒤에 대기 중인 열차가 정차역에 들어온다.
• 정차역에 2종류 이상의 열차가 동시에 도착하였다면, ITX-청춘 → ITX-마음 → 새마을호 → 무궁화호 순으로 정차역에 들어온다.
• 목적지인 부산역은 먼저 도착한 열차로 인한 대기 없이 바로 역에 들어온다.

| 코레일 한국철도공사 / 문제해결능력

18 다음 중 자료에 대한 설명으로 옳지 않은 것은?

① ITX-청춘보다 ITX-마음이 목적지에 더 빨리 도착한다.
② 부산역에 가장 늦게 도착하는 열차는 12시에 도착한다.
③ ITX-마음은 먼저 도착한 열차로 인한 대기시간이 없다.
④ 부산역에 가장 빨리 도착하는 열차는 10시 30분에 도착한다.
⑤ 무궁화호는 울산역, 동대구역에서 다른 열차로 인해 대기한다.

19 다음 〈조건〉에 따라 승차권을 구입할 때, A과장과 팀원 4명의 총요금은?

조건

- A과장과 팀원 1명은 7시 30분까지 K공사에서 사전 회의를 가진 후 출발한다.
- 목적지인 부산역에는 11시 30분까지 도착해야 한다.
- 열차 요금은 가능한 한 저렴하게 한다.

① 247,400원
② 281,800원
③ 312,800원
④ 326,400원
⑤ 347,200원

20 다음 글에서 알 수 있는 논리적 사고의 구성요소로 가장 적절한 것은?

A는 동업자 B와 함께 신규 사업을 시작하기 위해 기획안을 작성하여 논의하였다. 그러나 B는 신규 기획안을 읽고 시기나 적절성에 대해 부정적인 입장을 보였다. A가 B를 설득하기 위해 B의 의견들을 정리하여 생각해 보니 B는 신규 사업을 시작하는 데 있어 다른 경쟁사보다 늦게 출발하여 경쟁력이 부족하다는 점 때문에 신규 사업에 부정적이라는 것을 알게 되었다. 이에 A는 경쟁력을 높이기 위한 다양한 아이디어를 추가로 제시하여 B를 다시 설득하였다.

① 설득
② 구체적인 생각
③ 생각하는 습관
④ 타인에 대한 이해
⑤ 상대 논리의 구조화

21 면접 참가자 A ~ E 5명은 〈조건〉과 같이 면접장에 도착했다. 동시에 도착한 사람은 없다고 할 때, 다음 중 항상 참인 것은?

> **조건**
> • B는 A 바로 다음에 도착했다.
> • D는 E보다 늦게 도착했다.
> • C보다 먼저 도착한 사람이 1명 있다.

① E는 가장 먼저 도착했다.

② B는 가장 늦게 도착했다.

③ A는 네 번째로 도착했다.

④ D는 가장 먼저 도착했다.

⑤ D는 A보다 먼저 도착했다.

22 다음 논리에서 나타난 형식적 오류로 옳은 것은?

> • 전제 1 : TV를 오래 보면 눈이 나빠진다.
> • 전제 2 : 철수는 TV를 오래 보지 않는다.
> • 결론 : 그러므로 철수는 눈이 나빠지지 않는다.

① 사개명사의 오류

② 전건 부정의 오류

③ 후건 긍정의 오류

④ 선언지 긍정의 오류

⑤ 매개념 부주연의 오류

23 다음 글의 내용으로 적절하지 않은 것은?

K공단은 의사와 약사가 협력하여 지역주민의 안전한 약물 사용을 돕는 의·약사 협업 다제약물 관리사업을 6월 26일부터 서울 도봉구에서 시작했다고 밝혔다.

지난 2018년부터 K공단이 진행 중인 다제약물 관리사업은 10종 이상의 약을 복용하는 만성질환자를 대상으로 약물의 중복 복용과 부작용 등을 예방하기 위해 의약전문가가 약물관리 서비스를 제공하는 사업이다. 지역사회에서는 K공단에서 위촉한 자문 약사가 가정을 방문하여 대상자가 먹고 있는 일반 약을 포함한 전체 약을 대상으로 약물의 복용상태, 부작용, 중복 등을 종합적으로 검토하고 그 결과를 바탕으로 상담, 교육 및 처방조정 안내를 실시함으로써 약물관리가 이루어지고, 병원에서는 입원 및 외래환자를 대상으로 의사, 약사 등으로 구성된 다학제팀(전인적인 돌봄을 위해 의사, 간호사, 약사, 사회복지사 등 다양한 전문가들로 이루어진 팀)이 약물관리 서비스를 제공한다.

다제약물 관리사업 효과를 평가한 결과, 지역사회에서는 약물관리를 받은 사람의 복약순응도가 56.3% 개선되었고, 효능이 유사한 약물을 중복해서 복용하는 환자가 40.2% 감소되었다. 또한, 병원에서 제공된 다제약물 관리사업으로 응급실 방문 위험이 47%, 재입원 위험이 18% 감소되는 등의 효과를 확인하였다.

다만, 지역사회에서는 약사의 약물 상담결과가 의사의 처방조정까지 반영되는 다학제 협업 시스템이 미흡하다는 의견이 제기되었다. 이러한 문제점의 개선을 위해 K공단은 도봉구 의사회와 약사회, 전문가로 구성된 지역협의체를 구성하고, 지난 4월부터 3회에 걸친 논의를 통해 의·약사 협업 모형을 개발하고, 사업 참여 의·약사 선정, 서비스 제공 대상자 모집 및 정보공유 방법 등의 현장 적용방안을 마련했다. 의사나 K공단이 선정한 약물관리 대상자는 자문 약사의 약물점검(필요시 의사 동행)을 받게 되며, 그 결과가 K공단의 정보 시스템을 통해 대상자의 단골 병원 의사에게 전달되어 처방 시 반영될 수 있도록 하는 것이 주요 골자이다. 지역 의·약사 협업 모형은 2023년 12월까지 도봉구 지역의 일차의료 만성질환관리 시범사업에 참여하는 의원과 자문 약사를 중심으로 우선 실시한다. 이후 사업의 효과성을 평가하고 부족한 점은 보완하여 다른 지역에도 확대 적용할 예정이다.

① K공단에서 위촉한 자문 약사는 환자가 먹는 약물을 조사하여 직접 처방할 수 있다.
② 다제약물 관리사업으로 인해 환자는 복용하는 약물의 수를 줄일 수 있다.
③ 다제약물 관리사업의 주요 대상자는 10종 이상의 약을 복용하는 만성질환자이다.
④ 다제약물 관리사업은 지역사회보다 병원에서 더 활발히 이루어지고 있다.

24 다음 문단 뒤에 이어질 내용을 논리적 순서대로 바르게 나열한 것은?

> 아토피 피부염은 만성적으로 재발하는 양상을 보이며 심한 가려움증을 동반하는 염증성 피부 질환으로, 연령에 따라 특징적인 병변의 분포와 양상을 보인다.
>
> (가) 이와 같이 아토피 피부염은 원인을 정확히 파악할 수 없기 때문에 아토피 피부염의 진단을 위한 특이한 검사소견은 없으며, 임상 증상을 종합하여 진단한다. 기존에 몇 가지 국외의 진단기준이 있었으며, 2005년 대한아토피피부염학회에서는 한국인 아토피 피부염에서 특징적으로 관찰되는 세 가지 주진단 기준과 14가지 보조진단 기준으로 구성된 한국인 아토피 피부염 진단기준을 정하였다.
>
> (나) 아토피 피부염 환자는 정상 피부에 비해 민감한 피부를 가지고 있으며 다양한 자극원에 의해 악화될 수 있으므로 앞의 약물치료와 더불어 일상생활에서도 이를 피할 수 있도록 노력해야 한다. 비누와 세제, 화학약품, 모직과 나일론 의류, 비정상적인 기온이나 습도에 대한 노출 등이 대표적인 피부 자극 요인들이다. 면제품 속옷을 입도록 하고, 세탁 후 세제가 남지 않도록 물로 여러 번 헹구도록 한다. 또한 평소 실내 온도, 습도를 쾌적하게 유지하는 것도 중요하다. 땀이나 자극성 물질을 제거하는 목적으로 미지근한 물에 샤워를 하는 것이 좋으며, 샤워 후에는 3분 이내에 보습제를 바르는 것이 좋다.
>
> (다) 아토피 피부염을 진단받아 치료하기 위해서는 보습이 가장 중요하고, 피부 증상을 악화시킬 수 있는 자극원, 알레르겐 등을 피하는 것이 필요하다. 국소 치료제로는 국소 스테로이드제가 가장 기본적인 치료제이다. 국소 칼시뉴린 억제제도 효과적으로 사용되는 약제이며, 국소 스테로이드제 사용으로 발생 가능한 피부 위축 등의 부작용이 없다. 아직 국내에 들어오지는 않았으나 국소 포스포디에스테라제 억제제도 있다. 이 외에는 전신치료로 가려움증 완화를 위해 사용할 수 있는 항히스타민제가 있고, 필요시 경구 스테로이드제를 사용할 수 있다. 심한 아토피 피부염 환자에서는 면역 억제제가 사용된다. 광선치료(자외선치료)도 아토피 피부염 치료로 이용된다. 최근에는 아토피 피부염을 유발하는 특정한 사이토카인 신호 전달을 차단할 수 있는 생물학적제제인 두필루맙(Dupilumab)이 만성 중증 아토피 피부염 환자를 대상으로 사용되고 있으며, 치료 효과가 뛰어나다고 알려져 있다.
>
> (라) 많은 연구에도 불구하고 아토피 피부염의 정확한 원인은 아직 밝혀지지 않았다. 현재까지는 피부 보호막 역할을 하는 피부장벽 기능의 이상, 면역체계의 이상, 유전적 및 환경적 요인 등이 복합적으로 상호작용한 결과 발생하는 것으로 보고 있다.

① (다) – (가) – (라) – (나)
② (다) – (나) – (라) – (가)
③ (라) – (가) – (나) – (다)
④ (라) – (가) – (다) – (나)

25 다음 글의 주제로 가장 적절한 것은?

> 한국인의 주요 사망 원인 중 하나인 뇌경색은 뇌혈관이 갑자기 폐쇄됨으로써 뇌가 손상되어 신경학적 이상이 발생하는 질병이다.
>
> 뇌경색의 발생 원인은 크게 분류하면 2가지가 있는데, 그중 첫 번째는 동맥경화증이다. 동맥경화증은 혈관의 중간층에 퇴행성 변화가 일어나서 섬유화가 진행되고 혈관의 탄성이 줄어드는 노화현상의 일종으로, 뇌로 혈류를 공급하는 큰 혈관이 폐쇄되거나 뇌 안의 작은 혈관이 폐쇄되어 발생하는 것이다. 두 번째는 심인성 색전으로, 심장에서 형성된 혈전이 혈관을 타고 흐르다 갑자기 뇌혈관을 폐쇄시켜 발생하는 것이다.
>
> 뇌경색이 발생하여 환자가 응급실에 내원한 경우, 폐쇄된 뇌혈관을 확인하기 위한 뇌혈관 조영 CT를 촬영하거나 손상된 뇌경색 부위를 좀 더 정확하게 확인해야 하는 경우에는 뇌 자기공명 영상(Brain MRI) 검사를 한다. 이렇게 시행한 검사에서 큰 혈관의 폐쇄가 확인되면 정맥 내에 혈전용해제를 투여하거나 동맥 내부의 혈전제거술을 시행하게 된다. 시술이 필요하지 않은 경우라면, 뇌경색의 악화를 방지하기 위하여 뇌경색 기전에 따라 항혈소판제나 항응고제 약물 치료를 하게 된다.
>
> 뇌경색의 원인 중 동맥경화증의 경우 여러 가지 위험 요인에 의하여 장시간 동안 서서히 진행된다. 고혈압, 당뇨, 이상지질혈증, 흡연, 과도한 음주, 비만 등이 위험 요인이며, 평소 이러한 원인이 있는 사람은 약물 치료 및 생활 습관 개선으로 위험 요인을 줄여야 한다. 특히 뇌경색이 한번 발병했던 사람은 재발 방지를 위한 약물을 지속적으로 복용하는 것이 필요하다.

① 뇌경색의 주요 증상
② 뇌경색 환자의 약물치료 방법
③ 뇌경색의 발병 원인과 치료 방법
④ 뇌경색이 발생했을 때의 조치사항

26 다음은 2019 ~ 2023년 건강보험료 부과 금액 및 1인당 건강보험 급여비에 대한 자료이다. 이에 대한 설명으로 옳지 않은 것은?

〈건강보험료 부과 금액 및 1인당 건강보험 급여비〉

구분	2019년	2020년	2021년	2022년	2023년
건강보험료 부과 금액 (십억 원)	59,130	63,120	69,480	76,775	82,840
1인당 건강보험 급여비(원)	1,300,000	1,400,000	1,550,000	1,700,000	1,900,000

① 건강보험료 부과 금액과 1인당 건강보험 급여비는 모두 매년 증가하였다.
② 2020 ~ 2023년 동안 전년 대비 1인당 건강보험 급여비가 가장 크게 증가한 해는 2023년이다.
③ 2020 ~ 2023년 동안 전년 대비 건강보험료 부과 금액의 증가율은 항상 10% 미만이었다.
④ 2019년 대비 2023년의 1인당 건강보험 급여비는 40% 이상 증가하였다.

※ 다음 명제가 모두 참일 때, 빈칸에 들어갈 명제로 가장 적절한 것을 고르시오. [27~29]

27

- 잎이 넓은 나무는 키가 크다.
- 잎이 넓지 않은 나무는 덥지 않은 지방에서 자란다.
- _____
- 따라서 더운 지방에서 자라는 나무는 열매가 많이 맺힌다.

① 잎이 넓지 않은 나무는 열매가 많이 맺힌다.
② 열매가 많이 맺히지 않는 나무는 키가 작다.
③ 벌레가 많은 지역은 열매가 많이 맺히지 않는다.
④ 키가 작은 나무는 덥지 않은 지방에서 자란다.

28

- 풀을 먹는 동물은 몸집이 크다.
- 사막에서 사는 동물은 물속에서 살지 않는다.
- _____
- 따라서 물속에서 사는 동물은 몸집이 크다.

① 몸집이 큰 동물은 물속에서 산다.
② 물이 있으면 사막이 아니다.
③ 사막에 사는 동물은 몸집이 크다.
④ 풀을 먹지 않는 동물은 사막에 산다.

29

- 모든 1과 사원은 가장 실적이 많은 2과 사원보다 실적이 많다.
- 가장 실적이 많은 4과 사원은 모든 3과 사원보다 실적이 적다.
- 3과 사원 중 일부는 가장 실적이 많은 2과 사원보다 실적이 적다.
- 따라서 _____

① 모든 2과 사원은 4과 사원 중 일부보다 실적이 적다.
② 어떤 1과 사원은 가장 실적이 많은 3과 사원보다 실적이 적다.
③ 어떤 3과 사원은 가장 실적이 적은 1과 사원보다 실적이 적다.
④ 1과 사원 중 가장 적은 실적을 올린 사원과 같은 실적을 올린 사원이 4과에 있다.

30 다음은 대한민국 입국 목적별 비자 종류의 일부이다. 외국인 A ~ D씨가 피초청자로서 입국할 때, 초청 목적에 따라 발급받아야 하는 비자의 종류를 바르게 짝지은 것은?(단, 비자면제 협정은 없는 것으로 가정한다)

〈대한민국 입국 목적별 비자 종류〉

• 외교·공무
- 외교(A-1) : 대한민국 정부가 접수한 외국 정부의 외교사절단이나 영사기관의 구성원, 조약 또는 국제관행에 따라 외교사절과 동등한 특권과 면제를 받는 사람과 그 가족
- 공무(A-2) : 대한민국 정부가 승인한 외국 정부 또는 국제기구의 공무를 수행하는 사람과 그 가족
• 유학·어학연수
- 학사유학(D-2-2) : (전문)대학, 대학원 또는 특별법의 규정에 의하여 설립된 전문대학 이상의 학술기관에서 정규과정(학사)의 교육을 받고자 하는 자
- 교환학생(D-2-6) : 대학 간 학사교류 협정에 의해 정규과정 중 일정 기간 동안 교육을 받고자 하는 교환학생
• 비전문직 취업
- 제조업(E-9-1) : 외국인근로자의 고용에 관한 법률의 규정에 의한 국내 취업요건을 갖추어 제조업체에 취업하고자 하는 자
- 농업(E-9-3) : 외국인근로자의 고용에 관한 법률의 규정에 의한 국내 취업요건을 갖추어 농업, 축산업 등에 취업하고자 하는 자
• 결혼이민
- 결혼이민(F-6-1) : 한국에서 혼인이 유효하게 성립되어 있고, 우리 국민과 결혼생활을 지속하기 위해 국내 체류를 하고자 하는 외국인
- 자녀양육(F-6-2) : 국민의 배우자(F-6-1) 자격에 해당하지 않으나 출생한 미성년 자녀(사실혼 관계 포함)를 국내에서 양육하거나 양육하려는 부 또는 모
• 치료요양
- 의료관광(C-3-3) : 국내 의료기관에서 진료 또는 요양할 목적으로 입국하는 외국인 환자와 간병 등을 위해 동반입국이 필요한 동반가족 및 간병인(90일 이내)
- 치료요양(G-1-10) : 국내 의료기관에서 진료 또는 요양할 목적으로 입국하는 외국인 환자와 간병 등을 위해 동반입국이 필요한 동반가족 및 간병인(1년 이내)

〈피초청자 초청 목적〉

피초청자	국적	초청 목적
A	말레이시아	부산에서 6개월가량 입원 치료가 필요한 아들의 간병(아들의 국적 또한 같음)
B	베트남	경기도 소재 O제조공장 취업(국내 취업요건을 모두 갖춤)
C	사우디아라비아	서울 소재 K대학교 교환학생
D	인도네시아	대한민국 개최 APEC 국제기구 정상회의 참석

	A	B	C	D
①	C-3-3	D-2-2	F-6-1	A-2
②	G-1-10	E-9-1	D-2-6	A-2
③	G-1-10	D-2-2	F-6-1	A-1
④	C-3-3	E-9-1	D-2-6	A-1

31 다음과 같이 일정한 규칙으로 수를 나열할 때 빈칸에 들어갈 수로 옳은 것은?

• 6	13	8	8	144
• 7	11	7	4	122
• 8	9	6	2	100
• 9	7	5	1	( )

① 75   ② 79

③ 83   ④ 87

32 두 주사위 A, B를 던져 나온 수를 각각 a, b라고 할 때, $a \neq b$일 확률은?

① $\dfrac{2}{3}$ ② $\dfrac{13}{18}$

③ $\dfrac{7}{9}$ ④ $\dfrac{5}{6}$

33 어떤 상자 안에 빨간색 공 2개와 노란색 공 3개가 들어 있다. 이 상자에서 공 3개를 꺼낼 때, 빨간색 공 1개와 노란색 공 2개를 꺼낼 확률은?(단, 꺼낸 공은 다시 넣지 않는다)

① $\dfrac{1}{2}$ ② $\dfrac{3}{5}$

③ $\dfrac{2}{3}$ ④ $\dfrac{3}{4}$

34 다음과 같이 둘레의 길이가 2,000m인 원형 산책로에서 오후 5시 정각에 A씨가 3km/h의 속력으로 산책로를 따라 걷기 시작했다. 30분 후 B씨는 A씨가 걸어간 반대 방향으로 7km/h의 속력으로 같은 산책로를 따라 달리기 시작했을 때, A씨와 B씨가 두 번째로 만날 때의 시각은?

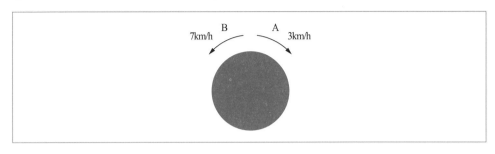

① 오후 6시 30분
② 오후 6시 15분
③ 오후 6시
④ 오후 5시 45분

35 폴더 여러 개가 열려 있는 상태에서 다음과 같이 폴더를 나란히 보기 위해 화면을 분할하고자 할 때, 입력해야 할 단축키로 옳은 것은?

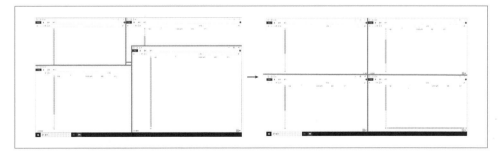

① 〈Shift〉＋〈화살표 키〉
② 〈Ctrl〉＋〈화살표 키〉
③ 〈Window 로고 키〉＋〈화살표 키〉
④ 〈Alt〉＋〈화살표 키〉

36 다음 중 파일 여러 개가 열려 있는 상태에서 즉시 바탕화면으로 돌아가고자 할 때, 입력해야 할 단축키로 옳은 것은?

① 〈Window 로고 키〉＋〈R〉

② 〈Window 로고 키〉＋〈I〉

③ 〈Window 로고 키〉＋〈L〉

④ 〈Window 로고 키〉＋〈D〉

37 엑셀 프로그램에서 "서울특별시 영등포구 홍제동"으로 입력된 텍스트를 "서울특별시 서대문구 홍제동"으로 수정하여 입력하고자 할 때, 입력해야 할 함수식으로 옳은 것은?

① ＝SUBSTITUTE("서울특별시 영등포구 홍제동","영등포","서대문")

② ＝IF("서울특별시 영등포구 홍제동"="영등포","서대문"," ")

③ ＝MOD("서울특별시 영등포구 홍제동","영등포","서대문")

④ ＝NOT("서울특별시 영등포구 홍제동","영등포","서대문")

※ 다음은 중학생 15명을 대상으로 한 달 용돈 금액을 조사한 자료이다. 이어지는 질문에 답하시오.
[38~39]

	A	B
1	이름	금액(원)
2	강○○	30,000
3	권○○	50,000
4	고○○	100,000
5	김○○	30,000
6	김△△	25,000
7	류○○	75,000
8	오○○	40,000
9	윤○○	100,000
10	이○○	150,000
11	임○○	75,000
12	장○○	50,000
13	전○○	60,000
14	정○○	45,000
15	황○○	50,000
16	황△△	100,000

┃ 건강보험심사평가원 / 정보능력

38 다음 중 한 달 용돈이 50,000원 이상인 학생 수를 구하고자 할 때, 입력해야 할 함수식으로 옳은 것은?

① = MODE(B2:B16)

② = COUNTIF(B2:B16, "> = 50000")

③ = MATCH(50000, B2:B16, 0)

④ = VLOOKUP(50000, $B$1:$B$16, 1, 0)

┃ 건강보험심사평가원 / 정보능력

39 다음 중 학생들이 받는 한 달 평균 용돈을 백 원 미만은 버림하여 구하고자 할 때, 입력해야 할 함수식으로 옳은 것은?

① = LEFT((AVERAGE(B2:B16)), 2)

② = RIGHT((AVERAGE(B2:B16)), 2)

③ = ROUNDUP((AVERAGE(B2:B16)), −2)

④ = ROUNDDOWN((AVERAGE(B2:B16)), −2)

40 S편의점을 운영하는 P씨는 개인사정으로 이번 주 토요일 하루만 오전 10시부터 오후 8시까지 직원들을 대타로 고용할 예정이다. 직원 A ~ D의 시급과 근무 가능 시간이 다음과 같을 때, 가장 적은 인건비는 얼마인가?

〈S편의점 직원 시급 및 근무 가능 시간〉

직원	시급	근무 가능 시간
A	10,000원	오후 12:00 ~ 오후 5:00
B	10,500원	오전 10:00 ~ 오후 3:00
C	10,500원	오후 12:00 ~ 오후 6:00
D	11,000원	오후 12:00 ~ 오후 8:00

※ 추가 수당으로 시급의 1.5배를 지급한다.
※ 직원 1명당 근무시간은 최소 2시간 이상이어야 한다.

① 153,750원
② 155,250원
③ 156,000원
④ 157,500원
⑤ 159,000원

41 다음은 S마트에 진열된 과일 7종의 판매량에 대한 자료이다. 30개 이상 팔린 과일의 개수를 구하기 위해 [C9] 셀에 입력해야 할 함수식으로 옳은 것은?

〈S마트 진열 과일 판매량〉

	A	B	C
1	번호	과일	판매량(개)
2	1	바나나	50
3	2	사과	25
4	3	참외	15
5	4	배	23
6	5	수박	14
7	6	포도	27
8	7	키위	32
9			

① =MID(C2:C8)
② =COUNTIF(C2:C8, " > =30")
③ =MEDIAN(C2:C8)
④ =AVERAGEIF(C2:C8, " > =30")
⑤ =MIN(C2:C8)

42 다음 〈보기〉 중 실무형 팔로워십을 가진 사람의 자아상으로 옳은 것을 모두 고르면?

> **보기**
>
> ㄱ. 기쁜 마음으로 과업을 수행   ㄴ. 판단과 사고를 리더에 의존
> ㄷ. 조직의 운영 방침에 민감   ㄹ. 일부러 반대의견을 제시
> ㅁ. 규정과 규칙에 따라 행동   ㅂ. 지시가 있어야 행동

① ㄱ, ㄴ   ② ㄴ, ㄷ
③ ㄷ, ㅁ   ④ ㄹ, ㅁ
⑤ ㅁ, ㅂ

43 다음 중 갈등의 과정 단계를 순서대로 바르게 나열한 것은?

> ㄱ. 이성과 이해의 상태로 돌아가며 협상과정을 통해 쟁점이 되는 주제를 논의하고, 새로운 제안을 하고, 대안을 모색한다.
> ㄴ. 설득보다는 강압적·위협적인 방법 등 극단적인 모습을 보이며 상대방의 생각이나 의견, 제안을 부정하고, 상대방은 그에 대한 반격으로 대응함으로써 자신들의 반격을 정당하게 생각한다.
> ㄷ. 의견 불일치가 해소되지 않아 감정이 개입되어 상대방의 주장에 대한 문제점을 찾기 시작하고, 상대방의 입장은 부정하면서 자기주장만 하려고 한다.
> ㄹ. 서로 간의 생각이나 신념, 가치관 차이로 인해 의견 불일치가 생겨난다.
> ㅁ. 회피, 경쟁, 수용, 타협, 통합의 방법으로 서로 간의 견해를 일치하려 한다.

① ㄹ - ㄱ - ㄴ - ㄷ - ㅁ   ② ㄹ - ㄴ - ㄷ - ㄱ - ㅁ
③ ㄹ - ㄷ - ㄴ - ㄱ - ㅁ   ④ ㅁ - ㄱ - ㄴ - ㄷ - ㄹ
⑤ ㅁ - ㄹ - ㄴ - ㄷ - ㄱ

44   다음 〈보기〉 중 근로윤리의 덕목과 공동체윤리의 덕목을 바르게 구분한 것은?

> **보기**
>
> ㉠ 근면   ㉡ 봉사와 책임의식
> ㉢ 준법   ㉣ 예절과 존중
> ㉤ 정직   ㉥ 성실

	근로윤리	공동체윤리
①	㉠, ㉡, ㉥	㉢, ㉣, ㉤
②	㉠, ㉢, ㉤	㉡, ㉣, ㉥
③	㉠, ㉤, ㉥	㉡, ㉢, ㉣
④	㉡, ㉣, ㉤	㉠, ㉢, ㉥
⑤	㉡, ㉤, ㉥	㉠, ㉢, ㉣

45   다음 중 B에 대한 A의 행동이 직장 내 괴롭힘에 해당하지 않는 것은?

① A대표는 B사원에게 본래 업무에 더해 개인적인 용무를 자주 지시하였고, B사원은 과중한 업무로 인해 근무환경이 악화되었다.

② A팀장은 업무처리 속도가 늦은 B사원만 업무에서 배제시키고 청소나 잡일만을 지시하였다. 이에 B사원은 고의적인 업무배제에 정신적 고통을 호소하였다.

③ A팀장은 기획의도와 맞지 않는다는 이유로 B사원에게 수차례 보완을 요구하였다. 계속해서 보완을 명령받은 B사원은 늘어난 업무량으로 인해 스트레스를 받아 휴직을 신청하였다.

④ A대리는 육아휴직 후 복직한 동기인 B대리를 다른 직원과 함께 조롱하고 무시하며 따돌렸다. 이에 B대리는 우울증을 앓았고 결국 퇴사하였다.

⑤ A대표는 실적이 부진하다는 이유로 B과장을 다른 직원이 보는 앞에서 욕설 등의 모욕감을 주었고 이에 B과장은 정신적 고통을 호소하였다.

46 다음 중 S의 사례에서 볼 수 있는 직업윤리 의식으로 옳은 것은?

> 어릴 적부터 각종 기계를 분해하고 다시 조립하는 취미가 있던 S는 공대를 졸업한 뒤 로봇 엔지니어
> 로 활동하고 있다. S는 자신의 직업이 적성에 꼭 맞는다고 생각하여 더 높은 성취를 위해 성실히
> 노력하고 있다.

① 소명의식   ② 봉사의식

③ 책임의식   ④ 직분의식

⑤ 천직의식

47 다음 중 경력개발의 단계별 내용으로 적절하지 않은 것은?

① 직업선택 : 외부 교육 등 필요한 교육을 이수함

② 조직입사 : 조직의 규칙과 규범에 대해 배움

③ 경력 초기 : 역량을 증대시키고 꿈을 추구해 나감

④ 경력 중기 : 이전 단계를 재평가하고 더 업그레이드된 꿈으로 수정함

⑤ 경력 말기 : 지속적으로 열심히 일함

48 다음 그림과 같은 길의 A지점에서 출발하여 최단거리로 이동하여 B지점에 도착하는 경우의 수는?

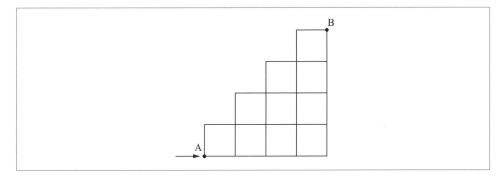

① 36가지   ② 42가지

③ 48가지   ④ 54가지

49 어떤 원형 시계가 4시 30분을 가리키고 있다. 이 시계의 시침과 분침이 만드는 작은 부채꼴의 넓이와 전체 원의 넓이의 비는 얼마인가?

① $\dfrac{1}{8}$

② $\dfrac{1}{6}$

③ $\dfrac{1}{4}$

④ $\dfrac{1}{2}$

50 다음은 2019 ~ 2023년 발전설비별 발전량에 대한 자료이다. 이에 대한 설명으로 옳은 것은?

〈발전설비별 발전량〉

(단위 : GWh)

구분	수력	기력	원자력	신재생	기타	합계
2019년	7,270	248,584	133,505	28,070	153,218	570,647
2020년	6,247	232,128	145,910	33,500	145,255	563,040
2021년	7,148	200,895	160,184	38,224	145,711	552,162
2022년	6,737	202,657	158,015	41,886	167,515	576,810
2023년	7,256	199,031	176,054	49,285	162,774	594,400

① 2020 ~ 2023년 동안 기력 설비 발전량과 전체 설비 발전량의 전년 대비 증감 추이는 같다.

② 2019 ~ 2023년 동안 수력 설비 발전량은 항상 전체 설비 발전량의 1% 미만이다.

③ 2019 ~ 2023년 동안 신재생 설비 발전량은 항상 전체 설비 발전량의 5% 이상이다.

④ 2019 ~ 2023년 동안 원자력 설비 발전량과 신재생 설비의 발전량은 전년 대비 꾸준히 증가하였다.

⑤ 2020 ~ 2023년 동안 전년 대비 전체 설비 발전량의 증가량이 가장 많은 해와 신재생 설비 발전량의 증가량이 가장 적은 해는 같다.

02 | 2024 ~ 2023년 주요 공기업
전공 기출복원문제

정답 및 해설 p.016

01 | 기계

| 코레일 한국철도공사

01 다음 중 질량 10kg의 물을 10℃에서 60℃로 가열할 때 필요한 열량은?

① 2,100kJ

② 2,300kJ

③ 2,500kJ

④ 2,700kJ

⑤ 2,900kJ

| 코레일 한국철도공사

02 다음 중 이상기체의 내부에너지와 엔탈피에 대한 설명으로 옳은 것을 〈보기〉에서 모두 고르면?

> **보기**
> ㄱ. n몰의 단원자 분자 기체의 내부에너지와 다원자 분자 기체의 내부에너지는 같다.
> ㄴ. n몰의 단원자 분자인 이상기체의 내부에너지는 절대온도만의 함수이다.
> ㄷ. n몰의 단원자 분자인 이상기체의 엔탈피는 절대온도만의 함수이다.
> ㄹ. 이상기체의 엔탈피는 이상기체의 무질서도를 표현한 함수이다.

① ㄱ, ㄴ

② ㄱ, ㄹ

③ ㄴ, ㄷ

④ ㄴ, ㄹ

⑤ ㄷ, ㄹ

| 코레일 한국철도공사

03 다음 중 자동차의 안정적인 선회를 위해 사용하는 차동 기어 장치에서 찾아볼 수 없는 것은?

① 링기어

② 베벨기어

③ 스퍼기어

④ 유성기어

⑤ 태양기어

04 다음 중 소르바이트 조직을 얻기 위한 열처리 방법은?

① 청화법   ② 침탄법
③ 마퀜칭   ④ 질화법
⑤ 파텐팅

05 다음 중 축과 보스를 결합하기 위해 축에 삼각형 모양의 톱니를 새긴 가늘고 긴 키 홈은?

① 묻힘키   ② 세레이션
③ 둥근키   ④ 테이퍼
⑤ 스플라인

06 다음 중 카르노 사이클에서 열을 공급받는 과정은?

① 정적 팽창 과정   ② 정압 팽창 과정
③ 등온 팽창 과정   ④ 단열 팽창 과정
⑤ 열을 공급받지 않는다.

07 다음 중 정적 가열과 정압 가열이 동시에 이루어지는 고속 디젤 엔진의 사이클로 옳은 것은?

① 오토 사이클   ② 랭킨 사이클
③ 브레이턴 사이클   ④ 사바테 사이클
⑤ 카르노 사이클

08 다음 중 담금질 효과가 가장 작은 것은?

① 페라이트   ② 펄라이트

③ 오스테나이트   ④ 마텐자이트

⑤ 시멘타이트

09 다음 중 하중의 크기와 방향이 주기적으로 반복하여 변하면서 작용하는 하중은?

① 정하중   ② 교번하중

③ 반복하중   ④ 충격하중

⑤ 임의진동하중

10 다음 중 운동에너지를 압력에너지로 변환시키는 장치는?

① 노즐   ② 액추에이터

③ 디퓨저   ④ 어큐뮬레이터

⑤ 피스톤 로드

11 리벳 이음 중 평행형 겹치기 이음에서 판의 끝부분에서 가장 가까운 리벳의 구멍 열 중심까지의 거리를 무엇이라 하는가?

① 마진   ② 피치
③ 뒷피치   ④ 리드
⑤ 유효지름

12 다음 중 단면 1차 모멘트에 대한 설명으로 옳지 않은 것은?

① 단면 1차 모멘트의 차원은 L^3이다.
② 단면 1차 모멘트의 값은 항상 양수이다.
③ 중공형 단면의 1차 모멘트는 전체 형상의 단면 1차 모멘트에서 뚫린 형상의 단면 1차 모멘트를 제하여 구한다.
④ 임의 형상에 대한 단면 1차 모멘트는 미소 면적에 대한 단면 1차 모멘트를 전체 면적에 대해 적분하여 구한다.

13 다음 중 알루미늄 호일을 뭉치면 물에 가라앉지만, 같은 양의 호일로 배 형상을 만들면 물에 뜨는 이유로 옳은 것은?

① 부력은 물체의 밀도와 관련이 있다.
② 부력은 유체에 잠기는 영역의 부피와 관련이 있다.
③ 부력은 중력과 관련이 있다.
④ 부력은 유체와 물체 간 마찰력과 관련이 있다.

14 다음 중 백주철을 열처리한 것으로, 강도, 인성, 내식성 등이 우수하여 유니버설 조인트 등에 사용되는 주철은?

① 회주철   ② 가단주철
③ 칠드주철   ④ 구상흑연주철

15 다음 화학식을 참고할 때, 탄소 6kg 연소 시 필요한 공기의 양은?(단, 공기 내 산소는 20%이다)

$$C + O_2 = CO_2$$

① 30kg   ② 45kg
③ 60kg   ④ 80kg

16 다음 중 하중의 종류와 그 하중이 적용하는 방식에 대한 설명으로 옳지 않은 것은?

① 압축하중의 하중 방향은 축 방향과 평행으로 작용한다.
② 인장하중의 하중 방향은 축 방향과 평행으로 작용한다.
③ 전단하중의 하중 방향은 축 방향과 수직으로 작용한다.
④ 교번하중은 일정한 크기와 일정한 방향을 가진 하중이 반복적으로 작용하는 하중이다.

17 단면이 원이고 탄성계수가 250,000Mpa인 철강 3m가 있다. 이 철강에 100kN의 인장하중이 작용하여 1.5mm가 늘어날 때, 이 철강의 직경은?

① 약 2.3cm

② 약 3.2cm

③ 약 4.5cm

④ 약 4.8cm

18 단면이 직사각형인 단순보에 다음과 같은 등분포하중이 작용할 때, 최대 처짐량은 얼마인가?(단, $E=240$Gpa이다)

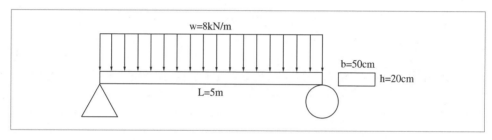

① 약 0.13mm

② 약 0.32mm

③ 약 0.65mm

④ 약 0.81mm

19 다음 그림과 같은 외팔보에 등분포하중이 작용할 때, 처짐각은?(단, $EI=10,000$kN$\cdot$m^{2}이다)

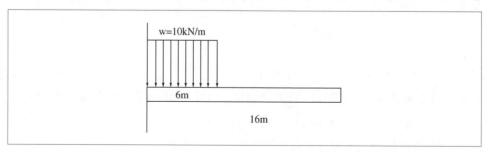

① 0.9×10^{-2}rad

② 1.8×10^{-2}rad

③ 2.7×10^{-2}rad

④ 3.6×10^{-2}rad

20 다음 중 프루드(Fr) 수에 대한 정의로 옳은 것은?

① 관성력과 점성력의 비를 나타낸다.
② 관성력과 탄성력의 비를 나타낸다.
③ 중력과 점성력의 비를 나타낸다.
④ 관성력과 중력의 비를 나타낸다.

21 다음 〈보기〉의 원소들을 체심입방격자와 면심입방격자로 바르게 구분한 것은?

> **보기**
>
> ㄱ. Al   ㄴ. Cr
> ㄷ. Mo   ㄹ. Cu
> ㅁ. V   ㅂ. Ag

	체심입방격자	면심입방격자
①	ㄱ, ㄷ, ㄹ	ㄴ, ㅁ, ㅂ
②	ㄱ, ㄹ, ㅂ	ㄴ, ㄷ, ㅁ
③	ㄴ, ㄷ, ㄹ	ㄱ, ㅁ, ㅂ
④	ㄴ, ㄷ, ㅁ	ㄱ, ㄹ, ㅂ

22 $G=80\times10^3\,\text{N/mm}^2$이고 유효권수가 100인 스프링에 300N의 외력을 가하였더니 길이가 30cm 변하였다. 이 스프링의 평균 반지름의 길이는 얼마인가?(단, 스프링지수는 10이다)

① 80mm   ② 90mm
③ 100mm   ④ 110m

23 다음은 어떤 냉동 사이클의 T – S 선도이다. 이 냉동 사이클의 성능계수는?

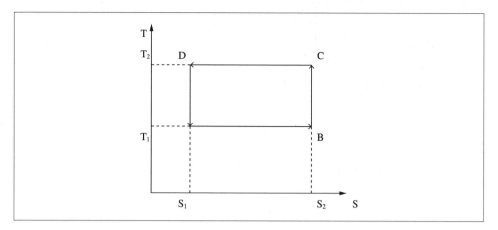

① $\dfrac{T_2 - T_1}{T_1}$

② $\dfrac{T_1}{T_2 - T_1}$

③ $\dfrac{S_2 - S_1}{S_1}$

④ $\dfrac{S_1}{S_2 - S_1}$

24 다음 중 주철과 강재를 비교한 내용으로 옳지 않은 것은?

① 주철은 강재에 비해 융점이 낮다.

② 주철은 강재에 비해 내부식성이 강하다.

③ 주철은 강재에 비해 단단하고 잘 부서지지 않는다.

④ 주철은 강재에 비해 연신율이 떨어진다.

25 다음 중 소성가공에 대한 설명으로 옳은 것은?

① 제품에 손상이 가지 않도록 탄성한도보다 작은 외력을 가해야 한다.

② 소성가공 완류 후 잔류응력은 자연스럽게 제거된다.

③ 주물에 비해 치수가 부정확하다.

④ 절삭가공에 비해 낭비되는 재료가 적다.

02 전기

▌한국남동발전

01 어떤 3상 회로의 한 상의 임피던스가 $Z = 15 + j20$인 Y결선 부하에 선전류 200A가 흐를 때, 무효전력은?

① 800kVar

② 2,400kVar

③ 2,500kVar

④ 3,000kVar

▌한국남동발전

02 다음 중 비례추이를 할 수 없는 것을 〈보기〉에서 모두 고르면?

> **보기**
>
> ㄱ. 동손   ㄴ. 역률
> ㄷ. 효율   ㄹ. 1차 출력
> ㅁ. 2차 출력

① ㄱ, ㄴ, ㄹ

② ㄱ, ㄷ, ㅁ

③ ㄴ, ㄷ, ㅁ

④ ㄴ, ㄹ, ㅁ

03 면적이 $5S$이고 충전용량이 C인 평행판 축전기가 있다. 비유전율이 4인 유전물질을 이 축전기의 평행판 사이에 면적의 $\dfrac{4}{5}$를 채웠을 때, 충전용량은?

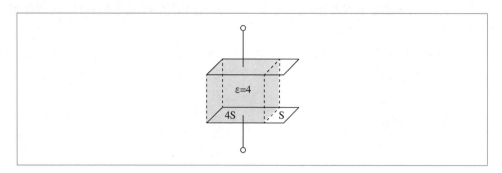

① $\dfrac{9}{5}C$

② $\dfrac{13}{5}C$

③ $\dfrac{17}{5}C$

④ $\dfrac{21}{5}C$

04 다음 중 변압기 병렬운전 시 병렬운전이 불가능한 결선조합은?

① $Y-Y$와 $Y-Y$

② $Y-\triangle$와 $\triangle-Y$

③ $\triangle-Y$와 $\triangle-Y$

④ $Y-\triangle$와 $\triangle-\triangle$

05 다음 중 엘리베이터, 에스컬레이터, 전기자동차의 인버터 모터와 같은 각종 AC모터에 적용되는 VVVF 제어가 제어하는 것을 〈보기〉에서 모두 고르면?

> **보기**
> ㄱ. 전압
> ㄴ. 전류
> ㄷ. 주파수
> ㄹ. 위상차

① ㄱ, ㄴ

② ㄱ, ㄷ

③ ㄴ, ㄷ

④ ㄴ, ㄹ

⑤ ㄷ, ㄹ

06 다음 중 선로 구조물이 아닌 것은?

① 급전선

② 전차선

③ 철주

④ 침목

⑤ 측구

07 다음 글이 설명하는 용어로 옳은 것은?

> 레일 이음매부에 레일의 온도 변화에 의한 신축을 위하여 두는 간격으로, 레일은 온도의 상승 또는 하강에 따라 물리적으로 신축하는데, 이 신축에 적응하기 위해 이음매부의 레인 사이에 두는 틈이다. 레일온도 변화의 범위, 레일강의 선팽창계수 및 레일길이를 토대로 계산하여 산정한다.

① 고도

② 구배

③ 침목

④ 유간

⑤ 확도

08 다음 중 철도 궤간의 국제 표준 규격 길이는?

① 1,355mm
② 1,435mm
③ 1,550mm
④ 1,600mm
⑤ 1,785mm

09 다음 중 차량의 운행거리를 정차시간 및 제한속도 운전시간 등을 포함한 운전시분으로 나눈 값은?

① 표정속도
② 평균속도
③ 설계속도
④ 균형속도
⑤ 최고속도

10 다음 중 PP급전방식에 대한 설명으로 옳지 않은 것은?

① 선로 임피던스가 작다.
② 전압강하가 작다.
③ 역간이 짧고 저속 운행구간에 적합하다.
④ 상대적으로 고조파의 공진주파수가 낮고 확대율이 작다.
⑤ 회생전력 이용률이 높다.

11 다음 강체가선방식 중 T-bar 방식과 R-bar 방식의 표준길이를 바르게 연결한 것은?

	T-bar	R-bar
①	8m	10m
②	10m	8m
③	10m	12m
④	12m	10m
⑤	12m	15m

12 다음 중 유도장해를 경감시키기 위한 전력선에 대한 대책으로 옳지 않은 것은?

① 변류기를 사용하고, 절연변압기를 채용한다.

② 전선의 위치를 바꾼다.

③ 소호리액터를 사용한다.

④ 고주파의 발생을 방지한다.

⑤ 전력선과 통신선 사이의 간격을 크게 한다.

13 다음 중 전차선로의 가선방식이 아닌 것은?

① 강체식

② 제3궤조식

③ 가공단선식

④ 가공복선식

⑤ 직접조가식

14 다음 중 교류송전방식의 특징으로 옳지 않은 것은?

① 주파수가 다른 계통끼리 연결이 불가능하다.

② 직류송전에 비해 안정도가 저하된다.

③ 회전자계를 쉽게 얻을 수 있다.

④ 표피효과 및 코로나 손실이 발생한다.

⑤ 선로의 리액턴스가 없고 위상각을 고려할 필요가 없다.

15 다음 중 직류식 전기철도와 비교한 교류식 전기철도의 장점으로 옳지 않은 것은?

① 고속 운전에 적합하다.

② 통신장애가 적다.

③ 전차선 설비에서의 전선이 얇다.

④ 운전전류가 작아 사고전류의 선택적 차단이 용이하다.

⑤ 변전소 설치 간격을 길게 설계할 수 있다.

16 다음 중 커티너리 조가방식에 대한 설명으로 옳지 않은 것은?

① 종류로 심플식, 컴파운드식, 사조식이 있다.
② 전차선의 레일면상 표준높이는 5,200mm이다.
③ 전기차의 속도 향상을 위해 전차선의 이선율을 작게 한다.
④ 전차선의 두 지지점 사이에서 궤도면에 대하여 일정한 높이를 유지하도록 하는 방식이다.
⑤ 가장 단순한 구조의 방식으로, 전차선만 1조로 구성되어 있다.

17 다음 중 컴파운드 커티너리 조가방식의 각 전선의 굵기 및 장력을 크게 늘려 가선한 조가방식은?

① 단식 커티너리 조가방식
② 헤비 심플 커티너리 조가방식
③ 헤비 컴파운드 커티너리 조가방식
④ 합성 컴파운드 커티너리 조가방식
⑤ 변Y형 커티너리 조가방식

18 다음 전동차의 제동 방식 중 저항에서 발생하는 열을 이용하여 제동하는 방식은?

① 역상제동
② 발전제동
③ 회생제동
④ 와류제동
⑤ 와전류 레일제동

19 어떤 구형 커패시터의 단면이 다음과 같을 때, 이 커패시터의 정전용량은?(단, 커패시터 내부 유전체의 유전율은 ε이다)

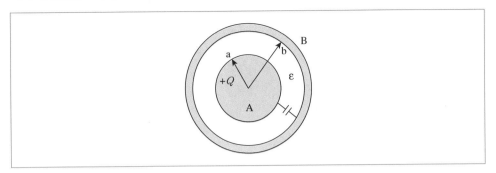

① $4\pi\varepsilon\left(\dfrac{b}{a} - \dfrac{a}{b}\right)$

② $\dfrac{4\pi\varepsilon ab}{b-a}$

③ $4\pi\varepsilon(b-a)$

④ $4\pi\varepsilon\left(\dfrac{1}{a} - \dfrac{1}{b}\right)$

⑤ $\dfrac{\varepsilon ab}{4\pi(b-a)}$

20 직류 분권발전기의 무부하 포화곡선이 $V = \dfrac{950 I_f}{35 + I_f}$ 일 때, 계자 회로의 저항이 5Ω이면 유기되는 전압은 몇 V인가?(단, V는 무부하 전압이고, I_f는 계자 전류이다)

① 675V

② 700V

③ 725V

④ 750V

⑤ 775V

21 $f(t) = e^{2t} \sin \omega t$일 때, $\mathcal{L}[f(t)]$의 값은?

① $\dfrac{2}{(s-2)^2 + \omega^2}$

② $\dfrac{2}{s^2 + (\omega-2)^2}$

③ $\dfrac{\omega}{(s-2)^2 + \omega^2}$

④ $\dfrac{\omega}{s^2 + (\omega-2)^2}$

22 다음 회로에서 저항 R_1에 흐르는 전류는 몇 A인가?

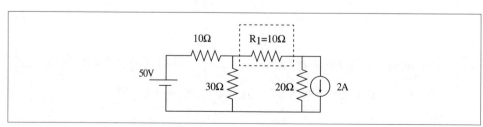

① 1.85A

② 1.93A

③ 2.01A

④ 2.19A

23 다음 중 오버슈트에 대한 설명으로 옳은 것은?

① 어떤 신호의 값이 과도기간 중에도 목표값에 한참 미치지 못하는 현상이다.

② 어떤 신호의 값이 과도기간 도달 전에 목표값의 63.2%를 넘어서는 시기이다.

③ 어떤 신호의 값이 과도기간 도달 전에 목표값의 50%를 넘어서는 시기이다.

④ 어떤 신호의 값이 과도기간 중에 목표값을 넘어서는 현상이다.

24 다음 중 RLC 직렬회로에서 과제동이 발생하는 조건은?

① $R < \sqrt{\dfrac{L}{C}}$

② $R = \sqrt{\dfrac{L}{C}}$

③ $R > \sqrt{\dfrac{L}{C}}$

④ $R = \dfrac{1}{2\pi \sqrt{LC}}$

25 $E = 3x^2 y\,i - 7yz\,j + 5xz^2\,k$일 때, $\mathrm{div}\,E$의 값은?

① $3x^2 - 7y + 5z^2$

② $5x + 3y - 7z$

③ $6xy + 10xz - 7z$

④ $-7x + 5y + 3z$

먼저 행동으로 옮기고 말을 하라.

- 스티븐 스필버그 -

PART 1

직무능력검사(공통)

의사소통능력

합격 Cheat Key

의사소통능력은 평가하지 않는 공사·공단이 없을 만큼 필기시험에서 중요도가 높은 영역으로, 세부 유형은 문서 이해, 문서 작성, 의사 표현, 경청, 기초 외국어로 나눌 수 있다. 문서 이해·문서 작성과 같은 지문에 대한 주제 찾기, 내용 일치 문제의 출제 비중이 높으며, 문서의 특성을 파악하는 문제도 출제되고 있다.

1 문제에서 요구하는 바를 먼저 파악하라!

의사소통능력에서 가장 중요한 것은 제한된 시간 안에 빠르고 정확하게 답을 찾아내는 것이다. 의사소통능력에서는 지문이 아니라 문제가 주인공이므로 지문을 보기 전에 문제를 먼저 파악해야 하며, 문제에 따라 전략적으로 빠르게 풀어내는 연습을 해야 한다.

2 잠재되어 있는 언어 능력을 발휘하라!

세상에 글은 많고 우리가 학습할 수 있는 시간은 한정적이다. 이를 극복할 수 있는 방법은 다양한 글을 접하는 것이다. 실제 시험장에서 어떤 내용의 지문이 나올지 아무도 예측할 수 없으므로 평소에 신문, 소설, 보고서 등 여러 글을 접하는 것이 필요하다.

3   상황을 가정하라!

업무 수행에 있어 상황에 따른 언어 표현은 중요하다. 같은 말이라도 상황에 따라 다르게
해석될 수 있기 때문이다. 그런 의미에서 자신의 의견을 효과적으로 전달할 수 있는 능력
을 평가하는 것이다. 업무를 수행하면서 발생할 수 있는 여러 상황을 가정하고 그에 따른
올바른 언어표현을 정리하는 것이 필요하다.

4   말하는 이의 입장에서 생각하라!

잘 듣는 것 또한 하나의 능력이다. 상대방의 이야기에 귀 기울이고 공감하는 태도는 업무
를 수행하는 관계 속에서 필요한 요소이다. 그런 의미에서 다양한 상황에서 듣는 능력을
평가하는 것이다. 말하는 이가 요구하는 듣는 이의 태도를 파악하고, 이에 따른 판단을
할 수 있도록 언제나 말하는 사람의 입장이 되는 연습이 필요하다.

01 | 문서 내용 이해

| 유형분석 |

- 주어진 지문을 읽고 선택지를 고르는 전형적인 독해 문제이다.
- 지문은 주로 신문기사(보도자료 등)나 업무 보고서, 시사 등이 제시된다.
- 공사공단에 따라 자사와 관련된 내용의 기사나 법조문, 보고서 등이 출제되기도 한다.

다음 글의 내용으로 적절하지 않은 것은?

'저장강박증'은 사용 여부와 관계없이 물건을 버리지 못하고 저장해 두는 강박장애의 일종이다. 미래에 필요할 것이라고 생각해서 물건이나 음식을 버리지 못하고 쌓아 두거나, 어떤 경우 동물을 지나치게 많이 기르기도 한다. 저장강박증이 있는 사람들은 물건을 버리지 않고 모으지만 애정이 없기 때문에 관리는 하지 않는다. 다만 물건이 모아져 있는 상태에서 일시적인 편안함을 느낄 뿐이다. 그러나 결과적으로는 불안증과 강박증, 폭력성을 더욱 가중하는 결과를 낳게 된다.

저장강박증은 치료가 쉽지 않다. 아직까지 정확하게 밝혀진 원인이 없고, 무엇보다 저장강박증을 앓고 있는 사람들의 대부분은 자가 병식이 없다. 때문에 대부분 치료를 원하지 않거나 가족들의 강요에 의해 가까스로 병원을 찾는다. 그러나 자연적으로 좋아지기 어려우므로 반드시 초기에 치료를 진행해야 한다.

① 저장강박증은 물건을 버리지 못하는 강박장애이다.
② 저장강박증이 있는 사람은 동물을 지나치게 많이 기르기도 한다.
③ 저장강박증이 있는 사람은 물건에 애착을 느껴서 버리지 못한다.
④ 저장강박증의 정확한 원인은 아직 밝혀지지 않았다.

정답   ③

제시문에 따르면 저장강박증이 있는 사람들은 물건에 대한 애정이 없어서 관리를 하지 않는다. 따라서 애착을 느껴서 물건을 버리지 못한다는 것은 글의 내용으로 적절하지 않다.

풀이 전략!

주어진 선택지에서 키워드를 체크한 후, 지문의 내용과 비교해 가면서 내용의 일치 유무를 빠르게 판단한다.

01 다음 글의 내용으로 가장 적절한 것은?

> 일반적으로 종자를 발아시킨 후 약 1주일 정도 된 채소의 어린 싹을 새싹 채소라고 말한다. 씨앗에서 싹을 틔우고 뿌리를 단단히 뻗은 성체가 되기까지 열악한 환경을 극복하고 성장하기 위하여, 종자 안에는 각종 영양소가 많이 포함되어 있다.
>
> 이러한 종자의 에너지를 이용하여 틔운 새싹은 성숙한 채소에 비해 영양성분이 약 3~4배 정도 더 많이 함유되어 있으며 종류에 따라서는 수십 배 이상의 차이를 보이기도 하는 것으로 보고된다. 식물의 성장과정 중 씨에서 싹이 터 어린잎이 두세 개 달릴 즈음이 생명유지와 성장에 필요한 생리활성 물질을 가장 많이 만들어 내는 때라고 한다. 그렇기 때문에 그 모든 영양이 새싹 안에 그대로 모일뿐더러, 단백질과 비타민, 미네랄 등의 영양적 요소도 결집하게 된다. 고로 새싹 채소는 영양면에 있어서도 다 자란 채소나 씨앗 자체보다도 월등히 나은 데다가 신선함과 맛까지 덤으로 얻을 수 있으니 더없이 매력적인 채소라 하겠다. 따라서 성체의 채소류들이 가지는 각종 비타민, 미네랄 및 생리활성 물질들을 소량의 새싹 채소 섭취로 충분히 공급받을 수 있다. 채소류에 포함되어 있는 각종 생리활성 물질이 암의 발생을 억제하고 치료에 도움을 준다는 것은 많은 연구에서 입증되고 있으며, 이에 따라 새싹 채소는 식이요법 등에도 활용되고 있다.
>
> 예를 들어, 브로콜리에 다량 함유되어 있는 황 화합물인 설포라펜의 항암활성 및 면역활성작용은 널리 알려져 있는데, 성숙한 브로콜리보다 어린 새싹에 설포라펜의 함량이 약 40배 이상 많이 들어 있는 것으로 보고되기도 한다. 메밀 싹에는 항산화 활성이 높은 플라보노이드 화합물인 루틴이 다량 함유되어 있어 체내 유해산소의 제거를 통하여 암의 발생과 성장의 억제에 도움을 줄 수 있다. 새싹 채소는 기존에 널리 쓰여온 무 싹 정도 이외에는 많이 알려져 있지 않으나, 최근 관심이 고조되면서 다양한 새싹 채소나 이를 재배할 수 있는 종자 등을 쉽게 구할 수 있게 되었다.
>
> 새싹 채소는 종자를 뿌린 후 1주일 정도면 식용이 가능하므로 재배기간이 짧고 키우기가 쉬워 근래에는 가정에서도 직접 재배하여 섭취하기도 한다. 새싹으로 섭취할 수 있는 채소로는 순무 싹, 밀 싹, 메밀 싹, 브로콜리 싹, 청경채 싹, 보리 싹, 케일 싹, 녹두 싹 등이 있는데 다양한 종류를 섭취하는 것이 좋다.

① 종자 상태에서는 아직 영양분을 갖고 있지 않는다.

② 다 자란 식물은 새싹 상태에 비해 3~4배 많은 영양분을 갖게 된다.

③ 씨에서 싹이 바로 나왔을 때 비타민, 미네랄과 같은 물질을 가장 많이 생성한다.

④ 새싹 채소 역시 성체와 마찬가지로 항암 효과를 보이는 물질을 가지고 있다.

02 다음 글의 내용으로 적절하지 않은 것은?

> 기업은 많은 이익을 남기길 원하고, 소비자는 좋은 제품을 저렴하게 구매하길 원한다. 그 과정에서 힘이 약한 저개발국가의 농민, 노동자, 생산자들은 무역상품의 가격 결정 과정에 참여하지 못하고, 자신이 재배한 식량과 상품을 매우 싼값에 팔아 겨우 생계를 유지한다. 그 결과, 세계 인구의 20% 정도가 우리 돈 약 1,000원으로 하루를 살아가고, 세계 노동자의 40%가 하루 2,000원 정도의 소득으로 살아가고 있다.
>
> 이러한 무역 거래의 한계를 극복하고자 공평하고 윤리적인 무역 거래를 통해 저개발국가 농민, 노동자, 생산자들이 겪고 있는 빈곤 문제를 해결하기 위해 공정무역이 생겨났다. 공정무역은 기존 관행 무역으로부터 소외당하며 불이익을 받고 있는 생산자와 지속가능한 파트너십을 통해 공정하게 거래하는 것으로, 생산자들과 공정무역 단체의 직거래를 통한 거래 관계에서부터 단체나 제품 등에 대한 인증시스템까지 모두 포함하는 무역을 의미한다.
>
> 이와 같은 공정무역은 국제 사회 시민운동의 일환으로, 1946년 미국의 시민 단체 '텐사우전드빌리지(Ten Thousand Villages)'가 푸에르토리코의 자수 제품을 구매하고, 1950년대 후반 영국의 '옥스팜(Oxfam)'이 중국 피난민들의 수공예품과 동유럽국가의 수공예품을 팔면서 시작되었다. 이후 1960년대에는 여러 시민 단체들이 조직되어 아프리카, 남아메리카, 아시아의 빈곤한 나라에서 본격적으로 활동을 전개하였다. 이 단체들은 가난한 농부와 노동자들이 스스로 조합을 만들어 환경친화적으로 농산물을 생산하도록 교육하고, 이에 필요한 자금 등을 지원했다. 2000년대에는 자본주의의 대안활동으로 여겨지며 공정무역이 급속도로 확산되었고, 공정무역 단체나 회사가 생겨남에 따라 저개발국가 농부들의 농산물이 공정한 값을 받고 거래되었다. 이러한 과정에서 공정무역은 저개발국 생산자들의 삶을 개선하기 위한 중요한 시장 메커니즘으로 주목을 받게 된 것이다.

① 기존 관행 무역에서는 저개발국가의 농민, 노동자, 생산자들이 무역상품의 가격 결정 과정에 참여하지 못했다.

② 세계 노동자의 40%가 하루 2,000원 정도의 소득으로 살아가며, 세계 인구의 20%는 약 1,000원으로 하루를 살아간다.

③ 공정무역에서는 저개발국가의 생산자들과 지속가능한 파트너십을 통해 그들을 무역 거래 과정에서 소외시키지 않는다.

④ 시민 단체들은 조합을 만들어 환경친화적인 농산물을 직접 생산하고, 이를 회사에 공정한 값으로 판매하였다.

03 다음 글의 내용으로 가장 적절한 것은?

세계관은 세계의 존재와 본성, 가치 등에 관한 신념들의 체계이다. 세계를 해석하고 평가하는 준거인 세계관은 곧 우리 사고와 행동의 토대가 되므로, 우리는 최대한 정합성과 근거를 갖추도록 노력해야 한다. 모순되거나 일관되지 못한 신념은 우리의 사고와 행동을 혼란시킬 것이므로 세계관에 대한 관심과 검토는 중요하다. 세계관을 이루는 여러 신념 가운데 가장 근본적인 수준의 신념은 '세계는 존재한다.'이다. 이 신념이 성립해야만 세계에 관한 다른 신념, 이를테면 세계가 항상 변화한다든가 불변한다든가 하는 등의 신념이 성립하기 때문이다.

실재론은 이 근본적 신념에 덧붙여 세계가 '우리 정신과 독립적으로' 존재함을 주장한다. 내가 만들어 날린 종이비행기는 멀리 날아가 볼 수 없게 되었다 해도 여전히 존재한다. 이는 명확해서 논란의 여지가 없어 보이지만, 반실재론자는 이 상식에 도전한다. 유명한 반실재론자인 버클리는 세계의 독립적 존재를 부정한다. 그는 이를 바탕으로 세계에 관한 주장을 편다. 그에 의하면 '주관적' 성질인 색깔, 소리, 냄새, 맛 등은 물론, '객관적'으로 성립한다고 여겨지는 형태, 공간을 차지함, 딱딱함, 운동 등의 성질도 오로지 우리가 감각할 수 있을 때만 존재하는 주관적 속성이다. 세계 속의 대상과 현상이란 이런 속성으로 구성되므로 세계는 감각으로 인식될 때만 존재한다는 것이다.

버클리의 주장은 우리의 통념과 충돌한다. 당시 어떤 사람이 돌을 차면서 "나는 이렇게 버클리를 반박한다!"라고 외쳤다고 한다. 그는 날아간 돌이 엄연히 존재한다는 점을 근거로 버클리의 주장을 반박하고자 한 것이다. 그러나 버클리를 비롯한 반실재론자들이 부정한 것은 세계가 정신과 독립하여 그 자체로 존재한다는 신념이다. 따라서 돌을 찬 사람은 그들을 제대로 반박하지 못했다고 볼 수 있다.

최근까지도 새로운 형태의 반실재론이 제기되어 활발한 논의가 진행 중이다. 논증의 성패를 떠나 반실재론자는 타성에 젖은 실재론적 세계관의 토대에 대해 성찰할 기회를 제공한다. 또한 세계관에 대한 도전과 응전의 반복은 그 자체로 인간 지성이 상호 소통하면서 발전해가는 과정을 보여준다.

① 발로 찼을 때 날아간 돌은 실재론자의 주장이 옳다는 사실을 증명한다.
② 실재론자에게 있어서 세계는 감각할 수 있는 요소에 한정된다.
③ 실재론이나 반실재론 모두 세계는 존재한다는 공통적인 전제를 깔고 있다.
④ 형태나 운동 등이 객관적인 속성을 갖췄다는 사실은 실재론자나 반실재론자 모두 인정하는 부분이다.

02 | 글의 주제 · 제목

| 유형분석 |

- 주어진 지문을 파악하여 전달하고자 하는 핵심 주제를 고르는 문제이다.
- 정보를 종합하고 중요한 내용을 구별하는 능력이 필요하다.
- 설명문부터 주장, 반박문까지 다양한 성격의 지문이 제시되므로 글의 성격별 특징을 알아두는 것이 좋다.

다음 글의 주제로 가장 적절한 것은?

표준화된 언어는 의사소통을 효과적으로 하기 위하여 의도적으로 선택해야 할 공용어로서의 가치가 있다. 반면에 방언은 지역이나 계층의 언어와 문화를 보존하고 드러냄으로써 국가 전체의 언어와 문화를 다양하게 발전시키는 토대로서의 가치가 있다. 이러한 의미에서 표준화된 언어와 방언은 상호 보완적인 관계에 있다. 표준화된 언어가 있기에 정확한 의사소통이 가능하며, 방언이 있기에 개인의 언어생활에서나 언어 예술 활동에서 자유롭고 창의적인 표현이 가능하다. 결국 우리는 표준화된 언어와 방언 둘 다의 가치를 인정해야 하며, 발화(發話) 상황(狀況)을 잘 고려해서 표준화된 언어와 방언을 잘 가려서 사용할 줄 아는 능력을 길러야 한다.

① 창의적인 예술 활동에서는 방언의 기능이 중요하다.
② 표준화된 언어와 방언에는 각각 독자적인 가치와 역할이 있다.
③ 정확한 의사소통을 위해서는 표준화된 언어가 꼭 필요하다.
④ 표준화된 언어와 방언을 구분할 줄 아는 능력을 길러야 한다.
⑤ 표준화된 언어는 방언보다 효용가치가 있다.

정답 ②

마지막 문장의 '표준화된 언어와 방언 둘 다의 가치를 인정'하고, '잘 가려서 사용할 줄 아는 능력을 길러야 한다.'는 내용을 바탕으로 ②와 같은 주제를 이끌어낼 수 있다.

풀이 전략!

'결국', '즉', '그런데', '그러나', '그러므로' 등의 접속어 뒤에 주제가 드러나는 경우가 많다는 것에 주의하면서 지문을 읽는다.

01 다음 글의 주제로 가장 적절한 것은?

> 최근에 사이버공동체를 중심으로 한 시민의 자발적 정치 참여 현상이 많은 관심을 끌고 있다. 이러한 현상과 관련하여 A의 연구가 새삼 주목 받고 있다. A의 연구에 따르면 공동체의 구성원이 됨으로써 얻게 되는 '사회적 자본'이 시민사회의 성숙과 민주주의 발전을 가져오는 원동력이다. A의 이론에서는 공동체에 대한 자발적 참여를 통해 사회 구성원 간의 상호 의무감과 신뢰, 구성원들이 공유하는 규칙과 관행, 사회적 유대 관계와 같은 사회적 자본이 늘어나면, 사회 구성원 간의 협조적인 행위가 가능하게 된다고 보았다. 더 나아가 A는 자원봉사자와 같이 공동체 참여도가 높은 사람이 투표할 가능성이 높고 정부 정책에 대한 의견 개진도 활발해지는 등 정치 참여도가 높아진다고 주장하였다.
>
> 몇몇 학자들은 A의 이론을 적용하여 면대면 접촉에 따른 인간관계의 산물인 사회적 자본이 사이버공동체에서도 충분히 형성될 수 있다고 보았다. 그리고 사이버공동체에서 사회적 자본의 증가는 곧 정치 참여도 활성화시킬 것으로 기대했다. 하지만 이러한 기대와는 달리 정치 참여가 활성화되지 않았다. 요즘 젊은이들을 보면 각종 사이버공동체에 자발적으로 참여하는 수준은 높지만 투표나 다른 정치 활동에는 무관심하거나 심지어 정치를 혐오하기도 한다. 이런 측면에서 A의 주장은 사이버공동체가 활성화된 오늘날에는 잘 맞지 않는다.
>
> 이러한 이유 때문에 오늘날 사이버공동체를 중심으로 한 정치 참여를 더 잘 이해하기 위해서 '정치적 자본' 개념의 도입이 필요하다. 정치적 자본은 사회적 자본의 구성 요소와는 달리 정치 정보의 습득과 이용, 정치적 토론과 대화, 정치적 효능감 등으로 구성된다. 정치적 자본은 사회적 자본과 마찬가지로 공동체 참여를 통해서 획득되지만, 정치 과정에의 관여를 촉진한다는 점에서 사회적 자본과는 구분될 필요가 있다. 사회적 자본만으로 정치 참여를 기대하기 어렵고, 사회적 자본과 정치 참여 사이를 정치적 자본이 매개할 때 비로소 정치 참여가 활성화된다.

① 사이버공동체를 통해 축적된 사회적 자본에 정치적 자본이 더해질 때 정치 참여가 활성화된다.
② 사회적 자본은 정치적 자본을 포함하기 때문에 그 자체로 정치 참여의 활성화를 가져온다.
③ 사회적 자본이 많은 사회는 정치 참여가 활발하기 때문에 민주주의가 실현된다.
④ 사이버공동체의 특수성으로 인해 시민들의 정치 참여가 어렵게 되었다.

02 다음 기사의 제목으로 적절하지 않은 것은?

대·중소기업 간 동반성장을 위한 '상생'이 산업계의 화두로 조명 받고 있다. 4차 산업혁명시대 도래 등 글로벌 시장에서의 경쟁이 날로 치열해지는 상황에서 대기업과 중소기업이 힘을 합쳐야 살아남을 수 있다는 위기감이 상생의 중요성을 부각하고 있다고 분석된다. 재계 관계자는 "그동안 반도체, 자동차 등 제조업에서 세계적인 경쟁력을 갖출 수 있었던 배경에는 대기업과 협력업체 간 상생의 역할이 컸다."며 "고속 성장기를 지나 지속 가능한 구조로 한 단계 더 도약하기 위해 상생경영이 중요하다."라고 강조했다.

우리 기업들은 협력사의 경쟁력 향상이 곧 기업의 성장으로 이어질 것으로 보고 2·3차 중소 협력업체들과의 상생경영에 힘쓰고 있다. 단순히 갑을 관계에서 대기업을 서포트 해야 하는 존재가 아니라 상호 발전을 위한 동반자라는 인식이 자리 잡고 있다는 분석이다. 이에 따라 협력사들에 대한 지원도 거래대금 현금 지급 등 1차원적인 지원 방식에서 벗어나 경영 노하우 전수, 기술 이전 등을 통한 '상생 생태계' 구축에 도움을 주는 방향으로 초점이 맞춰지는 추세다.

특히 최근에는 상생 협력이 대기업이 중소기업에 주는 일시적인 시혜 차원의 문제가 아니라 경쟁에서 살아남기 위한 생존 문제와 직결된다는 인식이 강하다. 협약을 통해 협력업체를 지원해준 대기업이 업체의 기술력 향상으로 더 큰 이득으로 보상받고 이를 통해 우리 산업의 경쟁력이 강화될 것이란 설명이다.

경제 전문가는 "대·중소기업 간의 상생 협력이 강제 수단이 아니라 문화적으로 자리 잡아야 할 시기"라며 "대기업, 특히 오너 중심의 대기업들도 단기적인 수익이 아닌 장기적인 시각에서 질적 평가를 통해 협력업체의 경쟁력을 키울 방안을 고민해야 한다."라고 강조했다.

이와 관련해 국내 주요 기업들은 대기업보다 연구개발(R&D) 인력과 관련 노하우가 부족한 협력사들을 위해 각종 노하우를 전수하는 프로그램을 운영 중이다. S전자는 협력사들에 기술 노하우를 전수하기 위해 경영관리 제조 개발 품질 등 해당 전문 분야에서 20년 이상 노하우를 가진 S전자 임원과 부장급 100여 명으로 '상생컨설팅팀'을 구성했다. 지난해부터는 해외에 진출한 국내 협력사에도 노하우를 전수하고 있다.

① 지속 가능한 구조를 위한 상생 협력의 중요성
② 상생경영, 함께 가야 멀리 간다.
③ 대기업과 중소기업, 상호 발전을 위한 동반자로
④ 시혜적 차원에서의 대기업 지원의 중요성

03 다음 글의 제목으로 가장 적절한 것은?

1894년, 화성에 고도로 진화한 지적 생명체가 존재한다는 주장이 언론의 주목을 받았다. 이러한 주장은 당시 화성의 지도들에 나타난 '운하'라고 불리던 복잡하게 엉킨 선들에 근거를 두고 있었다. 화성의 운하는 1878년에 처음 보고된 뒤 거의 30년간 여러 화성 지도에 계속해서 나타났다. 존재하지도 않는 화성의 운하들이 어떻게 그렇게 오랫동안 천문학자들에게 받아들여질 수 있었을까?

19세기 후반에 망원경 관측을 바탕으로 한 화성의 지도가 많이 제작되었다. 특히 1877년 9월은 지구가 화성과 태양에 동시에 가까워지는 시기여서 화성의 표면이 그 어느 때보다도 밝게 보였다. 영국의 아마추어 천문학자 그린은 대기가 청명한 포르투갈의 마데이라섬으로 가서 13인치 반사 망원경을 사용하여 화성을 보이는 대로 직접 스케치했다. 그린은 화성 관측 경험이 많았으므로 이전부터 이루어진 자신의 관측 결과를 참고하고, 다른 천문학자들의 관측 결과까지 반영하여 당시로서는 가장 정교한 화성 지도를 제작하였다.

그런데 이듬해 이탈리아의 천문학자인 스키아파렐리의 화성 지도가 등장하면서 이 지도의 정확성을 의심하게 되었다. 그린과 같은 시기에 수행한 관측을 토대로 제작한 스키아파렐리의 지도에는 그린의 지도에서 흐릿하게 표현된 지역에 평행한 선들이 그물 모양으로 교차하는 지형이 나타나 있었기 때문이었다. 스키아파렐리는 이것을 '카날리(Canali)'라고 불렀는데, 이것은 '해협'이나 '운하'로 번역될 수 있는 용어였다.

절차적 측면에서 보면 그린이 스키아파렐리보다 우위를 점하고 있었다. 우선 스키아파렐리는 전문 천문학자였지만 화성 관측은 이때가 처음이었다. 게다가 그는 마데이라섬보다 대기의 청명도가 떨어지는 자신의 천문대에서 관측을 했고, 배율이 상대적으로 낮은 8인치 반사 망원경을 사용했다. 또한 그는 짧은 시간에 특징만을 스케치하고 나중에 기억에 의존해 그것을 정교화했으며, 자신만의 관측을 토대로 지도를 제작했던 것이다.

그런데도 승리는 스키아파렐리에게 돌아갔다. 그가 천문학계에서 널리 알려진 존경받는 천문학자였던 것이 결정적이었다. 대다수의 천문학자는 그들이 존경하는 천문학자가 눈에 보이지도 않는 지형을 지도에 그려 넣었으리라고는 생각하기 어려웠다. 게다가 스키아파렐리의 지도는 지리학의 채색법을 그대로 사용하여 그린의 지도보다 호소력이 강했다. 그 후 스키아파렐리가 몇 번 더 운하의 관측을 보고하자 다른 천문학자들도 운하의 존재를 보고하기 시작했고, 이후 더 많은 운하들이 화성 지도에 나타나게 되었다.

일단 권위자가 무엇인가를 발견했다고 알려지면 그것이 존재하지 않는다는 것을 입증하기란 쉽지 않다. 더구나 관측의 신뢰도를 결정하는 척도로 망원경의 성능보다 다른 조건들이 더 중시되던 당시 분위기에서는 이러한 오류가 수정되기 어려웠다. 성능이 더 좋아진 대형 망원경으로는 종종 운하가 보이지 않았는데, 놀랍게도 운하 가설 옹호자들은 이것에 대해 대형 망원경의 높은 배율 때문에 어떤 대기 상태에서는 오히려 왜곡이 심해서 소형 망원경보다 해상도가 떨어질 수 있다고 해명하곤 했던 것이다.

① 과학의 방법 : 경험과 관찰
② 과학사의 그늘 : 화성의 운하
③ 과학의 신화 : 화성 생명체 가설
④ 설명과 해명 : 그린과 스키아파렐리

03 | 빈칸 삽입

| 유형분석 |

- 주어진 지문을 바탕으로 빈칸에 들어갈 내용을 찾는 문제이다.
- 선택지의 내용을 정확하게 확인하고 빈칸 앞뒤 문맥을 파악하는 능력이 필요하다.

다음 글의 빈칸에 들어갈 내용으로 가장 적절한 것은?

힐링(Healing)은 사회적 압박과 스트레스 등으로 손상된 몸과 마음을 치유하는 방법을 포괄적으로 일컫는 말이다. 우리보다 먼저 힐링이 정착된 서구에서는 질병 치유의 대체 요법 또는 영적·심리적 치료 요법 등을 지칭하고 있다. 국내에서도 최근 힐링과 관련된 갖가지 상품이 유행하고 있다. 간단한 인터넷 검색을 통해 수천 가지의 상품을 확인할 수 있을 정도이다. 종교적 명상, 자연 요법, 운동 요법 등 다양한 형태의 힐링 상품이 존재한다. 심지어 고가의 힐링 여행이나 힐링 주택 등의 상품도 나오고 있다. 그러나 _____
우선 명상이나 기도 등을 통해 내면에 눈뜨고, 필라테스나 요가를 통해 육체적 건강을 회복하여 자신감을 얻는 것부터 출발할 수 있다.

① 힐링이 먼저 정착된 서구의 힐링 상품들을 참고해야 할 것이다.

② 많은 돈을 들이지 않고서도 쉽게 할 수 있는 일부터 찾는 것이 좋을 것이다.

③ 이러한 상품들의 값이 터무니없이 비싸다고 느껴지지는 않을 것이다.

④ 자신을 진정으로 사랑하는 법을 알아야 할 것이다.

정답 ②

빈칸의 전후 문장을 통해 내용을 파악해야 한다. 우선 '그러나'라는 접속어를 통해 빈칸에는 앞의 내용에 상반되는 내용이 오는 것임을 알 수 있다. 따라서 수천 가지의 힐링 상품이나 고가의 상품들을 참고하는 것과는 상반된 내용을 찾으면 된다. 또한, 빈칸 뒤의 내용이 주위에서 쉽게 할 수 있는 힐링 방법을 통해 자신감을 얻는 것부터 출발해야 한다는 내용이므로, 빈칸에는 많은 돈을 들이지 않고도 쉽게 할 수 있는 일부터 찾아야 한다는 내용이 담긴 문장이 오는 것이 적절하다.

풀이 전략!

빈칸 앞뒤의 문맥을 파악한 후 선택지에서 가장 어울리는 내용을 찾는다. 빈칸 앞에 접속어가 있다면 이를 활용한다.

01 다음 글의 빈칸에 들어갈 문장을 〈보기〉에서 골라 순서대로 바르게 나열한 것은?

> 근대와 현대가 이어지는 지점에서, 많은 사상가들은 지식과 이해가 인간의 삶에 미치는 영향, 그리고 그것이 형성되는 과정들을 포착하려고 노력했다. 이에 대한 입장들은 여러 가지가 있겠지만, 그 중에서 세 가지를 소개하고자 한다.
>
> 첫 번째 입장은 다음과 같이 말한다. 진보적 사유라는 가장 포괄적인 의미에서 계몽은 예로부터 공포를 몰아내고 인간을 주인으로 세운다는 목표를 추구해 왔다. 그러나 완전히 계몽된 지구에는 재앙만이 승리를 구가하고 있다. 인간은 더 이상 알지 못하는 것이 없다고 느낄 때 무서울 것이 없다고 생각한다. 이러한 생각이 신화와 계몽주의의 성격을 규정한다. 신화가 죽은 것을 산 것과 동일시한다면, 계몽은 산 것을 죽은 것과 동일시한다. 따라서 계몽주의는 신화적 삶이 더욱 더 철저하게 이루어진 것이다. 계몽주의의 최종적 산물인 실증주의의 순수한 내재성은 보편적 금기에 불과하다.
> _____(가)_____
>
> 두 번째 입장은 다음과 같이 말한다. 인간의 이해라는 것은 인간 현존재의 사실성, 즉 우리가 처해 있는 역사적 상황과 문화적 전통의 근원적인 제약 속에 있는 현존재가 부단히 미래의 가능성으로 기획하여 나아가는 자기 이해이다. 따라서 이해는 탈역사적, 비역사적인 것을, 즉 주관 내의 의식적이고 심리적인 과정 또는 이를 벗어나 객관적으로 존재하는 것을 파악하는 사건이 아니다. _____(나)_____ 인간은 시간 속에 놓여 있는 존재로서, 그의 이해 역시 전승된 역사와 결별하여 어떤 대상을 순수하게 객관적으로 인식하는 것이 아니라 전통과 권위의 영향 속에서 이루어진다. 따라서 선(先)판단은 이해에 긍정적인 기능을 한다.
>
> 세 번째 입장은 다음과 같이 말한다. 우리는 권력의 관계가 중단된 곳에서만 지식이 있을 수 있다는, 그리고 지식은 권력의 명령, 요구, 관심의 밖에서만 발전될 수 있다는 전통적인 생각을 포기해야 한다. 그리고 아마도 권력이 사람을 미치도록 만든다고 하여, _____(다)_____ 오히려 권력은 지식을 생산한다는 것을 인정해야 한다. 권력과 지식은 서로를 필요로 하는 관계에 놓여 있다. 결과적으로 인식하는 주체, 인식해야 할 대상, 그리고 인식의 양식들은 모두 '권력, 즉 지식'에 근본적으로 그만큼 연루되어 있다. 따라서 권력에 유용하거나 반항적인 지식을 생산하는 것도 인식 주체의 자발적 활동의 산물이 아니다. 인식의 가능한 영역과 형태를 결정하는 것은 그 주체를 관통하고, 그 주체가 구성되는 투쟁과 과정, 그리고 권력 및 지식이다.

> **보기**
> ㉠ 이해는 어디까지나 시간과 역사 속에서 가능하며, 진리라는 것도 이미 역사적 진리이다.
> ㉡ 바로 이 권력을 포기할 경우에만 학자가 될 수 있다는 이와 같은 믿음도 포기해야 한다.
> ㉢ 내가 알지 못하는 무언가가 바깥에 있다고 하는 것은 바로 공포의 원인이 되기 때문에, 내가 관계하지 못하는 무언가가 바깥에 머물러 있는 상태를 허용할 수 없다.

	(가)	(나)	(다)			(가)	(나)	(다)
①	㉡	㉠	㉢		②	㉡	㉢	㉠
③	㉢	㉠	㉡		④	㉢	㉡	㉠

소독이란 물체의 표면 및 그 내부에 있는 병원균을 죽여 전파력 또는 감염력을 없애는 것이다. 이때, 소독의 가장 안전한 형태로는 멸균이 있다. 멸균이란 대상으로 하는 물체의 표면 또는 그 내부에 분포하는 모든 세균을 완전히 죽여 무균의 상태로 만드는 조작으로, 살아있는 세포뿐만 아니라 포자, 박테리아, 바이러스 등을 완전히 파괴하거나 제거하는 것이다.

물리적 멸균법은 열, 햇빛, 자외선, 초단파 따위를 이용하여 균을 죽여 없애는 방법이다. 열(Heat)에 의한 멸균에는 건열 방식과 습열 방식이 있는데, 건열 방식은 소각과 건식오븐을 사용하여 멸균하는 방식이다. 건열 방식이 활용되는 예로는 미생물 실험실에서 사용하는 많은 종류의 기구를 물 없이 멸균하는 것이 있다. 이는 습열 방식을 활용했을 때 유리를 포함하는 기구가 파손되거나 금속 재질로 이루어진 기구가 습기에 의해 부식할 가능성을 보완한 방법이다. 그러나 건열 멸균법은 습열 방식에 비해 멸균 속도가 느리고 효율이 떨어지며, 열에 약한 플라스틱이나 고무제품은 대상물의 변성이 이루어져 사용할 수 없다. 예를 들어 많은 세균의 내생포자는 습열 멸균 온도 조건(121℃)에서는 5분 이내에 사멸되나, 건열 멸균법을 활용할 경우 이보다 더 높은 온도(160℃)에서도 약 2시간 정도가 지나야 사멸되는 양상이 나타난다. 반면, 습열 방식은 바이러스, 세균, 진균 등의 미생물들을 손쉽게 사멸시킨다. 습열은 효소 및 구조단백질 등의 필수 단백질의 변성을 유발하고, 핵산을 분해하며 세포막을 파괴하여 미생물을 사멸시킨다. 끓는 물에 약 10분간 노출하면 대개의 영양세포나 진핵포자를 충분히 죽일 수 있으나, 100℃의 끓는 물에서는 세균의 내생포자를 사멸시키지는 못한다. 따라서 물을 끓여서 하는 열처리는 _____ 멸균을 시키기 위해서는 100℃가 넘는 온도(일반적으로 121℃)에서 압력(약 1.1kg/cm²)을 가해 주는 고압증기멸균기를 이용한다. 고압증기멸균기는 물을 끓여 증기를 발생시키고 발생한 증기와 압력에 의해 멸균을 시키는 장치이다. 고압증기멸균기 내부가 적정 온도와 압력(121℃, 약 1.1kg/cm²)에 이를 때까지 뜨거운 포화 증기를 계속 유입시킨다. 해당 온도에서 포화 증기는 15분 이내에 모든 영양세포와 내생포자를 사멸시킨다. 고압증기멸균기에 의해 사멸되는 미생물은 고압에 의해서라기보다는 고압하에서 수증기가 얻을 수 있는 높은 온도에 의해 사멸되는 것이다.

① 더 많은 세균을 사멸시킬 수 있다.
② 멸균 과정에서 더 많은 비용이 소요된다.
③ 멸균 과정에서 더 많은 시간이 소요된다.
④ 소독을 시킬 수는 있으나, 멸균을 시킬 수는 없다.

다음 글에서 〈보기〉의 내용이 들어갈 위치로 가장 적절한 곳은?

정보란 무엇인가? 이는 정보화 사회를 맞이하면서 우리가 가장 깊이 생각해 보아야 할 문제이다. 정보는 그냥 객관적으로 주어진 대상인가? 그래서 그것은 관련된 당사자들에게 항상 가치중립적이고 공정한 지식이 되는가? 결코 그렇지 않다. 똑같은 현상에 대해 정보를 만들어 내는 방식은 매우 다양할 수 있다. 정보라는 것은 인간에 의해 가공되는 것이고 그 배경에는 언제나 나름대로의 입장과 가치관이 깔려 있게 마련이다.

정보화 사회가 되어 정보가 넘쳐나는 듯하지만 사실 우리 대부분은 그 소비자로 머물러 있을 뿐 적극적인 생산의 주체로 나서지 못하고 있다. 이런 상황에서는 우리의 생활을 질적으로 풍요롭게 해 주는 정보를 확보하기가 대단히 어렵다. 사실 우리가 일상적으로 구매하고 소비하는 정보는 대부분 일회적인 심심풀이용이 많다. (가)

또한 정보가 많을수록 좋은 것만은 아니다. 오히려 정보의 과잉은 무기력과 무관심을 낳는다. 네트워크와 각종 미디어와 통신 기기의 회로들 속에서 정보가 기하급수적인 속도의 규모로 증식하고 있는 데 비해, 그것을 수용하고 처리할 수 있는 우리 두뇌의 용량은 진화하지 못하고 있다. 이 불균형은 일상의 스트레스 또는 사회적인 교란으로 표출된다. 정보 그 자체에 집착하는 태도에서 벗어나 무엇이 필요한지를 분별할 수 있는 능력이 배양되어야 한다. (나)

정보는 얼마든지 새롭게 창조될 수 있다. 컴퓨터의 기계적인 언어로 입력되기 전까지의 과정은 인간의 몫이다. 기계가 그것을 대신하기는 불가능하다. 따라서 정보화 시대의 중요한 관건은 컴퓨터에 대한 지식이나 컴퓨터를 다루는 방법이 아니라, 무엇을 담을 것인가에 대한 인간의 창조적 상상력이다. 그것은 마치 전자레인지가 아무리 좋아도 그 자체로 훌륭한 요리를 보장하지는 못하는 것과 마찬가지이다. (다)

정보와 지식 그 자체로는 딱딱하게 굳어 있는 물건처럼 존재하는 듯 보인다. 그러나 그것은 커뮤니케이션 속에서 살아 움직이며 진화한다. 끊임없이 새로운 의미가 발생하고 또한 더 고급으로 갱신되어 간다. 따라서 한 사회의 정보화 수준은 그러한 소통의 능력과 직결된다. 정보의 순환 속에서 끊임없이 새로운 정보로 거듭나는 역동성 없이는 아무리 방대한 데이터베이스라 해도 그 기능에 한계가 있기 때문이다. (라)

보기

한 가지 예를 들어 보자. 어떤 나라에서 발행하는 관광 안내 책자는 정보가 섬세하고 정확하다. 그러나 그 책을 구입해 관광을 간 소비자들은 종종 그 내용의 오류를 발견한다. 그리고 많은 이들이 그것을 그냥 넘기지 않고 수정 사항을 엽서에 적어서 출판사에 보내준다. 출판사는 일일이 현지에 직원을 파견하지 않고도 책자를 개정할 수 있다.

① (가)
③ (다)
② (나)
④ (라)

04 | 내용 추론

|유형분석|

- 주어진 지문을 바탕으로 도출할 수 있는 내용을 찾는 문제이다.
- 선택지의 내용을 정확하게 확인하고 지문의 정보와 비교하여 추론하는 능력이 필요하다.

다음 글을 통해 추론할 수 있는 사실로 가장 적절한 것은?

메이먼의 루비 레이저가 개발된 이후 기체, 액체, 고체, 반도체 등의 매질로 많은 종류의 레이저가 만들어졌으며 그들의 특성은 다양하다. 하지만 모든 레이저 광선은 기본적으로 단일한 파장과 방향성을 가진 광자로 이루어져 있고, 거의 완벽하게 직진하므로 다른 방향으로 퍼지지 않는다. 또한 렌즈를 통해 극히 작은 점에 빛을 수렴시킬 수 있다. 이는 다양한 광자로 이루어져 있고, 다른 방향으로 쉽게 퍼지며, 렌즈를 통해서 쉽게 수렴이 되지 않는 보통의 빛과 크게 다른 점이다.

이러한 특성들을 바탕으로 레이저 광선은 보통의 빛이 도저히 할 수 없는 일을 해내고 있다. 공중에 원하는 글자나 멋진 그림을 펼쳐 보이고, CD의 음악을 재생한다. 제조업에서는 레이저 광선으로 다양한 물체를 정밀하게 자르거나 태우고, 의사는 환자의 수술에 레이저 광선을 활용한다. 단위 시간에 엄청난 양의 통신 정보를 실어 나를 수 있는 통신 매체의 기능을 하기도 한다. 레이저는 현대의 거의 모든 제품과 서비스에 막대한 영향을 끼치는 최첨단 기술로 자리 잡았다.

① 레이저 광선은 빛의 성질을 닮아 다른 방향으로 쉽게 퍼지지 않는다.
② 보통의 빛은 단일한 파장과 방향성을 갖는 광자로 이루어져 있다.
③ 레이저는 과거보다 현재 더 높은 경제적 가치를 지닌다.
④ 루비 레이저와 달리 반도체 레이저의 광선은 서로 다른 파장과 방향성을 가진 광자로 이루어져 있다.

정답 ③

레이저가 현대의 거의 모든 제품과 서비스에 막대한 영향을 끼치는 최첨단 기술로 자리 잡았다는 내용을 통해 추론할 수 있다.

오답분석

① 다른 방향으로 쉽게 퍼지는 보통의 빛과 달리 레이저 광선은 다른 방향으로 쉽게 퍼지지 않는다.
② 단일한 파장과 방향성을 가진 광자로 이루어진 레이저 광선과 달리 보통의 빛은 다양한 광자로 이루어져 있다.
④ 매질의 종류에 따라 레이저의 특성은 다양하지만, 모든 레이저 광선은 기본적으로 단일한 파장과 방향성을 가진 광자로 이루어져 있다.

풀이 전략!

주어진 제시문이 어떠한 내용을 다루고 있는지 파악한 후 선택지의 키워드를 확실하게 체크하고, 제시문의 정보에서 도출할 수 있는 내용을 찾는다.

01 다음 글을 읽고 추론할 수 있는 내용으로 가장 적절한 것은?

사람과 동물처럼 우리 몸을 구성하는 세포도 자의적으로 죽음을 선택하기도 한다. 그렇다면 왜 세포는 죽음을 선택할까? 소위 '진화'의 관점으로 본다면 개별 세포도 살기 위해 발버둥 쳐야 마땅한데 스스로 죽기를 결정하다니 역설적인 이야기처럼 들린다. 세포가 죽음을 선택하는 이유는 자신이 죽는 것이 전체 개체에 유익하기 때문이다. 그렇다면 도대체 '자의적'이란 말을 붙일 수 있는 세포의 죽음은 어떤 것일까?

세포의 '자의적' 죽음이 있다는 말은 '타의적' 죽음도 있다는 말일 것이다. 타의적인 죽음은 네크로시스(Necrosis), 자의적인 죽음은 아포토시스(Apoptosis)라고 부른다. 이 두 죽음은 그 과정과 형태에서 분명한 차이를 보인다. 타의적인 죽음인 네크로시스는 세포가 손상되어 어쩔 수 없이 죽음에 이르는 과정을 말한다. 세포 안팎의 삼투압 차이가 수만 배까지 나면 세포 밖의 물이 세포 안으로 급격하게 유입되어 세포가 터져 죽는다. 마치 풍선에 바람을 계속 불어넣으면 '펑!' 하고 터지듯이 말이다. 이때 세포의 내용물이 쏟아져 나와 염증 반응을 일으킨다. 이러한 네크로시스는 정상적인 발생 과정에서는 나타나지 않고 또한 유전자의 발현이나 새로운 단백질의 생산도 필요 없다.

반면 자의적인 죽음인 아포토시스는 유전자가 작동해 단백질을 만들어 내면 세포가 스스로 죽기로 결정하고 생체 에너지인 ATP를 적극적으로 소모하면서 죽음에 이르는 과정을 말한다. 네크로시스와는 정반대로 세포는 쪼그라들고, 세포 내의 DNA는 규칙적으로 절단된다. 그 다음 쪼그라들어 단편화된 세포 조각들을 주변의 식세포가 시체 처리하듯 잡아먹는 것으로 과정이 종료된다.

인체 내에서 아포토시스가 일어나는 경우는 크게 두 가지다. 하나는 발생과 분화의 과정 중에 불필요한 부분을 없애기 위해서 일어난다. 사람은 태아의 손이 발생할 때 몸통에서 주걱 모양으로 손이 먼저 나온 후에 손가락 위치가 아닌 나머지 부분의 세포들이 사멸해서 우리가 보는 일반적인 손 모양을 만든다. 이들은 이미 죽음이 예정되어 있다고 해서 이런 과정을 PCD(Programed Cell Death)라고 부른다.

다른 하나는 세포가 심각하게 훼손돼 암세포로 변할 가능성이 있을 때 전체 개체를 보호하기 위해 세포는 죽음을 선택한다. 즉, 방사선, 화학 약품, 바이러스 감염 등으로 유전자 변형이 일어나면 세포는 이를 감지하고 자신이 암세포로 변해 전체 개체에 피해를 입히기 전에 스스로 죽음을 결정한다. 이때 아포토시스 과정에 문제가 있는 세포는 죽지 못하고 암세포로 변한다. 과학자들은 이와 같은 아포토시스와 암의 관계를 알게 되면서 암세포의 죽음을 유발하는 물질을 이용해 항암제를 개발하려는 연구를 진행하고 있다.

흥미로운 것은 외부로부터 침입한 세균 등을 죽이는 역할의 T-면역 세포(Tk Cell)도 아포토시스를 이용한다는 사실이다. 세균이 몸 안에 침입하면 T-면역 세포는 세균에 달라붙어서 세균의 세포벽에 구멍을 뚫고 아포토시스를 유발하는 물질을 집어넣는다. 그러면 세균은 원치 않는 죽음을 맞이하게 되는 것이다.

① 손에 난 상처가 회복되는 것은 네크로시스와 관련이 있겠군.
② 우리 몸이 일정한 형태를 갖추게 된 것은 아포토시스와 관련이 있겠군.
③ 아포토시스를 이용한 항암제는 세포의 유전자 변형을 막는 역할을 하겠군.
④ 화학 약품은 네크로시스를 일으켜 암세포로 진행되는 것을 막는 역할을 하겠군.

02 다음 글을 읽고 추론할 수 있는 내용으로 적절하지 않은 것은?

삼국통일을 이룩한 신라는 경덕왕(742~765)대에 이르러 안정된 왕권과 정치제도를 바탕으로 문화적인 면에서 역시 황금기를 맞이하게 되었다. 불교문화 또한 융성기를 맞이하여 석굴암, 불국사를 비롯한 많은 건축물과 조형물을 건립함으로써 당시의 문화적 수준과 역량을 지금까지 전하고 있다. 석탑에 있어서도 시원양식과 전형기를 거치면서 성립된 양식이 이때에 이르러 통일된 수법으로 정착되어, 이후 건립되는 모든 석탑의 근원적인 양식이 되고 있다. 이때 건립된 석탑으로는 나원리 오층석탑, 구황동 삼층석탑, 장항리 오층석탑, 불국사 삼층석탑, 갈항사지 삼층석탑, 원원사지 삼층석탑 그리고 경주 지역 외에 청도 봉기동 삼층석탑과 창녕 술정리 동삼층석탑 등이 있다. 이들은 대부분 불국사 삼층석탑의 양식을 모형으로 건립되었다. 이러한 석탑이 경주 지역에 밀집되어 있다는 것은 통일된 석탑양식이 아직 전국으로까지는 파급되지 못하고 있었음을 보여 준다.

이 통일된 수법을 대표하는 가장 유명한 석탑이 불국사 삼층석탑이다. 부재의 단일화를 통해 규모는 축소되었으나, 목조건축의 양식을 완벽하게 재현하고 있고, 양식적인 면에서도 초기적인 양식을 벗어나 높은 완성도를 보이고 있다.

불국사 삼층석탑에는 세 가지 특징이 있다. 첫 번째는 탑이 이층기단으로, 상·하층기단부에 모두 2개의 탱주와 우주를 마련하고 있다는 점이다. 또한 하층기단갑석의 상면에는 호각형 2단의 상층기단면석 받침이, 상층기단갑석의 상면에는 각형 2단의 1층 탑신석 받침이 마련되었고, 하면에는 각형 1단의 부연이 마련되었다. 두 번째는 탑신석과 옥개석이 각각 1석으로 구성되어 있다는 점이다. 또한 1층 탑신에 비해 2·3층 탑신이 낮게 만들어져 체감율에 있어 안정감을 주고 있다. 옥개석은 5단의 옥개받침과 각형 2단의 탑신받침을 가지고 있으며, 낙수면의 경사는 완만하고, 처마는 수평을 이루다가 전각에 이르러 날렵한 반전을 보이고 있다. 세 번째는 탑의 상륜부가 대부분 결실되어 노반석만 남아 있다는 점이다.

① 경덕왕 때 불교문화가 번창할 수 있었던 것은 안정된 정치 체제가 바탕이 되었기 때문이다.
② 장항리 오층석탑은 불국사 삼층 석탑과 동일한 양식으로 지어졌다.
③ 경덕왕 때 통일된 석탑양식은 경주뿐만 아니라 전 지역으로 유행했다.
④ 이전에는 시원양식을 사용해 석탑을 만들었다.

03 다음 글을 읽고 '클라우드'를 ⊙으로 볼 수 있는 이유로 적절한 것을 〈보기〉에서 모두 고르면?

최근 들어 화두가 되는 IT 관련 용어는 바로 클라우드(Cloud)이다. 그렇다면 클라우드는 무엇인가? 클라우드란 인터넷상의 서버를 통해 데이터를 저장하고 이를 네트워크로 연결하여 콘텐츠를 사용할 수 있는 컴퓨팅 환경을 말한다.

그렇다면 클라우드는 기존의 웹하드와 어떤 차이가 있을까? 웹하드는 일정한 용량의 저장 공간을 확보해 인터넷 환경의 PC로 작업한 문서나 파일을 저장, 열람, 편집하고 다수의 사람과 파일을 공유할 수 있는 인터넷 파일 관리 시스템이다. 한편 클라우드는 이러한 웹하드의 장점을 수용하면서 콘텐츠를 사용하기 위한 소프트웨어까지 함께 제공한다. 그리고 저장된 정보를 개인 PC나 스마트폰 등 각종 IT 기기를 통하여 언제 어디서든 이용할 수 있게 한다. 이것은 클라우드 컴퓨팅 기반의 동기화 서비스를 통해 가능하다. 즉, 클라우드 컴퓨팅 환경을 기반으로 사용자가 보유한 각종 단말기끼리 동기화 절차를 거쳐 동일한 데이터와 콘텐츠를 이용할 수 있게 하는 시스템인 것이다.

클라우드는 구름과 같이 무형의 형태로 존재하는 하드웨어, 소프트웨어 등의 컴퓨팅 자원을 자신이 필요한 만큼 빌려 쓰고 이에 대한 사용 요금을 지급하는 방식의 컴퓨팅 서비스이다. 여기에는 서로 다른 물리적인 위치에 존재하는 컴퓨팅 자원을 가상화 기술로 통합해 제공하는 기술이 활용된다. 클라우드는 평소에 남는 서버를 활용하므로 클라우드 환경을 제공하는 운영자에게도 유용하지만, 사용자 입장에서는 더욱 유용하다. 개인적인 데이터 저장 공간이 따로 필요하지 않기에 저장 공간의 제약도 극복할 수 있다. 가상화 기술과 분산 처리 기술로 서버의 자원을 묶거나 분할하여 필요한 사용자에게 서비스 형태로 제공되기 때문에 개인의 컴퓨터 가용률이 높아지는 것이다. 이러한 높은 가용률은 자원을 유용하게 활용하는 ⊙ 그린 IT 전략과도 일치한다.

또한 클라우드 컴퓨팅을 도입하는 기업 또는 개인은 컴퓨터 시스템을 유지·보수·관리하기 위하여 들어가는 비용과 서버의 구매 및 설치 비용, 업데이트 비용, 소프트웨어 구매 비용 등 엄청난 비용과 시간, 인력을 줄일 수 있고 에너지 절감에도 기여할 수 있다. 하지만 서버가 해킹 당할 경우 개인 정보가 유출될 수 있고, 서버 장애가 발생하면 자료 이용이 불가능하다는 단점도 있다. 따라서 사용자들이 안전한 환경에서 서비스를 이용할 수 있도록 보안에 대한 대책을 강구하고 위험성을 최소화할 수 있는 방안을 마련하여야 한다.

보기

ㄱ. 남는 서버를 활용하여 컴퓨팅 환경을 제공한다.
ㄴ. 빌려 쓴 만큼 사용 요금을 지급하는 유료 서비스이다.
ㄷ. 사용자들이 안전한 환경에서 서비스를 이용하게 한다.
ㄹ. 저장 공간을 제공하여 개인 컴퓨터의 가용률을 높인다.

① ㄱ, ㄴ   ② ㄱ, ㄹ
③ ㄴ, ㄷ   ④ ㄴ, ㄹ

05 | 맞춤법 · 어휘

| 유형분석 |

- 주어진 문장이나 지문에서 잘못 쓰인 단어·표현을 바르게 고칠 수 있는지 평가한다.
- 띄어쓰기, 동의어·유의어·다의어 또는 관용적 표현 등을 찾는 문제가 출제될 가능성이 있다.

다음 밑줄 친 단어 중 문맥상 쓰임이 적절하지 않은 것은?

① 어려운 문제의 답을 <u>맞혀야</u> 높은 점수를 받을 수 있다.

② 공책에 선을 <u>반듯이</u> 긋고 그 선에 맞춰 글을 쓰는 연습을 해.

③ 생선을 간장에 10분 동안 <u>졸이면</u> 요리가 완성된다.

④ 미안하지만 지금은 바쁘니까 <u>이따가</u> 와서 얘기해.

정답 ③

'졸이다'는 '찌개를 졸이다.'와 같이 국물의 양을 적어지게 하는 것을 의미한다. 반면에 '조리다'는 '양념을 한 고기나 생선, 채소 따위를 국물에 넣고 바짝 끓여서 양념이 배어들게 하다.'의 의미를 지닌다. 따라서 ③의 경우 문맥상 '졸이다'가 아닌 '조리다'가 사용되어야 한다.

오답분석

① 맞히다 : 문제에 대한 답을 틀리지 않게 하다. / 맞추다 : 둘 이상의 일정한 대상들을 나란히 놓고 비교하여 살피다.

② 반듯이 : 비뚤어지거나 기울거나 굽지 않고 바르게 / 반드시 : 틀림없이 꼭, 기필코

④ 이따 : 조금 지난 뒤에 / 있다 : 어느 곳에서 떠나거나 벗어나지 않고 머물다. 또는 어떤 상태를 계속 유지하다.

풀이 전략!

자주 틀리는 맞춤법

틀린 표현	옳은 표현	틀린 표현	옳은 표현
몇일	며칠	오랫만에	오랜만에
귀뜸	귀띔	선생으로써	선생으로서
웬지	왠지	안되	안돼
왠만하면	웬만하면	돼고 싶다	되고 싶다
어떻해	어떻게 해 / 어떡해	병이 낳았다	병이 나았다
금새	금세	내일 뵈요	내일 봬요
구지	굳이	고르던지 말던지	고르든지 말든지
서슴치	서슴지	합격하길 바래요	합격하길 바라요

01 다음 중 밑줄 친 부분의 맞춤법이 가장 적절한 것은?

① 그는 손가락으로 북쪽을 <u>가르켰다</u>.
② <u>뚝배기</u>에 담겨 나와서 시간이 지나도 식지 않았다.
③ 열심히 하는 것은 좋은데 <u>촛점</u>이 틀렸다.
④ 몸이 너무 약해서 보약을 <u>다려</u> 먹어야겠다.

02 다음 중 띄어쓰기가 적절하지 않은 것을 모두 고르면?

> K기관은 다양한 분야에서 ⊙ <u>괄목할만한</u> 성과를 거두고 있다. 그러나 타 기관들이 단순히 이를 벤치마킹한다고 해서 반드시 우수한 성과를 거둘 수 있는 것은 아니다. K기관의 성공 요인은 주어진 정책 과제를 수동적으로 ⓒ <u>수행하는데</u> 머무르지 않고, 대국민 접점에서 더욱 다양하고 복잡해지고 있는 수요를 빠르게 인지하고 심도 깊게 파악하여 그 개선점을 내놓기 위해 노력하는 일련의 과정을 ⓒ <u>기관만의</u> 특색으로 바꾸어 낸 것이다.

① ⊙
② ⓒ
③ ⓒ
④ ⊙, ⓒ

03 다음은 K사의 고객헌장 전문이다. 틀린 단어는 모두 몇 개인가?(단, 띄어쓰기는 무시한다)

> 우리는 모든 업무를 수행하면서 고객의 입장에서 생각하며 친절·신속·정확하게 처리하겠습니다. 우리는 잘못된 서비스로 고객에게 불편을 초래한 경우 즉시 계선·시정하고 재발방지에 노력하겠습니다. 우리는 항상 고객의 말씀에 귀를 기울이며, 고객의 의견을 경영에 최대한 반영하겠습니다. 이와 같은 목표를 달성하기 위하여 구체적인 고객서비스 이행표준을 설정하고 이를 성실이 준수할 것을 약속드립니다.

① 1개
② 2개
③ 3개
④ 4개

06 경청·의사 표현

| 유형분석 |

- 주로 특정 상황을 제시한 뒤 올바른 의사소통 방법을 묻는 형태의 문제가 출제된다.
- 경청과 관련한 이론에 대해 묻거나 대화문 중에서 올바른 경청 자세를 고르는 문제가 출제되기도 한다.

다음 중 올바른 경청 자세로 적절하지 않은 것은?

① 상대를 정면으로 마주하는 자세는 상대방이 자칫 위축되거나 부담스러워할 수 있으므로 지양한다.

② 손이나 다리를 꼬지 않는 개방적인 자세는 상대에게 마음을 열어놓고 있음을 알려주는 신호이다.

③ 우호적인 눈의 접촉(Eye – Contact)은 자신이 상대방에게 관심을 가지고 있음을 알려준다.

④ 비교적 편안한 자세는 전문가다운 자신만만함과 아울러 편안한 마음을 상대방에게 전할 수 있다.

정답 ①

상대를 정면으로 마주하는 자세는 자신이 상대방과 함께 의논할 준비가 되어있다는 것을 알리는 자세이므로 경청을 하는 데 있어 올바른 자세이다.

풀이 전략!

별다른 암기 없이도 풀 수 있는 문제가 자주 출제되지만, 문제에 주어진 상황에 대한 확실한 이해가 필요하다.

01 A씨 부부는 대화를 하다 보면 사소한 다툼으로 이어지곤 한다. A씨의 아내는 A씨가 자신의 이야기를 제대로 들어주지 않기 때문이라고 생각한다. 다음 사례에 나타난 A씨의 경청을 방해하는 습관은 무엇인가?

> A씨의 아내가 남편에게 직장에서 업무 실수로 상사에게 혼난 일을 이야기하자 A씨는 "항상 일을 진행하면서 꼼꼼하게 확인하라고 했잖아요. 당신이 일을 처리하는 방법이 잘못됐어요. 다음부터는 일을 하기 전에 미리 계획을 세우고 체크리스트를 작성해보세요."라고 이야기했다. A씨의 아내는 이런 대답을 듣자고 이야기한 것이 아니라며 더 이상 이야기하고 싶지 않다고 말하며 밖으로 나가 버렸다.

① 짐작하기   ② 걸러내기
③ 판단하기   ④ 조언하기

02 강연을 듣고 윤수, 상민, 서희. 선미는 다음과 같은 대화를 나누었다. 강연 내용에 기반하였을 때, 옳지 않은 말을 하는 사람은 누구인가?

> 윤수 : 말하는 것만큼 듣는 것도 중요하구나. 경청은 그저 잘 듣기만 하면 되는 줄 알았는데, 경청도 여러 가지 방법이 있는지 오늘 처음 알았어.
> 상민 : 맞아. 특히 오늘 강사님이 알려주신 경청을 방해하는 요인은 정말 도움이 되었어. 그동안 나도 모르게 했던 행동들 중에 해당되는 게 많더라고. 특히 내가 대답할 말을 생각하느라 상대의 말에 집중하지 않는 태도는 꼭 고쳐야겠다고 생각이 들었어.
> 서희 : 나도 상대에게 호의를 보인다고 상대의 말에 너무 쉽게 동의하거나 너무 빨리 동의하곤 했는데 앞으로 조심해야겠어. 그리고 보니 강사님께서 경청의 방해 요인은 예시까지 들어주시며 자세히 설명해주셨는데, 경청의 올바른 자세는 몇 가지 알려주시지 않아 아쉬웠어. 또 무엇이 있을까?
> 선미 : 아, 그건 강사님이 보내주신 강의 자료에 더 자세히 나와 있어. 그런데 서희야, 네가 말한 행동은 경청의 올바른 자세니까 굳이 고칠 필요 없어.

① 윤수   ② 상민
③ 서희   ④ 선미

자원관리능력

합격 Cheat Key

자원관리능력은 현재 NCS 기반 채용을 진행하는 많은 공사·공단에서 핵심영역으로 자리 잡아, 일부를 제외한 대부분의 시험에서 출제되고 있다.

세부 유형은 비용 계산, 해외파견 지원금 계산, 주문 제작 단가 계산, 일정 조율, 일정 선정, 행사 대여 장소 선정, 최단거리 구하기, 시차 계산, 소요시간 구하기, 해외파견 근무 기준에 부합하는 또는 부합하지 않는 직원 고르기 등으로 나눌 수 있다.

1 시차를 먼저 계산하라!

시간 자원 관리의 대표유형 중 시차를 계산하여 일정에 맞는 항공권을 구입하거나 회의시 간을 구하는 문제에서는 각각의 나라 시간을 한국 시간으로 전부 바꾸어 계산하는 것이 편리하다. 조건에 맞는 나라들의 시간을 전부 한국 시간으로 바꾸고 한국 시간과의 시차 만 더하거나 빼면 시간을 단축하여 풀 수 있다.

2 선택지를 잘 활용하라!

계산을 해서 값을 요구하는 문제 유형에서는 선택지를 먼저 본 후 자리 수가 몇 단위로 끝나는지 확인해야 한다. 예를 들어 412,300원, 426,700원, 434,100원인 선택지가 있 다고 할 때, 제시된 조건에서 100원 단위로 나올 수 있는 항목을 찾아 그 항목만 계산하는 방법이 있다. 또한, 일일이 계산하는 문제가 많다. 예를 들어 640,000원, 720,000원, 810,000원 등의 수를 이용해 푸는 문제가 있다고 할 때, 만 원 단위를 절사하고 계산하여 64, 72, 81처럼 요약하는 방법이 있다.

3 최적의 값을 구하는 문제인지 파악하라!

물적 자원 관리의 대표유형에서는 제한된 자원 내에서 최대의 만족 또는 이익을 얻을 수 있는 방법을 강구하는 문제가 출제된다. 이때, 구하고자 하는 값을 x, y로 정하고 연립방정식을 이용해 x, y 값을 구한다. 최소 비용으로 목표생산량을 달성하기 위한 업무 및 인력 할당, 정해진 시간 내에 최대 이윤을 낼 수 있는 업체 선정, 정해진 인력으로 효율적 업무 배치 등을 구하는 문제에서 사용되는 방법이다.

4 각 평가항목을 비교하라!

인적 자원 관리의 대표유형에서는 각 평가항목을 비교하여 기준에 적합한 인물을 고르거나, 저렴한 업체를 선정하거나, 총점이 높은 업체를 선정하는 문제가 출제된다. 이런 유형은 평가항목에서 가격이나 점수 차이에 영향을 많이 미치는 항목을 찾아 1~2개의 선택지를 삭제하고, 남은 3~4개의 선택지만 계산하여 시간을 단축할 수 있다.

01 | 시간 계획

| 유형분석 |

- 시간 자원과 관련된 다양한 정보를 활용하여 풀어가는 문제이다.
- 대체로 교통편 정보나 국가별 시차 정보가 제공되며, 이를 근거로 '현지 도착시간 또는 약속된 시간 내에 도착하기 위한 방안'을 고르는 문제가 출제된다.

한국은 뉴욕보다 16시간 빠르고, 런던은 한국보다 8시간 느리다. 다음 비행기가 현지에 도착할 때의 시각 (㉠, ㉡)으로 옳은 것은?

구분	출발 일자	출발 시각	비행 시간	도착 시각
뉴욕행 비행기	6월 6일	22:20	13시간 40분	㉠
런던행 비행기	6월 13일	18:15	12시간 15분	㉡

	㉠	㉡
①	6월 6일 09시	6월 13일 09시 30분
②	6월 6일 20시	6월 13일 22시 30분
③	6월 7일 09시	6월 14일 09시 30분
④	6월 7일 13시	6월 14일 15시 30분
⑤	6월 7일 20시	6월 14일 20시 30분

정답 ②

㉠ 뉴욕행 비행기는 한국에서 6월 6일 22시 20분에 출발하고, 13시간 40분 동안 비행하기 때문에 6월 7일 12시에 도착한다. 한국 시간은 뉴욕보다 16시간 빠르므로 현지에 도착하는 시각은 6월 6일 20시가 된다.

㉡ 런던행 비행기는 한국에서 6월 13일 18시 15분에 출발하고, 12시간 15분 동안 비행하기 때문에 현지에 6월 14일 6시 30분에 도착한다. 한국 시간은 런던보다 8시간이 빠르므로 현지에 도착하는 시각은 6월 13일 22시 30분이 된다.

풀이 전략!

문제에서 묻는 것을 정확히 파악한다. 특히 제한사항에 대해서는 빠짐없이 확인해 두어야 한다. 이후 제시된 정보(시차 등)에서 필요한 것을 선별하여 문제를 풀어간다.

01 다음은 K공사 신제품개발1팀의 하루 업무 스케줄에 대한 자료이다. 신입사원 A씨는 스케줄을 바탕으로 금일 회의 시간을 정하려고 한다. 1시간 동안 진행될 팀 회의의 가장 적절한 시간대는?

<K공사 신제품개발1팀 스케줄>

시간	직급별 스케줄				
	부장	차장	과장	대리	사원
09:00 ~ 10:00	업무회의				
10:00 ~ 11:00					비품요청
11:00 ~ 12:00			시장조사	시장조사	시장조사
12:00 ~ 13:00			점심식사		
13:00 ~ 14:00	개발전략수립		시장조사	시장조사	시장조사
14:00 ~ 15:00		샘플검수	제품구상	제품구상	제품구상
15:00 ~ 16:00			제품개발	제품개발	제품개발
16:00 ~ 17:00					
17:00 ~ 18:00			결과보고	결과보고	

① 09:00 ~ 10:00

② 10:00 ~ 11:00

③ 14:00 ~ 15:00

④ 16:00 ~ 17:00

02 A대리는 다가오는 9월에 결혼을 앞두고 있다. 다음 <조건>을 참고할 때, A대리의 결혼날짜로 가능한 날은?

> **조건**
> • 9월은 1일부터 30일까지이며, 9월 1일은 금요일이다.
> • 9월 30일부터 추석연휴가 시작되고 추석연휴 이틀 전엔 A대리가 주관하는 회의가 있다.
> • A대리는 결혼식을 한 다음날 8박 9일간 신혼여행을 간다.
> • 회사에서 신혼여행으로 주는 휴가는 5일이다.
> • A대리는 신혼여행과 겹치지 않도록 수요일 3주 연속 치과 진료가 예약되어 있다.
> • 신혼여행에서 돌아오는 날 부모님 댁에서 하루 자고, 그 다음날 출근할 예정이다.

① 1일

② 2일

③ 22일

④ 23일

※ K공사에서 근무하는 A부장은 적도기니로 출장을 가려고 한다. 이어지는 질문에 답하시오. [3~4]

〈경유지, 도착지 현지시각〉

국가(도시)	현지시각
한국(인천)	2024. 08. 05 AM 08:40
중국(광저우)	2024. 08. 05 AM 07:40
에티오피아(아디스아바바)	2024. 08. 05 AM 02:40
적도기니(말라보)	2024. 08. 05 AM 00:40

〈경로별 비행시간〉

비행경로	비행시간
인천 → 광저우	3시간 50분
광저우 → 아디스아바바	11시간 10분
아디스아바바 → 말라보	5시간 55분

〈경유지별 경유시간〉

경유지	경유시간
광저우	4시간 55분
아디스아바바	6시간 10분

03 K부장은 2024년 8월 5일 오전 8시 40분 인천에서 비행기를 타고 적도기니로 출장을 가려고 한다. K부장이 두 번째 경유지인 아디스아바바에 도착하는 현지 날짜 및 시각으로 옳은 것은?

① 2024. 08. 05 PM 10:35   ② 2024. 08. 05 PM 11:35
③ 2024. 08. 06 AM 00:35   ④ 2024. 08. 06 AM 01:35

04 기상악화로 인하여 광저우에서 출발하는 아디스아바바행 비행기가 2시간 지연출발하였다고 한다. 이때, 총 소요 시간과 적도기니에 도착하는 현지 날짜 및 시각으로 옳은 것은?

	총 소요 시간	현지 날짜 및 시각
①	31시간	2024. 08. 06 AM 07:40
②	32시간	2024. 08. 06 AM 08:40
③	33시간	2024. 08. 06 AM 09:40
④	34시간	2024. 08. 06 AM 10:40

05 K사원의 팀은 출장근무를 마치고 서울로 복귀하고자 한다. 다음 자료를 참고할 때, 서울에 가장 일찍 도착할 수 있는 예정시각은 언제인가?

〈상황〉

- K사원이 소속된 팀원은 총 4명이다.
- 대전에서 출장을 마치고 서울로 돌아가려고 한다.
- 고속버스터미널에는 은행, 편의점, 화장실, 패스트푸드점 등이 있다.
※ 시설별 소요 시간 : 은행 30분, 편의점 10분, 화장실 20분, 패스트푸드점 25분

〈대화 내용〉

A과장 : 긴장이 풀려서 그런가? 배가 출출하네. 햄버거라도 사서 먹어야겠어.
B대리 : 저도 출출하긴 한데 그것보다 화장실이 더 급하네요. 금방 다녀오겠습니다.
C주임 : 그럼 그사이에 버스표를 사야 하니 은행에 들러 현금을 찾아오겠습니다.
K사원 : 저는 그동안 편의점에 가서 버스 안에서 먹을 과자를 사 오겠습니다.
A과장 : 지금이 16시 50분이니까 다들 각자 볼일 보고 빨리 돌아와. 다 같이 타고 가야 하니까.

〈시외버스 배차정보〉

대전 출발	서울 도착	잔여 좌석수
17:00	19:00	6
17:15	19:15	8
17:30	19:30	3
17:45	19:45	4
18:00	20:00	8
18:15	20:15	5
18:30	20:30	6
18:45	20:45	10
19:00	21:00	16

① 17:45

② 19:15

③ 19:45

④ 20:15

02 │ 비용 계산

| 유형분석 |

- 예산 자원과 관련된 다양한 정보를 활용하여 풀어가는 문제이다.
- 대체로 한정된 예산 내에서 수행할 수 있는 업무 및 예산 가격을 묻는 문제가 출제된다.

A사원은 이번 출장을 위해 KTX 표를 미리 40% 할인된 가격에 구매하였으나, 출장 일정이 바뀌는 바람에 하루 전날 표를 취소하였다. 다음 환불 규정에 따라 16,800원을 돌려받았을 때, 할인되지 않은 KTX 표의 가격은 얼마인가?

〈KTX 환불 규정〉

출발 2일 전	출발 1일 전 ~ 열차 출발 전	열차 출발 후
100%	70%	50%

① 40,000원   ② 48,000원

③ 56,000원   ④ 67,200원

⑤ 70,000원

정답 ①

할인되지 않은 KTX 표의 가격을 x원이라 하면, 표를 40% 할인된 가격으로 구매하였으므로 구매 가격은 $(1-0.4)x=0.6x$원이다. 환불 규정에 따르면 하루 전에 표를 취소하는 경우 70%의 금액을 돌려받을 수 있으므로 이를 식으로 정리하면 다음과 같다.
$0.6x \times 0.7 = 16,800$
→ $0.42x = 16,800$
∴ $x = 40,000$
따라서 할인되지 않은 KTX 표의 가격은 40,000원이다.

풀이 전략!

제한사항인 예산을 고려하여 문제에서 묻는 것을 정확히 파악한 후, 제시된 정보에서 필요한 것을 선별하여 문제를 풀어간다.

01 다음은 같은 동아리에서 활동하는 두 학생의 대화 내용이다. 빈칸에 들어갈 가장 작은 수는?

> 효수 : 우리 동아리 회원끼리 뮤지컬 보러 갈까?
> 연지 : 그래, 정말 좋은 생각이다. 관람료는 얼마니?
> 효수 : 개인관람권은 10,000원이고, 30명 이상 단체는 15%를 할인해 준대!
> 연지 : 30명 미만이 간다면 개인관람권을 사야겠네?
> 효수 : 아니야, 잠깐만! 계산을 해 보면……. 아하! _____명 이상이면 단체관람권을 사는 것이 유리해!

① 25   ② 26
③ 27   ④ 28

02 K공사는 창고업체를 통해 아래 세 제품군을 보관하고 있다. 각 제품군에 대한 정보를 참고하여 다음 〈조건〉에 따라 K공사가 보관료로 지급해야 할 총금액은?

구분	매출액(억 원)	용량	
		용적(CUBIC)	무게(톤)
A제품군	300	3,000	200
B제품군	200	2,000	300
C제품군	100	5,000	500

조건
- A제품군은 매출액의 1%를 보관료로 지급한다.
- B제품군은 1CUBIC당 20,000원의 보관료를 지급한다.
- C제품군은 1톤당 80,000원의 보관료를 지급한다.

① 3억 2천만 원   ② 3억 4천만 원
③ 3억 6천만 원   ④ 3억 8천만 원

※ 다음 자료를 보고 이어지는 질문에 답하시오. [3~4]

〈비품 가격표〉

품명	수량(개)	단가(원)
라벨지 50mm(SET)	1	18,000
1단 받침대	1	24,000
블루투스 마우스	1	27,000
★특가★ 탁상용 문서수동세단기	1	36,000
AAA건전지(SET)	1	4,000

※ 3단 받침대는 개당 2,000원 추가
※ 라벨지 91mm 사이즈 변경 시 SET당 5% 금액 추가
※ 블루투스 마우스 3개 이상 구매 시 건전지 3SET 무료 증정

03 K공사에서는 2분기 비품 구매를 하려고 한다. 다음 주문서를 토대로 주문할 때, 총 주문 금액은?

주문서			
라벨지 50mm	2SET	1단 받침대	1개
블루투스 마우스	5개	AAA건전지	5SET

① 148,000원
② 183,000원
③ 200,000원
④ 203,000원

04 비품 구매를 담당하는 A사원은 주문 수량을 잘못 기재해서 주문 내역을 다음과 같이 수정하였다. 수정된 주문서를 토대로 주문할 때, 총 주문 금액은?

주문서			
라벨지 91mm	4SET	3단 받침대	2개
블루투스 마우스	3개	AAA건전지	3SET
탁상용 문서수동세단기	1개	–	–

① 151,000원
② 244,600원
③ 252,600원
④ 256,600원

05 K공사는 연말 시상식을 개최하여 한 해 동안 모범이 되거나 훌륭한 성과를 낸 직원을 독려하고자 한다. 시상 내역과 상패 및 물품 비용에 대한 정보가 다음과 같을 때, 상품 구입비는 총 얼마인가?

〈시상 내역〉

시상 종류	수상 인원	상품
사내선행상	5명	1인당 금 도금 상패 1개, 식기 세트 1개
사회기여상	1명	1인당 은 도금 상패 1개, 신형 노트북 1대
연구공로상	2명	1인당 금 도금 상패 1개, 태블릿 PC 1대, 안마의자 1대
성과공로상	4명	1인당 은 도금 상패 1개, 태블릿 PC 1대, 만년필 2개
청렴모범상	2명	1인당 동 상패 1개, 안마의자 1대

〈상패 제작비〉

• 금 도금 상패 : 1개당 55,000원(5개 이상 주문 시 개당 가격 10% 할인)
• 은 도금 상패 : 1개당 42,000원(주문 수량 4개당 1개 무료 제공)
• 동 상패 : 1개당 35,000원

〈물품 구입비(1개당)〉

물품	구입비
식기 세트	450,000원
신형 노트북	1,500,000원
태블릿 PC	600,000원
안마의자	1,700,000원
만년필	100,000원

① 14,085,000원   ② 15,050,000원
③ 15,534,500원   ④ 16,805,000원

CHAPTER 02 자원관리능력 • **33**

03 | 품목 확정

| 유형분석 |

- 물적 자원과 관련된 다양한 정보를 활용하여 풀어 가는 문제이다.
- 주로 공정도·제품·시설 등에 대한 가격·특징·시간 정보가 제시되며, 이를 종합적으로 고려하는 문제가 출제된다.

K공사 인재개발원에 근무하고 있는 A대리는 〈조건〉에 따라 신입사원 교육을 위한 스크린을 구매하려고 한다. 다음 중 가장 적절한 제품은 무엇인가?

조건

- 조명도는 5,000lx 이상이어야 한다.
- 예산은 150만 원이다.
- 제품에 이상이 생겼을 때 A/S가 신속해야 한다.
- 위 조건을 모두 충족할 시, 가격이 저렴한 제품을 가장 우선으로 선정한다.

※ lux(럭스) : 조명이 밝은 정도를 말하는 조명도에 대한 실용단위로 기호는 lx이다.

	제품	가격(만 원)	조명도(lx)	특이사항
①	A	180	8,000	2년 무상 A/S 가능
②	B	120	6,000	해외직구(해외 A/S)
③	C	100	3,500	미사용 전시 제품
④	D	130	7,000	2년 무상 A/S 가능

정답 ④

가격, 조명도, A/S 등의 요건이 주어진 조건에 모두 부합한다.

오답분석

① 예산이 150만 원이라고 했으므로 예산을 초과하였다.
② A/S가 신속해야 하는데 해외 A/S만 가능하므로 적절하지 않다.
③ 조명도가 5,000lx 미만이므로 적절하지 않다.

풀이 전략!

문제에서 묻고자 하는 바를 정확히 파악하는 것이 중요하다. 문제에서 제시한 물적 자원의 정보를 문제의 의도에 맞게 선별하면서 풀어 간다.

01 K공사 마케팅 팀장은 팀원 50명에게 연말 선물을 하기 위해 물품을 구매하려고 한다. 다음은 업체별 품목 가격과 팀원들의 품목 선호도를 나타낸 자료이다. 이를 바탕으로 〈조건〉에 따라 팀장이 구매하는 물품과 업체를 순서대로 바르게 나열한 것은?

〈업체별 품목 가격〉

구분		한 벌당 가격(원)
A업체	티셔츠	6,000
	카라 티셔츠	8,000
B업체	티셔츠	7,000
	후드 집업	10,000
	맨투맨	9,000

〈팀원 품목 선호도〉

순위	품목
1	카라 티셔츠
2	티셔츠
3	후드 집업
4	맨투맨

조건

- 팀원의 선호도를 우선으로 품목을 선택한다.
- 총구매금액이 30만 원 이상이면 총금액에서 5%를 할인해 준다.
- 차순위 품목이 1순위 품목보다 총금액이 20% 이상 저렴하면 차순위를 선택한다.

① 티셔츠, A업체　　　　　　　　② 카라 티셔츠, A업체
③ 맨투맨, B업체　　　　　　　　④ 후드 집업, B업체

02 다음은 6개 광종의 위험도와 경제성 점수에 대한 자료이다. 이를 바탕으로 분류기준을 이용하여 광종을 분류할 때, 적절한 것을 〈보기〉에서 모두 고르면?

〈6개 광종의 위험도와 경제성 점수〉

(단위 : 점)

구분	금광	은광	동광	연광	아연광	철광
위험도	2.5	4.0	2.5	2.7	3.0	3.5
경제성	3.0	3.5	2.5	2.7	3.5	4.0

〈분류기준〉

위험도와 경제성 점수가 모두 3.0점을 초과하면 비축필요광종으로 분류하고, 위험도와 경제성 점수 중 하나는 3.0점 초과, 다른 하나는 2.5점 초과 3.0점 이하인 경우에는 주시광종으로 분류하며, 그 외는 비축제외광종으로 분류한다.

보기

㉠ 주시광종으로 분류되는 광종은 1종류이다.
㉡ 비축필요광종으로 분류되는 광종은 은광, 아연광, 철광이다.
㉢ 모든 광종의 위험도와 경제성 점수가 현재보다 각각 20% 증가하면, 비축필요광종으로 분류되는 광종은 4종류가 된다.
㉣ 주시광종의 분류기준을 위험도와 경제성 점수 중 하나는 3.0점 초과, 다른 하나는 2.5점 이상 3.0점 이하로 변경한다면, 금광과 아연광은 주시광종으로 분류된다.

① ㉠, ㉢
② ㉠, ㉣
③ ㉡, ㉢
④ ㉢, ㉣

03 K공사에 근무하는 임직원은 7월 19일부터 21일까지 2박 3일간 워크숍을 가려고 한다. 워크숍 장소 예약을 담당하게 된 S대리는 〈조건〉에 따라 호텔을 예약하려고 한다. 다음 중 S대리가 예약할 호텔로 가장 적절한 것은?

〈워크숍 장소 현황〉

(단위 : 실, 명, 개)

구분	총 객실 수	객실 예약완료 현황			세미나룸 현황			
		7월 19일	7월 20일	7월 21일	최대수용인원	빔프로젝터	4인용 테이블	의자
A호텔	88	20	26	38	70	○	26	74
B호텔	70	11	27	32	70	×	22	92
C호텔	76	10	18	49	100	○	30	86
D호텔	84	18	23	19	90	○	15	70

〈K공사 임직원 현황〉

(단위 : 명)

구분	신사업기획처	신사업추진처	기술기획처	ICT융합기획처
처장	1	1	1	1
부장	3	4	2	3
과장	5	6	4	3
대리	6	6	5	4
주임	2	2	3	6
사원	3	4	3	2

조건

• 워크숍은 한 호텔에서 실시하며, 워크숍에 참여하는 모든 직원은 해당 호텔에서 숙박한다.
• 부장급 이상은 1인 1실을 이용하며, 나머지 임직원은 2인 1실을 이용한다.
• 워크숍에서는 빔프로젝터가 있어야 하며, 4인용 테이블과 의자는 참여하는 인원수만큼 필요하다.

① A호텔
② B호텔
③ C호텔
④ D호텔

04 | 인원 선발

| 유형분석 |

- 인적 자원과 관련된 다양한 정보를 활용하여 풀어 가는 문제이다.
- 주로 근무명단, 휴무일, 업무할당 등의 주제로 다양한 정보를 활용하여 종합적으로 풀어 가는 문제가 출제된다.

다음 자료를 토대로 K공사가 하루 동안 고용할 수 있는 최대 인원은?

<K공사의 예산과 고용비>

총예산	본예산	500,000원
	예비비	100,000원
고용비	1인당 수당	50,000원
	산재보험료	(수당)×0.504%
	고용보험료	(수당)×1.3%

① 10명 ② 11명
③ 12명 ④ 13명

정답 ②

(하루 1인당 고용비)=(1인당 수당)+(산재보험료)+(고용보험료)

=50,000+(50,000×0.504%)+(50,000×1.3%)

=50,000+252+650=50,902원

(하루에 고용할 수 있는 인원 수)=[(본예산)+(예비비)]÷(하루 1인당 고용비)

=600,000÷50,902≒11.8

따라서 하루 동안 고용할 수 있는 최대 인원은 11명이다.

풀이 전략!

문제에서 신입사원 채용이나 인력배치 등의 주제가 출제될 경우에는 주어진 규정 혹은 규칙을 꼼꼼히 확인하여야 한다. 이를 근거로 각 선택지가 어긋나지 않는지 검토하며 문제를 풀어 간다.

01 재무팀에서는 주말 사무보조 직원을 채용하기 위해 공고문을 게재하였으며, 지원자 명단은 다음과 같다. 다음 자료를 참고하였을 때, 최소비용으로 가능한 많은 인원을 채용하고자 한다면 총 몇 명의 지원자를 채용할 수 있겠는가?(단, 급여는 지원자가 희망하는 금액으로 지급한다)

〈사무보조 직원 채용 공고문〉

- 업무내용 : 문서작성, 전화응대 등
- 지원자격 : 경력, 성별, 나이, 학력 무관
- 근무조건 : 장기(6개월 이상, 협의 불가) / 주말 11:00 ~ 22:00(협의 가능)
- 급여 : 협의 후 결정
- 연락처 : 02-000-0000

〈지원자 명단〉

성명	희망근무기간	근무가능시간	최소근무시간 (하루 기준)	희망임금 (시간당 / 원)
박소다	10개월	11:00 ~ 18:00	3시간	7,500
서창원	12개월	12:00 ~ 20:00	2시간	8,500
한승희	8개월	18:00 ~ 22:00	2시간	7,500
김병우	4개월	11:00 ~ 18:00	4시간	7,000
우병지	6개월	15:00 ~ 20:00	3시간	7,000
김래원	10개월	16:00 ~ 22:00	2시간	8,000
최지홍	8개월	11:00 ~ 18:00	3시간	7,000

※ 지원자 모두 주말 이틀 중 하루만 출근하기를 원한다.
※ 하루에 2회 이상 출근은 불가하다.

① 2명   ② 3명
③ 4명   ④ 5명

02 K공사에서는 신입사원 2명을 채용하기 위하여 서류와 필기전형을 통과한 갑 ~ 정 네 명의 최종 면접을 실시하려고 한다. 다음과 같이 네 개 부서의 팀장이 각각 네 명을 모두 면접하여 채용 우선순위를 결정하였다. 면접 결과에 대한 〈보기〉의 설명 중 옳은 것을 모두 고르면?

〈면접 결과〉

면접관 / 순위	인사팀장	경영관리팀장	복지사업팀장	회계팀장
1순위	을	갑	을	병
2순위	정	을	병	정
3순위	갑	정	정	갑
4순위	병	병	갑	을

※ 우선순위가 높은 순서대로 2명을 채용한다.
※ 동점자는 인사팀장, 경영관리팀장, 복지사업팀장, 회계팀장 순서로 부여한 고순위자로 결정한다.
※ 각 팀장이 매긴 순위에 대한 가중치는 모두 동일하다.

보기
㉠ '을' 또는 '정' 중 한 명이 입사를 포기하면 '갑'이 채용된다.
㉡ 인사팀장이 '을'과 '정'의 순위를 바꾼다면 '갑'이 채용된다.
㉢ 경영관리팀장이 '갑'과 '병'의 순위를 바꾼다면 '정'은 채용되지 못한다.

① ㉠
② ㉠, ㉡
③ ㉠, ㉢
④ ㉡, ㉢

03 K공사 인사부의 P사원은 직원들의 근무평정 업무를 수행하고 있다. 다음 가점평정 기준표를 참고할 때, P사원이 A과장에게 부여해야 할 가점은?

〈가점평정 기준표〉

구분		내용	가점	인정 범위	비고
근무경력		본부 근무 1개월(본부, 연구원, 인재개발원 또는 정부부처 파견근무기간 포함)	0.03점 (최대 1.8점)	1.8점	동일 근무기간 중 다른 근무경력 가점과 원거리, 장거리 및 특수지
		지역본부 근무 1개월(지역본부 파견근무기간 포함)	0.015점 (최대 0.9점)	1.8점	가점이 중복될 경우, 원거리, 장거리 및 특수지 근무 가점은 1/2만 인정
		원거리 근무 1개월	0.035점 (최대 0.84점)		
		장거리 근무 1개월	0.025점 (최대 0.6점)		
		특수지 근무 1개월	0.02점 (최대 0.48점)		
내부평가		내부평가결과 최상위 10%	월 0.012점	0.5점	현 직급에 누적됨 (승진 후 소멸)
		내부평가결과 차상위 10%	월 0.01점		
제안	제안상 결정 시	금상	0.25점	0.5점	수상 당시 직급에 한정함
		은상	0.15점		
		동상	0.1점		
	시행 결과 평가	탁월	0.25점	0.5점	제안상 수상 당시 직급에 한정함
		우수	0.15점		

〈A과장 가점평정 사항〉

• 입사 후 36개월 동안 본부에서 연구원으로 근무
• 지역본부에서 24개월 동안 근무
 − 지역본부에서 24개월 동안 근무 중 특수지에서 12개월 동안 파견근무
• 본부로 복귀 후 현재까지 총 23개월 근무
• 팀장(직급 : 과장)으로 승진 후 현재까지 업무 수행 중
 − 내부평가결과 최상위 10% 총 12회
 − 내부평가결과 차상위 10% 총 6회
 − 금상 2회, 은상 1회, 동상 1회 수상
 − 시행결과평가 탁월 2회, 우수 1회

① 3.284점 ② 3.454점
③ 3.604점 ④ 3.854점

문제해결능력

합격 Cheat Key

문제해결능력은 업무를 수행하면서 여러 가지 문제 상황이 발생하였을 때, 창의적이고 논리적인 사고를 통하여 이를 올바르게 인식하고 적절히 해결하는 능력으로, 하위 능력에는 사고력과 문제처 리능력이 있다.

문제해결능력은 NCS 기반 채용을 진행하는 대다수의 공사 · 공단에서 채택하고 있으며, 다양한 자료와 함께 출제되는 경우가 많아 어렵게 느껴질 수 있다. 특히, 난이도가 높은 문제로 자주 출제되 기 때문에 다른 영역보다 더 많은 노력이 필요할 수는 있지만 그렇기에 차별화를 할 수 있는 득점 영역이므로 포기하지 말고 꾸준하게 노력해야 한다.

1 질문의 의도를 정확하게 파악하라!

문제해결능력은 문제에서 무엇을 묻고 있는지 정확하게 파악하여 먼저 풀이 방향을 설정 하는 것이 가장 효율적인 방법이다. 특히, 조건이 주어지고 답을 찾는 창의적 · 분석적인 문제가 주로 출제되고 있기 때문에 처음에 정확한 풀이 방향이 설정되지 않는다면 문제를 제대로 풀지 못하게 되므로 첫 번째로 출제 의도 파악에 집중해야 한다.

2 중요한 정보는 반드시 표시하라!

출제 의도를 정확히 파악하기 위해서는 문제의 중요한 정보를 반드시 표시하거나 메모하여 하나의 조건, 단서도 잊고 넘어가는 일이 없도록 해야 한다. 실제 시험에서는 시간의 압박과 긴장감으로 정보를 잘못 적용하거나 잊어버리는 실수가 많이 발생하므로 사전에 충분한 연습이 필요하다.

3 반복 풀이를 통해 취약 유형을 파악하라!

문제해결능력은 특히 시간관리가 중요한 영역이다. 따라서 정해진 시간 안에 고득점을 할 수 있는 효율적인 문제 풀이 방법을 찾아야 한다. 이때, 반복적인 문제 풀이를 통해 자신이 취약한 유형을 파악하는 것이 중요하다. 정확하게 풀 수 있는 문제부터 빠르게 풀고 취약한 유형은 나중에 푸는 효율적인 문제 풀이를 통해 최대한 고득점을 맞는 것이 중요하다.

01 | 명제 추론

| 유형분석 |

- 주어진 조건을 토대로 논리적으로 추론하여 참 또는 거짓을 구분하는 문제이다.
- 자료를 제시하고 새로운 결과나 자료에 주어지지 않은 내용을 추론해 가는 형식의 문제가 출제된다.

어느 도시에 있는 병원의 공휴일 진료 현황은 다음과 같다. 공휴일에 진료하는 병원의 수는?

- B병원이 진료를 하지 않으면, A병원은 진료를 한다.
- B병원이 진료를 하면, D병원은 진료를 하지 않는다.
- A병원이 진료를 하면, C병원은 진료를 하지 않는다.
- C병원이 진료를 하지 않으면, E병원이 진료를 한다.
- E병원은 공휴일에 진료를 하지 않는다.

① 1곳   ② 2곳
③ 3곳   ④ 4곳
⑤ 5곳

정답 ②

제시된 진료 현황을 각각의 명제로 보고 이들을 수식으로 설명하면 다음과 같다(단, 명제가 참일 경우 그 대우도 참이다).
- B병원이 진료를 하지 않으면 A병원이 진료한다(~B → A / ~A → B).
- B병원이 진료를 하면 D병원은 진료를 하지 않는다(B → ~D / D → ~B).
- A병원이 진료를 하면 C병원은 진료를 하지 않는다(A → ~C / C → ~A).
- C병원이 진료를 하지 않으면 E병원이 진료한다(~C → E / ~E → C).

이를 하나로 연결하면, D병원이 진료를 하면 B병원이 진료를 하지 않고, B병원이 진료를 하지 않으면 A병원은 진료를 한다. A병원이 진료를 하면 C병원은 진료를 하지 않고, C병원이 진료를 하지 않으면 E병원은 진료를 한다(D → ~B → A → ~C → E). 명제가 참일 경우 그 대우도 참이므로 ~E → C → ~A → B → ~D가 된다. E병원은 공휴일에 진료를 하지 않으므로 위의 명제를 참고하면 C와 B병원만이 진료를 하는 경우가 된다. 따라서 공휴일에 진료를 하는 병원은 2곳이다.

풀이 전략!

명제와 관련한 기본적인 논법에 대해서는 미리 학습해 두며, 이를 바탕으로 각 문장에 있는 핵심단어 또는 문구를 기호화하여 정리한 후, 선택지와 비교하여 참 또는 거짓을 판단한다.

01 아마추어 야구 리그에서 활동하는 A ~ D팀은 빨간색, 노란색, 파란색, 보라색 중에서 매년 상징하는 색을 바꾸고 있다. 다음 〈조건〉을 참고할 때, 반드시 참인 것은?

> **조건**
> • 하나의 팀은 하나의 상징색을 갖는다.
> • 이전에 사용했던 상징색을 다시 사용할 수는 없다.
> • A팀과 B팀은 빨간색을 사용한 적이 있다.
> • B팀과 C팀은 보라색을 사용한 적이 있다.
> • D팀은 노란색을 사용한 적이 있고, 파란색을 선택하였다.

① A팀은 파란색을 사용한 적이 있어 다른 색을 골라야 한다.
② A팀의 상징색은 노란색이 될 것이다.
③ C팀은 파란색을 사용한 적이 있을 것이다.
④ C팀의 상징색은 빨간색이 될 것이다.

02 K베이커리에서는 A ~ D단체에 우유식빵, 밤식빵, 옥수수식빵, 호밀식빵을 다음 〈조건〉에 따라 한 종류씩 납품하려고 한다. 이때 반드시 참인 것은?

> **조건**
> • 한 단체에 납품하는 빵의 종류는 겹치지 않도록 한다.
> • 우유식빵과 밤식빵은 A에 납품된 적이 있다.
> • 옥수수식빵과 호밀식빵은 C에 납품된 적이 있다.
> • 옥수수식빵은 D에 납품된다.

① 우유식빵은 B에 납품된 적이 있다.
② 옥수수식빵은 A에 납품된 적이 있다.
③ 호밀식빵은 A에 납품될 것이다.
④ 우유식빵은 C에 납품된 적이 있다.

PART 1

03 K공사의 A대리는 다음과 같이 보고서 작성을 위한 방향을 구상 중이다. 〈조건〉의 명제가 모두 참일 때, 공장을 짓는다는 결론을 얻기 위해 빈칸에 필요한 명제는?

> **조건**
> • 재고가 있다.
> • 설비투자를 늘리지 않는다면, 재고가 있지 않다.
> • 건설투자를 늘릴 때에만, 설비투자를 늘린다.
> • _____

① 설비투자를 늘린다.
② 건설투자를 늘리지 않는다.
③ 재고가 있거나 설비투자를 늘리지 않는다.
④ 건설투자를 늘린다면, 공장을 짓는다.

04 다음 〈조건〉을 바탕으로 할 때, 항상 옳은 것은?

> **조건**
> • 분야별 인원 구성
> – A분야 : a(남자), b(남자), c(여자)
> – B분야 : 가(남자), 나(여자)
> – C분야 : 갑(남자), 을(여자), 병(여자)
> • 4명씩 나누어 총 2팀(1팀, 2팀)으로 구성한다.
> • 같은 분야의 같은 성별인 사람은 같은 팀에 들어갈 수 없다.
> • 각 팀에는 분야별로 적어도 한 명 이상이 들어가야 한다.
> • 한 분야의 모든 사람이 한 팀에 들어갈 수는 없다.

① 갑과 을이 한 팀이 된다면 가와 나도 한 팀이 될 수 있다.
② 4명으로 나뉜 두 팀에는 남녀가 각각 2명씩 들어간다.
③ a가 1팀으로 간다면 c는 2팀으로 가야 한다.
④ 가와 나는 한 팀이 될 수 없다.

05 K대학교의 기숙사에 거주하는 A ~ D는 1층부터 4층에 매년 새롭게 방을 배정받고 있으며, 올해도 방을 배정받는다. 다음 〈조건〉을 참고할 때, 반드시 참인 것은?

> **조건**
> • 한 번 배정받은 층에는 다시 배정받지 않는다.
> • A와 D는 2층에 배정받은 적이 있다.
> • B와 C는 3층에 배정받은 적이 있다.
> • A와 B는 1층에 배정받은 적이 있다.
> • A, B, D는 4층에 배정받은 적이 있다.

① C는 4층에 배정될 것이다.
② D는 3층에 배정받은 적이 있을 것이다.
③ D는 1층에 배정받은 적이 있을 것이다.
④ C는 2층에 배정받은 적이 있을 것이다.

06 K공사의 건물에서는 엘리베이터 여섯 대(1 ~ 6호기)를 6시간에 걸쳐 검사하고자 한다. 한 시간에 한 대씩만 검사한다고 할 때, 다음 〈조건〉에 근거하여 바르게 추론한 것은?

> **조건**
> • 제일 먼저 검사하는 엘리베이터는 5호기이다.
> • 가장 마지막에 검사하는 엘리베이터는 6호기가 아니다.
> • 2호기는 6호기보다 먼저 검사한다.
> • 3호기는 두 번째로 먼저 검사하며, 그 다음으로 검사하는 엘리베이터는 1호기이다.

① 6호기는 4호기보다 늦게 검사한다.
② 마지막으로 검사하는 엘리베이터는 4호기가 아니다.
③ 4호기 다음으로 검사할 엘리베이터는 2호기이다.
④ 6호기는 1호기 다다음에 검사하며, 다섯 번째로 검사하게 된다.

02 | 규칙 적용

| 유형분석 |

- 주어진 상황과 규칙을 종합적으로 활용하여 풀어 가는 문제이다.
- 일정, 비용, 순서 등 다양한 내용을 다루고 있어 유형을 한 가지로 단일화하기 어렵다.

A팀과 B팀은 보안등급 상에 해당하는 문서를 나누어 보관하고 있다. 이에 따라 두 팀은 보안을 위해 아래와 같은 규칙에 따라 각 팀의 비밀번호를 지정하였다. 다음 중 A팀과 B팀에 들어갈 수 있는 암호배열은?

〈규칙〉

- 1 ~ 9까지의 숫자로 (한 자릿수)×(두 자릿수)=(세 자릿수)=(두 자릿수)×(한 자릿수) 형식의 비밀번호로 구성한다.
- 가운데에 들어갈 세 자릿수의 숫자는 156이며 숫자는 중복 사용할 수 없다. 즉, 각 팀의 비밀번호에 1, 5, 6이란 숫자가 들어가지 않는다.

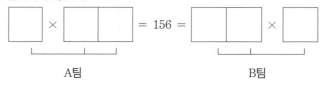

① 23　　　　　　　　　　　　　　　② 27

③ 29　　　　　　　　　　　　　　　④ 39

정답　④

규칙에 따라 사용할 수 있는 숫자는 1, 5, 6을 제외한 나머지 2, 3, 4, 7, 8, 9의 총 6개이다. (한 자릿수)×(두 자릿수)=156이 되는 수를 알기 위해서는 156의 소인수를 구해보면 된다. 156의 소인수는 3, 2^2, 13으로 여기서 156이 되는 수의 곱 중에 조건을 만족하는 것은 2×78과 4×39이다. 따라서 선택지 중에 A팀 또는 B팀에 들어갈 수 있는 암호배열은 39이다.

풀이 전략!

문제에 제시된 조건이나 규칙을 정확히 파악한 후, 선택지나 상황에 적용하여 문제를 풀어 나간다.

01 K사는 신제품의 품번을 다음과 같은 규칙에 따라 정한다고 한다. 제품에 설정된 임의의 영단어가 'INTELLECTUAL'이라면 이 제품의 품번으로 옳은 것은?

〈규칙〉

1단계 : 알파벳 A ~ Z를 숫자 1, 2, 3, …으로 변환하여 계산한다.
2단계 : 제품에 설정된 임의의 영단어를 숫자로 변환한 값의 합을 구한다.
3단계 : 임의의 영단어 속 자음의 합에서 모음의 합을 뺀 값의 절댓값을 구한다.
4단계 : 2단계와 3단계의 값을 더한 다음 4로 나누어 2단계의 값에 더한다.
5단계 : 4단계의 값이 정수가 아닐 경우에는 소수점 첫째 자리에서 버림한다.

① 120 ② 140
③ 160 ④ 180

02 다음 그림과 같이 검은색 바둑돌과 흰색 바둑돌을 교대로 개수를 늘려가며 삼각형 모양으로 배열하고 있다. 37번째에 배열되는 바둑돌 중 개수가 많은 바둑돌의 종류와 바둑돌 개수 차이를 순서대로 바르게 나열한 것은?

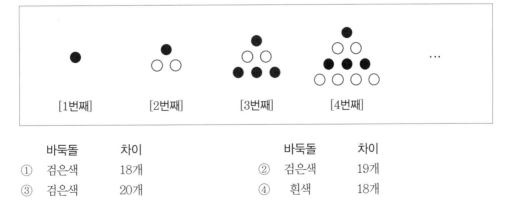

	바둑돌	차이		바둑돌	차이
①	검은색	18개	②	검은색	19개
③	검은색	20개	④	흰색	18개

03 K회사는 일정한 규칙에 따라 만든 암호를 팀별 보안키로 활용한다. x와 y의 합은?

A팀	B팀	C팀	D팀	E팀	F팀
1938	2649	3576	6537	9642	2766

G팀	H팀	I팀	J팀	K팀	L팀
19344	21864	53193	84522	$9023x$	$7y352$

① 11

② 13

③ 15

④ 17

04 다음 자료를 참고할 때, 〈보기〉의 주민등록번호 빈칸에 해당하는 숫자로 옳은 것은?

우리나라에서 국민에게 발급하는 주민등록번호는 각각의 번호가 고유한 번호로, 13자리 숫자로 구성된다. 13자리 숫자는 생년, 월, 일, 성별, 출생신고지역, 접수번호, 검증번호로 구분된다.

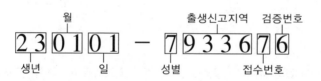

여기서 13번째 숫자인 검증번호는 주민등록번호의 정확성 여부를 검사하는 번호로, 앞의 12자리 숫자를 이용해서 구해지는데 계산법은 다음과 같다.
- 1단계 : 주민등록번호의 앞 12자리 숫자에 가중치 2, 3, 4, 5, 6, 7, 8, 9, 2, 3, 4, 5를 곱한다.
- 2단계 : 가중치를 곱한 값의 합을 계산한다.
- 3단계 : 가중치의 합을 11로 나눈 나머지를 구한다.
- 4단계 : 11에서 나머지를 뺀 수를 10으로 나눈 나머지가 검증번호가 된다.

> **보기**
>
> 2 4 0 2 0 2 - 8 0 3 7 0 1 ( )

① 4

② 5

③ 6

④ 7

05 A~E 5명이 순서대로 퀴즈게임을 해서 벌칙 받을 사람 1명을 선정하고자 한다. 다음 게임 규칙과 결과에 근거할 때, 항상 옳은 것을 〈보기〉에서 모두 고르면?

- 규칙
  - A → B → C → D → E 순서대로 퀴즈를 1개씩 풀고, 모두 한 번씩 퀴즈를 풀고 나면 한 라운드가 끝난다.
  - 퀴즈 2개를 맞힌 사람은 벌칙에서 제외되고, 다음 라운드부터는 게임에 참여하지 않는다.
  - 라운드를 반복하여 맨 마지막까지 남는 한 사람이 벌칙을 받는다.
  - 벌칙에서 제외되는 4명이 확정되면 라운드 중이라도 더 이상 퀴즈를 출제하지 않으며, 이 외에는 라운드 끝까지 퀴즈를 출제한다.
  - 게임 중 동일한 문제는 출제하지 않는다.
- 결과
  3라운드에서 A는 참가자 중 처음으로 벌칙에서 제외되었고, 4라운드에서는 오직 B만 벌칙에서 제외되었으며, 벌칙을 받을 사람은 5라운드에서 결정되었다.

보기

ㄱ. 5라운드까지 참가자들이 정답을 맞힌 퀴즈는 총 9개이다.

ㄴ. 게임이 종료될 때까지 총 22개의 퀴즈가 출제되었다면, E는 5라운드에서 퀴즈의 정답을 맞혔다.

ㄷ. 게임이 종료될 때까지 총 21개의 퀴즈가 출제되었다면, 퀴즈를 푸는 순서가 벌칙을 받을 사람 선정에 영향을 미친 것으로 볼 수 있다.

① ㄱ

② ㄴ

③ ㄱ, ㄷ

④ ㄴ, ㄷ

03 | 창의적 사고

| 유형분석 |

- 창의적 사고에 대한 개념을 묻는 문제가 출제된다.
- 창의적 사고 개발 방법에 대한 암기가 필요한 문제가 출제되기도 한다.

다음 글에서 설명하고 있는 사고력은 무엇인가?

> 정보에는 주변에서 발견할 수 있는 지식인 내적 정보와 책이나 밖에서 본 현상인 외부 정보의 두 종류가 있다. 이러한 정보를 조합하고 그 조합을 최종적인 해답으로 통합해야 한다.

① 분석적 사고   ② 논리적 사고

③ 비판적 사고   ④ 창의적 사고

⑤ 개발적 사고

정답 ④

창의적 사고란 정보와 정보의 조합이다. 여기에서 말하는 정보에는 주변에서 발견할 수 있는 지식(내적 정보)과 책이나 밖에서 본 현상(외부 정보)의 두 종류가 있다. 이러한 정보를 조합하고 그 조합을 최종적인 해답으로 통합해야 하는 것이 창의적 사고의 첫걸음이다.

풀이 전략!

문제와 관련된 모듈이론에 대한 전반적인 학습을 미리 해두어야 하며, 이를 주어진 문제에 적용하여 빠르게 풀이한다.

01 다음 글에서 설명하는 창의적 사고의 개발 방법은 무엇인가?

> '신차 출시'라는 같은 주제에 대해서 판매방법, 판매대상 등의 힌트를 통해 사고 방향을 미리 정해서 발상한다. 이때, 판매방법이라는 힌트에 대해서는 '신규 해외 수출 지역을 물색한다.'라는 아이디어를 떠올릴 수 있을 것이다.

① 자유 연상법　　　　　　　　　② 강제 연상법
③ 비교 발상법　　　　　　　　　④ 비교 연상법

02 다음 중 (가) ~ (다)의 문제해결 방법을 바르게 연결한 것은?

> (가) 상이한 문화적 토양을 가지고 있는 구성원을 가정하고, 서로의 생각을 직설적으로 주장하고 논쟁이나 협상을 통해 서로의 의견을 조정해 가는 방법이다. 이때 논리, 즉 사실과 원칙에 근거한 토론이 중심적 역할을 한다.
> (나) 깊이 있는 커뮤니케이션을 통해 서로의 문제점을 이해하고 공감함으로써 창조적인 문제해결을 도모한다. 초기에 생각하지 못했던 창조적인 해결 방법이 도출되고, 동시에 구성원의 동기와 팀워크가 강화된다.
> (다) 조직 구성원들을 같은 문화적 토양을 가지고 이심전심으로 서로를 이해하는 상황으로 가정한다. 무언가를 시사하거나 암시를 통하여 의사를 전달하고 기분을 서로 통하게 함으로써 문제해결을 도모하려고 한다.

	(가)	(나)	(다)
①	퍼실리테이션	하드 어프로치	소프트 어프로치
②	소프트 어프로치	하드 어프로치	퍼실리테이션
③	소프트 어프로치	퍼실리테이션	하드 어프로치
④	하드 어프로치	퍼실리테이션	소프트 어프로치

03 다음 중 문제를 해결할 때 필요한 분석적 사고에 대한 설명으로 옳은 것은?

① 전체를 각각의 요소로 나누어 그 요소의 의미를 도출한 다음 우선순위를 부여하고 구체적인 문제 해결 방법을 실행하는 것이 요구된다.

② 성과 지향의 문제는 일상업무에서 일어나는 상식, 편견을 타파하여 사고와 행동을 객관적 사실로부터 시작해야 한다.

③ 가설 지향의 문제는 기대하는 결과를 명시하고 효과적인 달성 방법을 사전에 구상하고 실행에 옮겨야 한다.

④ 사실 지향의 문제는 현상 및 원인분석 전에 지식과 경험을 바탕으로 일의 과정이나 결과, 결론을 가정한 다음 검증 후 사실일 경우 다음 단계의 일을 수행해야 한다.

04 논리적인 사고를 하기 위해서는 생각하는 습관, 상대 논리의 구조화, 구체적인 생각, 타인에 대한 이해, 설득의 5가지 요소가 필요하다. 다음 글에서 설명하는 '설득'에 해당하는 것은?

> 논리적 사고의 구성요소 중 설득은 자신의 사상을 강요하지 않고, 자신이 함께 일을 진행하는 상대와 의논하기도 하고 설득해 나가는 가운데 자신이 깨닫지 못했던 새로운 가치를 발견하고 발견한 가치에 대해 생각해 내는 과정을 의미한다.

① 아, 네가 아까 했던 말이 이거였구나. 그래, 지금 해보니 아까 했던 이야기가 무슨 말인지 이해가 될 것 같아.

② 네가 왜 그런 생각을 하게 됐는지 이해가 됐어. 그래, 너와 같은 경험을 했다면 나도 그렇게 생각했을 것 같아.

③ 네가 하는 말이 이해가 잘 안 되는데, 내가 이해한 게 맞는지 구체적인 사례를 들어서 한번 얘기해 볼게.

④ 네 말은 지금처럼 불안정한 시장 상황에서 무리하게 사업을 확장할 경우 리스크가 너무 크게 발생할 수 있다는 거지?

05 다음 중 문제해결절차에 따라 사용되는 문제해결방법을 〈보기〉에서 순서대로 바르게 나열한 것은?

〈문제해결절차〉

문제 인식 → 문제 도출 → 원인 분석 → 해결안 개발 → 실행 및 평가

보기

㉠ 주요 과제를 나무 모양으로 분해·정리한다.
㉡ 자사, 경쟁사, 고객사에 대해 체계적으로 분석한다.
㉢ 부분을 대상으로 먼저 실행한 후 전체로 확대하여 실행한다.
㉣ 전체적 관점에서 방향과 방법이 같은 해결안을 그룹화한다.

---

① ㉠－㉡－㉢－㉣ ② ㉠－㉡－㉣－㉢
③ ㉡－㉠－㉢－㉣ ④ ㉡－㉠－㉣－㉢

PART 1

04 | 자료 해석

| 유형분석 |

- 주어진 자료를 해석하고 활용하여 풀어가는 문제이다.
- 꼼꼼하고 분석적인 접근이 필요한 다양한 자료들이 출제된다.

K동에서는 임신한 주민에게 출산장려금을 지원하고자 한다. 출산장려금 지급 기준 및 K동에 거주하는 임산부에 대한 정보가 다음과 같을 때, 출산장려금을 가장 먼저 받을 수 있는 사람은?

〈K동 출산장려금 지급 기준〉

- 출산장려금 지급액은 모두 같으나, 지급 시기는 모두 다르다.
- 지급 순서 기준은 임신일, 자녀 수, 소득 수준 순서이다.
- 임신일이 길수록, 자녀가 많을수록, 소득 수준이 낮을수록 먼저 받는다(단, 자녀는 만 19세 미만의 아동 및 청소년으로 제한한다).
- 임신일, 자녀 수, 소득 수준이 모두 같으면 같은 날에 지급한다.

〈K동 거주 임산부 정보〉

임산부	임신일	자녀	소득 수준
A	150일	만 1세	하
B	200일	만 3세	상
C	100일	만 10세, 만 6세, 만 5세, 만 4세	상
D	200일	만 7세, 만 5세, 만 3세	중
E	200일	만 20세, 만 16세, 만 14세, 만 10세	상

① A임산부
② B임산부
③ C임산부
④ D임산부

정답 ④

출산장려금 지급 시기의 가장 우선순위인 임신일이 가장 긴 임산부는 B, D, E임산부이다. 이 중에서 만 19세 미만인 자녀 수가 많은 임산부는 D, E임산부이고, 소득 수준이 더 낮은 임산부는 D임산부이다. 따라서 D임산부가 가장 먼저 출산장려금을 받을 수 있다.

풀이 전략!

문제 해결을 위해 필요한 정보가 무엇인지 먼저 파악한 후, 제시된 자료를 분석적으로 읽고 해석한다.

01 다음은 K공사가 공개한 부패공직자 사건 및 징계에 대한 자료이다. 〈보기〉 중 이에 대한 설명으로 옳지 않은 것을 모두 고르면?

〈부패공직자 사건 및 징계 현황〉

구분	부패행위 유형	부패금액	징계종류	처분일	고발 여부
1	이권개입 및 직위의 사적 사용	23만 원	감봉 1월	2019. 06. 19.	미고발
2	직무관련자로부터 금품 및 향응수수	75만 원	해임	2020. 05. 20.	미고발
3	직무관련자로부터 향응수수	6만 원	견책	2021. 12. 22.	미고발
4	직무관련자로부터 금품 및 향응수수	11만 원	감봉 1월	2022. 02. 04.	미고발
5	직무관련자로부터 금품수수	40만 원가량	경고 (무혐의 처분, 징계시효 말소)	2023. 03. 06.	미고발
6	직권남용(직위의 사적이용)	–	해임	2023. 05. 24.	고발
7	직무관련자로부터 금품수수	526만 원	해임	2023. 09. 17.	고발
8	직무관련자로부터 금품수수 등	300만 원	해임	2024. 05. 18.	고발

보기

ㄱ. 공사에서 해당 사건의 부패금액이 일정 수준 이상인 경우에만 고발한 것으로 해석할 수 있다.
ㄴ. 해임당한 공직자들은 모두 고발되었다.
ㄷ. 직무관련자로부터 금품을 수수한 사건은 총 5건 있었다.
ㄹ. 동일한 부패행위 유형에 해당하더라도 다른 징계처분을 받을 수 있다.

① ㄱ, ㄴ
② ㄱ, ㄷ
③ ㄴ, ㄷ
④ ㄷ, ㄹ

02 경영기획실에서 근무하는 A씨는 매년 부서별 사업계획을 정리하는 업무를 맡고 있다. 부서별 사업 계획을 간략하게 정리한 보고서를 보고 A씨가 할 수 있는 생각으로 가장 적절한 것은?

〈사업별 기간 및 소요예산〉

• A사업 : 총사업기간은 2년으로, 첫해에는 1조 원, 둘째 해에는 4조 원의 예산이 필요하다.
• B사업 : 총사업기간은 3년으로, 첫해에는 15조 원, 둘째 해에는 18조 원, 셋째 해에는 21조 원의 예산이 필요하다.
• C사업 : 총사업기간은 1년으로, 총소요예산은 15조 원이다.
• D사업 : 총사업기간은 2년으로, 첫해에는 15조 원, 둘째 해에는 8조 원의 예산이 필요하다.
• E사업 : 총사업기간은 3년으로, 첫해에는 6조 원, 둘째 해에는 12조 원, 셋째 해에는 24조 원의 예산이 필요하다.

올해를 포함한 향후 5년간 위의 5개 사업에 투자할 수 있는 예산은 아래와 같다.

〈연도별 가용예산〉

(단위 : 조 원)

1차 연도(올해)	2차 연도	3차 연도	4차 연도	5차 연도
20	24	28.8	34.5	41.5

〈규정〉

• 모든 사업은 한번 시작하면 완료될 때까지 중단할 수 없다.
• 예산은 당해 사업연도에 남아도 상관없다.
• 각 사업연도의 예산은 이월될 수 없다.
• 모든 사업을 향후 5년 이내에 반드시 완료한다.

① B사업을 세 번째 해에 시작하고 C사업을 최종연도에 시행한다.
② A사업과 D사업을 첫해에 동시에 시작한다.
③ 첫해에는 E사업만 시작한다.
④ D사업을 첫해에 시작한다.

03 K공사 홍보실에 근무하는 A사원은 12일부터 15일까지 워크숍을 가게 되었다. 워크숍을 떠나기 직전 A사원은 스마트폰의 날씨예보 어플을 통해 워크숍 장소인 춘천의 날씨를 확인해 보았다. 다음 중 A사원이 확인한 날씨예보의 내용으로 가장 적절한 것은?

① 워크숍 기간 중 오늘이 일교차가 가장 크므로 감기에 유의해야 한다.
② 내일 춘천지역의 미세먼지가 심하므로 주의해야 한다.
③ 워크숍 기간 중 비를 동반한 낙뢰가 예보된 날이 있다.
④ 글피엔 비가 내리지 않지만 최저기온이 영하이다.

※ 다음은 퇴직연금신탁의 확정급여형(DB)과 확정기여형(DC)에 대한 비교 자료이다. 이어지는 질문에 답하시오. [4~5]

구분	확정급여형(DB)	확정기여형(DC)
운영방법	• 노사가 사전에 급여수준 및 내용을 약정 • 퇴직 후 약정에 따른 급여 지급	• 노사가 사전에 부담할 기여금을 확정 • 퇴직 후 상품 운용 결과에 따라 급여 지급
기업부담금	• 산출기초율(자산운용 수익률, 퇴직률 변경 시 변동)	• 확정(근로자 연간 임금 총액의 1/12 이상)
적립공금 운용지시	• 사용자	• 근로자
운용위험 부담	• 사용자	• 근로자
직장이동 시 합산	• 어려움(단, IRA / IRP 활용 가능)	• 쉬움

04 K공사의 A사원은 퇴직연금신탁 유형에 대한 발표 자료를 제작하기 위해 위 자료를 참고하려고 한다. 이에 대한 A사원의 해석으로 옳지 않은 것은?

① 같은 급여를 받는 직장인이라도 퇴직연금신탁 유형에 따라 퇴직연금 수준이 달라지겠군.

② 확정급여형은 자산운용 수익률에 따라 기업부담이 달라지는군.

③ 이직이 잦은 근로자들은 아무래도 확정기여형을 선호하겠군.

④ 확정기여형으로 퇴직연금을 가입하면 근로자 본인의 선택이 퇴직 후 급여에 별 영향을 미치지 않는군.

05 A사원은 다음과 같이 다양한 조건에 적합한 퇴직연금 유형을 발표 자료에 추가할 예정이다. (가) ~ (라) 중 분류가 옳지 않은 것은?

확정급여형(DB)	확정기여형(DC)
(가) 장기근속을 유도하는 기업 (나) 운용 현황에 관심이 많은 근로자	(다) 연봉제를 실시하는 기업 (라) 임금 체불위험이 높은 사업장의 근로자

① (가)   ② (나)

③ (다)   ④ (라)

PART **2**

직무능력검사(사무)

수리능력

합격 Cheat Key

수리능력은 사칙 연산·통계·확률의 의미를 정확하게 이해하고 이를 업무에 적용하는 능력으로, 기초 연산과 기초 통계, 도표 분석 및 작성의 문제 유형으로 출제된다. 수리능력 역시 채택하지 않는 공사·공단이 거의 없을 만큼 필기시험에서 중요도가 높은 영역이다.

특히, 난이도가 높은 공사·공단의 시험에서는 도표 분석, 즉 자료 해석 유형의 문제가 많이 출제되고 있고, 응용 수리 역시 꾸준히 출제하는 공사·공단이 많기 때문에 기초 연산과 기초 통계에 대한 공식의 암기와 자료 해석 능력을 기를 수 있는 꾸준한 연습이 필요하다.

1 응용수리능력의 공식은 반드시 암기하라!

응용 수리는 공사·공단마다 출제되는 문제는 다르지만, 사용되는 공식은 비슷한 경우가 많으므로 자주 출제되는 공식을 반드시 암기하여야 한다. 문제에서 묻는 것을 정확하게 파악하여 그에 맞는 공식을 적절하게 적용하는 꾸준한 노력과 공식을 암기하는 연습이 필요하다.

2 자료의 해석은 자료에서 즉시 확인할 수 있는 지문부터 확인하라!

수리능력 중 도표 분석, 즉 자료 해석 능력은 많은 시간을 필요로 하는 문제가 출제되므로, 증가·감소 추이와 같이 눈으로 확인이 가능한 지문을 먼저 확인한 후 복잡한 계산이 필요한 지문을 확인하는 방법으로 문제를 풀이한다면 시간을 조금이라도 아낄 수 있다. 또한, 여러 가지 보기가 주어진 문제 역시 지문을 잘 확인하고 문제를 풀이한다면 불필요한 계산을 생략할 수 있으므로 항상 지문부터 확인하는 습관을 들여야 한다.

3 도표 작성에서 지문에 작성된 도표의 제목을 반드시 확인하라!

도표 작성은 하나의 자료 혹은 보고서와 같은 수치가 표현된 자료를 도표로 작성하는 형식으로 출제되는데, 대체로 표보다는 그래프를 작성하는 형태로 많이 출제된다. 지문을 살펴보면 각 지문에서 주어진 도표에도 소제목이 있는 경우가 대부분이다. 이때, 자료의 수치와 도표의 제목이 일치하지 않는 경우 함정이 존재하는 문제일 가능성이 높으므로 도표의 제목을 반드시 확인하는 것이 중요하다.

01 | 응용 수리

| 유형분석 |

- 문제에서 제공하는 정보를 파악한 뒤, 사칙연산을 활용하여 계산하는 전형적인 수리문제이다.
- 문제를 풀기 위한 정보가 산재되어 있는 경우가 많으므로 주어진 조건 등을 꼼꼼히 확인해야 한다.

대학 서적을 도서관에서 빌리면 10일간 무료이고, 그 이상은 하루에 100원의 연체료가 부과되며 한 달 단위로 연체료는 두 배로 늘어난다. 1학기 동안 대학 서적을 도서관에서 빌려 사용하는 데 얼마의 비용이 드는가?(단, 1학기의 기간은 15주이고, 한 달은 30일로 정한다)

① 18,000원
② 20,000원
③ 23,000원
④ 25,000원
⑤ 28,000원

정답 ④

- 1학기의 기간 : $15 \times 7 = 105$일
- 연체료가 부과되는 기간 : $105 - 10 = 95$일
- 연체료가 부과되는 시점에서부터 한 달 동안의 연체료 : $30 \times 100 = 3,000$원
- 첫 번째 달부터 두 번째 달까지의 연체료 : $30 \times 100 \times 2 = 6,000$원
- 두 번째 달부터 세 번째 달까지의 연체료 : $30 \times 100 \times 2 \times 2 = 12,000$원
- 95일(3개월 5일) 연체료 : $3,000 + 6,000 + 12,000 + 5 \times (100 \times 2 \times 2 \times 2) = 25,000$원

따라서 1학기 동안 대학 서적을 도서관에서 빌려 사용한다면 25,000원의 비용이 든다.

풀이 전략!

문제에서 묻는 바를 정확하게 확인한 후, 필요한 조건 또는 정보를 구분하여 신속하게 풀어 나간다. 단, 계산에 착오가 생기지 않도록 유의한다.

01 어떤 공원의 트랙 모양의 산책로를 걷는데 시작 지점에서 민주는 분속 40m의 속력으로, 세희는 분속 45m의 속력으로 서로 반대 방향으로 걷고 있다. 출발한 지 40분 후에 둘이 두 번째로 마주치게 된다고 할 때, 산책로의 길이는?

① 1,320m

② 1,400m

③ 1,550m

④ 1,700m

02 어느 공장에서 작년에 A제품과 B제품을 합하여 1,000개를 생산하였다. 올해는 작년에 비하여 A제품의 생산이 10% 증가하였고, B제품의 생산은 10% 감소하였으며, 전체 생산량은 4% 증가하였다. 올해에 생산된 A제품의 수는?

① 600개

② 660개

③ 700개

④ 770개

03 경기도 Y시에는 세계 4대 테마파크로 꼽히는 K랜드가 있다. K랜드는 회원제 시스템을 운영 중이다. 비회원은 매표소에서 자유이용권 1장을 20,000원에 구매할 수 있고, 회원은 자유이용권 1장을 20% 할인된 가격에 구매할 수 있다. 회원 가입비가 50,000원이라 할 때, K랜드를 최소 몇 번 이용해야 회원 가입한 것이 이익인가?(단, 회원 1인당 1회 방문 시 자유이용권 1장을 구매할 수 있다)

① 11회

② 12회

③ 13회

④ 14회

04 농도가 4%인 소금물 ag과 7.75%인 소금물 bg을 섞어 6%인 소금물 600g을 만들었다. 이때, 농도가 4%인 소금물의 양은?

① 240g

② 280g

③ 320g

④ 360g

05 수영장에 오염농도가 5%인 물 20kg이 있다. 이 물에 깨끗한 물을 넣어 오염농도를 1%p 줄이려고 한다. 이때 물을 얼마나 넣어야 하는가?

① 3kg

② 4kg

③ 5kg

④ 6kg

06 슬기, 효진, 은경, 민지, 은빈 5명은 휴가를 떠나기 전 원피스를 사러 백화점에 갔다. 모두 마음에 드는 원피스를 발견해 각자 원하는 색깔의 원피스를 고르기로 하였다. 원피스가 노란색 2벌, 파란색 2벌, 초록색 1벌이 있을 때, 5명이 각자 한 벌씩 고를 수 있는 경우의 수는?

① 28가지

② 30가지

③ 32가지

④ 34가지

07 K회사는 사옥 옥상 정원에 있는 가로 644cm, 세로 476cm인 직사각형 모양의 뜰 가장자리에 조명을 설치하려고 한다. 네 모퉁이에는 반드시 조명을 설치하고, 일정한 간격으로 조명을 추가 배열하려고 할 때, 필요한 조명의 최소 개수는?(단, 조명의 크기는 고려하지 않는다)

① 68개

② 72개

③ 76개

④ 80개

08 원가의 20%를 추가한 금액을 정가로 하는 제품을 15% 할인해서 50개를 판매한 금액이 127,500원일 때, 이 제품의 원가는 얼마인가?

① 1,500원   ② 2,000원
③ 2,500원   ④ 3,000원

09 민경이는 등산복과 등산화를 납품받아 판매한다. 등산복 한 벌을 판매했을 때 얻는 이익은 2,000원이고, 등산화 한 켤레를 판매했을 때 얻는 이익은 5,000원이다. 민경이가 총 40개의 제품을 판매했고, 판매이익이 11만 원일 때 등산화 판매로 얻은 이익은 얼마인가?

① 5,000원   ② 10,000원
③ 25,000원   ④ 50,000원

10 외국인 A씨의 현재 잔고는 5달러이고, 매일 2달러를 저금을 한다. 한국인 B씨와 C씨의 현재 잔고는 각각 y, $2y$달러이고 매일 5달러, 3달러씩 저금을 하고 있다. 2일 후 B씨와 C씨의 자산의 차액은 A씨의 2일 후 자산과 동일하다고 할 때, B씨의 자산이 C씨의 자산보다 같거나 많게 되는 날은 오늘로부터 며칠 후인가?(단, 기간은 소수점 첫째 자리에서 반올림한다)

① 7일 후   ② 8일 후
③ 9일 후   ④ 10일 후

02 | 자료 계산

| 유형분석 |

- 문제에 주어진 도표를 분석하여 각 선택지의 정답 유무를 판단하는 문제이다.
- 주로 그래프와 표로 제시되며, 경영·경제·산업 등과 관련된 최신 이슈를 많이 다룬다.
- 자료 간의 증감률·비율·추세 등을 자주 묻는다.

다음은 K국의 부양인구비를 나타낸 자료이다. 2023년 15세 미만 인구 대비 65세 이상 인구의 비율은 얼마인가?(단, 비율은 소수점 둘째 자리에서 반올림한다)

〈부양인구비〉

구분	2019년	2020년	2021년	2022년	2023년
부양비	37.3	36.9	36.8	36.8	36.9
유소년부양비	22.2	21.4	20.7	20.1	19.5
노년부양비	15.2	15.6	16.1	16.7	17.3

※ (유소년부양비)$=\dfrac{(15세\ 미만\ 인구)}{(15 \sim 64세\ 인구)} \times 100$

※ (노년부양비)$=\dfrac{(65세\ 이상\ 인구)}{(15 \sim 64세\ 인구)} \times 100$

① 72.4%

② 77.6%

③ 81.5%

④ 88.7%

정답 ④

2023년 15세 미만 인구를 x명, 65세 이상 인구를 y명, 15 ~ 64세 인구를 a명이라 하면,

15세 미만 인구 대비 65세 이상 인구 비율은 $\dfrac{y}{x} \times 100$이므로 다음과 같은 식이 성립한다.

(2023년 유소년부양비)$=\dfrac{x}{a} \times 100 = 19.5 \rightarrow a = \dfrac{x}{19.5} \times 100 \cdots \bigcirc$

(2023년 노년부양비)$=\dfrac{y}{a} \times 100 = 17.3 \rightarrow a = \dfrac{y}{17.3} \times 100 \cdots \bigcirc$

$\bigcirc$, $\bigcirc$을 연립하면 $\dfrac{x}{19.5} = \dfrac{y}{17.3} \rightarrow \dfrac{y}{x} = \dfrac{17.3}{19.5}$ 이므로, 15세 미만 인구 대비 65세 이상 인구의 비율은 $\dfrac{17.3}{19.5} \times 100 ≒ 88.7\%$이다.

풀이 전략!

선택지를 먼저 읽고 필요한 정보를 도표에서 확인하도록 하며, 계산이 필요한 경우에는 실제 수치를 사용하여 복잡한 계산을 하는 대신, 대소 관계의 비교나 선택지의 옳고 그름만을 판단할 수 있을 정도로 간소화하여 계산해 풀이시간을 단축할 수 있도록 한다.

01   다음은 농구 경기에서 갑 ~ 정 4개 팀의 월별 득점에 대한 자료이다. 빈칸에 들어갈 수치로 옳은 것은?(단, 각 수치는 매월 일정한 규칙으로 변화한다)

〈월별 득점 현황〉

(단위 : 점)

구분	1월	2월	3월	4월	5월	6월	7월	8월	9월	10월
갑	1,024	1,266	1,156	1,245	1,410	1,545	1,205	1,365	1,875	2,012
을	1,352	1,702	2,000	1,655	1,320	1,307	1,232	1,786	1,745	2,100
병	1,078	1,423		1,298	1,188	1,241	1,357	1,693	2,041	1,988
정	1,298	1,545	1,658	1,602	1,542	1,611	1,080	1,458	1,579	2,124

① 1,358

② 1,397

③ 1,450

④ 1,498

02   K통신회사는 휴대전화의 통화시간에 따라 월 2시간까지는 기본요금을, 2시간 초과부터 3시간까지는 분당 a원을, 그리고 3시간 초과부터는 분당 $2a$원을 부과한다. 휴대전화 이용요금이 다음과 같이 청구되었을 때, a의 값은?

〈휴대전화 이용요금〉

구분	통화시간	요금
1월	3시간 30분	21,600원
2월	2시간 20분	13,600원

① 50

② 80

③ 100

④ 120

03 K공사에서 직원들에게 자기계발 교육비용을 일부 지원하기로 하였다. A ~ E 5명의 직원이 다음과 같이 교육프로그램을 신청하였을 때, K공사에서 총무인사팀 직원들에게 지원하는 총 교육비는 얼마인가?

〈자기계발 수강료 및 지원 금액〉

구분	영어회화	컴퓨터 활용	세무회계
수강료	7만 원	5만 원	6만 원
지원 금액 비율	50%	40%	80%

〈신청한 교육프로그램〉

구분	영어회화	컴퓨터 활용	세무회계
A	○		○
B	○	○	○
C		○	○
D	○		
E		○	

① 307,000원

② 308,000원

③ 309,000원

④ 310,000원

04 K공사는 최근 미세먼지와 황사로 인해 실내 공기 질이 많이 안 좋아졌다는 건의가 들어와 내부 검토 후 예산 400만 원으로 공기청정기 40대를 구매하기로 하였다. 다음 두 업체 중 어느 곳에서 공기청정기를 구매하는 것이 유리하며, 얼마나 더 저렴한가?

업체	할인 정보	가격
S전자	• 8대 구매 시 2대 무료 증정 • 구매 금액 100만 원당 2만 원 할인	8만 원/대
B마트	• 20대 미만 구매 : 2% 할인 • 30대 이상 구매 : 5% 할인 • 40대 이상 구매 : 7% 할인 • 50대 이상 구매 : 10% 할인	9만 원/대

※ 1,000원 단위는 절사한다.

① S전자, 82만 원   ② S전자, 148만 원

③ B마트, 12만 원   ④ B마트, 20만 원

05 K통신사 대리점에 근무하는 A사원은 판매율을 높이기 위해 핸드폰을 구매한 고객에게 사은품을 나누어 주는 이벤트를 실시하고자 한다. 본사로부터 할당받은 예산은 총 500만 원이고, 1개의 사은 품 상자에는 두 개의 상품이 들어간다. 또한, 비용 대비 고객 만족도가 높은 상품들로 최대한 많은 고객들에게 전달하고자 한다. 다음 자료를 참고할 때, 최대 몇 명의 고객에게 사은품을 전달할 수 있는가?

상품명	개당 구매비용(원)	확보 가능한 최대물량(개)	상품에 대한 고객 만족도(점)
차량용 방향제	7,000	300	5
식용유 세트	10,000	80	4
유리용기 세트	6,000	200	6
32GB USB	5,000	180	4
머그컵 세트	10,000	80	5
육아 관련 도서	8,800	120	4
핸드폰 충전기	7,500	150	3

① 360명   ② 370명

③ 380명   ④ 390명

03 | 자료 이해

| 유형분석 |

- 제시된 표를 분석하여 선택지의 정답 유무를 판단하는 문제이다.
- 표의 수치 등을 통해 변화량이나 증감률, 비중 등을 비교하여 판단하는 문제가 자주 출제된다.
- 지원하고자 하는 기업이나 산업과 관련된 자료 등이 문제의 자료로 많이 다뤄진다.

다음은 성별 국민연금 가입자 현황이다. 이에 대한 설명으로 옳은 것은?

〈성별 국민연금 가입자 수〉

(단위 : 명)

구분	사업장가입자	지역가입자	임의가입자	임의계속가입자	합계
남자	8,059,994	3,861,478	50,353	166,499	12,138,324
여자	5,775,011	3,448,700	284,127	296,644	9,804,482
합계	13,835,005	7,310,178	334,480	463,143	21,942,806

① 남자 사업장가입자 수는 남자 지역가입자 수의 2배 미만이다.

② 여자 사업장가입자 수는 이를 제외한 항목의 여자 가입자 수를 모두 합친 것보다 적다.

③ 전체 지역가입자 수는 전체 사업장가입자 수의 50% 미만이다.

④ 전체 가입자 중 여자 가입자 수의 비율은 40% 이상이다.

정답 ④

전체 가입자 중 여자 가입자 수의 비율은 $\frac{9,804,482}{21,942,806} \times 100 ≒ 44.7\%$이다.

오답분석

① 남자 사업장가입자 수는 8,059,994명이며, 남자 지역가입자 수의 2배인 3,861,478×2=7,722,956명보다 많다.

② 전체 여자 가입자 수인 9,804,482명에서 여자 사업장가입자 수인 5,775,011명을 빼면 4,029,471명이다. 따라서 여자 사업장가입자 수가 이를 제외한 항목의 여자 가입자 수를 모두 합친 것보다 많다.

③ 전체 지역가입자 수는 전체 사업장가입자 수의 $\frac{7,310,178}{13,835,005} \times 100 ≒ 52.8\%$이다.

풀이 전략!

평소 변화량이나 증감률, 비중 등을 구하는 공식을 알아두고 있어야 하며, 지원하는 기업이나 산업에 관한 자료 등을 확인하여 비교하는 연습 등을 한다.

01 다음은 카페 음료에 대한 연령별 선호도를 조사한 자료이다. 이에 대한 설명으로 옳은 것을 〈보기〉에서 모두 고르면?

〈연령별 카페 음료 선호도〉

구분	20대	30대	40대	50대
아메리카노	42%	47%	35%	31%
카페라테	8%	18%	28%	42%
카페모카	13%	16%	2%	1%
바닐라라테	9%	8%	11%	3%
핫초코	6%	2%	3%	1%
에이드	3%	1%	1%	1%
아이스티	2%	3%	4%	7%
허브티	17%	5%	16%	14%

보기

ㄱ. 연령대가 높아질수록 아메리카노에 대한 선호율은 낮아진다.
ㄴ. 아메리카노와 카페라테의 선호율 차이가 가장 적은 연령대는 40대이다.
ㄷ. 20대와 30대의 선호율 하위 3개 메뉴는 동일하다.
ㄹ. 40대와 50대의 선호율 상위 2개 메뉴가 전체 선호율의 70% 이상이다.

① ㄱ, ㄴ   ② ㄱ, ㄹ
③ ㄴ, ㄷ   ④ ㄴ, ㄹ

02 다음은 K공장에서 근무하는 근로자들의 임금 수준 분포를 나타낸 자료이다. 근로자 전체에게 지급된 월 급여의 총액이 2억 원일 때, 〈보기〉 중 옳은 것을 모두 고르면?

<K공장 근로자의 임금 수준 분포>

임금 수준(만 원)	근로자 수(명)
월 300 이상	4
월 270 이상 300 미만	8
월 240 이상 270 미만	12
월 210 이상 240 미만	26
월 180 이상 210 미만	30
월 150 이상 180 미만	6
월 150 미만	4
합계	90

보기

㉠ 근로자당 평균 월 급여액은 230만 원 이하이다.
㉡ 절반 이상의 근로자들이 월 210만 원 이상의 급여를 받고 있다.
㉢ 월 180만 원 미만의 급여를 받는 근로자의 비율은 약 14%이다.
㉣ 적어도 15명 이상의 근로자가 월 250만 원 이상의 급여를 받고 있다.

① ㉠
② ㉠, ㉡
③ ㉢, ㉣
④ ㉡, ㉢, ㉣

03 다음은 각 국가의 연도별 이산화탄소 배출량에 대한 자료이다. 〈조건〉에 따라 빈칸 ㉠~㉣에 해당하는 국가명을 순서대로 나열한 것은?

<각 국가의 연도별 이산화탄소 배출량>

(단위 : 백만 CO_2톤)

구분	1995년	2005년	2015년	2020년	2023년
일본	1,041	1,141	1,112	1,230	1,189
미국	4,803	5,642	5,347	5,103	5,176
㉠	232	432	551	572	568
㉡	171	312	498	535	556
㉢	151	235	419	471	507
독일	940	812	759	764	723
인도	530	890	1,594	1,853	2,020
㉣	420	516	526	550	555
중국	2,076	3,086	7,707	8,980	9,087
러시아	2,163	1,474	1,529	1,535	1,468

조건

- 한국과 캐나다는 제시된 5개 연도의 이산화탄소 배출량 순위에서 8위를 두 번 했다.
- 사우디아라비아의 2020년 대비 2023년의 이산화탄소 배출량 증가율은 5% 이상이다.
- 이란과 한국의 이산화탄소 배출량의 합은 2015년부터 이란과 캐나다의 배출량의 합보다 많아진다.

① 캐나다, 이란, 사우디아라비아, 한국
② 캐나다, 사우디아라비아, 한국, 이란
③ 한국, 이란, 캐나다, 사우디아라비아
④ 한국, 이란, 사우디아라비아, 캐나다

04 다음은 환율조작국을 지정하기 위해 만든 요건별 판단기준과 A ~ K국에 대한 자료이다. 이에 대한 설명으로 옳은 것을 〈보기〉에서 모두 고르면?

〈요건별 판단기준〉

요건	X	Y	Z
	현저한 대미무역수지 흑자	상당한 경상수지 흑자	지속적 환율시장 개입
판단기준	대미무역수지 200억 달러 초과	GDP 대비 경상수지 비중 3% 초과	GDP 대비 외화자산순매수액 비중 2% 초과

※ 요건 중 세 가지를 모두 충족하면 환율조작국으로 지정된다.
※ 요건 중 두 가지만을 충족하면 관찰대상국으로 지정된다.

〈환율조작국 지정 관련 자료〉

(단위 : 10억 달러, %)

구분	대미무역수지	GDP 대비 경상수지 비중	GDP 대비 외화자산순매수액 비중
A국	365.7	3.1	−3.9
B국	74.2	8.5	0.0
C국	68.6	3.3	2.1
D국	58.4	−2.8	−1.8
E국	28.3	7.7	0.2
F국	27.8	2.2	1.1
G국	23.2	−1.1	1.8
H국	17.6	−0.2	0.2
I국	14.9	−3.3	0.0
J국	14.9	14.6	2.4
K국	−4.3	−3.3	0.1

보기

㉠ 환율조작국으로 지정되는 국가는 없다.
㉡ B국은 X요건과 Y요건을 충족한다.
㉢ 관찰대상국으로 지정되는 국가는 모두 4곳이다.
㉣ X요건의 판단기준을 '대미무역수지 200억 달러 초과'에서 '대미무역수지 150억 달러 초과'로 변경하여도 관찰대상국 및 환율조작국으로 지정되는 국가들은 동일하다.

① ㉠, ㉡
② ㉠, ㉢
③ ㉠, ㉡, ㉣
④ ㉡, ㉢, ㉣

05 다음은 특정 분야의 기술에 대한 정보검색 건수를 연도별로 나타낸 자료이다. 이에 대한 설명으로 옳은 것을 〈보기〉에서 모두 고르면?

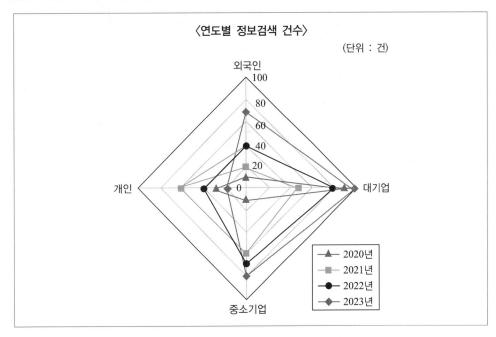

〈연도별 정보검색 건수〉

(단위 : 건)

보기

ㄱ. 전체 검색 건수는 2021년에 가장 적었다.
ㄴ. 중소기업의 검색 건수는 2020년부터 2023년까지 계속 증가하고 있다.
ㄷ. 2022년에는 외국인과 개인의 검색 건수가 가장 적었고, 중소기업의 검색 건수가 가장 많았다.

① ㄱ   ② ㄴ
③ ㄱ, ㄴ   ④ ㄴ, ㄷ

정보능력

합격 Cheat Key

정보능력은 업무를 수행함에 있어 기본적인 컴퓨터를 활용하여 필요한 정보를 수집, 분석, 활용하는 능력을 의미한다. 또한 업무와 관련된 정보를 수집하고, 이를 분석하여 의미 있는 정보를 얻는 능력이다. 국가직무능력표준에 따르면 정보능력의 세부 유형은 컴퓨터 활용 · 정보 처리로 나눌수 있다.

1 평소에 컴퓨터 활용 스킬을 틈틈이 익혀라!

윈도우(OS)에서 어떠한 설정을 할 수 있는지, 응용프로그램(엑셀 등)에서 어떠한 기능을 활용할 수 있는지를 평소에 직접 사용해 본다면 문제를 보다 수월하게 해결할 수 있다. 여건이 된다면 컴퓨터 활용 능력에 관련된 자격증 공부를 하는 것도 이론과 실무를 익히는 데 도움이 될 것이다.

2 문제의 규칙을 찾는 연습을 하라!

일반적으로 코드체계나 시스템 논리체계를 제공하고 이를 분석하여 문제를 해결하는 유형이 출제된다. 이러한 문제는 문제해결능력과 같은 맥락으로 규칙을 파악하여 접근하는 방식으로 연습이 필요하다.

3 현재 보고 있는 그 문제에 집중하라!

정보능력의 모든 것을 공부하려고 한다면 양이 너무나 방대하다. 그렇기 때문에 수험서에서 본인이 현재 보고 있는 문제들을 집중적으로 공부하고 기억하려고 해야 한다. 그러나 엑셀의 함수 수식, 연산자 등 암기를 필요로 하는 부분들은 필수적으로 암기를 해서 출제가 되었을 때 오답률을 낮출 수 있도록 한다.

4 사진·그림을 기억하라!

컴퓨터 활용 능력을 파악하는 영역이다 보니 컴퓨터 속 옵션, 기능, 설정 등의 사진·그림이 문제에 같이 나오는 경우들이 있다. 그런 부분들은 직접 컴퓨터를 통해서 하나하나 확인을 하면서 공부한다면 더 기억에 잘 남게 된다. 조금 귀찮더라도 한 번씩 클릭하면서 확인해 보도록 한다.

01 | 정보 이해

| 유형분석 |

- 정보능력 전반에 대한 이해를 확인하는 문제이다.
- 정보능력 이론이나 새로운 정보 기술에 대한 문제가 자주 출제된다.

다음 중 정보처리 절차에 대한 설명으로 옳지 않은 것은?

① 정보의 기획은 정보의 입수대상, 주제, 목적 등을 고려하여 전략적으로 이루어져야 한다.
② 정보처리는 기획 – 수집 – 활용 – 관리의 순서로 이루어진다.
③ 다양한 정보원으로부터 목적에 적합한 정보를 수집해야 한다.
④ 정보 관리 시에 고려하여야 할 3요소는 목적성, 용이성, 유용성이다.
⑤ 정보 활용 시에는 합목적성 외에도 합법성이 고려되어야 한다.

정답 ②

정보처리는 기획 – 수집 – 관리 – 활용 순서로 이루어진다.

풀이 전략!

자주 출제되는 정보능력 이론을 확인하고, 확실하게 암기해야 한다. 특히 새로운 정보 기술이나 컴퓨터 전반에 대해 관심을 가지는 것이 좋다.

01 다음은 데이터베이스에 대한 설명이다. 빈칸 ㉠, ㉡에 들어갈 말을 순서대로 바르게 나열한 것은?

> 파일시스템에서 하나의 파일은 독립적이고 어떤 업무를 처리하는 데 필요한 모든 정보를 가지고 있다. 파일도 데이터의 집합이므로 데이터베이스라고 볼 수도 있으나 일반적으로 데이터베이스라 함은 ____㉠____ 을 의미한다. 따라서 사용자는 여러 개의 파일에 있는 정보를 한 번에 검색해 볼수 있다. 데이터베이스 관리시스템은 데이터와 파일, 그들의 관계 등을 생성하고, 유지하고 검색할수 있게 해 주는 소프트웨어이다. 반면에 파일관리시스템은 ____㉡____ 에 대해서 생성, 유지, 검색을 할 수 있는 소프트웨어이다.

	㉠	㉡
①	여러 개의 연관된 파일	한 번에 한 개의 파일
②	여러 개의 연관된 파일	한 번에 복수의 파일
③	여러 개의 독립된 파일	한 번에 복수의 파일
④	여러 개의 독립된 파일	한 번에 한 개의 파일

02 다음 글을 읽고 정보관리의 3원칙 중 ㉠ ~ ㉢에 해당하는 내용을 바르게 나열한 것은?

> '구슬이 서말이라도 꿰어야 보배'라는 속담처럼 여러 가지 채널과 갖은 노력 끝에 입수한 정보가 우리가 필요한 시점에 즉시 활용되기 위해서는 모든 정보가 차곡차곡 정리되어 있어야 한다. 이처럼 정보의 관리란 수집된 다양한 형태의 정보를 어떤 문제해결이나 결론도출에 사용하기 쉬운 형태로 바꾸는 일이다. 정보를 관리할 때에는 특히 ㉠ 정보에 대한 사용목표가 명확해야 하며, ㉡ 정보를 쉽게 작업할 수 있어야 하고, ㉢ 즉시 사용할 수 있어야 한다.

	㉠	㉡	㉢
①	목적성	용이성	유용성
②	다양성	용이성	통일성
③	용이성	통일성	다양성
④	통일성	목적성	유용성

03 K물산에 근무하는 B사원은 제품 판매 결과보고서를 작성할 때, 자주 사용하는 여러 개의 명령어를 묶어 하나의 키 입력 동작으로 만들어서 빠르게 완성하였다. 그리고 판매 결과를 여러 유통업자에게 알리기 위해 같은 내용의 안내문을 미리 수집해 두었던 주소록을 활용하여 쉽게 작성하였다. 이러한 사례에서 사용한 워드프로세서(한글 2010)의 기능으로 옳은 것을 〈보기〉에서 모두 고르면?

> **보기**
> ㄱ. 매크로 ㄴ. 글맵시
> ㄷ. 메일 머지 ㄹ. 하이퍼링크

① ㄱ, ㄴ ② ㄱ, ㄷ
③ ㄴ, ㄷ ④ ㄴ, ㄹ

04 RFID 기술이 확산됨에 따라 K유통업체는 RFID를 물품관리시스템에 도입하여 긍정적인 효과를 얻고 있다. 다음 중 RFID에 대한 설명으로 옳지 않은 것은?

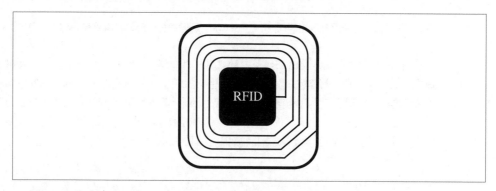

① 바코드와 달리 물체에 직접 접촉하지 않고도 데이터를 인식할 수 있다.
② 여러 개의 정보를 동시에 인식하거나 수정할 수 있다.
③ 바코드에 비해 많은 양의 데이터를 허용한다.
④ 종류에 따라 반복적으로 데이터를 기록할 수 있지만 단기적으로만 이용할 수 있다.

05 다음 중 바이오스(BIOS; Basic Input Output System)에 대한 설명으로 옳은 것은?

① 한번 기록한 데이터를 빠른 속도로 읽을 수 있지만, 다시 기록할 수 없는 메모리이다.

② 기억된 정보를 읽어내기도 하고, 다른 정보를 기억시킬 수도 있는 메모리이다.

③ 컴퓨터에서 전원을 켜면 맨 처음 컴퓨터의 제어를 맡아 가장 기본적인 기능을 처리해 주는 프로그램이다.

④ 주변 장치와 컴퓨터 처리 장치 간에 데이터를 전송할 때 처리 지연을 단축하기 위해 보조 기억 장치를 완충 기억 장치로 사용하는 것이다.

06 다음 〈보기〉에서 개인정보 유출 방지에 대한 설명으로 옳지 않은 것을 모두 고르면?

> **보기**
>
> ㄱ. 회원 가입 시 개인정보보호와 이용자 권리에 관한 조항을 유심히 읽어야 한다.
> ㄴ. 제3자에 대한 정보 제공이 이루어지는 곳에는 개인정보를 제공해서는 안 된다.
> ㄷ. 제시된 정보수집 및 이용목적에 적합한 정보를 요구하는지 확인하여야 한다.
> ㄹ. 비밀번호는 주기적으로 변경해야 하며, 비밀번호 관리를 위해 동일한 비밀번호를 사용하는 것이 좋다.
> ㅁ. 제공한 정보가 가입 해지 시 파기되는지 여부를 확인하여야 한다.

① ㄱ, ㄴ

② ㄱ, ㄷ

③ ㄴ, ㄹ

④ ㄴ, ㅁ

02 | 엑셀 함수

| 유형분석 |

- 컴퓨터 활용과 관련된 상황에서 문제를 해결하기 위한 행동이 무엇인지 묻는 문제이다.
- 주로 업무수행 중에 많이 활용되는 대표적인 엑셀 함수(COUNTIF, ROUND, MAX, SUM, COUNT, AVERAGE …)가 출제된다.
- 종종 엑셀시트를 제시하여 각 셀에 들어갈 함수식이 무엇인지 고르는 문제가 출제되기도 한다.

다음 중 엑셀에 제시된 함수식의 결괏값으로 옳지 않은 것은?

◢	A	B	C	D	E	F
1						
2		120	200	20	60	
3		10	60	40	80	
4		50	60	70	100	
5						
6		함수식			결괏값	
7		=MAX(B2:E4)			A	
8		=MODE(B2:E4)			B	
9		=LARGE(B2:E4,3)			C	
10		=COUNTIF(B2:E4,E4)			D	
11		=ROUND(B2,-1)			E	
12						

① A=200
② B=60
③ C=100
④ D=1
⑤ E=100

정답 ⑤

ROUND 함수는 지정한 자릿수를 반올림하는 함수이다. 함수식에서 '-1'은 일의 자리를 뜻하며, '-2'는 십의 자리를 뜻한다. 여기서 '-' 기호를 빼면 소수점 자리로 인식한다. 따라서 일의 자리를 반올림하기 때문에 결괏값은 120이다.

풀이 전략!

제시된 상황에서 사용할 엑셀 함수가 무엇인지 파악한 후, 선택지에서 적절한 함수식을 골라 식을 만들어야 한다. 평소 대표적으로 문제에 자주 출제되는 몇몇 엑셀 함수를 익혀두면 풀이시간을 단축할 수 있다.

01 다음은 K공사 영업팀의 실적을 정리한 파일이다. 고급 필터의 조건 범위를 [E1:G3] 영역으로 지정한 후 고급 필터를 실행했을 때 나타나는 데이터에 대한 설명으로 옳은 것은?(단, [G3] 셀에는 「=C2>=AVERAGE($C$2:$C$8)」가 입력되어 있다)

	A	B	C	D	E	F	G
1	부서	사원	실적		부서	사원	식
2	영업2팀	최지원	250,000		영업1팀	*수	
3	영업1팀	김창수	200,000		영업2팀		TRUE
4	영업1팀	김홍인	200,000				
5	영업2팀	홍상진	170,000				
6	영업1팀	홍상수	150,000				
7	영업1팀	김성민	120,000				
8	영업2팀	황준하	100,000				

① 부서가 '영업1팀'이고 이름이 '수'로 끝나거나, 부서가 '영업2팀'이고 실적이 평균 이상인 데이터
② 부서가 '영업1팀'이거나 이름이 '수'로 끝나고, 부서가 '영업2팀'이거나 실적이 평균 이상인 데이터
③ 부서가 '영업1팀'이고 이름이 '수'로 끝나거나, 부서가 '영업2팀'이고 실적의 평균이 250,000 이상인 데이터
④ 부서가 '영업1팀'이거나 이름이 '수'로 끝나고, 부서가 '영업2팀'이거나 실적의 평균이 250,000 이상인 데이터

02 다음 중 [D2] 셀에 수식 「=UPPER(TRIM(A2))&"KR"」을 입력했을 경우 결괏값으로 옳은 것은?

	A	B	C	D
1	도서코드	출판사	출판년도	변환도서코드
2	mng-002	대한도서	2008	
3	pay-523	믿음사	2009	
4	mng-091	정일도서	2007	

① MNG-002-kr   ② MNG-KR
③ MNG 002-KR   ④ MNG-002KR

PART 2

03 다음 시트에서 [B1] 셀에 〈보기〉의 (가) ~ (라) 함수를 입력하였을 때, 표시되는 결괏값이 다른 것은?

	A	B
1	333	
2	합격	
3	불합격	
4	12	
5	7	

보기

(가) =ISNUMBER(A1)   (나) =ISNONTEXT(A2)

(다) =ISTEXT(A3)   (라) =ISEVEN(A4)

① (가)   ② (나)

③ (다)   ④ (라)

04 다음 워크시트에서 '박지성'의 결석 값을 찾기 위한 함수식은?

	A	B	C	D
1			성적표	
2	이름	중간	기말	결석
3	김남일	86	90	4
4	이천수	70	80	2
5	박지성	95	85	5

① =VLOOKUP("박지성",$A$3:$D$5,4,1)

② =VLOOKUP("박지성",$A$3:$D$5,4,0)

③ =HLOOKUP("박지성",$A$3:$D$5,4,0)

④ =HLOOKUP("박지성",$A$3:$D$5,4,1)

05 K중학교에서 근무하는 P교사는 반 학생들의 과목별 수행평가 제출 여부를 확인하기 위해 다음과 같이 자료를 정리하였다. P교사가 [D11]~[D13] 셀에 〈보기〉와 같이 함수를 입력하였을 때, [D11]~[D13] 셀에 나타날 결괏값이 바르게 연결된 것은?

	A	B	C	D
1				(제출했을 경우 '1'로 표시)
2	이름	A과목	B과목	C과목
3	김혜진	1	1	1
4	이방숙	1		
5	정영교	재제출 요망	1	
6	정혜운		재제출 요망	1
7	이승준		1	
8	이혜진			1
9	정영남	1		1
10				
11				
12				
13				

보기

- [D11] 셀에 입력한 함수 → =COUNTA(B3:D9)
- [D12] 셀에 입력한 함수 → =COUNT(B3:D9)
- [D13] 셀에 입력한 함수 → =COUNTBLANK(B3:D9)

	[D11]	[D12]	[D13]
①	12	10	11
②	12	10	9
③	10	12	11
④	10	12	9

06 K공사의 P사원은 고객의 지출성향을 파악하기 위하여 다음과 같은 내역을 조사하여 파일을 작성하였다. 외식비로 지출된 금액의 총액을 구하고자 할 때, [G5] 셀에 들어갈 함수식으로 옳은 것은?

	A	B	C	D	E	F	G
1							
2		날짜	항목	지출금액			
3		01월 02일	외식비	35,000			
4		01월 05일	교육비	150,000			
5		01월 10일	월세	500,000		외식비 합계	
6		01월 14일	외식비	40,000			
7		01월 19일	기부	1,000,000			
8		01월 21일	교통비	8,000			
9		01월 25일	외식비	20,000			
10		01월 30일	외식비	15,000			
11		01월 31일	교통비	2,000			
12		02월 05일	외식비	22,000			
13		02월 07일	교통비	6,000			
14		02월 09일	교육비	120,000			
15		02월 10일	월세	500,000			
16		02월 13일	외식비	38,000			
17		02월 15일	외식비	32,000			
18		02월 16일	교통비	4,000			
19		02월 20일	외식비	42,000			
20		02월 21일	교통비	6,000			
21		02월 23일	외식비	18,000			
22		02월 24일	교통비	8,000			
23							
24							

① =SUMIF(C4:C23, "외식비", D4:D23)

② =SUMIF(C3:C22, "외식비", D3:D22)

③ =SUMIF(C3:C22, "C3", D3:D22)

④ =SUMIF("외식비", C3:C22, D3:D22)

PART **3**

직무능력검사(기술)

01 | 기계
적중예상문제

정답 및 해설 p.058

01 다음 중 2개 이상의 유압 회로에서 압력에 관계없이 일정 비율로 유량이 각각 흐르게 하는 밸브는?

① 브레이크 밸브

② 카운터 밸런스 밸브

③ 감압 밸브

④ 분류 밸브

02 사각나사의 축방향하중이 Q, 마찰각이 p, 리드각이 α일 때, 사각나사가 저절로 풀리는 조건은?

① $Q\tan(p+\alpha)>0$

② $Q\tan(p+\alpha)<0$

③ $Q\tan(p-\alpha)<0$

④ $Q\tan(p-\alpha)>0$

03 다음 중 베어링이 저널부의 표면 전부 또는 표면의 일부를 둘러싼 것과 같이 되어 있으며, 베어링과 저널의 접촉면 사이에 윤활유가 있는 베어링은 무엇인가?

① 구름 베어링

② 미끄럼 베어링

③ 테이퍼 롤러 베어링

④ 스러스트 베어링

04 다음 중 구성인선(Built Up Edge)에 대한 설명으로 옳지 않은 것은?

① 구성인선은 일반적으로 연성재료에서 많이 발생한다.

② 구성인선은 공구 윗면경사면에 윤활을 하면 줄일 수 있다.

③ 구성인선에 의해 절삭된 가공면은 거칠게 된다.

④ 구성인선은 절삭속도를 느리게 하면 방지할 수 있다.

05 다음 중 탄성계수 E, 전단탄성계수 G, 푸아송비 μ 사이의 관계식으로 옳은 것은?

① $G = \dfrac{E}{(1 + 2\mu)}$

② $G = \dfrac{3E}{2(1 + \mu)}$

③ $G = \dfrac{2E}{(1 + \mu)}$

④ $G = \dfrac{E}{2(1 + \mu)}$

06 다음 중 미끄럼 베어링의 유체윤활에 대한 설명으로 옳지 않은 것은?

① 미끄럼표면들이 윤활막으로 완전히 분리된 상태이다.

② 점도가 높아지면 마찰계수가 증가한다.

③ 베어링면의 평균압력이 증가하면 마찰계수가 감소한다.

④ 회전속도가 증가하면 마찰계수가 감소한다.

07 다음 중 펌프(Pump)에 대한 설명으로 옳지 않은 것은?

① 송출량 및 송출압력이 주기적으로 변화하는 현상을 수격현상(Water Hammering)이라 한다.

② 왕복 펌프는 회전수에 제한을 받지 않아 고양정에 적합하다.

③ 원심 펌프는 회전차가 케이싱 내에서 회전할 때 발생하는 원심력을 이용한다.

④ 축류 펌프는 유량이 크고 저양정인 경우에 적합하다.

08 다음 중 공기스프링에 대한 설명으로 옳지 않은 것은?

① 2축 또는 3축 방향으로 동시에 작용할 수 있다.

② 감쇠특성이 커서 작은 진동을 흡수할 수 있다.

③ 하중과 변형의 관계가 비선형적이다.

④ 스프링 상수의 크기를 조절할 수 있다.

09 다음 중 강의 탄소함유량이 증가함에 따라 나타나는 특성으로 옳지 않은 것은?

① 인장강도가 증가한다.　　　　　　　② 항복점이 증가한다.

③ 경도가 증가한다.　　　　　　　　　④ 충격치가 증가한다.

10 폭이 30cm, 높이가 10cm, 길이가 1.5m인 외팔보의 자유단에 8kN의 집중하중을 작용시킬 때의 최대 처짐은?(단, 탄성계수 $E=200$GPa이다)

① 1.3mm　　　　　　　　　　　　　② 1.5mm

③ 1.8mm　　　　　　　　　　　　　④ 2.0mm

11 다음 중 유압프레스의 작동원리의 바탕이 되는 이론은?

① 파스칼의 원리　　　　　　　　　　② 보일의 법칙

③ 토리첼리의 원리　　　　　　　　　④ 아르키메데스의 원리

12 10냉동톤의 능력을 갖는 카르노 냉동기의 응축 온도가 25℃, 증발온도가 −20℃이다. 이 냉동기를 운전하기 위하여 필요한 이론동력은 몇 kW인가?(단, 1냉동톤은 3.85kW이다)

① 약 6.85kW

② 약 5.65kW

③ 약 4.63kW

④ 약 3.37kW

13 다음 중 다이아몬드 다음으로 경한 재료로, 철계금속이나 내열합금의 절삭에 적합한 것은?

① 세라믹(Ceramic)

② 초경합금(Carbide)

③ 입방정 질화붕소(CBN; Cubic Boron Nitride)

④ 고속도강(HSS; High Speed Steel)

14 다음 중 마그네슘의 특징으로 옳지 않은 것은?

① 비중이 알루미늄보다 크다.

② 조밀육방격자이며, 고온에서 발화하기 쉽다.

③ 대기 중에서 내식성이 양호하나, 산이나 바닷물에 침식되기 쉽다.

④ 알칼리성에 거의 부식되지 않는다.

15 다음 중 탄소강 판재로 이음매가 없는 국그릇 모양의 몸체를 만드는 가공법은?

① 스피닝

② 컬링

③ 비딩

④ 플랜징

16 다음 중 허용할 수 있는 부품의 오차 정도를 결정한 후, 각각 최대 및 최소치수를 설정하여 부품의 치수가 그 범위 내에 드는지를 검사하는 게이지는?

① 블록게이지

② 한계게이지

③ 간극게이지

④ 다이얼게이지

17 다음 중 클러치를 설계할 때 유의할 사항으로 옳지 않은 것은?

① 균형상태가 양호하도록 하여야 한다.

② 관성력을 크게 하여 회전 시 토크변동을 작게 한다.

③ 단속을 원활히 할 수 있도록 한다.

④ 마찰열에 대하여 내열성이 좋아야 한다.

18 다음 중 소성가공의 하나인 단조가공에 대한 설명으로 옳은 것은?

① 기계나 다이를 이용하여 재료에 충격을 가해 제품을 만드는 가공법이다.

② 고온이나 저온의 재료를 회전하는 두 개의 롤러 사이를 통과시켜 판재 및 형재(型材)를 만드는 가공법이다.

③ 여러 가지 금형을 설치하여 판재를 원하는 치수로 자르거나 원하는 모양으로 가공하는 데 사용되는 기계를 사용하는 가공법이다.

④ 고정된 다이스의 뚫린 구멍에 봉상(棒狀)의 재료를 넣고 반대쪽으로 나온 부분을 잡아당겨 재료의 단면적을 축소시키는 가공법이다.

19 다음 중 연삭숫돌에 눈메움이나 무딤이 발생하였을 때, 이를 제거하기 위한 방법으로 옳은 것은?

① 드레싱(Dressing)

② 폴리싱(Polishing)

③ 연삭액의 교환

④ 연삭속도의 변경

20 다음 글에서 설명하는 주조법으로 옳은 것은?

- 영구주형을 사용한다.
- 비철금속의 주조에 적용한다.
- 고온 체임버식과 저온 체임버식으로 나뉜다.
- 용융금속이 응고될 때까지 압력을 가한다.

① 스퀴즈캐스팅(Squeeze Casting)
② 원심주조법(Centrifugal Casting)
③ 다이캐스팅(Die Casting)
④ 인베스트먼트주조법(Investment Casting)

21 다음 〈보기〉 중 경금속을 모두 고르면?

> **보기**
> ㉠ Sn 　　　　　　　　㉡ Mg
> ㉢ Al 　　　　　　　　㉣ Fe
> ㉤ Ni

① ㉠, ㉡
② ㉡, ㉢
③ ㉢, ㉣
④ ㉣, ㉤

22 지름이 50mm인 공작물을 절삭속도 314m/min으로 선반에서 절삭할 때, 필요한 주축의 회전수는 몇 rpm인가?(단, 원주율은 3.14로 계산하고, 결괏값은 일의 자리에서 반올림한다)

① 1,000rpm
② 2,000rpm
③ 3,000rpm
④ 4,000rpm

23 다음 기계요소를 큰 회전력을 전달할 수 있는 순서대로 바르게 나열한 것은?

① 안장키 > 경사키 > 스플라인 > 평키
② 스플라인 > 경사키 > 평키 > 안장키
③ 안장키 > 평키 > 경사키 > 스플라인
④ 스플라인 > 평키 > 경사키 > 안장키

24 다음 중 가솔린기관과 디젤기관에 대한 설명으로 옳지 않은 것은?

① 가솔린기관은 압축비가 디젤기관보다 일반적으로 높다.
② 디젤기관은 혼합기형성에서 공기만 압축한 후 연료를 분사한다.
③ 열효율은 디젤기관이 가솔린기관보다 상대적으로 크다.
④ 디젤기관이 저속성능이 좋고 회전력도 우수하다.

25 길이가 L이고 스프링상수가 k인 균일한 스프링이 있다. 이 스프링 길이의 $\frac{2}{3}$를 잘라내고, 남은 길이가 $\frac{1}{3}$일 때, 이 스프링의 스프링상수는 얼마인가?(단, 스프링에는 길이 방향 하중만 작용한다)

① $\frac{k}{3}$

② $\frac{2k}{3}$

③ $2k$

④ $3k$

01 전기자 저항이 $0.3\,\Omega$ 이고, 직권 계자의 권선저항이 $0.7\,\Omega$ 인 직권 전동기에 110V를 가하였더니 부하전류가 10A이었다. 이때 전동기의 속도는?(단, 기계 정수는 2이다)

① 1,200rpm   ② 1,500rpm

③ 1,800rpm   ④ 3,600rpm

02 반지름이 0.6mm, 고유 저항이 $1.78 \times 10^{-8}\,\Omega \cdot \mathrm{m}$ 인 코일의 저항이 $20\,\Omega$ 이 되도록 전자석을 만들 때, 이 전선의 길이는 몇 m인가?

① 약 580m   ② 약 865m

③ 약 1,271m   ④ 약 1,642m

03 반지름이 a 인 무한히 긴 원통형 도체에 직류전류가 흐르고 있다. 이때, 전류에 의해 발생되는 자계 H 가 원통축으로부터의 수직거리 r 에 따라 변하는 모양을 바르게 나타낸 것은?

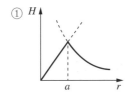

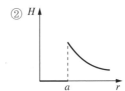

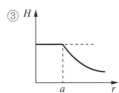

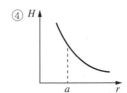

04 역률이 60%인 부하에 전압 90V를 가해서 전류 5A가 흘렀다면, 이 부하의 유효 전력은 얼마인가?

① 150W

② 220W

③ 270W

④ 310W

05 다음 중 안정도(Stability)에 대한 설명으로 옳지 않은 것은?

① 동태 안정도는 여자기, 소속기 등 발전기의 제어 효과까지를 고려한 안정도이다.

② 송전선 안정도 향상 방법으로는 전압변동률 늘리기, 직렬 리액턴스 작게 하기 등이 있다.

③ 정태 안정도는 전력 시스템이 천천히 증가하는 부하에 대하여 전력을 계속 공급할 수 있는 능력을 말한다.

④ 과도 안정도는 전력 계통에서 발전기 탈착, 부하 급변, 지락(地絡), 단락(短絡) 따위의 급격한 움직임에 대하여 발전기가 안정 상태를 유지하는 정도이다.

06 다음 중 가공전선의 구비조건으로 옳지 않은 것은?

① 도전율이 클 것

② 비중이 클 것

③ 기계적 강도가 클 것

④ 부식성이 작을 것

07 다음 중 3상 교류 발전기의 기전력에 대하여 $\frac{\pi}{2}$ rad 뒤진 전기자 전류가 흐를 때, 전기자 반작용으로 옳은 것은?

① 횡축 반작용으로 기전력을 증가시킨다.

② 교차 자화작용으로 기전력을 감소시킨다.

③ 증자 작용을 하여 기전력을 증가시킨다.

④ 감자 작용을 하여 기전력을 감소시킨다.

08 어떤 콘덴서에 1,000V의 전압을 가하였더니 5×10^{-3}C의 전하가 축적되었다. 다음 중 이 콘덴서의 용량은?

① $2.5\mu F$

② $5\mu F$

③ $25\mu F$

④ $50\mu F$

09 다음 중 부동 충전에 대한 설명으로 옳은 것은?

① 새로운 축전지 또는 전해액을 제외하고 보관해 두었던 축전지를 사용할 때 실시하는 충전 방식이다.

② 정류기와 축전지를 부하에 병렬로 접속하고 축전지의 방전을 계속 보충하면서 부하에 전력을 공급하는 방식이다.

③ 전지의 내부 손실을 보충하는 정도의 낮은 충전율로 전지의 완전한 충전 상태가 유지되도록 충전하는 방식이다.

④ 축전지를 충전한 상태로 장기간 보전할 때의 자기 방전 때문에 용량이 점차 저하되면서 나타나는 황산화 현상을 방지하기 위한 충전 방식이다.

10 다음 그림의 단상 반파 정류 회로에서 R에 흐르는 직류전압은?(단, $V = 100V$, $R = 10\sqrt{2}\ \Omega$ 이다)

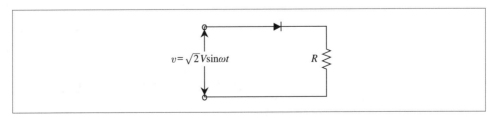

① 약 2.28A

② 약 3.2A

③ 약 4.5A

④ 약 7.07A

PART 3

11 다음 중 전부하에서의 용량이 10kW 이하인 소형 3상 유도 전동기의 슬립은?

① 0.1 ~ 0.5%   ② 0.5 ~ 5%

③ 5 ~ 10%   ④ 15 ~ 20%

12 다음 중 동기 발전기의 병렬운전 조건으로 옳지 않은 것은?

① 유도 기전력의 크기가 같을 것

② 동기 발전기의 용량이 같을 것

③ 유도 기전력의 위상이 같을 것

④ 유도 기전력의 주파수가 같을 것

13 다음 중 축전지의 특징으로 옳지 않은 것은?

① 납축전지는 완전히 방전되기 전에 충전하는 것이 좋다.

② 납축전지는 비교적 경제적이지만, 용량에 비해 무거운 편이다.

③ 알칼리축전지는 납축전지에 비해 충전시간이 짧다.

④ 알칼리축전지는 저온에서의 안정성이 떨어진다.

14 케이블 공사에서 비닐 외장 케이블을 조영재의 옆면에 따라 붙이는 경우, 전선의 지지점 간의 거리는 최대 몇 m인가?

① 1.0m   ② 1.5m

③ 2.0m   ④ 2.5m

15 다음 중 동기 발전기의 전기자 반작용에 대한 설명으로 옳지 않은 것은?

① 전기자 반작용은 부하 역률에 따라 크게 변화한다.

② 전기자 전류에 의한 자속의 영향으로 감자 및 자화현상과 편자현상이 발생한다.

③ 전기자 반작용의 결과 감자현상이 발생할 때 리액턴스의 값은 감소한다.

④ 계자 자극의 중심축과 전기자 전류에 의한 자속이 전기적으로 90°를 이룰 때 편자현상이 발생한다.

16 10kW, 200V, 전기자 저항 $0.15\,\Omega$ 의 타 여자 발전기를 전동기로 사용하여 발전기의 경우와 같은 전류를 흘렸을 때, 단자 전압은 몇 V로 하면 되는가?(단, 여기서 전기자 반작용은 무시하고 회전수는 같도록 한다)

① 200V

② 207.5V

③ 215V

④ 225.5V

17 60Hz에 20,000kVA인 발전기의 회전수가 900rpm이라면, 이 발전기의 극수는 얼마인가?

① 8극

② 12극

③ 14극

④ 16극

18 정격 전류가 30A인 저압 전로의 과전류 차단기를 배선용 차단기로 사용하여 정격 전류의 2배의 전류가 통과하였을 경우, 몇 분 이내에 자동적으로 동작하여야 하는가?

① 1분

② 2분

③ 60분

④ 90분

19 다음 중 동기 전동기를 송전선의 전압 조정 및 역률 개선에 사용하는 것은?

① 댐퍼
② 동기 이탈
③ 제동 권선
④ 동기 조상기

20 파워컨디셔너의 동작범위가 $280 \sim 560\text{V}$, 모듈의 온도에 따른 전압 범위가 $28 \sim 45\text{V}$일 때, 모듈의 최대 직렬연결 가능 장수는 몇 장인가?

① 10장
② 11장
③ 12장
④ 13장

21 다음 중 쿨롱의 법칙(Coulomb's Law)에 대한 설명으로 옳지 않은 것은?

① 힘의 크기는 전하 사이의 거리에 반비례한다.
② 힘의 크기는 두 전하량의 곱에 비례한다.
③ 작용하는 힘의 방향은 두 전하를 연결하는 직선과 일치한다.
④ 작용하는 힘은 두 전하가 존재하는 매질에 따라 다르다.

22 $2\mu\text{F}$의 평행판 공기콘덴서가 있다. 다음 그림과 같이 전극 사이에 그 간격의 절반 두께의 유리판을 넣을 때 콘덴서의 정전용량은?(단, 유리판의 유전율은 공기의 유전율의 9배라 가정한다)

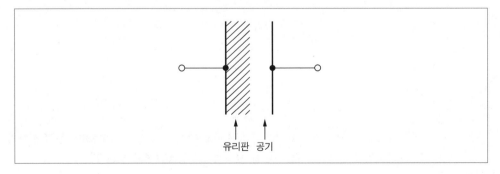

유리판 공기

① $1.0\mu\text{F}$
② $3.6\mu\text{F}$
③ $4.0\mu\text{F}$
④ $5.4\mu\text{F}$

23 일반 회로 정수가 A, B, C, D이고 송전단 상전압이 E_S일 때, 부하 단락 시 송전전압은?

① $\dfrac{C}{A}E_S$

② $\dfrac{C}{B}E_S$

③ $\dfrac{D}{A}E_S$

④ $\dfrac{B}{D}E_S$

24 다음 중 정상상태에서의 원자에 대한 설명으로 옳지 않은 것은?

① 양성자와 전자의 극성은 같다.

② 원자는 전체적으로 보면 전기적으로 중성이다.

③ 원자를 이루고 있는 양성자의 수는 전자의 수와 같다.

④ 양성자 1개가 지니는 전기량은 전자 1개가 지니는 전기량과 크기가 같다.

25 $R - L - C$ 병렬회로의 동작에 대한 다음 〈보기〉의 설명 중 옳은 것을 모두 고르면?

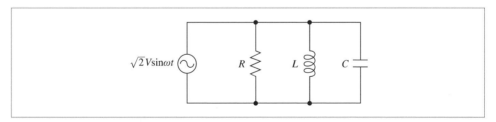

> **보기**
>
> ㄱ. 각 소자 R, L, C 양단에 걸리는 전압은 전원전압과 같다.
>
> ㄴ. 회로의 어드미턴스 $Y = \dfrac{1}{R} + j\left(\omega L - \dfrac{1}{\omega C}\right)$ 이다.
>
> ㄷ. ω를 변화시켜 공진일 때 전원에서 흘러나오는 모든 전류는 저항 R에만 흐른다.
>
> ㄹ. L에 흐르는 전류와 C에 흐르는 전류는 동상(In Phase)이다.
>
> ㅁ. 모든 에너지는 저항 R에서만 소비된다.

① ㄱ, ㅁ

② ㄱ, ㄴ, ㄹ

③ ㄱ, ㄷ, ㅁ

④ ㄴ, ㄷ, ㄹ

03 | 화학 적중예상문제

정답 및 해설 p.068

01 다음 중 열전도도가 가장 큰 것은?

① 메탄올
② 납
③ 메탄
④ 알루미늄

02 다음 중 가장 격렬한 할로겐화 반응은?

① 플루오르화
② 클로로화
③ 브롬화
④ 요오드화

03 다음 중 최고 공비 혼합물에 대한 설명으로 옳지 않은 것은?

① 증기압 곡선은 최저치를 표시한다.
② 비점 곡선은 최대치를 표시한다.
③ 같은 비점에서는 증기의 조성과 액의 조성이 동일하다.
④ 최고 공비 혼합물은 다른 분자 사이의 친화력이 동일 분자 사이의 친화력보다 작은 경우이다.

04 27℃, 1atm에서 공기의 밀도는 얼마인가?

① 약 0.0445kg/m³
② 약 1.18kg/m³
③ 약 1.29kg/m³
④ 약 1.42kg/m³

05 다음 중 황산암모늄 비료에 대한 설명으로 옳지 않은 것은?

① 주 성분은 $(NH_4)_2SO_4$이다.
② 질소 함량은 약 21%이다.
③ 중화법, 석고법 및 아황산법 등이 있다.
④ 염기성 비료로서 산성 토양의 개량에 좋다.

06 다음 글에서 설명하는 것은 무엇인가?

> • 생명을 유지하는 데 필요한 최소한의 에너지량이다.
> • 심장 박동, 혈액 순환, 체온 유지 등에 필요한 에너지량이다.

① 혈당량
② 호흡량
③ 기초 대사량
④ 1일 섭취량

07 다음 글에서 설명하는 생물은 무엇인가?

> • 다른 생물의 유전자를 삽입하여 만든 생물이다.
> • 유전자 재조합 기술이 사용된다.

① 세포 융합 생물
② 질소 고정 생물
③ 유전자 변형 생물
④ 체세포 복제 생물

08 탄소분 70wt%를 함유하는 석탄 100kg을 완전 연소시킬 때, 생성한 탄산가스의 몰(mol)수는 얼마인가?

① 약 5.83kg-mol   ② 약 44.6kg-mol

③ 약 58.3kg-mol   ④ 약 256.6kg-mol

09 내경이 10cm인 관 속을 25℃의 물이 4cm/sec의 속도로 흐를 때, Fanning의 마찰계수의 값은 얼마인가?(단, 점도는 1cP, 비중은 1이다)

① 0.001   ② 0.002

③ 0.004   ④ 0.005

10 20℃의 수산화나트륨 수용액을 130℃의 수증기로 가열 증발시킬 때 증발관의 전열 면적이 $1m^2$, 총괄 전열 계수가 $800kcal/m^2 \cdot hr \cdot ℃$이다. 이때 시간당 전달되는 열량은 얼마인가?

① 800kcal/hr   ② 8,000kcal/hr

③ 80,000kcal/hr   ④ 88,000kcal/hr

11 0℃의 얼음 1kg이 녹아서 같은 온도의 물이 될 경우 엔트로피의 증가량은 몇 cal/K인가?(단, 얼음의 융해잠열은 80cal/g이다)

① 약 0.293cal/k   ② 약 2.93cal/k

③ 약 29.3cal/k   ④ 약 293cal/k

12 온도 49℃, 압력 1atm의 습한 공기 205kg이 있다. 이 중에서 5kg의 수증기를 함유할 때 수증기의 분압은 얼마인가?

① 19.62mmHg

② 29.64mmHg

③ 32.72mmHg

④ 45.05mmHg

13 다음 중 추제의 선택 조건으로 옳지 않은 것은?

① 분자량이 상당히 큰 것이어야 한다.

② 회수가 용이해야 한다.

③ 선택도가 커야 한다.

④ 값이 싸고 화학적으로 안정해야 한다.

14 다음 중 습도에 대한 설명으로 옳지 않은 것은?

① 상대습도는 증기압의 비로 나타낸다.

② 절대습도는 % 단위로 나타낸다.

③ 비교습도는 포화습도에 대한 현습도의 비이다.

④ 포화 상태에서 상대습도는 100%가 된다.

15 10% NaOH 용액 100kg을 농축해서 80%의 NaOH 용액을 얻었다. 증발된 수분의 양은 얼마인가?

① 12.5kg

② 80kg

③ 87.5kg

④ 90kg

16 다음 중 열역학 제1법칙에 대한 설명으로 옳지 않은 것은?

① 열은 본질적으로 에너지의 일종이며, 열과 일은 서로 변환시킬 수 있다.

② 계의 에너지 변화량과 외계의 에너지 변화량의 차이는 0이다.

③ 제1종 영구기관은 만들 수 없다.

④ 자연계에서 일어나는 자발적인 과정의 엔트로피는 증가한다.

17 다음 중 교반의 목적으로 옳지 않은 것은?

① 성분의 균일화

② 물질 전달 속도의 증대

③ 열전달 속도의 감소

④ 분산액 제조

18 10% NaOH 용액 100kg을 습윤 기준으로 80%의 수분을 갖도록 농축할 때, 몇 kg의 물이 제거되는가?

① 40kg

② 50kg

③ 60kg

④ 70kg

19 2mol의 기체가 27℃에서 50l를 차지할 때, 압력은 몇 atm인가?

① 0.984atm

② 1.984atm

③ 9.84atm

④ 19.84atm

20 24kg의 탄소를 연소시켜 CO_2와 CO를 만들 때 생성가스의 분석 결과 CO_2가 66kg이었을 때, CO의 양은 얼마인가?

① 6kg

② 12kg

③ 14kg

④ 18kg

21 1atm에서 $1.12l$를 차지하는 이상기체를 $0.2l$가 될 때까지 0℃에서 정온 압축하였을 때, 자유에너지 변화량은?(단, 소수점 셋째 자리에서 반올림한다)

① 35.62cal

② 46.73cal

③ 56.25cal

④ 62.02cal

22 직경이 4cm인 파이프 안으로 비중이 0.75인 기름을 31.4kg/min의 유량으로 수송할 때, 파이프 안에서 기름이 흐르는 평균 속도는 몇 m/min인가?(단, 소수점 셋째 자리에서 반올림한다)

① 31.42m/min

② 33.33m/min

③ 314.21m/min

④ 333.21m/min

23 다음 중 Fourier의 법칙으로 옳지 않은 것은?

① 열전달 속도는 일반적인 속도와 같이 (기력)÷(저항)으로 표시한다.

② 열전달 속도는 면적과 온도 구배의 곱에 비례한다.

③ 열전달에 있어서 기력(Driving Force)은 온도차이다.

④ 열전달 저항은 전달 면적과 두께의 비이다.

24 다음 중 층류에 대한 설명으로 옳지 않은 것은?

① 유체 입자가 관벽에 평행한 직선으로 흐르는 흐름이다.

② Reynolds수가 4,000 이상인 유체의 흐름이다.

③ 관 내에서의 속도 분포가 정상 포물선을 이룬다.

④ 평균 유속은 최대 유속의 약 1/2이다.

25 다음 중 건식 인산 제조법의 특징으로 옳지 않은 것은?

① Slag는 시멘트의 원료가 된다.

② 인의 기화와 산화를 따로 할 수 있다.

③ 고품위 인광석을 처리할 수 있다.

④ 고순도의 인산을 제조한다.

PART **4**

최종점검 모의고사

제1회
최종점검 모의고사

※ 한국남동발전 최종점검 모의고사는 2024년 채용공고와 후기를 기준으로 구성한 것으로, 실제 시험과 다를 수 있습니다.

※ 응시 직렬에 필요한 영역을 선택하여 해당 문항을 학습하기 바랍니다.

※ 모바일 OMR 답안채점 / 성적분석 서비스

사무

기계

전기

화학

■ 취약영역 분석

| 01 | NCS 공통영역

번호	O/×	영역	번호	O/×	영역	번호	O/×	영역
01			11			21		
02			12			22		
03			13			23		
04			14			24		
05		의사소통능력	15		자원관리능력	25		문제해결능력
06			16			26		
07			17			27		
08			18			28		
09			19			29		
10			20			30		

| 02 | 사무

번호	31	32	33	34	35	36	37	38	39	40
O/×					수리능력					
번호	41	42	43	44	45	46	47	48	49	50
O/×					정보능력					

| 03 | 기술

번호	31	32	33	34	35	36	37	38	39	40
O/×					기계 / 전기 / 화학					
번호	41	42	43	44	45	46	47	48	49	50
O/×					기계 / 전기 / 화학					
번호	51	52	53	54	55					
O/×		기계 / 전기 / 화학								

평가문항	사무(50문항) / 기술(55문항)	평가시간	60분
시작시간	:	종료시간	:
취약영역			

최종점검 모의고사

🕐 응시시간 : 60분　📋 문항 수 : 사무(50문항) / 기술(55문항)　　정답 및 해설 p.074

01 다음 중 그리스 수학에 대한 내용으로 가장 적절한 것은?

> '20세기 최고의 수학자'로 불리는 프랑스의 장피에르 세르 명예교수는 경북 포항시 효자동에 위치한 포스텍 수리과학관 3층 교수 휴게실에서 '수학이 우리에게 왜 필요한가.'를 묻는 첫 질문에 이같이 대답했다.
> "교수님은 평생 수학의 즐거움, 학문(공부)하는 기쁨에 빠져 있었죠. 후회는 없나요? 수학자가 안 됐으면 어떤 인생을 살았을까요?"
> "내가 굉장히 좋아했던 선배 수학자가 있었어요. 지금은 돌아가셨죠. 그분은 라틴어와 그리스어 등 언어에 굉장히 뛰어났습니다. 그만큼 재능이 풍부했지만 본인은 수학 외엔 다른 일을 안 하셨어요. 나보다 스무 살 위의 앙드레 베유 같은 이는 뛰어난 수학적 재능을 타고 태어났습니다. 하지만 나는 수학적 재능은 없는 대신 호기심이 많았습니다. 누가 써놓은 걸 이해하려 하기보다 새로운 걸 발견하는 데 관심이 있었죠. 남이 이미 해놓은 것에는 별로 흥미가 없었어요. 수학 논문들도 재미있어 보이는 것만 골라서 읽었으니까요."
> "학문이란 과거의 거인들로부터 받은 선물을 미래의 아이들에게 전달하는 일이라고 누군가 이야기 했습니다. 그 비유에 대해 어떻게 생각하세요?"
> "학자의 첫 번째 임무는 새로운 것을 발견하려는 진리의 추구입니다. 전달(교육)은 그다음이죠. 우리는 발견한 진리를 혼자만 알고 있을 게 아니라, 출판(Publish : 넓은 의미의 '보급'에 해당하는 원로학자의 비유)해서 퍼트릴 의무를 갖고 있습니다."
> 장피에르 교수는 고대부터 이어져 온 고대 그리스 수학자의 정신을 잘 나타내고 있다고 볼 수 있다. 그가 생각하는 학자에 대한 입장처럼 고대 그리스 수학자들에게 수학과 과학은 사람들에게 새로운 진리를 알려주고 놀라움을 주는 것이었다. 이때의 수학자들에게 수학이라는 학문은 순수한 앎의 기쁨을 깨닫게 해 주는 것이었다. 그래서 고대 그리스에서는 수학을 연구하는 다양한 학파가 등장했을 뿐만 아니라 많은 사람의 연구를 통해 짧은 시간에 폭발적인 혁신을 이룩할 수 있었다.

① 그리스 수학을 연구하는 학파는 그리 많지 않았다.
② 그리스의 수학자들은 학문적 성취보다는 교육을 통해 후대를 양성하는 것에 집중했다.
③ 그리스 수학은 장기간에 걸쳐 점진적으로 발전하였다.
④ 고대 수학자들에게 수학은 새로운 사실을 발견하는 순수한 학문적 기쁨이었다.

02 다음 글을 읽고 추론한 내용으로 적절하지 않은 것은?

판구조론의 관점에서 보면, 아이슬란드의 지질학적인 위치는 매우 특수하다. 지구의 표면은 크고 작은 10여 개의 판으로 이루어져 있다. 아이슬란드는 북아메리카 판과 유라시아판의 경계선인 대서양 중앙 해령에 위치해 있다. 대서양의 해저에 있는 대서양 중앙 해령은 북극해에서부터 아프리카의 남쪽 끝까지 긴 산맥의 형태로 뻗어 있다. 대서양 중앙 해령의 일부분이 해수면 위로 노출된 부분인 아이슬란드는 서쪽은 북아메리카 판, 동쪽은 유라시아 판에 속해 있어 지리적으로는 한 나라이지만, 지질학적으로는 두 개의 서로 다른 판 위에 놓여 있는 것이다.

지구에서 판의 경계가 되는 곳은 여러 곳이 있다. 그러나 아이슬란드는 육지 위에서 두 판이 확장되는 희귀한 지역이다. 아이슬란드가 위치한 판의 경계에서는 새로운 암석이 생성되면서 두 판이 서로 멀어지고 있다. 그래서 아이슬란드에서는 다른 판의 경계에서 거의 볼 수 없는 지질학적 현상이 나타난다. 과학자들의 관찰에 따르면, 아이슬란드의 중심부를 지나는 대서양 중앙 해령의 갈라진 틈이 매년 약 15cm씩 벌어지고 있다.

아이슬란드는 판의 절대 속도를 잴 수 있는 기준점을 가지고 있다는 점에서도 관심의 대상이 되고 있다. 과학자들은 북아메리카 판에 대한 유라시아 판의 시간에 따른 거리 변화를 추정하여 판의 이동 속도를 측정한다. 그러나 이렇게 알아낸 판의 이동 속도는 이동하는 판 위에서 이동하는 다른 판의 속도를 잰 것이다. 이는 한 판이 정지해 있다고 가정했을 때의 판의 속도, 즉 상대 속도이다. 과학자들은 상대 속도를 구한 것에 만족하지 않고, 판의 절대 속도, 즉 지구의 기준점에 대해서 판이 어떤 속도로 움직이는가도 알고자 했다. 판의 절대 속도를 구하기 위해서는 판의 운동과는 독립적으로 외부에 고정되어 있는 기준점이 필요하다. 과학자들은 지구 내부의 맨틀 깊숙이 위치한 마그마의 근원지인 열점이 거의 움직이지 않는다는 것을 알아내고, 그것을 판의 절대 속도를 구하는 기준점으로 사용하였다. 과학자들은 지금까지 지구상에서 100여 개의 열점을 찾아냈는데, 그 중의 하나가 바로 아이슬란드에 있다.

① 아이슬란드에는 판의 절대 속도를 구하는 기준점이 있다.
② 북아메리카 판과 유라시아 판의 절대 속도는 같을 것이다.
③ 한 나라의 육지 위에서 두 판이 확장되는 것은 희귀한 일이다.
④ 아이슬란드의 중심부를 지나는 대서양 중앙 해령의 갈라진 틈이 매년 약 15cm씩 벌어지고 있는 것은 아이슬란드가 확장되는 두 판의 경계에 위치해 있기 때문이다.

03 다음 중 〈보기〉의 문장이 들어갈 위치로 가장 적절한 곳은?

탄수화물은 사람을 비롯한 동물이 생존하는 데 필수적인 에너지원이다. __(가)__ 탄수화물은 섬유소와 비섬유소로 구분된다. 사람은 체내에서 합성한 효소를 이용하여 곡류의 녹말과 같은 비섬유소를 포도당으로 분해하고 이를 소장에서 흡수하여 에너지원으로 이용한다. __(나)__ 소, 양, 사슴과 같은 반추 동물도 섬유소를 분해하는 효소를 합성하지 못하는 것은 마찬가지이지만, 비섬유소와 섬유소를 모두 에너지원으로 이용하며 살아간다. __(다)__ 위(胃)가 넷으로 나누어진 반추 동물의 첫째 위인 반추위에는 여러 종류의 미생물이 서식하고 있다. 반추 동물의 반추위에는 산소가 없는데, 이 환경에서 왕성하게 생장하는 반추위 미생물들은 다양한 생리적 특성이 있다. __(라)__ 식물체에서 셀룰로스는 그것을 둘러싼 다른 물질과 복잡하게 얽혀 있는데, F가 가진 효소 복합체는 이 구조를 끊어 셀룰로스를 노출시킨 후 이를 포도당으로 분해한다. F는 이 포도당을 자신의 세포 내에서 대사 과정을 거쳐 에너지원으로 이용하여 생존을 유지하고 개체 수를 늘림으로써 생장한다. __(마)__ 이런 대사 과정에서 아세트산, 숙신산 등이 대사산물로 발생하고 이를 자신의 세포 외부로 배출한다. 반추위에서 미생물들이 생성한 아세트산은 반추 동물의 세포로 직접 흡수되어 생존에 필요한 에너지를 생성하는 데 주로 이용되고 체지방을 합성하는 데도 쓰인다.

> **보기**
>
> ㉠ 반면, 사람은 풀이나 채소의 주성분인 셀룰로스와 같은 섬유소를 포도당으로 분해하는 효소를 합성하지 못하므로 섬유소를 소장에서 이용하지 못한다.
> ㉡ 그중 피브로박터 숙시노젠(F)은 섬유소를 분해하는 대표적인 미생물이다.

	㉠	㉡
①	(가)	(라)
②	(가)	(마)
③	(나)	(라)
④	(다)	(마)

04 다음 글에 대한 내용으로 적절한 것을 〈보기〉에서 모두 고르면?

> 과거에는 일반 시민들이 사회 문제에 관한 정보를 얻을 수 있는 수단이 거의 없었다. 따라서 일반 시민들은 신문과 같은 전통적 언론을 통해 정보를 얻었고 전통적 언론은 주요 사회 문제에 대한 여론을 형성하는 데 강한 영향을 끼쳤다. 지금도 신문에서 물가 상승 문제를 반복해서 보도하면 일반 시민들은 이를 중요하다고 생각하고, 그와 관련된 여론도 활성화된다.
>
> 이처럼 전통적 언론이 여론을 형성하는 것을 '의제설정기능'이라고 한다. 하지만 막강한 정보원으로 인터넷이 등장한 이후 전통적 언론의 영향력은 약화되고 있다. 그리고 인터넷을 통한 상호작용매체인 소셜 네트워킹 서비스(이하 SNS)가 등장한 이후에는 그러한 경향이 더욱 강화되고 있다. 일반 시민들이 SNS를 통해 문제를 제기하고, 많은 사람들이 그 문제에 대해 중요하다고 생각하면 역으로 전통적 언론에서 뒤늦게 그 문제에 대해 보도하는 현상이 생기게 된 것이다. 이러한 현상을 일반 시민이 의제설정을 주도한다는 점에서 '역의제설정 현상'이라고 한다.

보기

㉠ 현대의 전통적 언론은 의제설정기능을 전혀 수행하지 못하고 있다.
㉡ SNS는 일반 시민이 의제설정을 주도하는 것을 가능하게 했다.
㉢ 현대 언론은 과거 언론에 비해 의제설정기능의 역할이 강하다.
㉣ SNS로 인해 의제설정 현상이 강해지고 있다.

① ㉡   ② ㉢
③ ㉠, ㉡   ④ ㉠, ㉣

※ 다음 글을 읽고 이어지는 질문에 답하시오. [5~6]

리더에게 있어 선입견은 독과 같다. 많은 리더들이 구성원들의 역량에 대해 의심의 눈초리를 가지고 바라보지만 그들이 성과를 내도록 만들기 위해서는 먼저 그들을 신뢰하지 않으면 안 된다.

1980년대 초반에 심리학자 도브 이든(Dov Eden)은 한 가지 실험을 했다. 그는 1,000명의 이스라엘 병사들을 대상으로 적성검사 점수와 기초 훈련 성적, 전임 지휘관의 추천 등을 바탕으로 훈련이 끝난 후 뛰어난 병사가 될 잠재력이 있는 훈련병들을 가려냈다. 이후 병사들은 11주에 걸쳐 전투 전술과 독도법, 작전 규정 등에 관한 훈련을 받았으며 훈련이 다 끝난 후에는 전문지식과 무기를 다루는 능력을 평가하는 시험을 치렀다. 시험 결과 훈련 전에 뛰어난 잠재력을 가지고 있다고 평가받은 훈련병들이 동료들보다 훨씬 뛰어난 성적을 거두었다. 전문지식 분야에서는 평균 9%, 무기 숙련도 분야에서는 10%나 더 높은 점수를 받은 것이다. 이 실험 결과는 뛰어난 인재는 미리 정해져 있다는 것을 증명한다. 따라서 조직에서 성과를 내기 위해서는 뛰어난 인재를 영입하여 그들에게 권한을 부여하고 성과를 내도록 환경을 조성해 주는 것이 중요하다는 것을 알 수 있다.

하지만 사실 이 실험의 목적은 그것이 아니었다. 도브 이든의 실험은 '자기충족적 예언(Self-fulfillment Prophecy)', 즉 타인에 대한 기대가 그 사람의 성취에 크게 영향을 미친다는 이론을 검증하기 위해 정교하게 고안된 것이다. 지휘관들이 사전에 잠재력이 있다고 분류된 훈련병들을 믿으면 어떤 결과가 나타나는지 알아보기 위해 무작위로 뽑은 사람들을 잠재력이 있다고 분류한 후 그 결과를 지휘관들에게 알려주었고, 일정 시간이 지나자 실제로 뛰어난 성적을 거둔 것이다.

지휘관들이 병사들을 뛰어난 잠재력을 가진 존재라고 믿으면서 그들에게 더 큰 관심을 기울이고 격려해 자신감을 갖게 하며, 학습과 발전을 이끌었다. 그뿐만 아니라 더 따뜻하게 대화하고 더 어려운 과제를 내줌으로써 보다 높은 경지에 도전할 수 있도록 유도했다. 자신이 맡은 훈련병들의 잠재력을 끌어내기 위해 더 열심히 지도하고 꼼꼼하게 피드백하며, 실수하더라도 능력이 부족하다고 여기지 않고 그것을 가르침과 배움의 기회로 삼도록 했다. 훈련병들도 이러한 배려를 바탕으로 자신감을 갖게 되었으며, 더욱 노력하고 실력을 쌓아 큰 성취를 이룰 수 있었다.

리더십 강의를 하다 보면 많은 리더가 구성원들로 인해 어려움을 겪는다고 말한다. 하지만 리더들은 구성원들의 역량을 개발하기 위해 그들을 신뢰했으며 역량을 발휘할 수 있도록 노력했는지 반문할 필요가 있다. 일방적으로 지시하고 구성원들이 어떻게 문제를 풀어나가야 할지 모를 때에도 자기 일은 스스로 해결해야 한다며 못 본 척하지는 않았는지, 그들이 어떤 고민을 하고 어떠한 어려움에 처해있는지 알기보다는 무관심으로 일관하지는 않았는지, 그러면서도 그들에게 늘 성과만 다그치지는 않았는지 가슴에 손을 얹고 되돌아볼 필요가 있다.

처음부터 뛰어난 인재는 없다. ＿＿＿＿＿＿＿＿＿＿＿＿＿＿＿＿＿＿＿이 리더가 첫 번째 할 일이다. 그 후에는 그들의 역량을 최대한 끌어낼 수 있도록 내적인 동기를 부여하고 그들이 더 높은 곳으로 오를 수 있도록 이끌어주며 지쳐 포기하지 않도록 힘을 북돋아 주는 것이 필요하다. 그렇게 되기 위해서는 스스로 끊임없이 발전하려는 노력을 하지 않으면 안 된다.

05 다음 중 윗글의 빈칸에 들어갈 내용으로 가장 적절한 것은?

① 잠재력 있는 인재를 선발해 내는 것

② 능력 있는 구성원을 적재적시에 배치하는 것

③ 모든 구성원의 잠재력 수준에 맞는 교육을 시키는 것

④ 구성원들이 성장할 수 있게 뒤에서 지켜보는 것

06 다음 중 윗글의 제목으로 적절하지 않은 것은?

① 리더의 기대, 구성원의 성장을 돕다

② 리더의 관심, 성과의 상승률을 높이다

③ 잠재력 있는 인재, 세상을 이끌다

④ 기대와 격려, 성장의 날개를 달다

07 다음 글의 주제로 가장 적절한 것은?

정부는 탈원전·탈석탄 공약에 발맞춰 2030년까지 전체 국가 발전량의 20%를 신재생에너지로 채운다는 정책 목표를 수립하였다. 목표를 달성하기 위해 신재생에너지에 대한 송·변전 계획을 제8차 전력수급기본계획에 처음으로 수립하겠다는 게 정부의 방침이다.

정부는 기존의 수급계획이 수급안정과 경제성을 중점적으로 수립된 것에 반해, 8차 계획은 환경성과 안전성을 중점으로 하였다고 밝히고 있으며, 신규 발전설비는 원전, 석탄화력발전에서 친환경, 분산형 재생에너지와 LNG 발전을 우선시하는 방향으로 수요관리를 통합하여 합리적 목표수용 결정에 주안점을 두었다고 밝혔다.

그동안 많은 NGO 단체에서 에너지 분산에 관한 다양한 제안을 해왔지만 정부 차원에서 고려하거나 논의가 활발히 진행된 적은 거의 없었으며 명목상으로 포함하는 수준이었다. 그러나 이번 정부에서는 탈원전·탈석탄 공약을 제시하는 등 중앙집중형 에너지 생산시스템에서 분산형 에너지 생산시스템으로 정책의 방향을 전환하고자 한다. 이 기조에 발맞춰 분산형 에너지 생산시스템은 지방선거에서도 해당 지역에 대한 다양한 선거공약으로 제시될 가능성이 높다.

중앙집중형 에너지 생산시스템은 환경오염, 송전선 문제, 지역 에너지 불균형 문제 등 다양한 사회적인 문제를 야기하였다. 하지만 그동안은 값싼 전기인 기저전력을 편리하게 사용할 수 있는 환경을 조성하고자 하는 기존 에너지계획과 전력수급계획에 밀려 중앙집중형 발전원 확대가 꾸준히 진행되었다. 그러나 현재 대통령은 중앙집중형 에너지 정책에서 분산형 에너지 정책으로 전환되어야 한다는 것을 대선 공약사항으로 밝혀 왔으며, 현재 분산형 에너지 정책으로 전환을 모색하기 위한 다각도의 노력을 하고 있다. 이러한 정부의 정책변화와 아울러 석탄화력발전소가 국내 미세먼지에 주는 영향과 일본 후쿠시마 원자력 발전소 문제, 국내 경주 대지진 및 최근 포항 지진 문제 등으로 인한 원자력에 대한 의구심 또한 커지고 있다.

제8차 전력수급계획(안)에 의하면, 우리나라의 에너지 정책은 격변기를 맞고 있다. 우리나라는 현재 중앙집중형 에너지 생산시스템이 대부분이며, 분산형 전원 시스템은 그 설비용량이 극히 적은 상태이다. 또한, 우리나라의 발전설비는 2016년 말 105GW이며, 2014년도 최대 전력치를 보면 80GW 수준이므로, 25GW 정도의 여유가 있는 상태이다. 25GW라는 여유는 원자력발전소 약 25기 정도의 전력생산 설비가 여유가 있는 상황이라고 볼 수 있다. 또한, 제7차 전력수급기본계획의 2015 ~ 2016년 전기수요 증가율을 4.3 ~ 4.7%라고 예상하였으나 실제 증가율은 1.3 ~ 2.8% 수준에 그쳤다는 점은 우리나라의 전력 소비량 증가량이 둔화하고 있는 상태라는 것을 나타내고 있다.

① 중앙집중형 에너지 생산시스템의 발전 과정
② 에너지 분권의 필요성과 방향
③ 전력 소비량과 에너지 공급량의 문제점
④ 중앙집중형 에너지 정책의 한계점

08 다음 글의 빈칸에 들어갈 내용으로 가장 적절한 것은?

> 오존층 파괴의 주범인 프레온 가스로 대표되는 냉매는 그 피해를 감수하고도 사용할 수밖에 없는 필요악으로 인식되어 왔다. 지구 온난화 문제를 해결할 수 있는 대체 물질이 요구되는 이러한 상황에서 최근 이를 만족할 수 있는 4세대 신냉매가 새롭게 등장해 각광을 받고 있다. 그중 온실가스 배출량을 크게 줄인 대표적인 4세대 신냉매가 수소불화올레핀(HFO)계 냉매이다.
>
> HFO는 기존 냉매에 비해 비싸고 불에 탈 수 있다는 단점이 있으나, 온실가스 배출이 거의 없고 에너지 효율성이 높은 장점이 있다. 이러한 장점으로 4세대 신냉매에 대한 관심이 최근 급격히 증가하고 있다. 지난 2003 ~ 2017년 중 냉매 관련 특허 출원 건수는 총 686건이었고, 온실가스 배출량을 크게 줄인 4세대 신냉매 관련 특허 출원들은 꾸준히 늘어나고 있다. 특히 2008년부터 HFO계 냉매를 포함한 출원 건수가 큰 폭으로 증가하면서 같은 기간의 HFO계 비중이 65%까지 증가했다. 이러한 출원 경향은 국제 규제로 2008년부터 온실가스를 많이 배출하는 기존 3세대 냉매의 생산과 사용을 줄이면서 4세대 신냉매가 필수적으로 요구되었기 때문으로 분석된다.
>
> 냉매는 자동차, 냉장고, 에어컨 등 우리 생활 곳곳에 사용되는 물질로서 시장 규모가 대단히 크지만, 최근 환경 피해와 관련된 엄격한 국제 표준이 요구되고 있다. 우수한 친환경 냉매가 조속히 개발될 수 있도록 관련 특허 동향을 제공해야 한다. 4세대 신냉매 개발은 _____

① 인공지능 기술의 확장을 열게 될 것이다.
② 엄격한 환경 국제 표준을 약화시킬 것이다.
③ 또 다른 오존층 파괴의 원인으로 이어질 것이다.
④ 지구 온난화 문제 해결의 열쇠가 될 것이다.

09 다음 중 빈칸 ㉠~㉤에 들어갈 말을 순서대로 바르게 나열한 것은?

〈경청의 5단계〉

단계	경청 정도	내용
㉠	0%	상대방은 이야기를 하지만, 듣는 사람에게 전달되는 내용은 하나도 없는 단계
㉡	30%	상대방의 이야기를 듣는 태도는 취하고 있지만, 자기 생각 속에 빠져 있어 이야기의 내용이 전달되지 않는 단계
㉢	50%	상대방의 이야기를 듣기는 하나, 자신이 듣고 싶은 내용을 선택적으로 듣는 단계
㉣	70%	상대방이 어떤 이야기를 하는지 내용에 집중하면서 듣는 단계
㉤	100%	상대방의 이야기에 집중하면서 의도와 목적을 추측하고, 이해한 내용을 상대방에게 확인하면서 듣는 단계

	㉠	㉡	㉢	㉣	㉤
①	선택적 듣기	무시	듣는 척하기	공감적 듣기	적극적 듣기
②	듣는 척하기	무시	선택적 듣기	적극적 듣기	공감적 듣기
③	듣는 척하기	무시	선택적 듣기	공감적 듣기	적극적 듣기
④	무시	듣는 척하기	선택적 듣기	적극적 듣기	공감적 듣기

10 다음 중 밑줄 친 어휘의 표기가 옳은 것은?

① 조금 바쁘기야 <u>하지만서도</u> 당신이 부탁하는 일이라면 무조건 돕겠어요.

② 그는 수년간의 경험과 노하우로 해당 분야에서 <u>길앞잡이</u> 역할을 하고 있다.

③ 선수가 그라운드 안으로 <u>쏜살로</u> 뛰어 들어갔다.

④ 원숭이가 무리를 지어 인간처럼 사회를 이루며 살아가는 모습이 <u>신기롭다</u>.

11 K공사는 사원들에게 사택을 제공하고 있다. 사택 신청자 A ~ E 중 2명만이 사택을 제공받을 수 있고 추첨은 조건별 점수에 따라 진행된다고 할 때, 〈보기〉 중 사택을 제공받을 수 있는 사람이 바르게 연결된 것은?

〈사택 제공 조건별 점수〉

직급	점수	직종	점수	근속연수	점수	부양가족 수	점수
차장	5점	연구직	10점	1년 이상	1점	5명 이상	10점
과장	4점	기술직	10점	2년 이상	2점	4명	8점
대리	3점	영업직	5점	3년 이상	3점	3명	6점
주임	2점	서비스직	5점	4년 이상	4점	2명	4점
사원	1점	사무직	3점	5년 이상	5점	1명	2점

※ 근속연수는 휴직기간을 제외하고 1년마다 1점씩 적용하여 최대 5점까지 받을 수 있다. 단, 해고 또는 퇴직 후 일정기간을 경과하여 재고용된 경우에는 이전에 고용되었던 기간(개월)을 통산하여 근속연수에 포함한다. 근속연수 산정은 2024. 01. 01을 기준으로 한다.
※ 부양가족 수의 경우 배우자는 제외된다.
※ 무주택자의 경우 10점의 가산점을 가진다.
※ 동점일 경우 부양가족 수가 많은 사람이 우선순위로 선발된다.

보기

구분	직급	직종	입사일	가족 구성	주택 유무	비고
A	대리	영업직	2020. 08. 20	남편	무주택자	–
B	사원	기술직	2022. 09. 17	아내, 아들 1명, 딸 1명	무주택자	–
C	과장	연구직	2019. 02. 13	어머니, 남편, 딸 1명	유주택자	• 2019. 12. 17 퇴사 • 2020. 05. 15 재입사
D	주임	사무직	2022. 03. 03	아내, 아들 1명, 딸 2명	무주택자	–
E	차장	영업직	2017. 05. 06	아버지, 어머니, 아내, 아들 1명	유주택자	• 2018. 05. 03 퇴사 • 2019. 06. 08 재입사

① A대리, C과장
② A대리, E차장
③ B사원, C과장
④ B사원, D주임

12 K공사에 근무하는 L주임은 입사할 신입사원에게 지급할 볼펜과 스케줄러를 구매하기 위해 A ~ C도매업체의 판매정보를 다음과 같이 정리하였다. 입사 예정인 신입사원은 총 600명이고, 신입사원 1명당 볼펜과 스케줄러를 각각 1개씩 증정한다고 할 때, 가장 저렴하게 구매할 수 있는 업체와 구매가격을 바르게 나열한 것은?

〈A ~ C도매업체의 상품가격표〉

업체명	품목	수량(1SET당)	가격(1SET당)
A도매업체	볼펜	150개	13만 원
	스케줄러	100권	25만 원
B도매업체	볼펜	200개	17만 원
	스케줄러	600권	135만 원
C도매업체	볼펜	100개	8만 원
	스케줄러	300권	65만 원

〈A ~ C도매업체의 특가상품 정보〉

업체명	볼펜의 특가상품 구성	특가상품 구매 조건
A도매업체	300개 25.5만 원 or 350개 29만 원	스케줄러 150만 원 이상 구입
B도매업체	600개 48만 원 or 650개 50만 원	스케줄러 100만 원 이상 구입
C도매업체	300개 23.5만 원 or 350개 27만 원	스게줄리 120만 원 이상 구입

※ 특가상품 구매 조건을 만족했을 때 볼펜을 특가로 구매할 수 있다.
※ 각 물품은 묶음 단위로 판매가 가능하며, 개당 판매는 불가능하다.
※ 업체별 특가상품은 둘 중 한 가지만 선택해 1회 구입 가능하다.

	도매업체	구매가격
①	A업체	183만 원
②	B업체	177.5만 원
③	C업체	183만 원
④	C업체	177.5만 원

※ 다음은 특허출원 수수료 계산식과 사례에 대한 자료이다. 이어지는 질문에 답하시오. [13~15]

〈계산식〉

- (특허출원 수수료)=(출원료)+(심사청구료)
- (출원료)=(기본료)+[(면당 추가료)×(전체 면수)]
- (심사청구료)=(청구항당 심사청구료)×(청구항수)

※ 특허출원 수수료는 개인은 70%가 감면되고, 중소기업은 50%가 감면되지만, 대기업은 감면되지 않음

〈특허출원 수수료 사례〉

구분	사례 A	사례 B	사례 C
	대기업	중소기업	개인
전체 면수(장)	20	20	40
청구항수(개)	2	3	2
감면 후 수수료(원)	70,000	45,000	27,000

13 다음 중 자료를 바탕으로 계산한 청구항당 심사청구료로 옳은 것은?

① 10,000원 ② 15,000원
③ 20,000원 ④ 25,000원

14 다음 중 자료를 바탕으로 계산한 면당 추가료로 옳은 것은?

① 1,000원 ② 1,500원
③ 2,000원 ④ 2,500원

15 다음 중 자료를 바탕으로 계산한 출원 시 기본료로 옳은 것은?

① 10,000원 ② 12,000원
③ 15,000원 ④ 18,000원

16 K공사에서 승진 대상자 후보 중 2명을 승진시키려고 한다. 승진의 조건은 동료평가에서 '하'를 받지 않고 합산점수가 높은 순이다. 합산점수는 100점 만점의 점수로 환산한 승진시험 성적, 영어 성적, 성과 평가의 수치를 합산한다. 승진시험의 만점은 100점, 영어 성적의 만점은 500점, 성과 평가의 만점은 200점이라고 할 때, 승진 대상자 2명은 누구인가?

〈K공사 승진 대상자 후보 평가 현황〉

구분	승진시험 성적	영어 성적	동료 평가	성과 평가
A	80	400	중	120
B	80	350	상	150
C	65	500	상	120
D	70	400	중	100
E	95	450	하	185
F	75	400	중	160
G	80	350	중	190
H	70	300	상	180
I	100	400	하	160
J	75	400	상	140
K	90	250	중	180

① A, C

② B, K

③ E, I

④ F, G

17 대학교 입학을 위해 지방에서 올라온 대학생 S씨는 자취방을 구하려고 한다. 대학교 근처 자취방의 월세와 대학교까지 거리는 다음과 같다. 한 달을 기준으로 S씨가 지출하게 될 자취방 월세와 자취방에서 대학교까지 왕복 시 거리비용을 합산할 때, S씨가 선택할 수 있는 가장 저렴한 비용의 자취방은?

〈자취방별 월세 및 거리 정보〉

구분	월세	대학교까지 거리
A자취방	330,000원	1.8km
B자취방	310,000원	2.3km
C자취방	350,000원	1.3km
D자취방	320,000원	1.6km

※ 대학교 통학일(한 달 기준) : 15일
※ 거리비용 : 1km당 2,000원

① A자취방　　　　　　　　　② B자취방
③ C자취방　　　　　　　　　④ D자취방

18 청원경찰은 6층 회사건물을 각 층마다 모두 순찰한 후에 퇴근한다. 다음 〈조건〉에 따라 1층에서 출발하여 순찰을 완료하고 1층으로 돌아오기까지 소요되는 최소 시간은?(단, 다른 요인은 고려하지 않는다)

> **조건**
> • 층간 이동은 엘리베이터로만 해야 하며, 엘리베이터가 한 개 층을 이동하는 데는 1분이 소요된다.
> • 엘리베이터는 한 번에 최대 세 개 층(예 1층 → 4층)을 이동할 수 있다.
> • 엘리베이터는 한 번 위로 올라갔으면, 그 다음에는 아래 방향으로 내려오고, 그 다음에는 다시 위 방향으로 올라가야 한다.
> • 하나의 층을 순찰하는 데는 10분이 소요된다.

① 1시간　　　　　　　　　② 1시간 10분
③ 1시간 16분　　　　　　　④ 1시간 22분

※ 다음은 K공사의 3월 일정표이다. 이어지는 질문에 답하시오. [19~20]

〈3월 일정표〉

월요일	화요일	수요일	목요일	금요일	토요일	일요일
			1 삼일절	2 김사원 휴가	3	4
5 K공사 전체회의	6 최사원 휴가	7	8 정대리 휴가	9	10	11
12 최팀장 휴가	13	14 정과장 휴가	15 정과장 휴가	16 김팀장 휴가	17	18
19 유부장 휴가	20	21	22	23 임사원 휴가	24	25
26 박과장 휴가	27 최대리 휴가	28	29 한과장 휴가	30 유부장 휴가	31	

• 소속 부서
 – 총무팀 : 최사원, 김대리, 한과장, 최팀장
 – 신용팀 : 임사원, 정대리, 박과장, 김팀장
 – 경제팀 : 김사원, 최대리, 정과장, 유부장
 ※ 휴가는 공휴일과 주말을 제외하고 사용하며, 전체 일정이 있는 경우 휴가를 사용하지 않는다.

19 K공사 직원들은 휴가일이 겹치지 않게 하루 이상 휴가를 쓰려고 한다. 다음 중 총무팀 김대리의 휴가일정으로 가장 적절한 것은?

① 1일
② 5일
③ 9 ~ 10일
④ 21 ~ 22일

20 K공사 직원들이 동일한 일수로 서로 겹치지 않게 휴가를 쓴다고 할 때, 한 사람당 최대 며칠까지 휴가를 쓸 수 있겠는가?

① 1일
② 2일
③ 3일
④ 4일

21 미국, 영국, 중국, 프랑스에 파견된 4명의 외교관 A ~ D는 1년의 파견기간이 지나면 다시 새로운 국가로 파견된다. 다음 〈조건〉을 참고할 때, 반드시 참인 것은?

조건
- 두 번 연속 같은 국가에 파견될 수는 없다.
- A는 작년에 영국에 파견되어 있었다.
- C와 D는 올해에 프랑스에 파견되지는 않는다.
- D는 작년에 중국에 파견되어 있었다.
- C가 작년에 파견된 나라는 미국이다.
- B가 올해에 파견된 국가는 중국이다.

① A가 올해에 파견된 국가는 영국이다.
② C가 올해에 파견된 국가는 미국이다.
③ D가 올해에 파견된 국가는 프랑스이다.
④ B가 작년에 파견된 국가는 프랑스이다.

22 다음 〈조건〉을 근거로 할 때, 반드시 참인 것은?

조건
- 물을 녹색으로 만드는 조류는 냄새 물질을 배출한다.
- 독소 물질을 배출하는 조류는 냄새 물질을 배출하지 않는다.
- 물을 황색으로 만드는 조류는 물을 녹색으로 만들지 않는다.

① 독소 물질을 배출하는 조류는 물을 녹색으로 만들지 않는다.
② 물을 녹색으로 만들지 않는 조류는 냄새 물질을 배출하지 않는다.
③ 독소 물질을 배출하지 않는 조류는 물을 녹색으로 만든다.
④ 냄새 물질을 배출하지 않는 조류는 물을 황색으로 만들지 않는다.

23 K기업은 가전전시회에서 자사의 제품을 출품하기로 하였다. 자사의 제품을 보다 효과적으로 홍보하기 위하여 다음과 같이 행사장의 A∼G 중 세 곳에서 홍보판촉물을 배부하기로 하였다. 가장 많은 사람들에게 홍보판촉물을 나눠 줄 수 있는 위치는 어디인가?

- 전시관은 제1전시관 → 제2전시관 → 제3전시관 → 제4전시관 순서로 배정되어 있다.
- 행사장 출입구는 한 곳이며, 다른 곳으로는 출입이 불가능하다.
- 방문객은 행사장 출입구로 들어와서 시계 반대 방향으로 돌며, 4개의 전시관 중 2개의 전시관만을 골라 관람한다.
- 방문객은 자신이 원하는 2개의 전시관을 모두 관람하면 행사장 출입구를 통해 나가기 때문에 한 바퀴를 초과해서 도는 방문객은 없다.
- 방문객은 전시관 입구로 들어가면 출구로 나오기 때문에 전시관의 입구와 출구 사이에 있는 외부 통로를 동시에 지나치지 않는다.
- 행사장에는 시간당 평균 400명이 방문하며, 각 전시관의 시간당 평균 방문객 수는 다음과 같다.

제1전시관	제2전시관	제3전시관	제4전시관
100명	250명	150명	300명

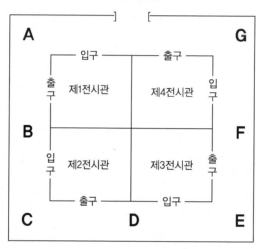

① A, B, C

② A, D, G

③ B, C, E

④ B, D, F

24 K공사에서는 직원들에게 다양한 혜택이 있는 복지카드를 제공한다. 복지카드의 혜택 사항이 다음과 같을 때, B사원의 일과에서 복지카드로 혜택을 볼 수 없는 것을 모두 고르면?

〈복지카드 혜택 사항〉

구분	세부내용
교통	대중교통(지하철, 버스) 3 ~ 7% 할인
의료	병원 5% 할인(동물병원 포함, 약국 제외)
쇼핑	의류, 가구, 도서 구입 시 5% 할인
영화	영화관 최대 6천 원 할인

〈B사원의 일과〉

B사원은 오늘 친구와 백화점에서 만나 쇼핑을 하기로 약속을 했다. 집에서 ㉠ 지하철을 타고 약 20분이 걸려 백화점에 도착한 B사원은 어머니 생신 선물로 ㉡ 화장품을 산 후, 동생의 이사 선물로 줄 ㉢ 이불도 구매하였다. 쇼핑이 끝난 후 B사원은 ㉣ 버스를 타고 집에 돌아와 자신이 키우는 애완견의 예방접종을 위해 ㉤ 병원에 가서 진료를 받았다.

① ㉠, ㉡

② ㉡, ㉢

③ ㉠, ㉡, ㉣

④ ㉢, ㉣, ㉤

25 K공장에서 제조하는 볼트의 일련번호는 다음과 같이 구성된다. 일련번호는 형태 – 허용압력 – 직경 – 재질 – 용도 순서로 표시할 때, 다음 중 허용압력이 18kg/cm^{2}이고, 직경이 14mm인 자동차에 쓰이는 스테인리스 육각볼트의 일련번호로 가장 적절한 것은?

형태	사각	육각	팔각	별
	SC	HX	OT	ST
허용압력(kg/cm^2)	10 ~ 20	21 ~ 40	41 ~ 60	61 이상
	L	M	H	P
직경(mm)	8	10	12	14
	008	010	012	014
재질	플라스틱	크롬 도금	스테인리스	티타늄
	P	CP	SS	Ti
용도	항공기	선박	자동차	일반
	A001	S010	M110	E100

① HXL014TiE100

② HXL014SSS010

③ HXL012CPM110

④ HXL014SSM110

제1회 최종점검 모의고사 • 131

26 갑은 효율적인 월급 관리를 위해 펀드에 가입하고자 한다. A ~ D펀드 중에 하나를 골라 가입하려고 하는데, 안정적이고 우수한 펀드에 가입하기 위해 〈조건〉에 따라 비교하여 다음과 같은 결과를 얻었다. 이를 토대로 〈보기〉에서 옳은 것을 모두 고르면?

- 둘을 비교하여 우열을 가릴 수 있으면 우수한 쪽에는 5점, 아닌 쪽에는 2점을 부여한다.
- 둘을 비교하여 어느 한 쪽이 우수하다고 말할 수 없는 경우에는 둘 다 0점을 부여한다.
- 각 펀드는 다른 펀드 중 두 개를 골라 총 4번의 비교를 했다.
- 총합의 점수로는 우열을 가릴 수 없으며 각 펀드와의 비교를 통해서만 우열을 가릴 수 있다.

〈결과〉

A펀드	B펀드	C펀드	D펀드
7점	7점	4점	10점

ㄱ. D펀드는 C펀드보다 우수하다.
ㄴ. B펀드가 D펀드보다 우수하다고 말할 수 없다.
ㄷ. A펀드와 B펀드의 우열을 가릴 수 있으면 A ~ D까지의 우열순위를 매길 수 있다.

① ㄱ, ㄴ ② ㄴ, ㄷ
③ ㄱ, ㄷ ④ ㄱ, ㄴ, ㄷ

27 다음 〈조건〉에 따라 A ~ C 세 사람이 다음 주에 출장을 가려고 할 때, 함께 출장을 갈 수 있는 요일은?(단, 출장 일정은 하루이다)

> **조건**
> • 출장 일정은 소속 부서의 정기적인 일정을 피해서 잡는다.
> • A와 B는 영업팀, C는 재무팀 소속이다.
> • 다음 주 화요일은 회계감사 예정으로 재무팀 소속 전 직원은 당일 본사에 머물러야 한다.
> • B는 개인사정으로 목요일에 연차휴가를 사용하기로 하였다.
> • 영업팀은 매주 수요일마다 팀 회의를 한다.
> • 금요일 및 주말에는 출장을 갈 수 없다.

① 월요일　　　　　　　　　　② 화요일
③ 수요일　　　　　　　　　　④ 목요일

28 다음 중 비판적 사고에 대해 잘못 설명하고 있는 것을 〈보기〉에서 모두 고르면?

> **보기**
> A : 비판적 사고의 목적은 주장의 단점을 명확히 파악하는 것이다.
> B : 맹목적이고 무원칙적인 사고는 비판적 사고라 할 수 없다.
> C : 비판적 사고를 하기 위해서는 감정을 철저히 배제한 중립적 입장에서 주장을 파악해야 한다.
> D : 비판적 사고는 타고난 것이므로 학습을 통한 배움에는 한계가 있다.
> E : 비판적 사고는 어떤 주장에 대해 적극적으로 분석하는 것이다.

① A, B　　　　　　　　　　② A, D
③ C, D　　　　　　　　　　④ C, E

※ 다음은 K마트의 배송이용약관이다. 이어지는 질문에 답하시오. [29~30]

〈배송이용약관〉

▲ 배송기간
① 당일배송상품은 오전 주문 시 상품 당일 오후 배송(단, 당일 배송 주문마감 시간은 지점마다 상이함)
② 일반배송상품은 전국 택배점 상품은 상품 결제 완료 후 평균 2~4일 이내 배송완료
③ 일반배송상품은 택배사를 이용해 배송되므로 주말, 공휴일, 연휴에는 배송되지 않음
④ 당일배송의 경우 각 지점에 따라 배송정책이 상이하므로 이용매장에 직접 확인해야 함
⑤ 꽃 배송은 전국 어디서나 3시간 내에 배달 가능(단, 도서 산간지역 등 일부 지역 제외, 근무시간 내 주문접수되어야 함)

▲ 배송비
① K클럽(K마트 점포배송)을 제외한 상품은 무료배송이 원칙(단, 일부 상품의 경우 상품가격에 배송비가 포함될 수 있으며, 도서지역의 경우 도선료, 항공료 등이 추가될 수 있음)
② K클럽 상품은 지점별로 배송비 적용 정책이 상이함(해당점 이용안내 확인 필요)
③ 도서상품은 배송비 무료
④ CD / DVD 상품은 39,000원 미만 주문 시 배송비 3,000원 부과
⑤ 화장품 상품은 30,000원 미만 주문 시 배송비 3,000원 부과
⑥ 기타 별도의 배송비 또는 설치비가 부과되는 경우에는 해당 상품의 구매페이지에 게재함

▲ 배송확인
① [나의 e쇼핑>나의 쇼핑정보>주문 / 배송현황]에서 배송현황의 배송조회 버튼을 클릭하여 확인할 수 있음
② 주문은 [주문완료]>[결제완료]>[상품준비 중]>[배송 중]>[배송완료] 순으로 진행
  • [주문완료] : 상품대금의 입금 미확인 또는 결제가 미완료된 접수 상태
  • [결제완료] : 대금결제가 완료되어 주문을 확정한 상태
  • [상품준비 중] : 공급처가 주문내역을 확인 후 상품을 준비하여 택배사에 발송을 의뢰한 상태
  • [배송 중] : 공급처에 배송지시를 내린 상태(공급처가 상품을 발송한 상태)
  • [배송완료] : 배송이 완료되어 고객님이 상품을 인수한 상태

※ 배송주소가 2곳 이상인 경우 주문할 상품의 상세페이지에서 [대량주문하기] 버튼을 클릭하면 여러 배송지로 상품 보내기 가능(배송주소를 여러 곳 설정할 때는 직접 입력 또는 엑셀파일로 작성 후 파일업로드 2가지 방식 이용)

29 서울 R대학의 기숙사 룸메이트인 갑과 을은 K마트에서 각각 물건을 구매했다. 두 명 모두 일반배송 상품을 이용하였으며, 갑은 화장품 세트를, 을은 책 3권을 구매하였다. 이 경우 각각 물건을 구매하는 데 배송비를 포함하여 얼마가 들었는가?(단, 갑이 구매한 화장품 세트는 29,900원이며, 을이 구매한 책은 각각 10,000원이다)

	갑	을
①	29,900원	30,000원
②	29,900원	33,000원
③	30,900원	33,000원
④	32,900원	30,000원

30 서울에 사는 병은 K마트에서 해운대에 사시는 부모님께 보내드릴 사과 한 박스를 주문했다. 사과는 K마트 일반배송상품으로 가격은 32,000원이고, 현재 25% 할인을 하고 있다. 배송비를 포함하여 상품을 구매하는 데 총 얼마가 들었으며, 상품은 부모님 댁에 늦어도 언제까지 배송될 예정인가?

일	월	화	수	목	금	토
1	2	3	4	5	6 상품 결제완료	7
8	9	10	11	12	13	14

	총가격	배송 완료일
①	24,000원	9일 월요일
②	24,000원	12일 목요일
③	27,000원	10일 화요일
④	32,000원	12일 목요일

31 A가 혼자 하면 4일이 걸리고, B가 혼자 하면 6일 걸리는 일이 있다. A가 먼저 2일 동안 일을 하고 남은 양을 B가 혼자 마무리하려고 한다. 이때 B는 며칠 동안 일을 해야 하는가?

① 2일
② 3일
③ 4일
④ 5일

32 다이어트를 결심한 철수는 월요일부터 일요일까지 하루에 한 가지씩 운동을 하는 계획을 세우려 한다. 다음 〈조건〉을 참고하여 철수가 세울 수 있는 일주일 동안의 운동 계획의 경우의 수는?

> **조건**
> • 7일 중 4일은 수영을 한다.
> • 수영을 하지 않는 날 중 이틀은 농구, 야구, 테니스 중 매일 서로 다른 종목 하나씩을 하고 남은 하루는 배드민턴, 검도, 줄넘기 중 하나를 택한다.

① 840가지
② 1,270가지
③ 1,680가지
④ 1,890가지

33 화창한 어느 날 낮에 농도 3%의 설탕물 400g이 들어있는 컵을 창가에 놓아두었다. 저녁에 살펴보니 물이 증발하여 농도가 5%가 되었다. 이때 남아있는 설탕물의 양은 몇 g인가?

① 220g
② 230g
③ 240g
④ 250g

34 우람이는 자전거로 집에서 출발하여 도서관에 들렀다가 우체국에 가야 한다. 도서관은 우람이네 집을 기준으로 서쪽에 있고, 우체국은 집을 기준으로 동쪽에 있다. 집에서 도서관까지는 시속 5km로 이동하고, 도서관에서 집을 거쳐 우체국까지는 시속 3km로 이동한다. 집에서 우체국까지의 거리가 10km이고, 도서관에 갔다가 우체국에 갈 때까지 걸리는 시간이 4시간 이내라면 도서관은 집에서 최대 몇 km 떨어진 지점 내에 있어야 하는가?

① 1km
② $\frac{5}{4}$ km
③ 2km
④ $\frac{5}{2}$ km

35 다음은 청소년의 경제의식에 대한 설문조사 결과이다. 이에 대한 설명으로 옳은 것은?

〈경제의식에 대한 설문조사 결과〉

(단위 : %)

설문 내용	구분	전체	성별		학교별	
			남	여	중학교	고등학교
용돈을 받는지 여부	예	84.2	82.9	85.4	87.6	80.8
	아니오	15.8	17.1	14.6	12.4	19.2
월간 용돈 금액	5만 원 미만	75.2	73.9	76.5	89.4	60
	5만 원 이상	24.8	26.1	23.5	10.6	40
금전출납부 기록 여부	기록한다.	30	22.8	35.8	31	27.5
	기록 안 한다.	70	77.2	64.2	69.0	72.5

① 용돈을 받는 남학생의 비율이 용돈을 받는 여학생의 비율보다 높다.

② 월간 용돈을 5만 원 미만으로 받는 비율은 중학생이 고등학생보다 높다.

③ 고등학생 전체 인원을 100명이라 한다면, 월간 용돈을 5만 원 이상 받는 학생은 40명이다.

④ 금전출납부는 기록하는 비율이 기록 안 하는 비율보다 높다.

36 다음은 국제우편 접수 매출액 현황에 대한 자료이다. 이에 대한 설명으로 옳지 않은 것은?

〈국제우편 접수 매출액 현황〉

(단위 : 백만 원)

구분	2019년	2020년	2021년	2022년	2023년				
					합계	1/4분기	2/4분기	3/4분기	4/4분기
국제통상	16,595	17,002	19,717	26,397	34,012	7,677	7,552	8,000	10,783
국제소포	17,397	17,629	19,794	20,239	21,124	5,125	4,551	5,283	6,165
국제특급	163,767	192,377	229,012	243,416	269,674	62,784	60,288	61,668	84,934
합계	197,759	227,008	268,523	290,052	324,810	75,586	72,391	74,951	101,882

① 2023년 4/4분기 매출액이 2023년 다른 분기에 비해 가장 높다.

② 2023년 국제소포 분야 매출액의 2019년 대비 증가율은 10% 미만이다.

③ 2023년 매출액 증가율이 2019년 대비 가장 큰 분야는 국제통상 분야의 매출액이다.

④ 2022년 국제통상 분야의 매출액 비율은 10% 미만이다.

37 다음은 2023년 우리나라의 LPCD(Liter Per Capita Day)에 대한 자료이다. 1인 1일 사용량에서 영업용 사용량이 차지하는 비중과 1인 1일 가정용 사용량의 하위 두 항목이 차지하는 비중을 순서대로 바르게 나열한 것은?(단, 소수점 셋째 자리에서 반올림한다)

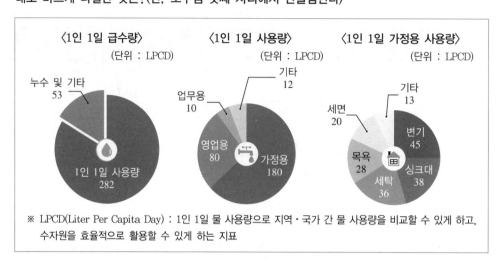

〈1인 1일 급수량〉 (단위 : LPCD)
누수 및 기타 53
1인 1일 사용량 282

〈1인 1일 사용량〉 (단위 : LPCD)
기타 12
업무용 10
영업용 80
가정용 180

〈1인 1일 가정용 사용량〉 (단위 : LPCD)
기타 13
세면 20
목욕 28
세탁 36
변기 45
싱크대 38

※ LPCD(Liter Per Capita Day) : 1인 1일 물 사용량으로 지역·국가 간 물 사용량을 비교할 수 있게 하고, 수자원을 효율적으로 활용할 수 있게 하는 지표

① 27.57%, 16.25%
② 27.57%, 19.24%
③ 28.37%, 18.33%
④ 28.37%, 19.24%

38 다음은 지역별 마약류 단속에 대한 자료이다. 이에 대한 설명으로 옳은 것은?

〈지역별 마약류 단속 건수〉

(단위 : 건, %)

구분	대마	코카인	향정신성의약품	합계	비중
서울	49	18	323	390	22.1
인천·경기	55	24	552	631	35.8
부산	6	6	166	178	10.1
울산·경남	13	4	129	146	8.3
대구·경북	8	1	138	147	8.3
대전·충남	20	4	101	125	7.1
강원	13	0	35	48	2.7
전북	1	4	25	30	1.7
광주·전남	2	4	38	44	2.5
충북	0	0	21	21	1.2
제주	0	0	4	4	0.2
전체	167	65	1,532	1,764	100.0

※ 수도권은 서울과 인천·경기를 합한 지역이다.
※ 마약류는 대마, 코카인, 향정신성의약품으로만 구성된다.

① 대마 단속 전체 건수는 코카인 단속 전체 건수의 3배 이상이다.
② 수도권의 마약류 단속 건수는 마약류 단속 전체 건수의 50% 이상이다.
③ 코카인 단속 건수가 없는 지역은 5곳이다.
④ 향정신성의약품 단속 건수는 대구·경북 지역이 광주·전남 지역의 4배 이상이다.

39 다음은 일반가구의 지역별 및 소득계층별 점유형태에 대한 자료이다. 빈칸에 들어갈 수치로 옳은 것은?(단, 지역별 소득층 구성비는 나열된 항목 순으로 일정한 규칙으로 변화한다)

〈일반가구의 지역별 및 소득계층별 점유형태〉

(단위 : %)

구분		자가	전세	보증부 월세	월세	사글세	무상
전국	전체	57.7	15.2	19.9	2.6	0.8	3.7
	저소득층	47.5	11.5	28.9	5.3	1.6	5.1
	중소득층	60.2	18.0	17.0	1.0	0.2	3.6
	고소득층	73.5	17.1	6.9	0.2	0.1	2.0
수도권	전체	49.7	21.6	22.1	2.9	0.0	3.7
	저소득층	35.9	17.8	34.5	6.9	0.0	4.9
	중소득층	52.3	24.3	18.7	1.2	0.0	3.5
	고소득층	66.4	22.8	8.6	0.1	0.0	2.1
광역시	전체	60.3	11.6	21.9	2.6	0.5	3.1
	저소득층	51.2	25.6	12.8	6.4		1.6
	중소득층	66.0	13.3	16.5	0.9	0.1	3.2
	고소득층	83.0	10.7	4.5	0.0	0.0	0.8
도지역	전체	68.1	7.7	15.3	2.0	2.1	4.8
	저소득층	62.9	5.1	19.0	3.3	3.6	6.0
	중소득층	69.3	10.7	14.5	0.7	0.8	4.0
	고소득층	82.3	9.1	5.0	0.4	0.3	2.8

① 3.2
② 3.4
③ 4.2
④ 4.4

40 K기업의 연구소에서는 신소재 물질을 개발하고 있다. 최근 새롭게 연구하고 있는 4가지 물질에 대한 농도를 측정하기 위해 A ~ D기관에 검사를 요청하였다. 측정결과가 다음과 같을 때, 이를 이해한 내용으로 옳지 않은 것은?

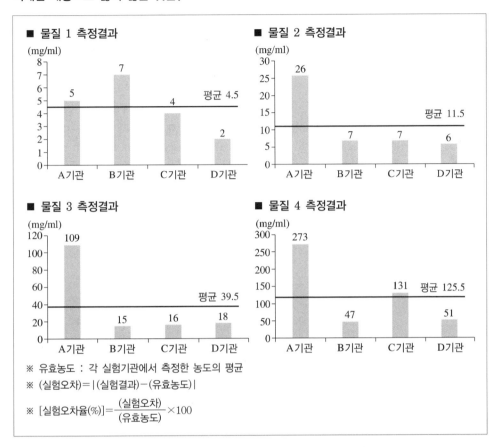

※ 유효농도 : 각 실험기관에서 측정한 농도의 평균
※ (실험오차)＝｜(실험결과)－(유효농도)｜
※ [실험오차율(%)]＝$\dfrac{(실험오차)}{(유효농도)} \times 100$

① 물질 1에 대한 B기관과 D기관의 실험오차율은 동일하다.
② 물질 3에 대한 실험오차율은 A기관이 가장 크다.
③ 물질 1에 대한 B기관의 실험오차율은 물질 2에 대한 A기관의 실험오차율보다 작다.
④ 물질 2에 대한 A기관의 실험오차율은 물질 2에 대한 나머지 기관의 실험오차율 합보다 작다.

41 다음은 기획안을 제출하기 위한 정보수집 전에 어떠한 정보를 어떻게 수집할지에 대한 '정보의 전략적 기획'의 사례이다. S사원이 필요한 정보로 적절하지 않은 것은?

> K전자의 S사원은 상사로부터 세탁기 신상품에 대한 기획안을 제출하라는 업무를 받았다. 먼저 S사원은 기획안을 작성하기 위해 자신에게 어떠한 정보가 필요한지를 생각해 보았다. 개발하려는 세탁기 신상품의 컨셉은 중년층을 대상으로 한 실용적이고 경제적이며 조작하기 쉬운 것을 대표적인 특징으로 삼고 있다.

① 기존에 세탁기를 구매한 고객들의 데이터베이스로부터 정보가 필요할 수도 있다.
② 현재 세탁기를 사용하면서 불편한 점은 무엇인지에 대한 정보가 필요하다.
③ 데이터베이스로부터 성별로 세탁기 선호 디자인에 대한 정보가 필요하다.
④ 고객들의 세탁기에 대한 부담 가능한 금액은 얼마인지에 대한 정보도 필요할 것이다.

42 다음 워크시트와 같이 평점이 3.0 미만인 행 전체에 셀 배경색을 지정하고자 한다. 이를 위해 조건부 서식 설정에서 사용할 수식으로 옳은 것은?

	A	B	C	D
1	학번	학년	이름	평점
2	20959446	2	강혜민	3.38
3	21159458	1	김경식	2.60
4	21059466	2	김병찬	3.67
5	21159514	1	장현정	1.29
6	20959476	2	박동현	3.50
7	21159467	1	이승현	3.75
8	20859447	4	이병훈	2.93
9	20859461	3	강수빈	3.84

① =$D2<3
② =$D&2<3
③ =D2<3
④ =D$2<3

43 K공사의 L사원은 거래처의 컴퓨터를 빌려서 쓰게 되었는데, 해당 컴퓨터를 부팅하고 바탕화면에 저장된 엑셀 파일을 열자 어디에 사용될지 모르는 고객의 상세한 신상 정보가 담겨 있었다. 다음 중 L사원이 취해야 할 태도로 가장 적절한 것은?

① 고객 신상 정보를 즉시 지우고 빌린 컴퓨터를 사용한다.

② 고객 신상 정보의 훼손을 방지하고자 자신의 USB에 백업해두고 보관해준다.

③ 고객 신상 정보를 저장장치에 복사해서 빌린 거래처 담당자에게 되돌려준다.

④ 거래처에 고객 신상 정보 삭제를 요청한다.

PART 4

44 다음 중 데이터 입력에 대한 설명으로 옳지 않은 것은?

① 셀 안에서 줄 바꿈을 하려면 〈Alt〉+〈Enter〉를 누른다.

② 한 행을 블록 설정한 상태에서 〈Enter〉를 누르면 블록 내의 셀이 오른쪽 방향으로 순차적으로 선택되어 행 단위로 데이터를 쉽게 입력할 수 있다.

③ 여러 셀에 숫자나 문자 데이터를 한 번에 입력하려면 여러 셀이 선택된 상태에서 데이터를 입력한 후 바로 〈Shift〉+〈Enter〉를 누른다.

④ 열의 너비가 좁아 입력된 날짜 데이터 전체를 표시하지 못하는 경우 셀의 너비에 맞춰 '#'이 반복 표시된다.

45 다음 대화에서 S사원이 답변할 내용으로 적절하지 않은 것은?

> P과장 : 자네, 마우스도 거의 만지지 않고 윈도우를 사용하다니 신기하군. 방금 윈도우 바탕화면에 있는 창들이 모두 사라졌는데 어떤 단축키를 눌렀나?
>
> S사원 : 네, 과장님. 〈윈도우〉와 〈D〉를 함께 누르면 바탕화면에 펼쳐진 모든 창들이 최소화됩니다. 이렇게 주요한 단축키를 알아두면 업무에 많은 도움이 됩니다.
>
> P과장 : 그렇군. 나도 자네에게 몇 가지를 배워서 활용해 봐야겠어.
>
> S사원 : 우선 윈도우에서 자주 사용하는 단축키를 알려드리겠습니다. 첫 번째로 _____

① 〈윈도우〉+〈E〉를 누르면 윈도 탐색기를 열 수 있습니다.

② 〈윈도우〉+〈Home〉을 누르면 현재 보고 있는 창을 제외한 나머지 창들이 최소화됩니다.

③ 잠시 자리를 비울 때 〈윈도우〉+〈L〉을 누르면 잠금화면으로 전환할 수 있습니다.

④ 〈Alt〉+〈W〉를 누르면 현재 사용하고 있는 창을 닫을 수 있습니다.

46 다음은 K공사의 일일판매내역이다. (가) 셀에 〈보기〉와 같은 함수를 입력했을 때 나타나는 값으로 옳은 것은?

	A	B	C	D
1				(가)
2				
3	제품이름	단가	수량	할인적용
4	K소스	200	5	90%
5	K아이스크림	100	3	90%
6	K맥주	150	2	90%
7	K커피	300	1	90%
8	K캔디	200	2	90%
9	K조림	100	3	90%
10	K과자	50	6	90%

보기

=SUMPRODUCT(B4:B10,C4:C10,D4:D10)

① 2,610

② 2,700

③ 2,710

④ 2,900

※ 병원에서 근무하는 A씨는 건강검진 관리 현황을 정리하고 있다. 이어지는 질문에 답하시오. [47~48]

	A	B	C	D	E	F
1	〈건강검진 관리 현황〉					
2	이름	검사구분	주민등록번호	검진일	검사항목 수	성별
3	강민희	종합검진	960809-2******	2023-11-12	18	
4	김범민	종합검진	010323-3******	2023-03-13	17	
5	조현진	기본검진	020519-3******	2023-09-07	10	
6	최진석	추가검진	871205-1******	2023-11-06	6	
7	한기욱	추가검진	980232-1******	2023-04-22	3	
8	정소희	종합검진	001015-4******	2023-02-19	17	
9	김은정	기본검진	891025-2******	2023-10-14	10	
10	박미옥	추가검진	011002-4******	2023-07-21	5	

47 다음 중 2023년 하반기에 검진받은 사람의 수를 확인할 때 사용해야 할 함수는?

① COUNT　　　　　　　　　② COUNTA

③ SUMIF　　　　　　　　　④ COUNTIF

48 다음 중 주민등록번호를 통해 성별을 구분하려고 할 때, 각 셀에 필요한 함수식으로 옳은 것은?

① F3 ： =IF(AND(MID(C3,8,1)="2",MID(C3,8,1)="4"),"여자","남자")

② F4 ： =IF(AND(MID(C4,8,1)="2",MID(C4,8,1)="4"),"여자","남자")

③ F7 ： =IF(OR(MID(C7,8,1)="2",MID(C7,8,1)="4"),"여자","남자")

④ F9 ： =IF(OR(MID(C9,8,1)="1",MID(C9,8,1)="3"),"여자","남자")

49 다음은 조직심리학 수업을 수강한 학생들의 성적이다. 최종점수는 중간과 기말의 평균점수 90%, 출석점수 10%가 반영되며, 최종점수를 높은 순으로 나열했을 때 1~2등은 A, 3~5등은 B, 나머지는 C를 받는다. 엑셀의 함수 기능을 이용하여 최종점수, 등수, 등급을 작성하려고 할 때, 필요하지 않은 함수는?(단, 최종점수는 소수점 둘째 자리에서 반올림한다)

	A	B	C	D	E	F	G
1	이름	중간	기말	출석	최종점수	등수	등급
2	유재석	97	95	10	87.4	1	A
3	김종국	92	89	10	82.5	3	B
4	이광수	65	96	9	73.4	5	B
5	전소민	77	88	8	75.1	4	B
6	지석진	78	75	8	69.7	6	C
7	하하	65	70	7	61.5	7	C
8	송지효	89	95	10	83.8	2	A

① IFS   ② RANK

③ ROUND   ④ AVERAGEIFS

50 다음 워크시트를 참조하여 작성한 수식 「=VLOOKUP(SMALL(A2:A10,3),A2:E10,4,0)」의 결괏값으로 옳은 것은?

	A	B	C	D	E
1	번호	억양	발표	시간	자료준비
2	1	80	84	91	90
3	2	89	92	86	74
4	3	72	88	82	100
5	4	81	74	89	93
6	5	84	95	90	88
7	6	83	87	72	85
8	7	76	86	83	87
9	8	87	85	97	94
10	9	98	78	96	81

① 82   ② 83

③ 86   ④ 87

| 01 | 기계

31 다음 중 연삭가공에 대한 설명으로 옳지 않은 것은?

① 연삭입자는 불규칙한 형상을 가진다.
② 연삭입자는 깨짐성이 있어 가공면의 치수정확도가 떨어진다.
③ 연삭입자는 평균적으로 큰 음의 경사각을 가진다.
④ 경도가 크고 취성이 있는 공작물 가공에 적합하다.

32 스프링상수가 200N/mm인 접시스프링 8개를 다음 그림과 같이 겹쳐 놓았다. 여기에 200N의 압축력(F)을 가할 때, 스프링의 전체 압축량은?

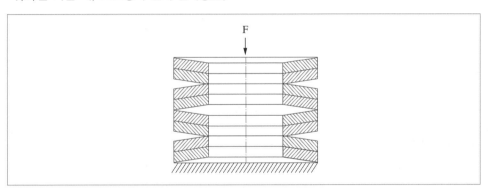

① 0.125mm   ② 1mm
③ 2mm   ④ 6mm

33 다음 중 배관 내 순간적으로 압력차가 발생하여 충격압을 만들어 음을 발하며 진동하는 현상은?

① 서징현상   ② 공동현상
③ 수격현상   ④ 진동현상

34 다음 중 특수 주조법에 대한 설명으로 옳지 않은 것은?

① 원심주조법은 형상 틀에 쇳물을 주입한 후 고속으로 회전시켜 주물을 얻는 주조법이다.

② 다이캐스팅은 생산 속도가 빨라 대량 생산에 적합하다.

③ 셀 주조법(셀 몰드법)은 얇은 셀 모양의 주형을 사용하여 주물을 만드는 방법이다.

④ 저압주조법은 생산성이 높고, 금속의 종류에 제한이 없다.

35 다음 중 공작물을 별도의 고정장치로 지지하지 않고, 그 대신에 받침판을 사용하여 원통면을 연속적으로 연삭하는 공정은?

① 크립피드연삭(Creep Feed Grinding)

② 센터리스연삭(Centerless Grinding)

③ 원통연삭(Cylindrical Grinding)

④ 전해연삭(Electrolytic Grinding)

36 다음 중 금속의 파괴현상인 크리프(Creep) 현상에 대한 설명으로 옳은 것은?

① 응력이 증가하여 재료의 항복점을 지났을 때 일어나는 파괴현상이다.

② 반복응력이 장시간 가해졌을 때 일어나는 파괴현상이다.

③ 응력과 온도가 일정한 상태에서 시간이 지남에 따라 변형이 증가하는 현상이다.

④ 균열이 진전되어 소성변형 없이 빠르게 파괴되는 현상이다.

37 다음 중 옥내에 시설하는 저압 전로와 대지 사이의 절연저항 측정에 사용되는 기구는?

① 멀티 테스터   ② 메거

③ 어스 테스터   ④ 훅 온 미터

38 다음 중 공작물을 양극으로 하고 공구를 음극으로 하여 전기화학적 작용으로 공작물을 전기분해시켜 원하는 부분을 제거하는 가공공정은?

① 전해가공
② 방전가공
③ 전자빔가공
④ 초음파가공

39 다음 중 특정한 온도영역에서 이전의 입자들을 대신하여 변형이 없는 새로운 입자가 형성되는 재결정에 대한 설명으로 옳지 않은 것은?

① 재결정온도는 일반적으로 약 1시간 안에 95% 이상 재결정이 이루어지는 온도로 정의한다.
② 금속의 용융온도를 절대온도 T_m 이라 할 때, 재결정온도는 대략 $0.3 \sim 0.5\,T_m$ 범위에 있다.
③ 재결정은 금속의 연성을 증가시키고 강도를 저하시킨다.
④ 냉간가공도가 클수록 재결정온도는 높아진다.

40 다음 중 피복금속용접봉의 피복제 역할에 대한 설명으로 옳지 않은 것은?

① 수소의 침입을 방지하여 수소기인균열의 발생을 예방한다.
② 용융금속 중의 산화물을 탈산하고 불순물을 제거하는 작용을 한다.
③ 아크의 발생과 유지를 안정되게 한다.
④ 용착금속의 급랭을 방지한다.

41 다음 중 키(Key)에 대한 설명으로 옳지 않은 것은?

① 축과 보스(풀리, 기어)를 결합하는 기계요소이다.
② 키홈은 깊이가 깊어서 응력집중이 일어나지 않는 좋은 체결기구이다.
③ 축방향으로 평행한 평행형이 있고 구배진 테이퍼형이 있다.
④ 원주방향과 축방향 모두를 고정할 수 있지만 축방향은 고정하지 않아 축을 따라 미끄럼운동을 할 수도 있다.

42 다음 글에 해당하는 현상은 무엇인가?

> 성형품의 냉각이 비교적 높은 부분에서 발생하는 성형 수축으로, 표면에 나타나는 오목한 부분의 결함을 말한다. 이를 제거하기 위해서는 성형품의 두께를 균일하게 하고, 스프루, 러너, 게이트를 크게 하여 금형 내의 압력이 균일하도록 하며, 성형온도를 낮게 억제한다. 이때 두께가 두꺼운 위치에 게이트를 설치하여 성형온도를 낮게 억제한다.

① 플래시현상
② 싱크마크현상
③ 플로마크현상
④ 제팅현상

43 다음과 같이 지름이 D_1인 A피스톤에 F_1의 힘이 작용하였을 때, 지름이 D_2인 B실린더에 작용하는 유압은?(단, $D_2 = 4D_1$이다)

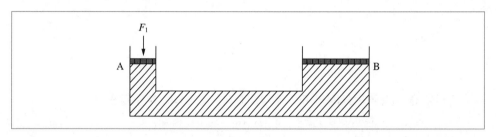

① $\dfrac{4F_1}{\pi D_1{}^2}$

② $\dfrac{F_1}{\pi D_1{}^2}$

③ $\dfrac{F_1}{2\pi D_1{}^2}$

④ $\dfrac{F_1}{3\pi D_1{}^2}$

44 다음 중 상의 위상차를 통해 미세각도를 측정하는 기구는?

① 직각자
② 사인바
③ 오토콜리미터
④ 각도 게이지

45 다음 중 와이어 방전가공에 대한 설명으로 옳지 않은 것은?

① 가공액은 일반적으로 수용성 절삭유를 물에 희석하여 사용한다.

② 와이어전극은 동, 황동 등이 사용되고 재사용이 가능하다.

③ 와이어는 일정한 장력을 걸어주어야 하는데 보통 와이어 파단력의 $\frac{1}{2}$ 정도로 한다.

④ 복잡하고 미세한 형상가공이 용이하다.

46 발전용량이 100MW이고 천연가스를 연료로 사용하는 발전소에서 보일러는 527℃에서 운전되고, 응축기에서는 27℃로 폐열을 배출한다. 다음 중 카르노 열효율 개념으로 계산한 보일러의 초당 연료 소비량은?(단, 천연가스의 연소열은 20MJ/kg이다)

① 8kg/s
② 16kg/s
③ 48kg/s
④ 60kg/s

47 압력용기 내의 게이지 압력이 30kPa로 측정되었다. 대기압력이 100kPa일 때, 압력용기 내의 절대 압력은?

① 130kPa
② 70kPa
③ 30kPa
④ 15kPa

48 다음 글에 해당하는 운동용 나사는 무엇인가?

• 애크미(Acme)나사라고도 하며, 정밀가공이 용이하다.
• 공작기계의 리드 스크루와 같이 정밀한 운동의 전달용으로 사용한다.

① 사각나사
② 톱니나사
③ 사다리꼴나사
④ 둥근나사

49 다음 중 기계요소를 설계할 때 응력집중 및 응력집중계수에 대한 설명으로 옳지 않은 것은?

① 응력집중계수는 단면부의 평균응력에 대한 최대응력의 비율이다.

② 응력집중이란 단면이 급격히 변화하는 부위에서 힘의 흐름이 심하게 변화함으로 인해 발생하는 현상이다.

③ 응력집중계수는 탄성영역 내에서 부품의 형상효과와 재질이 모두 고려된 것으로, 형상이 같더라도 재질이 다르면 그 값이 다르다.

④ 응력집중을 완화하려면 단이 진 부분의 곡률반지름을 크게 하거나 단면이 완만하게 변화하도록 한다.

50 다음 중 금형용 합금공구강의 KS규격에 해당하는 것은?

① STD 11

② SC 360

③ SM 45C

④ SS 400

51 다음 중 가스터빈에 대한 설명으로 옳지 않은 것은?

① 압축, 연소, 팽창, 냉각의 4과정으로 작동되는 외연기관이다.

② 실제 가스터빈은 개방 사이클이다.

③ 증기터빈에 비해 중량당의 동력이 크다.

④ 공기는 산소를 공급하고 냉각제의 역할을 한다.

52 다음 중 구조용 강의 인장시험에 의한 응력 – 변형률선도(Stress – Strain Diagram)에 대한 설명으로 옳지 않은 것은?

① 비례한도(Proportional Limit)까지는 응력과 변형률이 정비례의 관계를 유지한다.

② 극한응력(Ultimated Stress)은 선도상에서의 최대응력이다.

③ 항복점(Yield Point)에서는 하중이 증가하더라도 시험편의 변형이 일어나지 않는다.

④ 탄성한도(Elastic Limit)에 이를 때까지는 하중을 제거하면, 시험편이 최초의 변형이 없는 상태로 돌아간다.

53 다음 중 드릴링머신가공에서 접시머리나사의 머리가 들어갈 부분을 원추형으로 가공하는 작업은?

① 리밍(Reaming)　　　　　　　② 카운터보링(Counterboring)

③ 카운터싱킹(Countersinking)　④ 스폿페이싱(Spotfacing)

PART 4

54 다음 중 베르누이 방정식의 성립 조건으로 옳지 않은 것은?

① 정상 상태의 흐름이어야 한다.

② 유선이 겹쳐서는 안 된다.

③ 압축성 유동의 흐름이어야 한다.

④ 점성력이 존재하지 않아야 한다.

55 축 방향의 압축하중이 작용하는 원통 코일 스프링에서 코일 소재의 지름이 d일 때 최대 전단응력이 τ_1이고, 코일 소재의 지름이 $\dfrac{d}{2}$일 때 최대 전단응력이 τ_2이라면, $\dfrac{\tau_2}{\tau_1}$는?(단, 응력 수정계수는 1로 하고, 다른 조건은 동일하다)

① 2　　　　　　　② 4

③ 8　　　　　　　④ 16

| 02 | 전기

31 다음 중 전기 회로의 과도 현상과 시상수와의 관계에 대한 설명으로 옳은 것은?

① 시상수가 클수록 과도 현상은 오래 지속된다.

② 시상수가 클수록 과도 현상은 매우 느리다.

③ 시상수와 과도 지속 시간은 관계가 없다.

④ 시상수는 전압의 크기에 비례한다.

32 다음 그림과 같은 유도 전동기가 있다. 고정자가 매초 100회전하고 회전자가 매초 95회전하고 있을 때, 회전자의 도체에 유기되는 기전력의 주파수는?

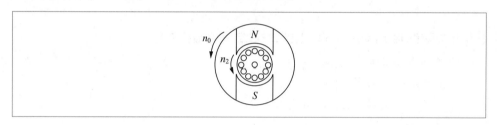

① 5Hz

② 10Hz

③ 15Hz

④ 20Hz

33 다음 중 저항이 5Ω인 도체에 10A의 전류를 1분간 흘렸을 때 발생하는 열량은?

① 10,000J

② 15,000J

③ 25,000J

④ 30,000J

34 다음 중 비사인파를 많은 사인파의 합성으로 표시하는 전개식은?

① 푸리에(Fourier)

② 헤르츠(Hertz)

③ 노튼(Norton)

④ 페러데이(Faraday)

35 솔레노이드 코일의 단위 길이당 권선수를 4배로 증가시켰을 때, 인덕턴스의 변화는?

① $\dfrac{1}{16}$ 로 감소

② $\dfrac{1}{4}$ 로 감소

③ 4배 증가

④ 16배 증가

36 다음 중 빈칸에 들어갈 단어로 옳은 것은?

> 패러데이의 전자 유도 법칙에서 유도 기전력의 크기는 코일을 지나는 ___㉠___ 의 매초 변화량과 코일의 ___㉡___ 에 비례한다.

	㉠	㉡
①	자속	굵기
②	자속	권수
③	전류	권수
④	전류	굵기

37 저항 $10\mathrm{k}\Omega$ 의 허용 전력이 $10\mathrm{kW}$라 할 때, 허용 전류는 몇 A인가?

① 0.1A

② 1A

③ 10A

④ 100A

38 다음 중 유도 전동기 권선법에 대한 설명으로 옳지 않은 것은?

① 홈 수는 24개 또는 36개이다.

② 고정자 권선은 3상 권선이 쓰인다.

③ 소형 전동기는 보통 4극이다.

④ 고정자 권선은 단층 파권이다.

39 다음 중 전원 100V에 $R_1 = 5\,\Omega$ 과 $R_2 = 15\,\Omega$ 의 두 전열선을 직렬로 접속한 경우 옳은 것은?

① R_1 에는 R_2 보다 3배의 전류가 흐른다.

② R_2 는 R_1 보다 3배의 열을 발생시킨다.

③ R_1 과 R_2 에 걸리는 전압은 같다.

④ R_1 은 R_2 보다 3배의 전력을 소비한다.

40 직류 발전기의 병렬 운전 중 한쪽 발전기의 여자를 늘리면 그 발전기는 어떻게 되는가?

① 부하 전류는 불변, 전압은 증가한다.

② 부하 전류는 줄고, 전압은 증가한다.

③ 부하 전류는 늘고, 전압은 증가한다.

④ 부하 전류는 늘고, 전압은 불변한다.

41 다음 단상 유도 전동기의 기동방법 중 기동토크가 가장 큰 것은?

① 반발 기동형   ② 분상 기동형

③ 반발 유도형   ④ 콘덴서 기동형

42 다음 중 구리전선과 전기 기계기구 단지를 접속하는 경우에 진동 등으로 인하여 헐거워질 염려가 있는 곳에는 어떻게 접속하여야 하는가?

① 정 슬리브를 끼운다.   ② 평 와셔 2개를 끼운다.

③ 코드 패스너를 끼운다.   ④ 스프링 와셔를 끼운다.

43 다음 중 회전 변류기의 직류측 전압을 조정하는 방법으로 옳지 않은 것은?

① 직렬 리액턴스에 의한 방법

② 여자 전류를 조정하는 방법

③ 동기 승압기를 사용하는 방법

④ 부하 시 전압 조정 변압기를 사용하는 방법

44 다음 중 자체 인덕턴스에 축적되는 에너지에 대한 설명으로 옳은 것은?

① 자체 인덕턴스 및 전류에 비례한다.

② 자체 인덕턴스 및 전류에 반비례한다.

③ 자체 인덕턴스와 전류의 제곱에 반비례한다.

④ 자체 인덕턴스에 비례하고, 전류의 제곱에 비례한다.

45 다음 중 분전반 및 배전반은 어떤 장소에 설치하는 것이 바람직한가?

① 전기회로를 쉽게 조작할 수 있는 장소

② 개폐기를 쉽게 개폐할 수 없는 장소

③ 은폐된 장소

④ 이동이 심한 장소

46 다음 중 피시 테이프(Fish Tape)의 용도로 옳은 것은?

① 전선을 테이핑하기 위해서 사용한다.

② 전선관의 끝마무리를 위해서 사용한다.

③ 전선관에 전선을 넣을 때 사용한다.

④ 합성 수지관을 구부릴 때 사용한다.

47 다음 중 검출값 편차의 크기에 비례하여 조작부를 제어하는 동작으로, 정상 오차를 수반하고 사이클링은 없으나 잔류 편차(Offset)가 발생하는 제어는?

① 적분 제어
② 미분 제어
③ 비례 제어
④ 비례 적분 제어

48 다음 중 동기 발전기의 병렬 운전 시 기전력의 크기가 다를 경우 나타나는 현상이 아닌 것은?

① 권선이 가열된다.
② 동기화전력이 생긴다.
③ 무효순환전류가 흐른다.
④ 고압 측에 감자작용이 생긴다.

49 다음 〈보기〉 중 전기력선의 성질에 대한 설명으로 옳은 것을 모두 고르면?

> 보기
> ㄱ. 전기력선은 양(+)전하에서 시작하여 음(-)전하에서 끝난다.
> ㄴ. 전기장 내에 도체를 넣으면 도체 내부의 전기장이 외부의 전기장을 상쇄하나 도체 내부에 전기력선은 존재한다.
> ㄷ. 전기장 내 임의의 점에서 전기력선의 접선방향은 그 점에서의 전기장의 방향을 나타낸다.
> ㄹ. 전기장 내 임의의 점에서 전기력선의 밀도는 그 점에서의 전기장의 세기와 비례하지 않는다.

① ㄱ, ㄴ
② ㄱ, ㄷ
③ ㄴ, ㄹ
④ ㄷ, ㄹ

50 다음 중 옥내 배선에서 전선 접속에 대한 사항으로 옳지 않은 것은?

① 전기저항을 증가시킨다.
② 전선의 강도를 20% 이상 감소시키지 않는다.
③ 접속 슬리브, 전선 접속기를 사용하여 접속한다.
④ 접속부분의 온도상승값이 접속부 이외의 온도상승값을 넘지 않도록 한다.

51 다음 중 동기 조상기의 계자를 부족여자로 하여 운전한 결과로 옳은 것은?

① 콘덴서로 작용   ② 뒤진 역률 보상

③ 리액터로 작용   ④ 저항손의 보상

52 다음 중 공기 중에 $10\mu C$과 $20\mu C$를 1m 간격으로 놓을 때 발생되는 정전력은?(단, 상수 $k = 9 \times 10^9 \mathrm{N} \cdot \mathrm{m}^2/\mathrm{C}^2$으로 계산한다)

① 1.8N   ② 2.2N

③ 4.4N   ④ 6.3N

53 다음 중 전력계통의 안정도(Stability)에 대한 설명으로 옳지 않은 것은?

① PSS 대신에 속응 여자 시스템을 채택한다.

② 디지털 AVR을 설치한다.

③ 여자장치를 정지형 여자기로 설치한다.

④ FACTS 기기를 설치한다.

54 다음 3상 유도 전동기의 속도 제어 방법 중 인버터(Inverter)를 이용하는 속도 제어법은?

① 극수 변환법   ② 전압 제어법

③ 초퍼 제어법   ④ 주파수 제어법

55 두 종류의 금속 접합부에 전류를 흘리면 전류의 방향에 따라 줄열 이외의 열의 흡수 또는 발생 현상이 생긴다. 다음 중 이러한 현상을 무엇이라 하는가?

① 제벡 효과   ② 페란티 효과

③ 펠티어 효과   ④ 초전도 효과

| 03 | 화학

31 다음 화학 방정식 중 황산 제조와 관계없는 것은?

① $S + O_2 \rightarrow SO_2$

② $4FeS_2 + 11O_2 \rightarrow 2Fe_2O_3 + 8SO_2$

③ $N_2 + 3H_2 \rightarrow 2NH_3$

④ $SO_2 + NO_2 + H_2O \rightarrow H_2SO_4 \cdot NO$

32 다음 중 증산을 위하여 중질유를 열분해하여 얻는 가솔린은?

① 직류 가솔린

② 분해 가솔린

③ 개질 가솔린

④ 알킬화 가솔린

33 다음 중 총괄 물질 전달 계수(K_L, K_G)와 물질 전달 계수(k_G, k_L)와의 관계로 옳은 것은?

① $\dfrac{1}{K_G} = \dfrac{1}{k_G} + \dfrac{H}{k_L}$

② $\dfrac{1}{K_L} = \dfrac{1}{k_L} + \dfrac{1}{k_G H}$

③ $\dfrac{1}{k_L} = \dfrac{1}{K_L} + \dfrac{H}{k_G}$

④ $\dfrac{1}{K_G} - \dfrac{1}{k_L H} = \dfrac{1}{k_G}$

34 다음 중 석유의 탄화수소 성분에 해당되는 것은?

① 산소화합물

② 질소화합물

③ 황화합물

④ 방향족 화합물

35 다음 중 이상 용액 혼합물 중의 한 성분의 증기 분압과 그 성분의 몰 분율과 순수증기압과의 관계를 나타내는 법칙은?

① Dalton의 법칙

② Raoult의 법칙

③ Henry의 법칙

④ Amagat의 법칙

36 다음 중 단유성 바니쉬의 특징으로 옳은 것은?

① 수지보다 기름의 비율이 많다.

② 광택이 좋고, 밑칠도료로 사용된다.

③ 건조가 느리고 내구력이 우수하다.

④ 유성 페인트에 혼입물로 사용된다.

37 1atm 절대 습도 0.02의 공기의 습비용이 0.915(m^3/kg-건조공기)일 때, 건구 온도는?

① 20℃

② 40℃

③ 50℃

④ 60℃

38 다음 중 과즙이나 젤라틴 등과 같이 열에 예민한 물질을 증발시킬 경우 필요한 증발관은 무엇인가?

① 진공 증발관

② 수직관식 증발관

③ 강제 순환식 증발관

④ 수평관식 증발관

39 습기가 있는 재료 10kg을 건조시킨 후 무게를 측정한 결과가 9.5kg이었을 때, 처음 재료의 함수율은 얼마인가?

① 0.05(kg-H_2O/kg-건조고체)

② 0.5(kg-H_2O/kg-건조고체)

③ 0.95(kg-H_2O/kg-건조고체)

④ 9.5(kg-H_2O/kg-건조고체)

40 다음 중 교반기의 동력용에서 사용되는 레이놀즈수는 어떤 식으로 표시되는가?[단, D=날개의 지름, N=날개의 속도(rpm)이다]

① $\dfrac{DN\rho}{\beta}$

② $\dfrac{DG}{\mu}$

③ $\dfrac{D^3N\rho}{\mu}$

④ $\dfrac{D^2N\rho}{\mu}$

41 다음 중 격막식 수산화나트륨 전해조에서의 양극(+) 재료로 흑연을 사용하는 이유는?

① 염소 과전압이 낮다.

② 구하기가 쉽다.

④ 전기 저항이 크다.

④ 알칼리에 대한 내식성이 크다.

42 다음 단위 환산 중 옳지 않은 것은?

① 1HP=76kg·m/sec=750ft·lb_f/sec

② 1Btu=0.252kcal=778ft·lb_f

③ 1poise=1g/cm·sec=0.1kg/m·sec

④ 1cP=0.001kg·m/sec=6.72×10^{-4}lb/ft·sec

43 다음 중 독성 기체를 수송하는 데 적합한 펌프는?

① 로브 펌프 ② 터보 압축기

③ 니쉬 펌프 ④ 팬

44 다음 중 어떤 유기 물질이 증발하는 도중에 거품을 형성하여 증기와 함께 증발관을 빠져나가는 현상은?

① 관석 ② 비말 동반

③ 왕일점 ④ 부하점

45 다음 중 연속 추출기에서 나온 추질의 혼합물은?

① Cossette ② Miscella

③ Half Miscella ④ Raffinate

46 다음 중 교반과 빠른 유속에 의한 난류 상태에 의하여 일어나는 확산은?

① 난류 확산 ② 분자 확산

③ 전도 확산 ④ 일방 확산

47 다음 중 비교 습도를 나타내지 않는 식은?

① $\dfrac{H}{H_S} \times 100$
② $\left(\dfrac{P-p_S}{P-p}\right) H_R \times 100$

③ $\dfrac{p_S}{P-p_S} \times 100$
④ $\left(\dfrac{p}{P-p}\right)\left(\dfrac{p_S}{P-p_S}\right) \times 100$

48 다음 중 결정에 대한 설명으로 옳지 않은 것은?

① 결정은 공간 격자(Space Lattice)를 형성하여 생성된다.

② 어떤 물질이라도 주어진 두 결정면 사이의 각도는 항상 일정하게 결정화된다.

③ 공간 격자로 이루는 입자 사이의 거리나 각도를 X선 회절로 측정할 수 있다.

④ 결정의 분류는 결정면들의 상대적 크기나 결정의 표면형으로 분류한다.

49 점토의 겉보기 밀도가 $1.5g/cm^3$이고 진밀도가 $2g/cm^3$일 때, 기공도를 구하면?

① 0.22   ② 0.25

③ 0.35   ④ 0.45

50 1kg의 물 속에 분자량이 192인 포도당이 100g 들어 있다. 몰랄 농도는 얼마인가?(단, 소수점 셋째 자리에서 반올림한다)

① 0.52   ② 0.62

③ 0.73   ④ 0.93

51 다음 중 인산이 가장 많이 사용되는 것은 어느 것인가?

① 금속표면처리제   ② 인산염 제조원료

③ 인산비료   ④ 가정용 세제

52 수면의 높이가 10m로 일정하게 유지되고 있는 탱크의 바닥에 3mm의 구멍이 났을 때, 이 구멍을 통한 유체의 유속은 얼마인가?

① 7m/sec
② 10m/sec
③ 12m/sec
④ 14m/sec

53 다음 중 건조 수축이 일어나는 경우가 아닌 것은?

① 물질의 단위 중량당의 표면적이 변한다.
② 수축이 심한 경우 표면층이 경화하여 수분의 흐름이 어렵다.
③ 휘든지, 금이 가든지 또는 전체 구조가 변할 경우도 있다.
④ 건조 속도가 매우 높아진다.

54 다음 중 고액 추출 장치가 아닌 것은?

① 침출조
② Bollmann 추출기
③ Mixer Settler형 추출기
④ Dorr 교반기

55 다음 중 임의의 증류 조작에서 환류비를 크게 하면 무슨 일이 일어나는가?

① 제품의 순도가 높아진다.
② 제품의 순도가 낮아진다.
③ 제품의 유출액량이 커진다.
④ 절대로 경제적이다.

제2회
최종점검 모의고사

※ 한국남동발전 최종점검 모의고사는 2024년 채용공고와 후기를 기준으로 구성한 것으로,
실제 시험과 다를 수 있습니다.
※ 응시 직렬에 필요한 영역을 선택하여 해당 문항을 학습하기 바랍니다.

※ 모바일 OMR 답안채점 / 성적분석 서비스

사무

기계

전기

화학

■ 취약영역 분석

| 01 | NCS 공통영역

번호	O/×	영역	번호	O/×	영역	번호	O/×	영역
01			11			21		
02			12			22		
03			13			23		
04			14			24		
05		의사소통능력	15		자원관리능력	25		문제해결능력
06			16			26		
07			17			27		
08			18			28		
09			19			29		
10			20			30		

| 02 | 사무

번호	31	32	33	34	35	36	37	38	39	40
O/×	수리능력									
번호	41	42	43	44	45	46	47	48	49	50
O/×	정보능력									

| 03 | 기술

번호	31	32	33	34	35	36	37	38	39	40
O/×	기계 / 전기 / 화학									
번호	41	42	43	44	45	46	47	48	49	50
O/×	기계 / 전기 / 화학									
번호	51	52	53	54	55					
O/×	기계 / 전기 / 화학									

평가문항	사무(50문항) / 기술(55문항)	평가시간	60분
시작시간	:	종료시간	:
취약영역			

최종점검 모의고사

⏱ 응시시간 : 60분   📋 문항 수 : 사무(50문항) / 기술(55문항)   정답 및 해설 p.099

---

01   다음 글의 핵심 내용으로 가장 적절한 것은?

> BMO 금속 및 광업 관련 리서치 보고서에 따르면 최근 가격 강세를 지속해 온 알루미늄, 구리, 니켈 등 산업금속들의 4분기 중 공급부족 심화와 가격 상승세가 전망된다. 산업금속이란 산업에 필수적으로 사용되는 금속들을 말하는데, 앞서 제시한 알루미늄, 구리, 니켈뿐만 아니라 비교적 단단한 금속에 속하는 은이나 금 등도 모두 산업에 많이 사용될 수 있는 금속이므로 산업금속의 카테고리에 속한다고 할 수 있다. 이러한 산업금속은 물품을 생산하는 기계의 부품으로서 필요하기도 하고, 전자제품 등의 소재로 쓰이기도 하기 때문에 특정 분야의 산업이 활성화되면 특정 금속의 가격이 뛰거나 심각한 공급난을 겪기도 한다.
>
> 지난 4일 금융투자업계에 따르면 최근 전 세계적인 경제 회복 조짐과 함께 탈탄소 트렌드, 즉 '그린 열풍'에 따른 수요 증가로 산업금속 가격이 초강세이다. 런던금속거래소에서 발표한 자료에 따르면 올해 들어 지난달까지 알루미늄은 20.7%, 구리는 47.8%, 니켈은 15.9% 가격이 상승했다. 이를 통해 알 수 있듯이 구리 수요를 필두로 알루미늄, 니켈 등 전반적인 산업금속 섹터의 수요량이 증가하였다. 이는 전기자동차 산업의 확충과 관련이 있다. 전기자동차의 핵심적인 부품인 배터리를 만드는 데 구리와 니켈이 사용되기 때문이다. 이때, 배터리 소재 중 니켈의 비중을 높이면 배터리의 용량을 키울 수 있으나 배터리의 안정성이 저하된다. 기존의 전기자동차 배터리는 니켈의 사용량이 높았기 때문에 더욱 안정성 문제가 제기되어 왔다. 그래서 연구 끝에 적정량의 구리를 배합하는 것이 배터리 성능과 안정성을 모두 향상시키기 위해서 중요하다는 것을 밝혀냈다. 구리가 전기자동차 산업의 핵심 금속인 셈이다.
>
> 이처럼 전기자동차와 배터리 등 친환경 산업에 필수적인 금속들의 수요는 증가하는 반면, 세계 각국의 환경 규제 강화로 인해 금속의 생산은 오히려 감소하고 있기 때문에 산업금속에 대한 공급난과 가격 인상이 우려되고 있다.

① 세계적인 '그린 열풍' 현상 발생의 원인
② 필수적인 산업금속 공급난으로 인한 문제
③ 전기자동차의 배터리 성능을 향상하는 기술
④ 전기자동차 산업 확충에 따른 산업금속 수요의 증가

02 다음 글을 통해 알 수 있는 내용으로 적절하지 않은 것은?

인간의 사유는 특정한 기준을 바탕으로 다른 것과의 차이를 인식하는 것이라 할 수 있다. 이때의 기준을 이루는 근간(根幹)은 당연히 현실 세계의 경험과 인식이다. 하지만 인간은 현실적 경험으로 인식되지 않는 대상을 사유하기도 하는데, 그중 하나가 신화적 사유이며, 이는 상상력의 산물이다. 상상력은 통념(通念)상 현실과 대립되는 위치에 속한다. 또한, 현대 문명에서 상상력은 과학적·합리적 사고와 반대되는 사유 체계로 간주되기도 한다. 그러나 신화적 사유를 떠받치고 있는 상상력은 '현실적 – 비현실적', '논리적 – 비논리적', '합리적 – 비합리적' 등과 같은 단순한 양항 체계 속으로 환원될 수 없다.

초기 인류학에서는 신화적 사유를 근대 문명과 대비시켜 미개한 존재들의 미숙한 단계의 사고로 간주(看做)했었다. 이러한 입장을 대표하는 레비브륄에 따르면 미개인은 논리 이전의 사고방식과 비현실적 감각을 가진 존재이다. 그러나 신화 연구에 적지 않은 영향을 끼쳤고 오늘날에도 여전히 유효한 레비스트로스의 논의에 따르면 미개인과 문명인의 사고방식은 사물을 분류하는 방식과 주된 관심 영역 등이 다를 뿐, 어느 것이 더 합리적이거나 논리적이라고 할 수는 없다. 또한, 그것은 세계를 이해하는 두 가지의 서로 다른 방식 혹은 태도일 뿐이다. 신화적 사유를 비롯한 이른바 미개인의 사고방식을 가리키는 레비스트로스가 말하는 '야생의 사고'는 이러한 사고방식이 근대인 혹은 문명인 못지않게 질서와 체계에 민감하고 그 나름의 현실적, 논리적, 합리적 기반을 갖추고 있음을 함축하고 있는 개념이다.

레비스트로스의 '야생의 사고'는 신화시대와 신화적 사유를 근대적 문명에 입각한 발전론적 시각이 아닌 상대주의적 시각으로 바라보았다는 점에서 의미가 크다. 그러나 그가 신화 자체의 사유 방식이나 특성을 특정 시대의 것으로 한정(限定)하는 오류를 범하고 있다는 점에 유의해야 한다. 과거 신화시대에 생겨난 신화적 사유는 신화가 재현되고 재생되는 한 여전히 시간과 공간을 뛰어넘어 현재화되고 있기 때문이다.

이상에서 보듯이 신화적 사유는 현실적·경험적 차원의 '진실'이나 '비진실'로 구분될 수 없다. 신화는 허구적이거나 진실한 것 모두를 '재료'로 사용할 수 있으며, 이러한 재료들은 신화적 사유 고유의 규칙과 체계에 따라 배열된다. 그러므로 신화 텍스트에서 이러한 재료들의 구성 원리를 밝히는 것은 그 신화에 반영된 신화적 사유 체계를 밝히는 것이라 할 수 있다. 또한, 이는 신화를 공유하고 전승(傳承)해 왔던 집단의 원형적 사유 체계에 접근하는 작업이라고도 할 수 있다.

① 신화는 그 고유의 규칙과 체계를 갖고 있다.
② 신화적 사유는 상상력의 산물이라 할 수 있다.
③ 신화적 사유는 특정 시대의 사유 특성에 한정된다.
④ 신화적 상상력은 상상력에 대한 통념적 인식과 차이가 있다.

03 다음 글을 바탕으로 〈보기〉의 내용을 바르게 이해한 것은?

뇌가 받아들인 기억 정보는 그 유형에 따라 각각 다른 장소에 저장된다. 우리가 기억하는 것들은 크게 서술 정보와 비서술 정보로 나뉜다. 서술 정보란 학교 공부, 영화의 줄거리, 장소나 위치, 사람의 얼굴처럼 말로 표현할 수 있는 정보이다. 이 중에서 서술 정보를 처리하는 중요한 기능을 담당하는 것은 뇌의 내측두엽에 있는 해마로 알려져 있다. 교통사고를 당해 해마 부위가 손상된 이후 서술 기억 능력이 손상된 사람의 예가 그 사실을 뒷받침한다. 그렇지만 그는 교통사고 이전의 오래된 기억을 모두 회상해냈다. 해마가 장기 기억을 저장하는 장소는 아닌 것이다.

서술 정보가 오랫동안 저장되는 곳으로 많은 학자들은 대뇌피질을 들고 있다. 내측두엽으로 들어온 서술 정보는 해마와 그 주변 조직들에서 일시적으로 머무는 동안 쪼개져 신경정보 신호로 바뀌고 어떻게 나뉘어 저장될 것인지가 결정된다. 내측두엽은 대뇌피질의 광범위한 영역과 신경망을 통해 연결되어 이런 기억 정보를 대뇌피질의 여러 부위로 전달한다. 다음 단계에서는 기억과 관련된 유전자가 발현되어 단백질이 만들어지면서 기억 내용이 공고해져 오랫동안 저장된 상태를 유지한다. 그러면 비서술 정보는 어디에 저장될까? 운동 기술은 대뇌의 선조체나 소뇌에 저장되며, 계속적인 자극에 둔감해지는 습관화나 한 번 자극을 받은 뒤 그와 비슷한 자극에 계속 반응하는 민감화 기억은 감각이나 운동 체계를 관장하는 신경망에 저장된다고 알려져 있다. 감정이나 공포와 관련된 기억은 편도체에 저장된다.

보기

얼마 전 교통사고로 뇌가 손상된 김씨는 뇌의 내측두엽 절제 수술을 받았다. 수술을 받고 난 뒤 김씨는 새로 바뀐 휴대폰 번호를 기억하지 못하고 수술 전의 기존 휴대폰 번호만을 기억하는 등 금방 확인한 내용은 몇 분 동안밖에 기억하지 못했다. 그러나 수술 후 배운 김씨의 탁구 실력은 제법 괜찮았다. 하지만 언제 어떻게 누가 가르쳐 주었는지는 전혀 기억하지 못했다.

① 김씨는 교통사고로 내측두엽의 해마와 함께 대뇌의 선조체가 모두 손상되었을 것이다.
② 김씨는 어릴 적 놀이기구를 타면서 느꼈던 공포감이나 감정 등을 기억하지 못할 것이다.
③ 김씨가 수술 후에도 기억하는 수술 전의 기존 휴대폰 번호는 서술 정보에 해당하지 않을 것이다.
④ 김씨에게 탁구를 가르쳐 준 사람에 대한 정보는 서술 정보이므로 내측두엽의 해마에 저장될 것이다.

04 다음 글의 제목으로 가장 적절한 것은?

> 동물성 지방은 혈중 콜레스테롤을 높일 수 있으므로 특히 주의하는 것이 좋습니다. 콜레스테롤은 두 종류가 있는데, LDL 콜레스테롤은 나쁜 콜레스테롤이라고 부르며, HDL 콜레스테롤은 혈관 건강에 도움이 되는 착한 콜레스테롤로 알려져 있습니다. 소고기, 돼지고기 등 육류와 튀김을 먹으면 LDL 콜레스테롤이 몸에 흡수되어 혈중 콜레스테롤 농도를 높입니다. 하지만 몸속 콜레스테롤 농도에 가장 많은 영향을 미치는 것은 음식보다 간에서 합성되는 LDL 콜레스테롤입니다. 이때 간의 LDL 콜레스테롤 합성을 촉진하는 것이 포화지방입니다. LDL 콜레스테롤이 들어간 음식을 적게 먹어도, 포화지방을 많이 먹으면 혈중 LDL 콜레스테롤 수치가 높아지게 됩니다. 불포화지방은 포화지방과 달리 간세포의 기능을 높여 LDL 콜레스테롤의 분해를 도와 혈중 수치를 낮추는 데 도움이 됩니다. 특히 생선기름에 들어있는 불포화지방인 EPA, DHA는 콜레스테롤을 감소시키는 효과가 있습니다. 트랜스지방은 불포화지방에 수소를 첨가하여 구조를 변형시켜 만든 것입니다. 식물성 기름을 고형화시키면 액상 기름보다 운송과 저장이 손쉽고 빨리 상하지 않기 때문에 트랜스지방이 생기게 되는 거죠. 트랜스지방은 혈중 LDL 콜레스테롤을 상승하게 하고, HDL 콜레스테롤을 감소하게 만들어 심혈관질환의 발생위험을 높입니다.

① 혈중 콜레스테롤의 비밀　　　　　　② 비만의 원인, 지방을 줄여라

③ 심혈관질환의 적, 콜레스테롤　　　　④ 몸에 좋은 지방과 좋지 않은 지방

05 다음 중 상황과 대상에 따른 의사표현법으로 적절하지 않은 것은?

① 상대방의 잘못을 지적할 때는 상대방이 상처를 받을 수도 있으므로 모호한 표현을 해야 한다.

② 상대방에게 명령해야 할 때는 강압적으로 말하기보다는 부드럽게 표현하는 것이 효과적이다.

③ 상대방에게 부탁해야 할 때는 상대의 사정을 우선시하는 태도를 보여줘야 한다.

④ 상대방의 요구를 거절해야 할 때는 먼저 사과하고 요구를 들어줄 수 없는 이유를 설명해야 한다.

06 다음 중 빈칸에 들어갈 단어로 가장 적절한 것은?

> 정부는 선거와 관련하여 신고자에 대한 _____을/를 대폭 강화하기로 하였다.

① 보훈(報勳)　　　　　　　　　　　② 공훈(功勳)

③ 공로(功勞)　　　　　　　　　　　④ 포상(褒賞)

07 다음 중 밑줄 친 부분의 띄어쓰기가 옳은 것은?

① 토마토는 <u>손 쉽게 가꿀 수 있는</u> 채소이다.
② 농협이 <u>발 빠르게</u> 지원에 나서 주목받고 있다.
③ 겨울한파에 <u>언마음이</u> 따뜻하게 녹았으면 좋겠다.
④ 협동의 <u>깃발 아래 한 데</u> 뭉치자.

08 다음 글을 바탕으로 한 편의 글을 쓴다고 할 때, 이어질 내용의 주제로 가장 적절한 것은?

> 바다거북은 모래사장 아래 25 ～ 90cm 되는 곳에 알을 낳는다. 새끼 거북들이 모래 틈을 헤집고 통로를 내기란 어려운 일이라서 땅 위로 올라왔을 때는 체질량의 20%를 잃는다. 이때에는 곧장 수분을 섭취해야 하며 그러지 못하면 탈수 증상으로 죽기도 한다. 그러나 무엇보다도 그러한 갈증이 뜨거운 해변의 모래를 가로질러 바다로 향해 가게 하는 힘이 된다.

① 가혹한 현실은 이상의 실현에 큰 장애가 된다.
② 상애 요인이 목표 달성의 원동력이 될 수도 있다.
③ 주어진 현실에 상관없이 꿈을 향해 매진해야 한다.
④ 무조건 높은 꿈보다 실현 가능한 꿈을 꾸어야 한다.

09 다음 글의 빈칸에 들어갈 내용으로 가장 적절한 것은?

> 발전은 항상 변화를 내포하고 있다. 그러나 모든 형태의 변화가 전부 발전에 해당하는 것은 아니다. 이를테면 교통신호등이 빨강에서 파랑으로, 파랑에서 빨강으로 바뀌는 변화를 발전으로 생각할 수는 없다. 즉, ＿＿＿＿＿＿＿＿＿ 좀 더 구체적으로 말해, 사태의 진전 과정에서 나중에 나타나는 것은 적어도 그 이전 단계에 내재적으로나마 존재했던 것의 전개에 해당한다는 것이다. 이렇게 볼 때, 발전은 선적(線的)인 특성을 가지고 있다. 순전한 반복의 과정으로 보이는 것을 발전이라고 규정하지 않는 이유는 그 때문이다. 반복과정에서는 최후에 명백히 나타나는 것이 처음에 존재했던 것과 거의 다르지 않다. 그러나 또 한편으로 우리는 비록 반복의 경우라도 때때로 그 과정 중의 특정 단계를 따로 떼 그것을 발견이라고 생각하기도 한다. 이는 전체 과정에서 어떤 종류의 질이 그 시기에 특정의 수준까지 진전된 경우이다.

① 발전은 어떤 특정한 방향으로 일어나는 변화라는 의미를 내포하고 있다.
② 변화는 특정한 방향으로 발전하는 것을 의미한다.
③ 발전은 불특정 방향으로 일어나는 변모라는 의미이다.
④ 발전은 어떤 특정한 반복으로 일어나는 변화라는 의미로 사용된다.

10 다음 중 〈보기〉의 문장이 들어갈 위치로 가장 적절한 곳은?

(가) 다시 말해서 현상학적 측면에서 볼 때 철학도 지식의 내용이 존재하는 어떤 것이라는 점에서는 과학적 지식의 구조와 다를 바가 없다. 존재하는 것과 그 존재하는 무엇으로 의식되는 것과의 사이에는 근본적인 구별이 선다. 백두산의 금덩어리는 누가 그것을 의식하든 말든 그대로 있고, 화성에서 일어나는 여러 가지 물리적 현상도 누가 의식하든 말든 그대로 존재한다. 존재와 의식과의 위와 같은 관계를 우리는 존재차원과 의미차원이란 말로 구별할 수 있을 것이다. 여기서 차원이란 말을 붙인 까닭은 의식 이전의 백두산과 의식 이후의 백두산은 순전히 관점의 문제, 즉 백두산을 생각할 수 있는 차원의 문제이기 때문이다. 현상학적 사고를 존재차원에서 이루어지는 것이라고 말할 수 있다면 분석철학에서 주장하는 사고는 의미차원에서 이루어진다. 바꿔 말하자면 현상학적 측면에서 볼 때 철학은 아무래도 어떤 존재를 인식하는 데 그 근본적인 기능이 있다고 보아야 하는 데 반해서, 분석철학의 측면에서 볼 때 철학은 존재와는 아무런 직접적인 관계가 없이 존재에 대한 이야기, 서술을 대상으로 한다. 구체적으로 말해서 철학은 그것이 서술할 존재의 대상을 갖고 있지 않고, 오직 어떤 존재를 서술한 언어만을 갖고 있다. 그러나 철학이 언어를 사고의 대상으로 삼는다고 말은 하지만, 사실상 철학은 언어학과 다르다. (나) 그래서 언어학은 한 언어의 기원이라든지, 한 언어가 왜 그러한 특정한 기호, 발음 혹은 문법을 갖게 되었는가, 또는 그것들이 각기 어떻게 체계화되는가 등을 알려고 한다. (다) 이에 반해서 분석철학은 언어를 대상으로 하되, 그 언어의 구체적인 면에는 근본적인 관심을 두지 않고 그와 같은 구체적인 언어가 가진 의미를 밝히고자 한다. 여기서 철학의 기능은 한 언어가 가진 개념을 해명하고 이해하는 데 있다. 바꿔 말해서, 철학의 기능은 언어가 서술하는 어떤 존재를 인식하는 데 있지 않고, 그와는 관계없이 한 언어가 무엇인가를 서술하는 경우, 무엇인가의 느낌을 표현하는 경우 또는 그 밖의 경우에 그 언어가 정확히 어떻게 의미가 있는가를 이해하는 데 있다. (라) 개념은 어떤 존재하는 대상을 표상(表象)하는 경우도 많으므로 존재와 그것을 의미하는 개념과는 언뜻 보아서 어떤 인과적 관계가 있는 듯하다.

> **보기**
> ㉠ 과학에서 말하는 현상과 현상학에서 말하는 현상은 다른 내용을 가지고 있지만, 그것들은 다 같이 어떤 존재, 즉 우주 안에서 일어나는 사건을 가리킨다.
> ㉡ 언어학은 과학의 한 분야로서 그 연구의 대상을 하나의 구체적 사물로 취급한다.

	㉠	㉡			㉠	㉡
①	(가)	(나)		②	(가)	(다)
③	(나)	(다)		④	(나)	(라)

11 K공사에서 다음 면접방식으로 면접을 진행할 때, 심층면접을 할 수 있는 최대 인원수와 마지막 심층면접자의 기본면접 종료 시각을 바르게 짝지은 것은?

〈면접방식〉

• 면접은 기본면접과 심층면접으로 구분된다. 기본면접실과 심층면접실은 각 1개이고, 면접대상자는 1명씩 입실한다.
• 기본면접과 심층면접은 모두 개별면접의 방식을 취한다. 기본면접은 심층면접의 진행 상황에 관계없이 10분 단위로 계속되고, 심층면접은 기본면접의 진행 상황에 관계없이 15분 단위로 계속된다.
• 기본면접을 마친 면접대상자는 순서대로 심층면접에 들어간다.
• 첫 번째 기본면접은 오전 9시 정각에 실시되고, 첫 번째 심층면접은 첫 번째 기본면접이 종료된 시각에 시작된다.
• 기본면접과 심층면접 모두 낮 12시부터 오후 1시까지 점심 및 휴식 시간을 가진다.
• 각각의 면접 도중에 점심 및 휴식 시간을 가질 수 없고, 1인을 위한 기본면접 시간이나 심층면접 시간이 확보되지 않으면 새로운 면접을 시작하지 않는다.
• 기본면접과 심층면접 모두 오후 1시에 오후 면접 일정을 시작하고, 기본면접의 일정과 관련 없이 심층면접은 오후 5시 정각에는 종료되어야 한다.
※ 면접대상자의 이동 및 교체 시간 등 다른 조건은 고려하지 않는다.

	최대 인원수	종료 시각
①	27명	오후 2시 30분
②	27명	오후 2시 40분
③	28명	오후 2시 30분
④	28명	오후 2시 40분

12 사원 A ~ D가 다음 〈조건〉을 토대로 성과급을 받았을 때, 총 성과급은 얼마인가?

조건

• A는 총 성과급의 3분의 1에 20만 원을 더 받았다.
• B는 그 나머지 성과급의 2분의 1에 10만 원을 더 받았다.
• C는 그 나머지 성과급의 3분의 1에 60만 원을 더 받았다.
• D는 그 나머지 성과급의 2분의 1에 70만 원을 더 받았다.

① 840만 원　　　　　　　　② 900만 원
③ 960만 원　　　　　　　　④ 1,020만 원

13 독일인 A씨는 베를린에서 한국을 경유하여 일본으로 가는 비행기표를 구매하였다. A씨의 일정이 다음과 같을 때, A씨가 인천공항에 도착하는 한국시각과 A씨가 참여했을 환승투어를 바르게 짝지은 것은?(단, 제시된 조건 외에 고려하지 않는다)

〈A씨의 일정〉

한국행 출발시각 (독일시각 기준)	비행시간	인천공항 도착시각	일본행 출발시각 (한국시각 기준)
11월 2일 19:30	12시간 20분		11월 3일 18:30

※ 독일은 한국보다 8시간 느리다.
※ 비행 출발 1시간 전에는 공항에 도착해야 한다.

〈환승투어 코스 안내〉

구분	코스	소요시간
엔터테인먼트	• 인천공항 → 파라다이스시티 아트테인먼트 → 인천공항	2시간
인천시티	• 인천공항 → 송도한옥마을 → 센트럴파크 → 인천공항 • 인천공항 → 송도한옥마을 → 트리플 스트리트 → 인천공항	2시간
산업	• 인천공항 → 광명동굴 → 인천공항	4시간
전통	• 인천공항 → 경복궁 → 인사동 → 인천공항	5시간
해안관광	• 인천공항 → 을왕리해변 또는 마시안해변 → 인천공항	1시간

　　　도착시각　　　　　　환승투어
① 11월 2일 23:50　　　　산업
② 11월 2일 15:50　　엔터테인먼트
③ 11월 3일 23:50　　　　전통
④ 11월 3일 15:50　　　인천시티

※ K공사의 투자지원본부는 7월 중에 신규투자할 중소기업을 선정하고자 한다. 다음 자료를 보고 이어지는 질문에 답하시오. **[14~15]**

〈상황〉

A대리는 신규투자처 선정 일정에 지장이 가지 않는 범위 내에서 연차 2일을 사용해 아내와 베트남으로 여행을 가기로 했다. 신규투자처 선정은 다음 〈조건〉에 따라 진행된다.

조건

- 신규투자처 선정은 '작년투자현황 조사 → 잠재력 심층조사 → 선정위원회 1차 심사 → 선정위원회 2차 심사 → 선정위원회 최종결정 → 선정결과 발표' 단계로 진행된다.
- 신규투자처 선정은 7월 1일부터 시작한다.
- 작년투자현황 조사와 잠재력 심층조사는 근무일 2일씩, 선정위원회의 각 심사는 근무일 3일씩, 선정위원회 최종결정과 선정결과 발표는 근무일 1일씩 소요된다.
- 신규투자처 선정의 각 단계는 최소 1일 이상의 간격을 두고 진행해야 한다.
- 투자지원본부장은 신규투자처 선정결과 발표를 7월 26일까지 완료하고자 한다.

7월 달력						
일요일	월요일	화요일	수요일	목요일	금요일	토요일
					1	2
3	4	5	6	7	8	9
10	11	12	13	14	15	16
17	18	19	20	21	22	23
24	25	26	27	28	29	30
31						

※ 투자지원본부는 주중에만 근무한다.
※ 주말은 휴일이므로 연차는 주중에 사용한다.

14 다음 날짜 중 A대리가 연차를 사용할 수 없는 날짜는?

① 7 ~ 8일   ② 11 ~ 12일

③ 19 ~ 20일   ④ 20 ~ 21일

15 K공사의 상황에 따라 선정위원회 2차 심사가 7월 19일까지 완료되어야 한다고 한다. 이를 고려하였을 때, 다음 중 A대리가 연차를 사용할 수 있는 날짜로 가장 적절한 것은?

① 11 ~ 12일   ② 13 ~ 14일

③ 19 ~ 20일   ④ 20 ~ 21일

16 K기업의 B과장은 내년에 해외근무 신청을 하기 위해서는 의무 교육이수 기준을 만족해야 한다. B과장이 지금까지 글로벌 경영교육 17시간, 해외사무영어교육 50시간, 국제회계교육 24시간을 이수하였다면, 의무 교육이수 기준에 미달인 과목과 그 과목의 부족한 점수는 몇 점인가?

〈의무 교육이수 기준〉

(단위 : 점)

구분	글로벌 경영	해외사무영어	국제회계
이수 완료 점수	15	60	20
시간당 점수	1	1	2

※ 초과 이수 시간은 시간당 0.2점으로 환산하여 해외사무영어 점수에 통합한다.

	과목	점수		과목	점수
①	해외사무영어	6.8점	②	해외사무영어	7.0점
③	글로벌 경영	7.0점	④	국제회계	6.8점

17 철수, 영희, 상수는 재충전 횟수에 따른 업체들의 견적을 비교하여 리튬이온배터리를 구매하려고 한다. 다음 〈조건〉을 참고할 때 옳지 않은 것은?

누적방수액 재충전	유	무
0회 이상 100회 미만	5,000원	5,000원
100회 이상 300회 미만	10,000원	5,000원
300회 이상 500회 미만	20,000원	10,000원
500회 이상 1000회 미만	30,000원	15,000원
12,000회 이상	50,000원	20,000원

> **조건**
>
> 철수 : 재충전이 12,000회 이상은 되어야 해.
> 영희 : 나는 그렇게 많이는 필요하지 않고, 200회면 충분해.
> 상수 : 나는 무조건 누적방수액을 발라야 해.

① 철수, 영희, 상수가 리튬이온배터리를 가장 저렴하게 구매하는 가격의 합은 30,000원이다.

② 철수, 영희, 상수가 리튬이온배터리를 가장 비싸게 구매하는 가격의 합은 110,000원이다.

③ 영희가 리튬이온배터리를 가장 저렴하게 구매하는 가격은 10,000원이다.

④ 영희가 가장 비싸게 구매하는 가격과 상수가 가장 비싸게 구매하는 가격의 차이는 30,000원 이상이다.

18 K공사는 업무처리 시 사고를 줄이기 위해 사고 유형별로 벌점을 부과하여 소속 직원의 인사고과에 반영한다. 이를 위해 매달 부서별로 사고 건수를 조사하여 벌점 산정 방식에 따라 벌점을 부과한다. 사고 유형별 벌점과 부서별 당월 사고 유형별 건수 현황이 다음과 같을 때, A ~ D 중 벌점이 두 번째로 많은 부서는?

〈벌점 산정 방식〉

- 당월 벌점은 사고 유형별 건수와 유형별 벌점의 곱의 총합으로 계산한다.
- 전분기 부서표창을 받은 부서의 경우, 당월 벌점에서 20점을 차감하여 최종 벌점을 계산하는 혜택을 부여한다.
- 전분기 부서표창을 받았더라도, 당월 '의도적 부정행위' 유형의 사고가 3건 이상인 경우 혜택을 적용하지 않는다.

〈사고 유형별 벌점〉

사고 유형	의도적 부정행위	의무 불이행	사소한 과실
벌점	20점	12점	6점

〈부서별 당월 사고 유형별 건수 현황〉

부서	의도적 부정행위	의무 불이행	사소한 과실	전분기 부서표창 여부
A	1건	2건	3건	×
B	1건	4건	2건	○
C	–	3건	6건	×
D	3건	2건	–	○

① A부서　　　　　　　　　　　② B부서
③ C부서　　　　　　　　　　　④ D부서

19 다음은 K회사의 성과급 지급 기준에 대한 자료이다. 甲대리가 받은 성과평가 등급이 아래와 같다면, K회사 성과급 지급 기준에 따라 甲대리가 받게 될 성과급은 얼마인가?

〈甲대리 성과평가 등급〉

실적	난이도평가	중요도평가	신속성
A등급	B등급	D등급	B등급

〈K회사 성과급 지급 기준〉

• 개인 성과평가 점수

(단위 : 점)

실적	난이도평가	중요도평가	신속성	총점
30	20	30	20	100

• 각 성과평가 항목에 대한 등급별 가중치

구분	실적	난이도평가	중요도평가	신속성	총점
A등급(매우 우수)	1	1	1	1	1
B등급(우수)	0.8	0.8	0.8	0.8	0.8
C등급(보통)	0.6	0.6	0.6	0.6	0.6
D등급(미흡)	0.4	0.4	0.4	0.4	0.4

• 성과평가 결과에 따른 성과급 지급액

구분	성과급 지급액
85점 이상	120만 원
75점 이상 85점 미만	100만 원
65점 이상 75점 미만	80만 원
55점 이상 65점 미만	60만 원
55점 미만	40만 원

① 40만 원
② 60만 원
③ 80만 원
④ 100만 원

20 K공사는 신용정보 조사를 위해 계약직 한 명을 채용하려고 한다. 지원자격이 다음과 같을 때, 지원자 중 업무에 가장 적절한 사람은?

자격구분	지원자격
학력	고졸 이상
전공	제한 없음
병역	제한 없음
기타	1. 금융기관 퇴직자 중 1961년 이전 출생자로 신용부문 근무경력 10년 이상인 자 2. 검사역 경력자 및 민원처리 업무 경력자 우대 3. 채용공고일 기준(2024. 04. 14.) 퇴직일로부터 2년을 초과하지 아니한 자 4. 퇴직일로부터 최근 3년 이내 감봉 이상의 징계를 받은 사실이 없는 자 5. 신원이 확실하고 업무수행에 결격사유가 없는 자 6. 당사 채용에 결격사유가 없는 자

	성명	출생연도	근무처	입사일 / 퇴사일	비고
①	이도영	1959	Y은행 여신관리부	1996. 04. 10. ~ 2023. 08. 21.	2023. 11. 1개월 감봉 처분
②	김춘재	1960	M보험사 마케팅전략부	1998. 03. 03. ~ 2023. 07. 07.	–
③	박영진	1948	C신용조합 영업부	1978. 11. 12. ~ 2020. 10. 27.	2021. 03. 견책 처분
④	홍도경	1957	P은행 신용부서	1988. 09. 08. ~ 2023. 04. 28.	–

21 K공사는 최근 새로운 건물로 이사하면서 팀별 층 배치를 변경하기로 하였다. 층 배치 변경 사항과 현재 층 배치도가 다음과 같을 때, 이사 후 층 배치에 대한 설명으로 옳지 않은 것은?

〈층 배치 변경 사항〉

• 인사팀과 생산팀이 위치한 층 사이에 한 팀을 배치한다.
• 연구팀과 영업팀은 기존 층보다 아래층으로 배치한다.
• 총무팀은 6층에 배치한다.
• 탕비실은 4층에 배치한다.
• 생산팀은 연구팀보다 높은 층에 배치한다.
• 전산팀은 2층에 배치한다.

〈현재 층 배치도〉

층수	부서
7층	전산팀
6층	영업팀
5층	연구팀
4층	탕비실
3층	생산팀
2층	인사팀
1층	총무팀

① 연구팀은 1층에 배치될 수 있다.
② 인사팀은 5층에 배치될 수 있다.
③ 영업팀은 3층에 배치될 수 있다.
④ 생산팀은 3층에 배치될 수 있다.

22 K공사는 직원들의 여가를 위해 하반기 동안 다양한 프로그램을 운영하고자 한다. 다음 수요도 조사 결과와 〈조건〉에 따라 프로그램을 선정할 때, 운영될 프로그램이 바르게 연결된 것은?

〈프로그램 후보별 수요도 조사 결과〉

(단위 : 점)

운영 분야	프로그램명	인기 점수	필요성 점수
운동	강변 자전거 타기	6	5
진로	나만의 책 쓰기	5	7
여가	자수 교실	4	2
운동	필라테스	7	6
교양	독서 토론	6	4
여가	볼링 모임	8	3

※ 수요도 조사에는 전 직원이 참여하였다.

조건

• 수요도는 인기 점수와 필요성 점수에 가점을 적용한 후 2 : 1의 가중치에 따라 합산하여 판단한다.
• 각 프로그램의 인기 점수와 필요성 점수는 10점 만점으로 하며, 전 직원이 부여한 점수의 평균값이다.
• 운영 분야에 하나의 프로그램만 있는 경우 그 프로그램의 필요성 점수에 2점을 가산한다.
• 운영 분야에 복수의 프로그램이 있는 경우 분야별로 필요성 점수가 가장 낮은 프로그램은 후보에서 탈락한다.
• 수요도 점수가 동점일 경우 인기 점수가 높은 프로그램을 우선시한다.
• 수요도 점수가 가장 높은 2개의 프로그램을 선정한다.

① 강변 자전거 타기, 볼링 모임
② 나만의 책 쓰기, 필라테스
③ 자수 교실, 독서 토론
④ 필라테스, 볼링 모임

23 K공사 인사팀 직원인 A씨는 사내 설문조사를 통해 요즘 사람들이 연봉보다는 일과 삶의 균형을 더 중요시하고 직무의 전문성을 높이고 싶어 한다는 결과를 도출했다. 설문조사 결과와 K사 임직원의 근무 여건에 대한 다음 자료를 참고할 때 인사제도의 변경으로 가장 적절한 것은?

〈임직원 근무 여건〉

구분	주당 근무 일수(평균)	주당 근무시간(평균)	직무교육 여부	퇴사율
정규직	6일	52시간 이상	○	17%
비정규직 1	5일	40시간 이상	○	12%
비정규직 2	5일	20시간 이상	×	25%

① 정규직의 연봉을 7% 인상한다.
② 정규직을 비정규직으로 전환한다.
③ 비정규직 1의 직무교육을 비정규직 2와 같이 조정한다.
④ 정규직의 주당 근무시간을 비정규직 1과 같이 조정하고 비정규직 2의 직무교육을 시행한다.

24 8개의 좌석이 있는 원탁에 수민, 성찬, 진모, 성표, 영래, 현석 6명이 〈조건〉에 따라 앉아 있다. 다음 중 항상 옳은 것은?

> **조건**
> • 수민과 현석은 서로 옆자리이다.
> • 성표의 맞은편에는 진모가, 현석의 맞은편에는 영래가 앉아 있다.
> • 영래와 수민은 둘 다 한쪽 옆자리만 비어 있다.
> • 진모의 양 옆자리에는 항상 누군가가 앉아 있다.

① 성표는 어떤 경우에도 빈자리 옆이 아니다.
② 성찬은 어떤 경우에도 빈자리 옆이 아니다.
③ 영래의 오른쪽에는 성표가 앉는다.
④ 진모와 수민은 한 명을 사이에 두고 앉는다.

25 다음 글을 읽고 추론한 내용으로 옳은 것을 〈보기〉에서 모두 고르면?

가정부 로봇에 대한 갑, 을, 병의 판단을 기준으로 하여, 몇 가지 가상 사례들에 대하여 동일성 여부를 판단해 보았다.

철수는 시점 t1에 가정부 로봇을 하나 구입하였다. 인공지능 회로에 고장이 나서 t2에 같은 종류의 새 부품으로 교체하였으며, t3에 새로운 소프트웨어로 로봇을 업그레이드 하였고, t4에 로봇의 외형을 새로운 모습으로 바꾸었다. 화재로 t4의 로봇이 망가지자 철수는 t4 시점의 로봇을 복제한 새 로봇을 t5에 구입하였다. 시점 t1에서 t5에 이르는 로봇의 동일성 여부에 대하여 갑, 을, 병은 각기 다른 기준에 따라 다음과 같이 판단하였다.

• 갑 : 시점 t1과 t4의 로봇은 동일하지만, t5의 로봇은 이들과 동일하지 않다.
• 을 : 시점 t2와 t3의 로봇은 동일하지만, t1의 로봇은 이들과 동일하지 않다.
• 병 : 시점 t3과 t5의 로봇은 동일하지만, t2의 로봇은 이들과 동일하지 않다.

우리는 인간의 신체와 정신의 관계에 대하여 다음 가정을 받아들이기로 한다.

• 신체와 정신의 관계는 하드웨어와 소프트웨어의 관계와 같다. 두뇌를 포함한 인간의 신체가 하드웨어라면, 정신은 신체를 제어하는 소프트웨어이다.
• 두뇌가 복제되면, 정신도 함께 복제된다.

ㄱ. 왕자와 거지의 정신이 바뀌어서 왕자의 정신과 거지의 몸이 결합된 사람을 을은 거지라고, 병은 왕자라고 판단할 것이다.
ㄴ. 사고로 두뇌와 신체를 크게 다친 철수는 첨단 기술의 도움으로 인간과 기계가 결합된 사이보그가 되었다. 갑과 을은 둘 다 원래의 철수와 사이보그가 된 철수를 다른 사람이라고 판단할 것이다.
ㄷ. 한 개인의 신체에 관한 모든 정보를 다른 장소로 원격 전송한 다음에, 인근에 있는 분자를 이용하여 그 정보에 따라 신체를 똑같이 조합하였다. 원래의 존재와 조합된 존재를 갑은 다르다고, 병은 같다고 판단할 것이다.

① ㄱ
② ㄴ
③ ㄱ, ㄷ
④ ㄴ, ㄷ

※ K공사는 자사 홈페이지 리뉴얼 중 실수로 임직원 전체 비밀번호가 초기화되는 사고가 발생하였고, 이에 개인정보 보호를 위해 다음 방식으로 임시 비밀번호를 부여하였다. 다음 자료를 보고 이어지는 질문에 답하시오. [26~28]

〈임시 비밀번호 발급방식〉

• 본 방식은 임직원 개개인의 알파벳으로 구성된 아이디와 개인정보를 기준으로 다음의 방식을 적용한다.
 1. 아이디의 알파벳 자음 대문자는 소문자로, 알파벳 자음 소문자는 대문자로 치환한다.
 2. 아이디의 알파벳 중 모음 A, E, I, O, U, a, e, i, o, u를 각각 1, 2, 3, 4, 5, 6, 7, 8, 9, 0으로 치환한다.
 3. 1・2번 내용 뒤에 덧붙여 본인 성명 중 앞 두 자리를 입력한다. → 김손예진＝김손
 4. 3번 내용 뒤에 본인 생일 중 일자를 덧붙여 입력한다. → 8월 1일생＝01

26 직원 A의 임시 비밀번호가 'HW688강동20'이라면, A의 아이디로 옳은 것은?

① HWAII
② hwaii
③ HWAoo
④ hwaoo

27 직원의 아이디가 다음과 같을 때, 각 아이디의 임시 비밀번호로 옳지 않은 것은?(단, 이름은 김리안, 생일은 10월 1일로 통일한다)

	아이디	임시 비밀번호
①	JunkYY	j0NKyy김리01
②	HYTOre	hyt4R7김리01
③	rePLAY	R7pl1y김리01
④	JAsmIN	j6SM8n김리01

28 직원 A가 다음의 문장에 임시 비밀번호 발급방식 1, 2를 적용하려고 한다. 숫자 중 홀수는 모두 몇 개인가?

LIFE is too SHORT to be LITTLE

① 3개
② 5개
③ 6개
④ 7개

29 다음 사례에서 유과장이 최대리에게 해줄 수 있는 조언으로 적절하지 않은 것은?

> 최대리는 오늘도 기분이 별로다. 팀장에게 오전부터 싫은 소리를 들었기 때문이다. 늘 하던 일을 하는 방식으로 처리한 것이 빌미였다. 관행에 매몰되지 말고 창의적이고 발전적인 모습을 보여 달라는 게 팀장의 주문이었다. '창의적인 일처리'라는 말을 들을 때마다 주눅이 드는 자신을 발견할 때면 더욱 의기소침해지고 자신감이 없어진다. 어떻게 해야 창의적인 인재가 될 수 있을까 고민도 해보지만 뾰족한 수가 보이지 않는다. 자기만 뒤처지는 것 같아 불안하기도 하고 남들은 어떤지 궁금하기도 하다.

① 창의적인 사람은 새로운 경험을 찾아 나서는 사람을 말하는 것 같아.

② 그래, 그들의 독특하고 기발한 재능은 선천적으로 타고나는 것이라 할 수 있어.

③ 창의적인 사고는 후천적 노력에 의해서도 개발이 가능하다고 생각해.

④ 창의력은 본인 스스로 자신의 틀에서 벗어나도록 노력해야 한다고 생각해.

30 자사에 적합한 인재를 채용하기 위해 면접을 진행 중인 K회사의 2차 면접에서는 어떤 주제나 주장 등에 대해서 적극적으로 분석하고 종합하며, 평가하는 능동적 사고인 비판적 사고를 평가한다. 다음 중 가장 낮은 평가를 받게 될 지원자는 누구인가?

① A지원자 : 문제에 대한 개선방안을 찾기 위해서는 먼저 자료를 충분히 분석하고, 이를 바탕으로 객관적이고 과학적인 해결 방안을 제시해야 한다고 생각합니다.

② B지원자 : 저는 문제의 원인을 찾기 위해서는 항상 왜, 언제, 누가, 어디서 등의 다양한 질문을 던져야 한다고 생각합니다. 이러한 호기심이 결국 해결 방안을 찾는 데 큰 도움이 된다고 생각하기 때문입니다.

③ C지원자 : 저는 제 나름의 신념을 갖고 문제에 대한 해결 방안을 찾으려 노력합니다. 상대방의 의견이 제 신념에서 벗어난다면 저는 인내를 갖고 끝까지 상대를 설득할 것입니다.

④ D지원자 : 해결 방안을 도출하는 데 있어서는 개인의 감정적·주관적 요소를 배제해야 합니다. 사사로운 감정이나 추측보다는 경험적으로 입증된 증거나 타당한 논증을 토대로 판단해야 합니다.

31 농도가 10%인 소금물과 4%인 소금물을 섞어 8%의 소금물을 만들었다. 이 소금물을 100g 덜어낸 후 20g의 소금을 더 넣었더니 12%의 소금물이 되었을 때, 처음에 농도가 10%인 소금물의 양은 얼마인가?

① 350g

② 355g

③ 360g

④ 365g

32 작년 기획팀 팀원 20명의 평균 나이는 35세였다. 올해 65세 팀원 A와 55세 팀원 B가 퇴직하고 새로운 팀원 C가 입사하자 기획팀의 평균 나이가 작년보다 3세 줄었다. 이때, C의 나이는 몇 살인가?

① 28세

② 30세

③ 32세

④ 34세

33 귤 상자 2개에 각각 귤이 들어있다고 한다. 한 상자당 귤이 안 익었을 확률이 10%, 썩었을 확률이 15%이고 나머지는 잘 익은 귤이다. 두 사람이 각각 다른 상자에서 귤을 꺼낼 때 한 사람은 잘 익은 귤을 꺼내고, 다른 한 사람은 썩거나 안 익은 귤을 꺼낼 확률은 몇 %인가?

① 31.5%

② 33.5%

③ 35.5%

④ 37.5%

34 연경이와 효진이와 은이가 동시에 회사를 출발하여 식당까지 걸었다. 은이는 시속 3km로 걸었고, 연경이는 시속 4km로 걸었다. 이때, 연경이가 은이보다 식당에 10분 일찍 도착하였고, 효진이는 은이보다 5분 일찍 식당에 도착했다면 효진이의 속력은?

① $\frac{10}{3}$ km/h

② $\frac{13}{4}$ km/h

③ $\frac{18}{5}$ km/h

④ $\frac{24}{7}$ km/h

35 다음은 시·도별 지가변동율을 매달 기록한 자료이다. 빈칸에 들어갈 수치로 옳은 것은?(단, 수치는 시·도별 매월 일정한 규칙으로 변화한다)

<시·도별 지가변동율>

(단위 : %)

구분	2023년 10월	2023년 11월	2023년 12월	2024년 1월	2024년 2월
서울	0.433	0.388	0.275	0.329	0.378
부산	0.365	0.379	0.312	0.301	0.297
대구	0.466	0.387	0.325	0.365	0.383
인천	0.331	0.339	0.317	0.307	0.354
광주	0.529	0.429	0.407	0.418	0.433
대전	0.255	0.246	0.237		0.219
울산	0.088	0.101	0.108	0.126	0.116
세종	0.513	0.455	0.333	0.391	0.317
경기	0.363	0.323	0.313	0.350	0.351
강원	0.272	0.254	0.215	0.238	0.257
충북	0.253	0.208	0.214	0.252	0.233
충남	0.098	0.134	0.124	0.154	0.154
전북	0.201	0.223	0.224	0.290	0.262
전남	0.338	0.361	0.311	0.359	0.352
경북	0.211	0.206	0.174	0.229	0.226
경남	0.090	0.080	0.072	0.082	0.092
제주	0.235	0.221	0.121	0.093	0.103

① 0.222

② 0.228

③ 0.236

④ 0.249

36 다음은 어느 해 개최된 올림픽에 참가한 6개국의 성적이다. 이에 대한 설명으로 옳지 않은 것은?

(단위 : 개)

국가	참가선수(명)	금메달	은메달	동메달	메달 합계
A	240	4	28	57	89
B	261	2	35	68	105
C	323	0	41	108	149
D	274	1	37	74	112
E	248	3	32	64	99
F	229	5	19	60	84

① 획득한 금메달 수가 많은 국가일수록 은메달 수는 적었다.

② 금메달을 획득하지 못한 국가가 가장 많은 메달을 획득했다.

③ 참가선수의 수가 많은 국가일수록 획득한 동메달 수도 많았다.

④ 획득한 메달의 합계가 큰 국가일수록 참가선수의 수도 많았다.

37 다음은 세계 주요 터널 화재 사고 A ~ F에 대한 자료이다. 이에 대한 설명으로 옳은 것은?

〈세계 주요 터널 화재 사고 통계〉

사고	터널길이(km)	화재규모(MW)	복구비용(억 원)	복구기간(개월)	사망자(명)
A	50.5	350	4,200	6	1
B	11.6	40	3,276	36	39
C	6.4	120	72	3	12
D	16.9	150	312	2	11
E	0.2	100	570	10	192
F	1.0	20	18	8	0

※ (사고비용)=(복구비용)+[(사망자 수)×5억 원]

① 터널길이가 길수록 사망자가 많다.

② 화재규모가 클수록 복구기간이 길다.

③ 사고 A를 제외하면 복구기간이 길수록 복구비용이 많다.

④ 사망자가 30명 이상인 사고를 제외하면 화재규모가 클수록 복구비용이 많다.

38 다음은 비만도 측정에 관한 자료와 3명의 학생의 신체조건이다. 이에 대한 설명으로 옳지 않은 것은?(단, 비만도는 소수점 첫째 자리에서 반올림한다)

〈비만도 측정법〉

- (표준체중)=[(신장)−100]×0.9
- (비만도)=$\dfrac{(현재\ 체중)}{(표준\ 체중)}×100$

〈비만도 구분〉

구분	조건
저체중	90% 미만
정상체중	90% 이상 110% 이하
과체중	110% 초과 120% 이하
경도비만	120% 초과 130% 이하
중등도비만	130% 초과 150% 이하
고도비만	150% 이상 180% 이하
초고도비만	180% 초과

〈신체조건〉

- 혜지 : 키 158cm, 몸무게 58kg
- 기원 : 키 182cm, 몸무게 71kg
- 용준 : 키 175cm, 몸무게 96kg

① 혜지의 표준체중은 52.2kg이며 기원이의 표준체중은 73.8kg이다.
② 기원이가 과체중이 되기 위해선 5kg 이상 체중이 증가해야 한다.
③ 3명의 학생 중 정상체중인 학생은 기원이뿐이다.
④ 용준이가 약 22kg 이상 체중을 감량하면 정상체중 범주에 포함된다.

39 다음 그림은 2023년 갑국의 가구별 근로장려금 산정기준에 대한 자료이다. 이에 대한 설명으로 옳은 것을 〈보기〉에서 모두 고르면?

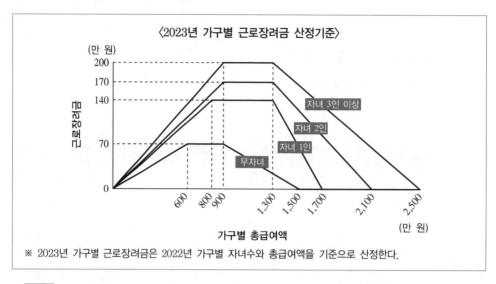

〈2023년 가구별 근로장려금 산정기준〉

※ 2023년 가구별 근로장려금은 2022년 가구별 자녀수와 총급여액을 기준으로 산정한다.

보기

ㄱ. 2022년 총급여액이 1,000만 원이고 자녀가 1인인 가구의 2023년 근로장려금은 140만 원이다.

ㄴ. 2022년 총급여액이 800만 원 이하인 무자녀 가구는 2022년 총급여액이 많을수록 2023년 근로장려금도 많다.

ㄷ. 2022년 총급여액이 2,200만 원이고 자녀가 3인 이상인 가구의 2023년 근로장려금은 2022년 총급여액이 600만 원이고 자녀가 1인인 가구의 2023년 근로장려금보다 적다.

ㄹ. 2022년 총급여액이 2,000만 원인 가구의 경우, 무자녀인 경우에만 근로장려금이 지급되지 않고, 자녀가 많을수록 2023년 근로장려금도 많다.

① ㄱ, ㄷ
② ㄱ, ㄹ
③ ㄴ, ㄷ
④ ㄱ, ㄴ, ㄹ

40 다음은 국가 A ~ D의 정부신뢰에 대한 자료이다. 〈조건〉을 토대로 A ~ D에 해당하는 국가를 바르게 연결한 것은?

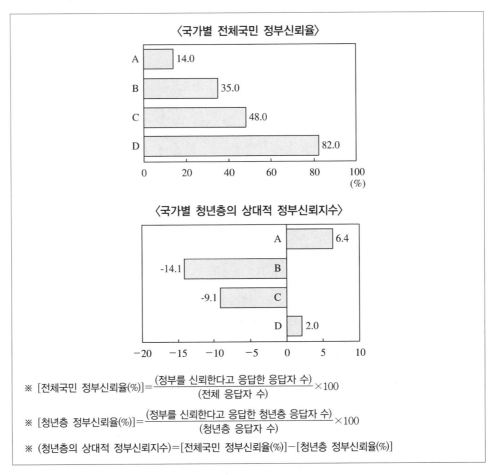

〈국가별 전체국민 정부신뢰율〉

〈국가별 청년층의 상대적 정부신뢰지수〉

※ [전체국민 정부신뢰율(%)]=$\dfrac{\text{(정부를 신뢰한다고 응답한 응답자 수)}}{\text{(전체 응답자 수)}} \times 100$

※ [청년층 정부신뢰율(%)]=$\dfrac{\text{(정부를 신뢰한다고 응답한 청년층 응답자 수)}}{\text{(청년층 응답자 수)}} \times 100$

※ (청년층의 상대적 정부신뢰지수)=[전체국민 정부신뢰율(%)]−[청년층 정부신뢰율(%)]

조건

• 청년층 정부신뢰율은 스위스가 그리스의 10배 이상이다.
• 영국과 미국에서는 청년층 정부신뢰율이 전체국민 정부신뢰율보다 높다.
• 청년층 정부신뢰율은 미국이 스위스보다 30%p 이상 낮다.

	A	B	C	D
①	그리스	영국	미국	스위스
②	스위스	영국	미국	그리스
③	스위스	미국	영국	그리스
④	그리스	미국	영국	스위스

41 다음 중 정보화 사회에 대한 설명으로 옳은 것은?

① 정보화 사회에서는 정보의 다양한 특성 중 기술적 실효성이 가장 강조된다.

② 정보화 사회의 심화는 새로운 분야에서 국가 간 갈등을 야기해 세계화를 저해한다.

③ 정보화 사회가 진전됨에 따라 지식과 정보의 증가량 및 변화 속도는 더욱 증가할 것이다.

④ 지식정보 관련 산업이 핵심 산업이 되면서, 물질이나 에너지 산업의 부가가치 생산성은 저하되고 있다.

42 다음 중 Windows에서 [표준 사용자 계정]의 사용자가 할 수 있는 작업으로 옳지 않은 것은?

① 사용자 자신의 암호를 변경할 수 있다.

② 마우스 포인터의 모양을 변경할 수 있다.

③ 관리자가 설정해 놓은 프린터를 프린터 목록에서 제거할 수 있다.

④ 사용자의 사진으로 자신만의 바탕 화면을 설정할 수 있다.

43 다음 중 함수식에 대한 결괏값으로 옳지 않은 것은?

	함수식	결괏값
①	=TRIM("1/4분기 수익")	1/4분기 수익
②	=SEARCH("세","세금 명세서",3)	5
③	=PROPER("republic Of korea")	REPUBLIC OF KOREA
④	=LOWER("Republic Of Korea")	republic of korea

44 다음 중 4차 산업혁명의 적용사례로 적절하지 않은 것은?

① 농사 기술에 ICT를 접목한 농장에서는 농작물 재배 시설의 온도·습도·햇볕량·토양 등을 분석하고, 그 결과에 따라 기계 등을 작동하여 적절한 상태로 변화시킨다.

② 주로 경화성 소재를 사용하고, 3차원 모델링 파일을 출력 소스로 활용하여 프린터로 입체 모형의 물체를 뽑아낸다.

③ 인터넷 서버에 데이터를 저장하고 여러 IT 기기를 사용해 언제 어디서든 이용할 수 있는 컴퓨팅 환경에서는 자신의 컴퓨터가 아닌 인터넷으로 연결된 다른 컴퓨터로 정보를 처리할 수 있다.

④ 인터넷에서 정보를 교환하는 시스템으로, 하이퍼텍스트 구조를 활용해서 인터넷상의 정보들을 연결해 준다.

45 다음 워크시트를 참고할 때, 수식 「=INDEX(A3:E9,MATCH(SMALL(B3:B9,2),B3:B9,0),5)」의 결괏값으로 옳은 것은?

	A	B	C	D	E
1				(단위 : 개, 원)	
2	상품명	판매수량	단가	판매금액	원산지
3	참외	5	2,000	10,000	대구
4	바나나	12	1,000	12,000	서울
5	감	10	1,500	15,000	부산
6	포도	7	3,000	21,000	대전
7	사과	20	800	16,000	광주
8	오렌지	9	1,200	10,800	전주
9	수박	8	10,000	80,000	춘천

① 21,000　　　　　　　　② 대전

③ 15,000　　　　　　　　④ 광주

46 K기업은 출근 시스템 단말기에 직원들이 카드로 출근 체크를 하면 엑셀 워크시트에 실제 출근시간 (B4:B10) 데이터가 자동으로 전송되어 입력된다. 총무부에서 근무하는 A사원이 데이터에 따라 직원들의 근태상황을 체크하려고 할 때, [C8] 셀에 입력할 함수는?(단, 9시까지는 출근으로 인정한다)

〈출근시간 워크시트〉

	A	B	C	D
1			날짜	2024.01.11
2		〈직원별 출근 현황〉		
3	이름	체크시간	근태상황	비고
4	이청용	7:55		
5	이하이	8:15		
6	구자철	8:38		
7	박지민	8:59		
8	손흥민	9:00		
9	박지성	9:01		
10	홍정호	9:07		

① =IF(B8>=TIME(9,1,0),"지각","출근")

② =IF(B8>=TIME(9,1,0),"출근","지각")

③ =IF(HOUR(B8)>=9,"지각","출근")

④ =IF(HOUR(B8)>9,"출근","지각")

47 다음 중 빈칸 (가) ~ (다)에 들어갈 말을 순서대로 바르게 나열한 것은?

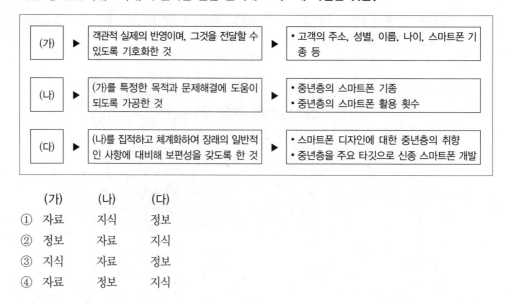

	(가)	(나)	(다)
①	자료	지식	정보
②	정보	자료	지식
③	지식	자료	정보
④	자료	정보	지식

48 K공사 인사팀에 근무하는 L주임은 다음과 같이 상반기 공채 지원자들의 PT면접 점수를 입력한 후 면접 결과를 정리하고자 한다. 이를 위해 [F3] 셀에 〈보기〉와 같은 함수를 입력하고, 채우기 핸들을 이용하여 [F6] 셀까지 드래그했을 때, [F3] ~ [F6] 셀에 나타나는 결괏값으로 옳은 것은?

◢	A	B	C	D	E	F
1						(단위 : 점)
2	이름	발표내용	발표시간	억양	자료준비	결과
3	조재영	85	92	75	80	
4	박슬기	93	83	82	90	
5	김현진	92	95	86	91	
6	최승호	95	93	92	90	

보기

$$=IF(AVERAGE(B3:E3)>=90, "합격", "불합격")$$

	[F3]	[F4]	[F5]	[F6]
①	불합격	불합격	합격	합격
②	합격	합격	불합격	불합격
③	합격	불합격	합격	불합격
④	불합격	합격	불합격	합격

PART 4

※ K공사에 근무 중인 S사원은 체육대회를 준비하고 있다. S사원은 체육대회에 사용될 물품 구입비를 다음과 같이 엑셀로 정리하였다. 이어지는 질문에 답하시오. [49~50]

	A	B	C	D	E
1	구분	물품	개수	단가(원)	비용(원)
2	의류	A팀 체육복	15	20,000	300,000
3	식품류	과자	40	1,000	40,000
4	식품류	이온음료수	50	2,000	100,000
5	의류	B팀 체육복	13	23,000	299,000
6	상품	수건	20	4,000	80,000
7	상품	USB	10	10,000	100,000
8	의류	C팀 체육복	14	18,000	252,000
9	식품류	김밥	30	3,000	90,000

49 S사원은 표에서 단가가 두 번째로 높은 물품의 금액을 알고자 한다. 다음 중 S사원이 입력해야 할 함수로 옳은 것은?

① =MAX(D2:D9,2) ② =MIN(D2:D9,2)

③ =MID(D2:D9,2) ④ =LARGE(D2:D9,2)

50 S사원은 구입물품 중 의류의 총개수를 파악하고자 한다. 다음 중 S사원이 입력해야 할 함수로 옳은 것은?

① =SUMIF(A2:A9,A2,C2:C9)

② =COUNTIF(C2:C9,C2)

③ =VLOOKUP(A2,A2:A9,1,0)

④ =HLOOKUP(A2,A2:A9,1,0)

| 01 | 기계

31 다음 글에 해당하는 작업은 무엇인가?

> 튜브 형상의 소재를 금형에 넣고 유체압력을 이용하여 소재를 변형시켜 가공하는 작업으로 자동차 산업 등에서 많이 활용하는 기술이다.

① 아이어닝   ② 하이드로포밍
③ 엠보싱   ④ 스피닝

32 풀리(원판) 주위에 감겨 있는 줄에 질량 m의 블록이 연결되어 있다. 블록이 아래쪽으로 운동할 때 풀리의 각가속도 α는?(단, 줄은 늘어나지 않으며 줄의 질량은 무시한다. 점 O에 대한 풀리의 회전 관성모멘트는 I, 반지름은 r, 중력가속도는 g로 가정한다)

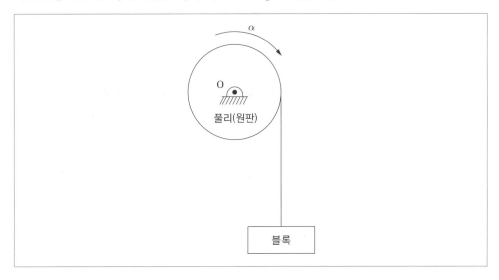

① $\alpha = \dfrac{mgr}{I}$ ② $\alpha = \dfrac{mgr}{(I + mr^2)}$

③ $\alpha = \dfrac{mg}{(I + mr^2)}$ ④ $\alpha = \dfrac{mgr^2}{(I + mgr)}$

33 다음 〈보기〉 중 디젤 기관의 연료 장치와 관계있는 것을 모두 고르면?

> **보기**
> ㄱ. 노즐
> ㄴ. 기화기
> ㄷ. 점화 플러그
> ㄹ. 연료 분사 펌프

① ㄱ, ㄴ   ② ㄱ, ㄹ
③ ㄴ, ㄷ   ④ ㄷ, ㄹ

34 다음 중 스테인리스강에 대한 설명으로 옳지 않은 것은?

① 스테인리스강은 뛰어난 내식성과 높은 인장강도의 특성을 갖는다.
② 스테인리스강은 산소와 접하면 얇고 단단한 크롬산화막을 형성한다.
③ 스테인리스강에서 탄소량이 많을수록 내식성이 향상된다.
④ 오스테나이트계 스테인리스강은 주로 크롬, 니켈이 철과 합금된 것으로, 연성이 크다.

35 길이가 15m, 지름이 10mm인 강봉에 8kN의 인장하중을 걸었더니 탄성변형이 생겼다. 이때 늘어난 길이는?(단, 이 강재의 탄성계수 $E=210$GPa이다)

① 약 7.3mm   ② 약 2.28mm
③ 약 0.73mm   ④ 약 0.28mm

36 다음 중 호칭이 2N M8×1인 나사에 대한 설명으로 옳지 않은 것은?

① 리드는 2mm이다.   ② 미터나사이다.
③ 피치는 1mm이다.   ④ 유효지름은 8mm이다.

37 다음 중 절삭가공에서 절삭유(Cutting Fluid)의 일반적인 사용 목적에 해당하지 않는 것은?

① 공구와 공작물 접촉면의 마찰 감소
② 절삭력 증가
③ 절삭부로부터 생성된 칩(Chip) 제거
④ 절삭부 냉각

38 다음 중 용접 안전에 대한 설명으로 옳지 않은 것은?

① 아크용접에서 방출되는 자외선에 주의해야 한다.
② 유독가스를 배출하기 위한 환기시설이 필요하다.
③ 아크용접에서 작업자는 감전의 위험이 있다.
④ 가스용접에서 아세틸렌 가스는 화재의 위험이 없다.

39 다음 중 재료의 비파괴시험에 해당하는 것은?

① 인장시험
② 피로시험
③ 방사선투과시험
④ 샤르피충격시험

40 회주철을 기호로 GC300과 같이 표시할 때, $300N/mm^2$가 의미하는 것은?

① 항복강도
② 인장강도
③ 굽힘강도
④ 전단강도

41 다음 중 내연기관에서 도시 열효율, 이론 열효율, 제동 열효율 간 효율의 순서대로 바르게 나열한 것은?

① 이론 열효율 < 도시 열효율 < 제동 열효율
② 제동 열효율 < 이론 열효율 < 도시 열효율
③ 제동 열효율 < 도시 열효율 < 이론 열효율
④ 도시 열효율 < 이론 열효율 < 제동 열효율

42 다음은 사출성형품의 불량 원인과 대책에 대한 설명이다. 이에 해당하는 현상은 무엇인가?

> 금형의 파팅라인(Parting Line)이나 이젝터핀(Ejector Pin) 등의 틈에서 흘러 나와 고화 또는 경화된 얇은 조각 모양의 수지가 생기는 것을 말하는 것으로, 이를 방지하기 위해서는 금형 자체의 밀착성을 좋게 하도록 체결력을 높여야 한다.

① 플로마크(Flow Mark) 현상
② 싱크마크(Sink Mark) 현상
③ 웰드마크(Weld Mark) 현상
④ 플래시(Flash) 현상

43 다음 중 연성파괴에 대한 설명으로 옳지 않은 것은?

① 컵 – 원뿔 파괴(Cup and Cone Fracture) 현상이 나타난다.
② 소성변형이 상당히 일어난 후에 피괴된디.
③ 균열이 매우 빠르게 진전하여 일어난다.
④ 취성파괴에 비해 덜 위험하다.

44 다음 중 연마제를 압축공기를 이용하여 노즐로 고속분사시켜 고운 다듬질면을 얻는 가공법은?

① 액체호닝(Liquid Honing)
② 래핑(Lapping)
③ 호닝(Honing)
④ 슈퍼피니싱(Superfinishing)

45 다음 중 압연가공에 대한 설명으로 옳은 것은?

① 윤활유는 압연하중과 압연토크를 증가시킨다.
② 마찰계수는 냉간가공보다 열간가공에서 작아진다.
③ 압연롤러와 공작물 사이의 마찰력은 중립점을 경계로 반대방향으로 작용한다.
④ 공작물이 자력으로 압입되기 위해서는 롤러의 마찰각이 접촉각보다 작아야 한다.

46 다음 중 나사산의 각도가 55°인 나사는?

① 관용나사
② 미터보통나사
③ 미터계(TM) 사다리꼴나사
④ 인치계(TW) 사다리꼴나사

47 다음 중 불활성가스 아크용접법에 대한 설명으로 옳지 않은 것은?

① 용접부가 불활성가스로 보호되어 용가재합금 성분의 용착효율은 거의 100%에 가깝다.
② 대기 중에서 용접 불가능한 티탄, 질코늄 등의 용접도 가능하다.
③ 비소모성 텅스텐봉을 전극으로 사용하고 별도의 용가재를 사용하는 MIG용접(불활성가스 금속 아크용접)이 대표적이다.
④ 불활성가스는 용접봉 지지기 내를 통과시켜 용접물에 분출시키며 보통의 아크용접법보다 생산비가 고가이다.

PART 4

48 다음 중 리벳작업에서 코킹을 하는 목적으로 옳은 것은?

① 패킹재료를 삽입하기 위해
② 파손재료를 수리하기 위해
③ 부식을 방지하기 위해
④ 밀폐를 유지하기 위해

49 다음 중 결합에 사용되는 기계요소끼리 바르게 짝지어진 것은?

① 관통 볼트, 묻힘 키, 플랜지 너트, 분할 핀
② 삼각나사, 유체 커플링, 롤러 체인, 플랜지
③ 드럼 브레이크, 공기스프링, 웜 기어, 스플라인
④ 스터드 볼트, 테이퍼 핀, 전자 클러치, 원추 마찰차

50 다음 중 철(Fe)에 탄소(C)를 함유한 탄소강에 대한 설명으로 옳지 않은 것은?

① 탄소함유량이 높을수록 비중이 증가한다.
② 탄소함유량이 높을수록 비열과 전기저항이 증가한다.
③ 탄소함유량이 높을수록 연성이 감소한다.
④ 탄소함유량이 0.2% 이하인 탄소강은 산에 대한 내식성이 있다.

51 다음 중 홈이 깊게 가공되어 축의 강도가 약해지는 결점이 있으나 가공하기 쉽고, 60mm 이하의 작은 축에 사용되며, 특히 테이퍼축에 사용하면 편리한 키는?

① 평행키
② 경사키
③ 반달키
④ 평키

52 다음 중 강의 열처리에서 생기는 조직 중 가장 경도가 높은 것은?

① 펄라이트(Pearlite)
② 소르바이트(Sorbite)
③ 마텐자이트(Martensite)
④ 트루스타이트(Troostite)

53 다음 중 보일러 효율을 향상시키는 부속장치인 절탄기(Economizer)에 대한 설명으로 옳은 것은?

① 연도에 흐르는 연소가스의 열을 이용하여 급수를 예열하는 장치이다.
② 석탄을 잘게 부수는 장치이다.
③ 연도에 흐르는 연소가스의 열을 이용하여 연소실에 들어가는 공기를 예열하는 장치이다.
④ 연도에 흐르는 연소가스의 열을 이용하여 고온의 증기를 만드는 장치이다.

54 다음 중 금속과 결정 구조가 바르게 연결된 것은?

① 알루미늄(Al) - 체심입방격자
② 금(Au) - 조밀육방격자
③ 크롬(Cr) - 체심입방격자
④ 마그네슘(Mg) - 면심입방격자

55 다음 중 산화철분말과 알루미늄분말의 혼합물을 이용하는 용접 방법은?

① 플러그용접
② 스터드용접
③ TIG용접
④ 테르밋용접

| 02 | 전기

31 공장의 어떤 부하가 단상 220V/60Hz 전력선으로부터 0.5의 지상 역률로 22kW를 소비하고 있다. 이때 공장으로 유입되는 전류의 실횻값은?

① 50A
② 100A
③ 150A
④ 200A

32 다음 중 등전위면과 전기력선의 교차 관계는?

① 30°로 교차한다.
② 45°로 교차한다.
③ 60°로 교차한다.
④ 직각으로 교차한다.

33 다음 중 직류기에서 전기자 반작용을 방지하기 위한 보상 권선의 전류 방향은?

① 계자 전류의 방향과 같다.
② 계자 전류의 방향과 반대이다.
③ 전기자 전류 방향과 같다.
④ 전기자 전류 방향과 반대이다.

34 다음 중 교류회로에 대한 설명으로 옳지 않은 것은?

① 저항 부하만의 회로는 역률이 1이 된다.
② R, L, C 직렬 교류회로에서 유효전력은 전류의 제곱과 전체 임피던스에 비례한다.
③ R, L, C 직렬 교류회로에서 L을 제거하면 전류가 진상이 된다.
④ R과 L의 직렬 교류회로의 역률을 보상하기 위해서는 C를 추가하면 된다.

35 어떤 회로에 $V = 200\sin\omega t$의 전압을 가했더니 $I = 50\sin\left(\omega t + \dfrac{\pi}{2}\right)$ 전류가 흘렀을 때, 이 회로는 무엇인가?

① 저항회로
② 유도성회로
③ 용량성회로
④ 임피던스회로

36 다음 중 동일한 저항 4개를 접속하여 얻을 수 있는 최대 저항값은 최소 저항값의 몇 배인가?

① 2배
② 4배
③ 8배
④ 16배

37 단상용 전류력계형 역률계에서 전압과 전류가 동위상일 경우 역률은?

① 0
② 1
③ $+\infty$
④ $-\infty$

38 다음의 3상 부하에서 소비되는 전력을 2전력계법으로 측정하였더니 전력계의 눈금이 $P_1 = 150\text{W}$, $P_2 = 50\text{W}$를 각각 지시하였다. 이때, 3상 부하의 소비전력[W]은?(단, 부하역률은 0.9이다)

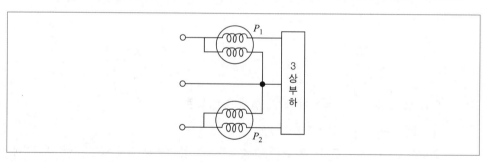

① 90W
② 100W
③ 180W
④ 200W

39 다음 중 저항체로서 필요한 조건으로 옳지 않은 것은?

① 고유 저항이 클 것
② 저항의 온도 계수가 작을 것
③ 구리에 대한 열기전력이 적을 것
④ 요구전압이 높을 것

40 그림과 같이 자기인덕턴스가 $L_1 = 8\text{H}$, $L_2 = 4\text{H}$, 상호인덕턴스가 $M = 4\text{H}$인 코일에 5A의 전류를 흘릴 때, 전체 코일에 축적되는 자기에너지는?(단, 두 인덕턴스의 방향은 서로 다르다)

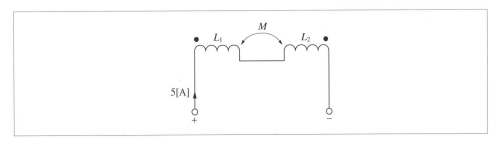

① 10J

② 25J

③ 50J

④ 75J

41 정격전류가 50A인 저압전로의 과전류 차단기를 배선용차단기로 사용하는 경우 정격전류보다 2배 많은 전류가 통과하였다면, 몇 분 이내에 자동적으로 동작하여야 하는가?

① 2분

② 4분

③ 6분

④ 8분

42 다음 중 전기력선에 대한 설명으로 옳지 않은 것은?

① 같은 전기력선은 흡입한다.

② 전기력선은 서로 교차하지 않는다.

③ 전기력선은 도체의 표면에 수직으로 출입한다.

④ 전기력선은 양전하의 표면에서 나와서 음전하의 표면으로 끝난다.

43 다음 중 플로어 덕트 공사에 대한 설명으로 옳지 않은 것은?

① 덕트의 끝부분은 막는다.

② 전선은 나전선을 사용한다.

③ 덕트 상호 간 접속은 견고하고 전기적으로 완전하게 접속하여야 한다.

④ 덕트 및 박스 기타 부속품은 물이 고이는 부분이 없도록 시설하여야 한다.

44 다음 중 콘크리트 조영재에 볼트를 시설할 때 필요한 공구는?

① 파이프 렌치　　　　　　　　② 볼트 클리퍼
③ 노크아웃 펀치　　　　　　　④ 드라이브이트

45 다음 전선 접속방법 중 트위스트 접속에 대한 설명으로 옳은 것은?

① 연선의 직선 접속에 적용된다.
② 연선의 분기 접속에 적용된다.
③ 연선의 간선 접속에 적용된다.
④ $6mm^2$ 이하의 가는 단선인 경우에 적용한다.

46 다음 중 변압기유의 구비조건으로 옳지 않은 것은?

① 냉각효과가 클 것　　　　　　② 응고점이 높을 것
③ 절연내력이 클 것　　　　　　④ 고온에서 화학반응이 없을 것

47 다음 중 부하의 역률이 규정 값 이하인 경우 역률을 개선하기 위해 설치하는 것은?

① 저항　　　　　　　　　　　② 리액터
③ 컨덕턴스　　　　　　　　　④ 진상용 콘덴서

48 전기기계의 효율 중 발전기의 규약효율 η_G는 몇 %인가?(단, P는 입력, Q는 출력, L은 손실이다)

① $\eta_G = \dfrac{P-L}{P} \times 100$　　　　　② $\eta_G = \dfrac{P-L}{P+L} \times 100$

③ $\eta_G = \dfrac{Q}{P} \times 100$　　　　　　④ $\eta_G = \dfrac{Q}{Q+L} \times 100$

49 100V의 교류 전원에 1.5kW의 전동기를 접속 후 가동하였더니 20A의 전류가 흘렀다면 이때의 선풍기의 역률은?

① 0.8

② 0.77

③ 0.75

④ 0.71

50 20kVA의 단상 변압기 2대를 사용하여 V−V결선으로 하고 3상 전원을 얻고자 한다. 이때, 접속시킬 수 있는 3상 부하용량은 약 몇 kVA인가?

① 34.64kVA

② 44.64kVA

③ 54.64kVA

④ 66.64kVA

51 다음 중 물질 중의 자유전자가 과잉된 상태는?

① (−)대전상태

② (+)대전상태

③ 중성상태

④ 발열상태

52 전압과 전류의 순시값이 다음과 같을 때, 교류회로의 특성에 대한 설명으로 옳은 것은?

$$\bullet \, v(t) = 200\sqrt{2}\sin\left(\omega t + \frac{\pi}{6}\right)\text{V}$$

$$\bullet \, i(t) = 10\sin\left(\omega t + \frac{\pi}{3}\right)\text{A}$$

① 전압의 실효값은 $200\sqrt{2}$ V이다.

② 전압의 파형률은 1보다 작다.

③ 전류의 파고율은 10이다.

④ 위상이 30° 앞선 진상전류가 흐른다.

53 다음 중 저항 R, 인덕터 L, 커패시터 C 등의 회로 소자들을 직렬회로로 연결했을 경우에 나타나는 특성에 대한 설명으로 옳은 것을 〈보기〉에서 모두 고르면?

보기

ㄱ. 인덕터 L만으로 연결된 회로에서 유도 리액턴스 $X_L = \omega L[\Omega]$이고, 전류는 전압보다 위상이 $90°$ 앞선다.

ㄴ. 저항 R과 인덕터 L이 직렬로 연결되었을 때의 합성 임피던스의 크기 $|Z| = \sqrt{R^2 + (\omega L)^2}[\Omega]$이다.

ㄷ. 저항 R과 커패시터 C가 직렬로 연결되었을 때의 합성 임피던스의 크기 $|Z| = \sqrt{R^2 + (\omega C)^2}[\Omega]$이다.

ㄹ. 저항 R, 인덕터 L, 커패시터 C가 직렬로 연결되었을 때의 일반적인 양호도(Quality Factor) $Q = \dfrac{1}{R}\sqrt{\dfrac{L}{C}}$로 정의한다.

① ㄱ, ㄴ   ② ㄴ, ㄹ

③ ㄱ, ㄷ, ㄹ   ④ ㄴ, ㄷ, ㄹ

54 동일한 용량의 콘덴서 5개를 병렬로 접속하였을 때의 합성 용량을 C_P라고 하고, 5개를 직렬로 접속하였을 때의 합성 용량을 C_S라 할 때, C_P와 C_S의 관계는?

① $C_P = 5C_S$ ② $C_P = 10C_S$

③ $C_P = 25C_S$ ④ $C_P = 50C_S$

55 다음 중 합성수지 전선관공사에서 관 상호 간 접속에 필요한 부속품은?

① 커플링   ② 커넥터

③ 리머   ④ 노멀 밴드

| 03 | 화학

31 다음 중 원유의 감압증류로 얻는 유분은 어느 것인가?

① 파라핀가스   ② 중유

③ 경유   ④ 윤활유

32 추제비가 3일 때, 용제 V[mL]로 1회 추출할 경우 추출률은?

① 0.25   ② 0.5

③ 0.75   ④ 0.95

33 다음 증기를 응축하는 방법 중 적상 응축 방법에 해당하지 않는 것은?

① 증기 중에 소량의 유분을 가한다.

② 응축한 액이 피막상으로 벽면에 붙어서 중력에 의해 흘러내리는 상태이다.

③ 기름을 벽면에 바른다.

④ 동관에 크롬 도금을 한다.

34 다음 중 중유성 바니쉬의 특성으로 옳은 것은?

① 수지의 비율이 기름의 비율보다 크다.

② 광택이 양호하고 건조가 빠르다.

③ 에나멜 페인트의 전색제로 쓰인다.

④ 밑칠 도료로 사용한다.

35 다음 중 증발관의 열원으로 증기를 사용하는 이유로 옳지 않은 것은?

① 온도의 변화 및 조절이 매우 편리하다.

② 다른 기체와 액체보다 열전도도가 매우 작다.

③ 가열이 균일하여 국부적인 가열의 염려가 없다.

④ 증기 기관의 폐증기를 이용할 수 있다.

36 다음 중 냉매의 구비조건으로 옳지 않은 것은?

① 임계온도가 높다.　　　　　　② 응축압력이 낮다.

③ 증발잠열이 크다.　　　　　　④ 부식성이 적다.

37 수평과 $30°$의 각도를 갖는 경사 마노미터의 액면의 차가 20cm일 때, 수직 U자 마노미터에서의 액면의 차는?

① 5cm　　　　　　　　　　② 50cm

③ 10cm　　　　　　　　　　④ 100cm

38 다음 중 수용성기로서 $-SO_3H$ 혹은 $-COOH$기를 가지고 있으며 셀룰로오스에 염착하는 염료는?

① 나프톨 염료　　　　　　　② 오늄 염료

③ 황화 염료　　　　　　　　④ 직접 염료

39 다음 중 관석에 대한 설명으로 옳지 않은 것은?

① 모든 염은 관석을 생성하는 요인이 된다.

② 관석이 생기면 총괄 저항이 커져서 증발 능력을 감소시킨다.

③ 액체의 순환 속도를 크게 하면 관석의 생성이 늦어진다.

④ 관석은 주로 온도가 가장 높은 관벽에서 생성된다.

40 다음 중 벤젠 첨가에 의한 알코올의 탈수 증류는?

① 수증기 증류   ② 공비 증류

③ 추출 증류   ④ 평형 증류

PART 4

41 습벽 탑(젖은 벽탑)에서 물질 전달 인자 j의 값은 얼마인가?(단, 이때의 $N_{Re} = 2,000$이다)

① 0.002   ② 0.004

③ 0.008   ④ 0.009

42 다음 중 기체의 증습 원리로 옳지 않은 것은?

① 기체 중에 발생하는 증기를 혼입시키는 방법

② 기체 중에 높은 습도의 기체를 혼입시키는 방법

③ 기체와 물을 직접 접촉시키는 법

④ 기체를 압축 액화시키는 법

43 다음 중 시·도지사가 미세먼지(PM – 10) 주의보를 발령하는 기준으로 옳은 것은?

① $100\mu g/m^3$ ② $125\mu g/m^3$

③ $150\mu g/m^3$ ④ $175\mu g/m^3$

44 다음 중 황안 비료의 제조 방법에 해당되지 않는 것은?

① 중화법   ② 아황산법

③ 석회법   ④ 석고법

45 다음 중 주기율표에 대한 설명으로 옳지 않은 것은?

① 장주기형과 단주기형이 있다.

② 멘델레예프는 원자 번호의 증가 순서에 따라 원소들을 배열하였다.

③ 모즐리의 실험에 의해 주기율은 원자 번호의 차례와 일치함이 밝혀졌다.

④ 주기는 7주기로 이루어져 있다.

46 다음 글에서 설명하는 물질은 무엇인가?

• 물에 녹아 염기성을 나타낸다.

• 비누, 펄프, 종이, 섬유 제조에 이용된다.

• 공기 중의 이산화탄소를 흡수하여 탄산나트륨으로 변한다.

• 흰색의 고체로, 공기 중의 수분을 흡수하여 스스로 녹는 조해성이 있다.

---

① 염산(HCl)   ② 황산(H_2SO_4)

③ 암모니아(NH_3)   ④ 수산화나트륨(NaOH)

47 다음 중 용매에 비휘발성 물질을 녹일 때 용액의 증기압이 용매의 증기압보다 낮아지는 현상은 무엇인가?

① 잠열　　　　　　　　　　　　　② 과열도
③ 비점 상승　　　　　　　　　　　④ 증기압

48 다음 중 도막의 주체가 섬유소 유도체인 것은?

① 락카　　　　　　　　　　　　　② 수지왁스
③ 옻　　　　　　　　　　　　　　④ 에멀전 페인트

49 다음 중 이슬점(Dew Point)에 대한 설명으로 옳지 않은 것은?

① 이슬이 맺기 시작하는 온도이다.
② 대기 중의 수증기의 분압이 그 온도에서 포화 증기압과 같아지는 온도이다.
③ 건구 온도보다 습구 온도가 낮은 상태이다.
④ 상대 습도가 100%가 되는 온도이다.

50 다음 물질들이 수용액 상태에서 공통적으로 나타내는 성질은?

> 수산화나트륨($NaOH$), 수산화칼륨(KOH), 암모니아(NH_3)

① 신맛이 난다.
② 이온화하여 수산화이온(OH^-)을 내놓는다.
③ 푸른 리트머스 종이를 붉게 한다.
④ 금속과 반응하여 수소 기체를 발생한다.

51 다음은 철 조각과 묽은 염산이 반응할 때 발생하는 수소 기체의 부피를 30초 간격으로 측정한 결과이다. 60 ~ 90초 사이의 평균 반응 속도는 몇 mL/초인가?

시간(초)	0	30	60	90	120	150	180
수소기체의 부피(mL)	0	17	28	34	36	38	38

① 0.1mL/초　　　　　　　　　② 0.2mL/초

③ 0.3mL/초　　　　　　　　　④ 0.4mL/초

52 다음 글에서 설명하는 반응의 공통점은?

- 간 세포에서 포도당이 글리코겐으로 합성된다.
- 단백질은 위액을 혼합한 용액에서 쉽게 분해된다.
- 수소와 산소의 혼합 기체는 백금 가루가 있으면 실온에서도 잘 반응한다.
- 체내 대사 과정에서 생성된 과산화수소는 철 양이온에 의하여 물과 산소로 분해된다.

① 촉매 반응　　　　　　　　　② 흡열 반응

③ 효소 반응　　　　　　　　　④ 분해 반응

53 다음 중 열전도도에 대한 설명으로 옳지 않은 것은?

① 전도에 의한 열전달 속도는 전열 면적과 온도 구배에 비례하며, 이 비례 상수를 열전도도라 한다.

② 열전도도는 온도의 함수이다.

③ 열전도도는 물질 특유의 상수이다.

④ 열전도도의 차원은 $Q/\theta \cdot L \cdot T$ (Q : 열량, θ : 시간, T : 온도, L : 길이)이다.

54 다음은 원소 A ~ C에 대한 설명과 주기율표의 일부이다. A ~ C가 (가) ~ (다) 중 하나에 해당할 때, (가) ~ (다)에 들어갈 원소가 바르게 짝지어진 것은?(단, A ~ C는 임의의 원소 기호이다)

- A와 B의 전자 껍질 수는 2개이다.
- A와 C는 화학적 성질이 비슷하다.

주기\족	1	2	13	14	15	16	17	18
1								
2		(가)						(나)
3		(다)						

	(가)	(나)	(다)
①	A	B	C
②	A	C	B
③	B	A	C
④	B	C	A

55 다음 글에서 설명하는 것은 무엇인가?

탄소 원자가 다른 탄소 원자 3개와 결합되어 육각형 벌집무늬를 이루고 있다. 육각형 모양의 그물을 원통형으로 둥글게 마는데, 이때 그물을 마는 각도에 따라 그 지름이 달라지며, 이에 따라 전기적 도체가 되기도 하고 반도체가 되기도 한다. 1991년 일본 이지마 박사가 발견하였으며, 지름이 머리카락 굵기의 10만 분의 1 정도에 불과하다. 이것은 구리보다 전기를 더 잘 전도하며, 열전도성 역시 매우 뛰어나다. 그리고 강도는 철강보다 100배 높은 것으로 알려져 있다. 반도체・평판 디스플레이・배터리・초강력 섬유・생체 센서・텔레비전 브라운관 등 현재 이를 이용한 장치가 다양하게 개발되고 있다.

① 그래핀
② 그라파이트
③ 탄소강
④ 탄소 나노튜브

인생이란 결코 공평하지 않다. 이 사실에 익숙해져라.

- 빌 게이츠 -

PART 5

채용 가이드

01 | 블라인드 채용 소개

1. 블라인드 채용이란?

채용 과정에서 편견이 개입되어 불합리한 차별을 야기할 수 있는 출신지, 가족관계, 학력, 외모 등의 편견요인은 제외하고, 직무능력만을 평가하여 인재를 채용하는 방식입니다.

2. 블라인드 채용의 필요성

- 채용의 공정성에 대한 사회적 요구
  - 누구에게나 직무능력만으로 경쟁할 수 있는 균등한 고용기회를 제공해야 하나, 아직도 채용의 공정성에 대한 불신이 존재
  - 채용상 차별금지에 대한 법적 요건이 권고적 성격에서 처벌을 동반한 의무적 성격으로 강화되는 추세
  - 시민의식과 지원자의 권리의식 성숙으로 차별에 대한 법적 대응 가능성 증가
- 우수인재 채용을 통한 기업의 경쟁력 강화 필요
  - 직무능력과 무관한 학벌, 외모 위주의 선발로 우수인재 선발기회 상실 및 기업경쟁력 약화
  - 채용 과정에서 차별 없이 직무능력중심으로 선발한 우수인재 확보 필요
- 공정한 채용을 통한 사회적 비용 감소 필요
  - 편견에 의한 차별적 채용은 우수인재 선발을 저해하고 외모・학벌 지상주의 등의 심화로 불필요한 사회적 비용 증가
  - 채용에서의 공정성을 높여 사회의 신뢰수준 제고

3. 블라인드 채용의 특징

편견요인을 요구하지 않는 대신 직무능력을 평가합니다.

※ 직무능력중심 채용이란?
　기업의 역량기반 채용, NCS기반 능력중심 채용과 같이 직무수행에 필요한 능력과 역량을 평가하여 선발하는 채용방식을 통칭합니다.

4. 블라인드 채용의 평가요소

직무수행에 필요한 지식, 기술, 태도 등을 과학적인 선발기법을 통해 평가합니다.

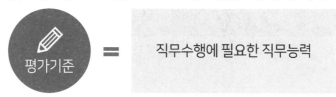

※ 과학적 선발기법이란?
　직무분석을 통해 도출된 평가요소를 서류, 필기, 면접 등을 통해 체계적으로 평가하는 방법으로 입사지원서, 자기소개서,
　직무수행능력평가, 구조화 면접 등이 해당됩니다.

5. 블라인드 채용 주요 도입 내용

- 입사지원서에 인적사항 요구 금지
    - 인적사항에는 출신지역, 가족관계, 결혼여부, 재산, 취미 및 특기, 종교, 생년월일(연령), 성별, 신장
      및 체중, 사진, 전공, 학교명, 학점, 외국어 점수, 추천인 등이 해당
    - 채용 직무를 수행하는 데 있어 반드시 필요하다고 인정될 경우는 제외
        예 특수경비직 채용 시 : 시력, 건강한 신체 요구
        　 연구직 채용 시 : 논문, 학위 요구 등
- 블라인드 면접 실시
    - 면접관에게 응시자의 출신지역, 가족관계, 학교명 등 인적사항 정보 제공 금지
    - 면접관은 응시자의 인적사항에 대한 질문 금지

6. 블라인드 채용 도입의 효과성

- 구성원의 다양성과 창의성이 높아져 기업 경쟁력 강화
    - 편견을 없애고 직무능력 중심으로 선발하므로 다양한 직원 구성 가능
    - 다양한 생각과 의견을 통하여 기업의 창의성이 높아져 기업경쟁력 강화
- 직무에 적합한 인재선발을 통한 이직률 감소 및 만족도 제고
    - 사전에 지원자들에게 구체적이고 상세한 직무요건을 제시함으로써 허수 지원이 낮아지고, 직무에
      적합한 지원자 모집 가능
    - 직무에 적합한 인재가 선발되어 직무이해도가 높아져 업무효율 증대 및 만족도 제고
- 채용의 공정성과 기업이미지 제고
    - 블라인드 채용은 사회적 편견을 줄인 선발 방법으로 기업에 대한 사회적 인식 제고
    - 채용과정에서 불합리한 차별을 받지 않고 실력에 의해 공정하게 평가를 받을 것이라는 믿음을 제공
      하고, 지원자들은 평등한 기회와 공정한 선발과정 경험

02 | 서류전형 가이드

01 채용공고문

1. 채용공고문의 변화

기존 채용공고문	변화된 채용공고문
• 취업준비생에게 불충분하고 불친절한 측면 존재 • 모집분야에 대한 명확한 직무관련 정보 및 평가기준 부재 • 해당분야에 지원하기 위한 취업준비생의 무분별한 스펙 쌓기 현상 발생	• NCS 직무분석에 기반한 채용공고를 토대로 채용전형 진행 • 지원자가 입사 후 수행하게 될 업무에 대한 자세한 정보 공지 • 직무수행내용, 직무수행 시 필요한 능력, 관련된 자격, 직업기초능력 제시 • 지원자가 해당 직무에 필요한 스펙만을 준비할 수 있도록 안내
• 모집부문 및 응시자격 • 지원서 접수 • 전형절차 • 채용조건 및 처우 • 기타사항	• 채용절차 • 채용유형별 선발분야 및 예정인원 • 전형방법 • 선발분야별 직무기술서 • 우대사항

2. 지원 유의사항 및 지원요건 확인

채용 직무에 따른 세부사항을 공고문에 명시하여 지원자에게 적격한 지원 기회를 부여함과 동시에 채용과정에서의 공정성과 신뢰성을 확보합니다.

구성	내용	확인사항
모집분야 및 규모	고용형태(인턴 계약직 등), 모집분야, 인원, 근무지역 등	채용직무가 여러 개일 경우 본인이 해당되는 직무의 채용규모 확인
응시자격	기본 자격사항, 지원조건	지원을 위한 최소자격요건을 확인하여 불필요한 지원을 예방
우대조건	법정 · 특별 · 자격증 가점	본인의 가점 여부를 검토하여 가점 획득을 위한 사항을 사실대로 기재
근무조건 및 보수	고용형태 및 고용기간, 보수, 근무지	본인이 생각하는 기대수준에 부합하는지 확인하여 불필요한 지원을 예방
시험방법	서류 · 필기 · 면접전형 등의 활용방안	전형방법 및 세부 평가기법 등을 확인하여 지원전략 준비
전형일정	접수기간, 각 전형 단계별 심사 및 합격자 발표일 등	본인의 지원 스케줄을 검토하여 차질이 없도록 준비
제출서류	입사지원서(경력 · 경험기술서 등), 각종 증명서 및 자격증 사본 등	지원요건 부합 여부 및 자격 증빙서류 사전에 준비
유의사항	임용취소 등의 규정	임용취소 관련 법적 또는 기관 내부 규정을 검토하여 해당여부 확인

직무기술서란 직무수행의 내용과 필요한 능력, 관련 자격, 직업기초능력 등을 상세히 기재한 것으로 입사 후 수행하게 될 업무에 대한 정보가 수록되어 있는 자료입니다.

1. 채용분야

[설명]

NCS 직무분류 체계에 따라 직무에 대한 「대분류 – 중분류 – 소분류 – 세분류」 체계를 확인할 수 있습니다. 채용 직무에 대한 모든 직무기술서를 첨부하게 되며 실제 수행 업무를 기준으로 세부적인 분류정보를 제공합니다.

채용분야	분류체계			
사무행정	대분류	중분류	소분류	세분류
분류코드	02. 경영 · 회계 · 사무	03. 재무 · 회계	01. 재무	01. 예산
				02. 자금
			02. 회계	01. 회계감사
				02. 세무

2. 능력단위

[설명]

직무분류 체계의 세분류 하위능력단위 중 실질적으로 수행할 업무의 능력만 구체적으로 파악할 수 있습니다.

능력단위	(예산)	03. 연간종합예산수립 05. 확정예산 운영	04. 추정재무제표 작성 06. 예산실적 관리
	(자금)	04. 자금운용	
	(회계감사)	02. 자금관리 05. 회계정보시스템 운용 07. 회계감사	04. 결산관리 06. 재무분석
	(세무)	02. 결산관리 07. 법인세 신고	05. 부가가치세 신고

3. 직무수행내용

[설명]

세분류 영역의 기본정의를 통해 직무수행내용을 확인할 수 있습니다. 입사 후 수행할 직무내용을 구체적으로 확인할 수 있으며, 이를 통해 입사서류 작성부터 면접까지 직무에 대한 명확한 이해를 바탕으로 자신의 희망직무 인지 아닌지, 해당 직무가 자신이 알고 있던 직무가 맞는지 확인할 수 있습니다.

직무수행내용	(예산) 일정기간 예상되는 수익과 비용을 편성, 집행하며 통제하는 일
	(자금) 자금의 계획 수립, 조달, 운용을 하고 발생 가능한 위험 관리 및 성과평가
	(회계감사) 기업 및 조직 내 · 외부에 있는 의사결정자들이 효율적인 의사결정을 할 수 있도록 유용한 정보를 제공, 제공된 회계정보의 적정성을 파악하는 일
	(세무) 세무는 기업의 활동을 위하여 주어진 세법범위 내에서 조세부담을 최소화시키는 조세전략을 포함하고 정확한 과세소득과 과세표준 및 세액을 산출하여 과세당국에 신고 · 납부하는 일

PART 5

4. 직무기술서 예시

태도	(예산) 정확성, 분석적 태도, 논리적 태도, 타 부서와의 협조적 태도, 설득력
	(자금) 분석적 사고력
	(회계 감사) 합리적 태도, 전략적 사고, 정확성, 적극적 협업 태도, 법률준수 태도, 분석적 태도, 신속성, 책임감, 정확한 판단력
	(세무) 규정 준수 의지, 수리적 정확성, 주의 깊은 태도
우대 자격증	공인회계사, 세무사, 컴퓨터활용능력, 변호사, 워드프로세서, 전산회계운용사, 사회조사분석사, 재경관리사, 회계관리 등
직업기초능력	의사소통능력, 문제해결능력, 자원관리능력, 대인관계능력, 정보능력, 조직이해능력

5. 직무기술서 내용별 확인사항

항목	확인사항
모집부문	해당 채용에서 선발하는 부문(분야)명 확인 예 사무행정, 전산, 전기
분류체계	지원하려는 분야의 세부직무군 확인
주요기능 및 역할	지원하려는 기업의 전사적인 기능과 역할, 산업군 확인
능력단위	지원분야의 직무수행에 관련되는 세부업무사항 확인
직무수행내용	지원분야의 직무군에 대한 상세사항 확인
전형방법	지원하려는 기업의 신입사원 선발전형 절차 확인
일반요건	교육사항을 제외한 지원 요건 확인(자격요건, 특수한 경우 연령)
교육요건	교육사항에 대한 지원요건 확인(대졸 / 초대졸 / 고졸 / 전공 요건)
필요지식	지원분야의 업무수행을 위해 요구되는 지식 관련 세부항목 확인
필요기술	지원분야의 업무수행을 위해 요구되는 기술 관련 세부항목 확인
직무수행태도	지원분야의 업무수행을 위해 요구되는 태도 관련 세부항목 확인
직업기초능력	지원분야 또는 지원기업의 조직원으로서 근무하기 위해 필요한 일반적인 능력사항 확인

1. 입사지원서의 변화

기존지원서
직무와 관련 없는 학점, 개인신상, 어학점수, 자격, 수상경력 등을 나열하도록 구성

VS

능력중심 채용 입사지원서
해당 직무수행에 꼭 필요한 정보들을 제시할 수 있도록 구성

직무기술서

직무수행내용

요구지식 / 기술

관련 자격증

사전직무경험

➡

인적사항	성명, 연락처, 지원분야 등 작성 (평가 미반영)

교육사항	직무지식과 관련된 학교교육 및 직업교육 작성

자격사항	직무관련 국가공인 또는 민간자격 작성

경력 및 경험사항	조직에 소속되어 일정한 임금을 받거나(경력) 임금 없이(경험) 직무와 관련된 활동 내용 작성

2. 교육사항

- 지원분야 직무와 관련된 학교 교육이나 직업교육 혹은 기타교육 등 직무에 대한 지원자의 학습 여부를 평가하기 위한 항목입니다.
- 지원하고자 하는 직무의 학교 전공교육 이외에 직업교육, 기타교육 등을 기입할 수 있기 때문에 전공 제한 없이 직업교육과 기타교육을 이수하여 지원이 가능하도록 기회를 제공합니다.
  (기타교육 : 학교 이외의 기관에서 개인이 이수한 교육과정 중 지원직무와 관련이 있다고 생각되는 교육내용)

구분	교육과정(과목)명	교육내용	과업(능력단위)

3. 자격사항

- 채용공고 및 직무기술서에 제시되어 있는 자격 현황을 토대로 지원자가 해당 직무를 수행하는 데 필요한 능력을 가지고 있는지를 평가하기 위한 항목입니다.
- 채용공고 및 직무기술서에 기재된 직무관련 필수 또는 우대자격 항목을 확인하여 본인이 보유하고 있는 자격사항을 기재합니다.

자격유형	자격증명	발급기관	취득일자	자격증번호

4. 경력 및 경험사항

- 직무와 관련된 경력이나 경험 여부를 표현하도록 하여 직무와 관련한 능력을 갖추었는지를 평가하기 위한 항목입니다.
- 해당 기업에서 직무를 수행함에 있어 필요한 사항만을 기록하게 되어 있기 때문에 직무와 무관한 스펙을 갖추지 않아도 됩니다.
- 경력 : 금전적 보수를 받고 일정기간 동안 일했던 경우
- 경험 : 금전적 보수를 받지 않고 수행한 활동

※ 기업에 따라 경력 / 경험 관련 증빙자료 요구 가능

구분	조직명	직위 / 역할	활동기간(년 / 월)	주요과업 / 활동내용

Tip

입사지원서 작성 방법

○ 경력 및 경험사항 작성
- 직무기술서에 제시된 지식, 기술, 태도와 지원자의 교육사항, 경력(경험)사항, 자격사항과 연계하여 개인의 직무역량에 대해 스스로 판단 가능

○ 인적사항 최소화
- 개인의 인적사항, 학교명, 가족관계 등을 노출하지 않도록 유의

> 부적절한 입사지원서 작성 사례
> - 학교 이메일을 기입하여 학교명 노출
> - 거주지 주소에 학교 기숙사 주소를 기입하여 학교명 노출
> - 자기소개서에 부모님이 재직 중인 기업명, 직위, 직업을 기입하여 가족관계 노출
> - 자기소개서에 석·박사 과정에 대한 이야기를 언급하여 학력 노출
> - 동아리 활동에 대한 내용을 학교명과 더불어 언급하여 학교명 노출

1. 자기소개서의 변화

- 기존의 자기소개서는 지원자의 일대기나 관심 분야, 성격의 장·단점 등 개괄적인 사항을 묻는 질문으로 구성되어 지원자가 자신의 직무능력을 제대로 표출하지 못합니다.
- 능력중심 채용의 자기소개서는 직무기술서에 제시된 직업기초능력(또는 직무수행능력)에 대한 지원자의 과거 경험을 기술하게 함으로써 평가 타당도의 확보가 가능합니다.

1. 우리 회사와 해당 지원 직무분야에 지원한 동기에 대해 기술해 주세요.

2. 자신이 경험한 다양한 사회활동에 대해 기술해 주세요.

3. 지원 직무에 대한 전문성을 키우기 위해 받은 교육과 경험 및 경력사항에 대해 기술해 주세요.

4. 인사업무 또는 팀 과제 수행 중 발생한 갈등을 원만하게 해결해 본 경험이 있습니까? 당시 상황에 대한 설명과 갈등의 대상이 되었던 상대방을 설득한 과정 및 방법을 기술해 주세요.

5. 과거에 있었던 일 중 가장 어려웠던(힘들었었던) 상황을 고르고, 어떤 방법으로 그 상황을 해결했는지를 기술해 주세요.

자기소개서 작성 방법

① 자기소개서 문항이 묻고 있는 평가 역량 추측하기

> 예시
>
> • 팀 활동을 하면서 갈등 상황 시 상대방의 니즈나 의도를 명확히 파악하고 해결하여 목표 달성에 기여했던 경험에 대해서 작성해 주시기 바랍니다.
> • 다른 사람이 생각해내지 못했던 문제점을 찾고 이를 해결한 경험에 대해 작성해 주시기 바랍니다.

② 해당 역량을 보여줄 수 있는 소재 찾기(시간×역량 매트릭스)

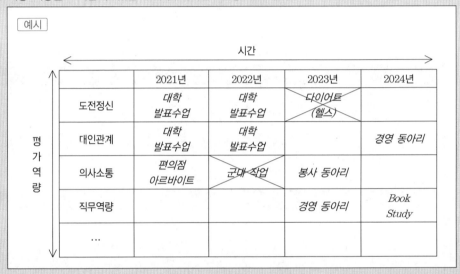

예시

시간

평가역량	2021년	2022년	2023년	2024년
도전정신	대학 발표수업	대학 발표수업	~~다이어트 (헬스)~~	
대인관계	대학 발표수업	대학 발표수업		경영 동아리
의사소통	편의점 아르바이트	~~군대 작업~~	봉사 동아리	
직무역량			경영 동아리	Book Study
…				

③ 자기소개서 작성 Skill 익히기
  • 두괄식으로 작성하기
  • 구체적 사례를 사용하기
  • '나'를 중심으로 작성하기
  • 직무역량 강조하기
  • 경험 사례의 차별성 강조하기

03 | 인성검사 소개 및 모의테스트

01 인성검사 유형

인성검사는 지원자의 성격특성을 객관적으로 파악하고 그것이 각 기업에서 필요로 하는 인재상과 가치에 부합하는가를 평가하기 위한 검사입니다. 인성검사는 KPDI(한국인재개발진흥원), K-SAD(한국사회적성개발원), KIRBS(한국행동과학연구소), SHR(에스에이치알) 등의 전문기관을 통해 각 기업의 특성에 맞는 검사를 선택하여 실시합니다. 대표적인 인성검사의 유형에는 크게 다음과 같은 세 가지가 있으며, 채용 대행업체에 따라 달라집니다.

1. KPDI 검사

조직적응성과 직무적합성을 알아보기 위한 검사로 인성검사, 인성역량검사, 인적성검사, 직종별 인적성검사 등의 다양한 검사 도구를 구현합니다. KPDI는 성격을 파악하고 정신건강 상태 등을 측정하고, 직무검사는 해당 직무를 수행하기 위해 기본적으로 갖추어야 할 인지적 능력을 측정합니다. 역량검사는 특정 직무 역할을 효과적으로 수행하는 데 직접적으로 관련 있는 개인의 행동, 지식, 스킬, 가치관 등을 측정합니다.

2. KAD(Korea Aptitude Development) 검사

K-SAD(한국사회적성개발원)에서 실시하는 적성검사 프로그램입니다. 개인의 성향, 지적 능력, 기호, 관심, 흥미도를 종합적으로 분석하여 적성에 맞는 업무가 무엇인가 파악하고, 직무수행에 있어서 요구되는 기초능력과 실무능력을 분석합니다.

3. SHR 직무적성검사

직무수행에 필요한 종합적인 사고 능력을 다양한 적성검사(Paper and Pencil Test)로 평가합니다. SHR의 모든 직무능력검사는 표준화 검사입니다. 표준화 검사는 표본집단의 점수를 기초로 규준이 만들어진 검사이므로 개인의 점수를 규준에 맞추어 해석·비교하는 것이 가능합니다. S(Standardized Tests), H(Hundreds of Version), R(Reliable Norm Data)을 특징으로 하며, 직군·직급별 특성과 선발 수준에 맞추어 검사를 적용할 수 있습니다.

인성검사는 특히 면접질문과 관련성이 높습니다. 면접관은 지원자의 인성검사 결과를 토대로 질문을 하기 때문입니다. 일관적이고 이상적인 답변을 하는 것이 가장 좋지만, 실제 시험은 매우 복잡하여 전문가라 해도 일정 성격을 유지하면서 답변을 하는 것이 힘듭니다. 또한, 인성검사에는 라이 스케일(Lie Scale) 설문이 전체 설문 속에 교묘하게 섞여 들어가 있으므로 겉치레적인 답을 하게 되면 회답태도의 허위성이 그대로 드러나게 됩니다. 예를 들어 '거짓말을 한 적이 한 번도 없다.'에 '예'로 답하고, '때로는 거짓말을 하기도 한다.'에 '예'라고 답하여 라이 스케일의 득점이 올라가게 되면 모든 회답의 신빙성이 사라지고 '자신을 돋보이게 하려는 사람'이라는 평가를 받을 수 있으므로 주의해야 합니다. 따라서 모의테스트를 통해 인성검사의 유형과 실제 시험 시 어떻게 문제를 풀어야 하는지 연습해 보고 체크한 부분 중 자신의 단점과 연결되는 부분은 면접에서 질문이 들어왔을 때 어떻게 대처해야 하는지 생각해 보는 것이 좋습니다.

03   유의사항

1. 기업의 인재상을 파악하라!

인성검사를 통해 개인의 성격 특성을 파악하고 그것이 기업의 인재상과 가치에 부합하는지를 평가하는 시험이기 때문에 해당 기업의 인재상을 먼저 파악하고 시험에 임하는 것이 좋습니다. 모의테스트에서 인재상에 맞는 가상의 인물을 설정하고 문제에 답해 보는 것도 많은 도움이 됩니다.

2. 일관성 있는 대답을 하라!

짧은 시간 안에 다양한 질문에 답을 해야 하는데, 그 안에는 중복되는 질문이 여러 번 나옵니다. 이때 앞서 자신이 체크했던 대답을 잘 기억해뒀다가 일관성 있는 답을 하는 것이 중요합니다.

3. 모든 문항에 대답하라!

많은 문제를 짧은 시간 안에 풀려다 보니 다 못 푸는 경우도 종종 생깁니다. 하지만 대답을 누락하거나 끝까지 다 못했을 경우 좋지 않은 결과를 가져올 수도 있으니 최대한 주어진 시간 안에 모든 문항에 답할 수 있도록 해야 합니다.

※ 모의테스트는 질문 및 답변 유형 연습을 위한 것으로 실제 시험과 다를 수 있습니다.
※ 인성검사는 정답이 따로 없는 유형의 검사이므로 결과지를 제공하지 않습니다.

번호	내용	예	아니요
001	나는 솔직한 편이다.	☐	☐
002	나는 리드하는 것을 좋아한다.	☐	☐
003	법을 어겨서 말썽이 된 적이 한 번도 없다.	☐	☐
004	거짓말을 한 번도 한 적이 없다.	☐	☐
005	나는 눈치가 빠르다.	☐	☐
006	나는 일을 주도하기보다는 뒤에서 지원하는 것을 선호한다.	☐	☐
007	앞일은 알 수 없기 때문에 계획은 필요하지 않다.	☐	☐
008	거짓말도 때로는 방편이라고 생각한다.	☐	☐
009	사람이 많은 술자리를 좋아한다.	☐	☐
010	걱정이 지나치게 많다.	☐	☐
011	일을 시작하기 전 재고하는 경향이 있다.	☐	☐
012	불의를 참지 못한다.	☐	☐
013	처음 만나는 사람과도 이야기를 잘 한다.	☐	☐
014	때로는 변화가 두렵다.	☐	☐
015	나는 모든 사람에게 친절하다.	☐	☐
016	힘든 일이 있을 때 술은 위로가 되지 않는다.	☐	☐
017	결정을 빨리 내리지 못해 손해를 본 경험이 있다.	☐	☐
018	기회를 잡을 준비가 되어 있다.	☐	☐
019	때로는 내가 정말 쓸모없는 사람이라고 느낀다.	☐	☐
020	누군가 나를 챙겨주는 것이 좋다.	☐	☐
021	자주 가슴이 답답하다.	☐	☐
022	나는 내가 자랑스럽다.	☐	☐
023	경험이 중요하다고 생각한다.	☐	☐
024	전자기기를 분해하고 다시 조립하는 것을 좋아한다.	☐	☐

025	감시받고 있다는 느낌이 든다.	☐	☐
026	난처한 상황에 놓이면 그 순간을 피하고 싶다.	☐	☐
027	세상엔 믿을 사람이 없다.	☐	☐
028	잘못을 빨리 인정하는 편이다.	☐	☐
029	지도를 보고 길을 잘 찾아간다.	☐	☐
030	귓속말을 하는 사람을 보면 날 비난하고 있는 것 같다.	☐	☐
031	막무가내라는 말을 들을 때가 있다.	☐	☐
032	장래의 일을 생각하면 불안하다.	☐	☐
033	결과보다 과정이 중요하다고 생각한다.	☐	☐
034	운동은 그다지 할 필요가 없다고 생각한다.	☐	☐
035	새로운 일을 시작할 때 좀처럼 한 발을 떼지 못한다.	☐	☐
036	기분 상하는 일이 있더라도 참는 편이다.	☐	☐
037	업무능력은 성과로 평가받아야 한다고 생각한다.	☐	☐
038	머리가 맑지 못하고 무거운 느낌이 든다.	☐	☐
039	가끔 이상한 소리가 들린다.	☐	☐
040	타인이 내게 자주 고민상담을 하는 편이다.	☐	☐

※ 모의테스트는 질문 및 답변 유형 연습을 위한 것으로 실제 시험과 다를 수 있습니다.
※ 인성검사는 정답이 따로 없는 유형의 검사이므로 결과지를 제공하지 않습니다.

※ 이 성격검사의 각 문항에는 서로 다른 행동을 나타내는 네 개의 문장이 제시되어 있습니다. 이 문장들을 비교하여, 자신의 평소 행동과 가장 가까운 문장을 'ㄱ' 열에 표기하고, 가장 먼 문장을 'ㅁ' 열에 표기하십시오.

01 나는 _____

	ㄱ	ㅁ
A. 실용적인 해결책을 찾는다.	☐	☐
B. 다른 사람을 돕는 것을 좋아한다.	☐	☐
C. 세부 사항을 잘 챙긴다.	☐	☐
D. 상대의 주장에서 허점을 잘 찾는다.	☐	☐

02 나는 _____

	ㄱ	ㅁ
A. 매사에 적극적으로 임한다.	☐	☐
B. 즉흥적인 편이다.	☐	☐
C. 관찰력이 있다.	☐	☐
D. 임기응변에 강하다.	☐	☐

03 나는 _____

	ㄱ	ㅁ
A. 무서운 영화를 잘 본다.	☐	☐
B. 조용한 곳이 좋다.	☐	☐
C. 가끔 울고 싶다.	☐	☐
D. 집중력이 좋다.	☐	☐

04 나는 _____

	ㄱ	ㅁ
A. 기계를 조립하는 것을 좋아한다.	☐	☐
B. 집단에서 리드하는 역할을 맡는다.	☐	☐
C. 호기심이 많다.	☐	☐
D. 음악을 듣는 것을 좋아한다.	☐	☐

PART 5

05 나는 _____

	ㄱ	ㅁ
A. 타인을 늘 배려한다.	☐	☐
B. 감수성이 예민하다.	☐	☐
C. 즐겨하는 운동이 있다.	☐	☐
D. 일을 시작하기 전에 계획을 세운다.	☐	☐

06 나는 _____

	ㄱ	ㅁ
A. 타인에게 설명하는 것을 좋아한다.	☐	☐
B. 여행을 좋아한다.	☐	☐
C. 정적인 것이 좋다.	☐	☐
D. 남을 돕는 것에 보람을 느낀다.	☐	☐

07 나는 _____

	ㄱ	ㅁ
A. 기계를 능숙하게 다룬다.	☐	☐
B. 밤에 잠이 잘 오지 않는다.	☐	☐
C. 한 번 간 길을 잘 기억한다.	☐	☐
D. 불의를 보면 참을 수 없다.	☐	☐

08 나는 _____

	ㄱ	ㅁ
A. 종일 말을 하지 않을 때가 있다.	☐	☐
B. 사람이 많은 곳을 좋아한다.	☐	☐
C. 술을 좋아한다.	☐	☐
D. 휴양지에서 편하게 쉬고 싶다.	☐	☐

09 나는 _____

	ㄱ	ㅁ
A. 뉴스보다는 드라마를 좋아한다.	☐	☐
B. 길을 잘 찾는다.	☐	☐
C. 주말엔 집에서 쉬는 것이 좋다.	☐	☐
D. 아침에 일어나는 것이 힘들다.	☐	☐

10 나는 _____

	ㄱ	ㅁ
A. 이성적이다.	☐	☐
B. 할 일을 종종 미룬다.	☐	☐
C. 어른을 대하는 게 힘들다.	☐	☐
D. 불을 보면 매혹을 느낀다.	☐	☐

11 나는 _____

	ㄱ	ㅁ
A. 상상력이 풍부하다.	☐	☐
B. 예의 바르다는 소리를 자주 듣는다.	☐	☐
C. 사람들 앞에 서면 긴장한다.	☐	☐
D. 친구를 자주 만난다.	☐	☐

12 나는 _____

	ㄱ	ㅁ
A. 나만의 스트레스 해소 방법이 있다.	☐	☐
B. 친구가 많다.	☐	☐
C. 책을 자주 읽는다.	☐	☐
D. 활동적이다.	☐	☐

04 | 면접전형 가이드

01 면접유형 파악

1. 면접전형의 변화

기존 면접전형에서는 일상적이고 단편적인 대화나 지원자의 첫인상 및 면접관의 주관적인 판단 등에 의해서 입사 결정 여부를 판단하는 경우가 많았습니다. 이러한 면접전형은 면접 내용의 일관성이 결여되거나 직무 관련 타당성이 부족하였고, 면접에 대한 신뢰도에 영향을 주었습니다.

기존 면접(전통적 면접)		능력중심 채용 면접(구조화 면접)

• 일상적이고 단편적인 대화
• 인상, 외모 등 외부 요소의 영향
• 주관적인 판단에 의존한 총점 부여
 	
⇩
 	
• 면접 내용의 일관성 결여
• 직무관련 타당성 부족
• 주관적인 채점으로 신뢰도 저하
	VS	• 일관성
		  – 직무관련 역량에 초점을 둔 구체적 질문 목록
		  – 지원자별 동일 질문 적용
		• 구조화
		  – 면접 진행 및 평가 절차를 일정한 체계에 의해 구성
		• 표준화
		  – 평가 타당도 제고를 위한 평가 Matrix 구성
		  – 척도에 따라 항목별 채점, 개인 간 비교
		• 신뢰성
		  – 면접진행 매뉴얼에 따라 면접위원 교육 및 실습

2. 능력중심 채용의 면접 유형

① 경험 면접
- 목적 : 선발하고자 하는 직무 능력이 필요한 과거 경험을 질문합니다.
- 평가요소 : 직업기초능력과 인성 및 태도적 요소를 평가합니다.

② 상황 면접
- 목적 : 특정 상황을 제시하고 지원자의 행동을 관찰함으로써 실제 상황의 행동을 예상합니다.
- 평가요소 : 직업기초능력과 인성 및 태도적 요소를 평가합니다.

③ 발표 면접
- 목적 : 특정 주제와 관련된 지원자의 발표와 질의응답을 통해 지원자 역량을 평가합니다.
- 평가요소 : 직무수행능력과 인지적 역량(문제해결능력)을 평가합니다.

④ 토론 면접
- 목적 : 토의과제에 대한 의견수렴 과정에서 지원자의 역량과 상호작용능력을 평가합니다.
- 평가요소 : 직무수행능력과 팀워크를 평가합니다.

1. 경험 면접

① 경험 면접의 특징

- 주로 직업기초능력에 관련된 지원자의 과거 경험을 심층 질문하여 검증하는 면접입니다.
- 직무능력과 관련된 과거 경험을 평가하기 위해 심층 질문을 하며, 이 질문은 지원자의 답변에 대하여 '꼬리에 꼬리를 무는 형식'으로 진행됩니다.

- 능력요소, 정의, 심사 기준
  - 평가하고자 하는 능력요소, 정의, 심사기준을 확인하여 면접위원이 해당 능력요소 관련 질문을 제시합니다.
- Opening Question
  - 능력요소에 관련된 과거 경험을 유도하기 위한 시작 질문을 합니다.
- Follow-up Question
  - 지원자의 경험 수준을 구체적으로 검증하기 위한 질문입니다.
  - 경험 수준 검증을 위한 상황(Situation), 임무(Task), 역할 및 노력(Action), 결과(Result) 등으로 질문을 구분합니다.

경험 면접의 형태

[면접관 1] [면접관 2] [면접관 3]

[지원자]

〈일대다 면접〉

[면접관 1] [면접관 2] [면접관 3]

[지원자 1] [지원자 2] [지원자 3]

〈다대다 면접〉

② 경험 면접의 구조

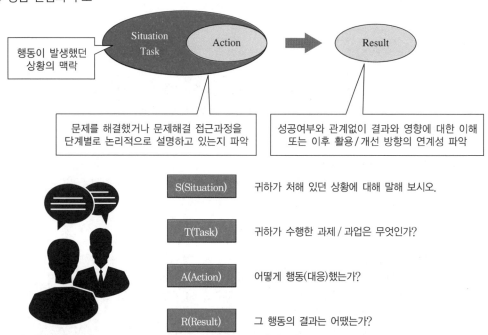

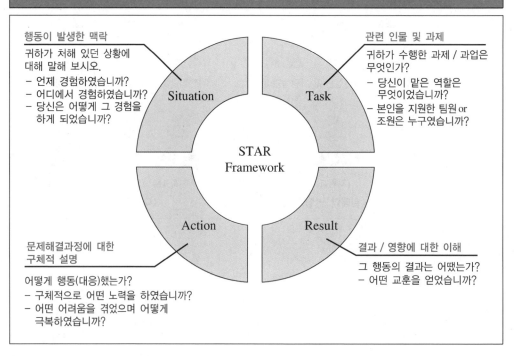

③ 경험 면접 질문 예시(직업윤리)

시작 질문	
1	남들이 신경 쓰지 않는 부분까지 고려하여 절차대로 업무(연구)를 수행하여 성과를 낸 경험을 구체적으로 말해 보시오.
2	조직의 원칙과 절차를 철저히 준수하며 업무(연구)를 수행한 것 중 성과를 향상시킨 경험에 대해 구체적으로 말해 보시오.
3	세부적인 절차와 규칙에 주의를 기울여 실수 없이 업무(연구)를 마무리한 경험을 구체적으로 말해 보시오.
4	조직의 규칙이나 원칙을 고려하여 성실하게 일했던 경험을 구체적으로 말해 보시오.
5	타인의 실수를 바로잡고 원칙과 절차대로 수행하여 성공적으로 업무를 마무리하였던 경험에 대해 말해 보시오.

후속 질문		
상황 (Situation)	상황	구체적으로 언제, 어디에서 경험한 일인가?
		어떤 상황이었는가?
	조직	어떤 조직에 속해 있었는가?
		그 조직의 특성은 무엇이었는가?
		몇 명으로 구성된 조직이었는가?
	기간	해당 조직에서 얼마나 일했는가?
		해당 업무는 몇 개월 동안 지속되었는가?
	조직규칙	조직의 원칙이나 규칙은 무엇이었는가?
임무 (Task)	과제	과제의 목표는 무엇이었는가?
		과제에 적용되는 조직의 원칙은 무엇이었는가?
		그 규칙을 지켜야 하는 이유는 무엇이었는가?
	역할	당신이 조직에서 맡은 역할은 무엇이었는가?
		과제에서 맡은 역할은 무엇이었는가?
	문제의식	규칙을 지키지 않을 경우 생기는 문제점 / 불편함은 무엇인가?
		해당 규칙이 왜 중요하다고 생각하였는가?
역할 및 노력 (Action)	행동	업무 과정의 어떤 장면에서 규칙을 철저히 준수하였는가?
		어떻게 규정을 적용시켜 업무를 수행하였는가?
		규정은 준수하는 데 어려움은 없었는가?
	노력	그 규칙을 지키기 위해 스스로 어떤 노력을 기울였는가?
		본인의 생각이나 태도에 어떤 변화가 있었는가?
		다른 사람들은 어떤 노력을 기울였는가?
	동료관계	동료들은 규칙을 철저히 준수하고 있었는가?
		팀원들은 해당 규칙에 대해 어떻게 반응하였는가?
		규칙에 대한 태도를 개선하기 위해 어떤 노력을 하였는가?
		팀원들의 태도는 당신에게 어떤 자극을 주었는가?
	업무추진	주어진 업무를 추진하는 데 규칙이 방해되진 않았는가?
		업무수행 과정에서 규정을 어떻게 적용하였는가?
		업무 시 규정을 준수해야 한다고 생각한 이유는 무엇인가?

결과 (Result)	평가	규칙을 어느 정도나 준수하였는가?
		그렇게 준수할 수 있었던 이유는 무엇이었는가?
		업무의 성과는 어느 정도였는가?
		성과에 만족하였는가?
		비슷한 상황이 온다면 어떻게 할 것인가?
	피드백	주변 사람들로부터 어떤 평가를 받았는가?
		그러한 평가에 만족하는가?
		다른 사람에게 본인의 행동이 영향을 주었다고 생각하는가?
	교훈	업무수행 과정에서 중요한 점은 무엇이라고 생각하는가?
		이 경험을 통해 느낀 바는 무엇인가?

2. 상황 면접

① 상황 면접의 특징

직무 관련 상황을 가정하여 제시하고 이에 대한 대응능력을 직무관련성 측면에서 평가하는 면접입니다.

> • 상황 면접 과제의 구성은 크게 2가지로 구분
> - 상황 제시(Description) / 문제 제시(Question or Problem)
> • 현장의 실제 업무 상황을 반영하여 과제를 세시하므로 직무분석이나 직무전문가 워크숍 등을 거쳐 현장성을 높임
> • 문제는 상황에 대한 기본적인 이해능력(이론적 지식)과 함께 실질적 대응이나 변수 고려능력(실천적 능력) 등을 고르게 질문해야 함

상황 면접의 형태

[면접관 1]   [면접관 2]

[연기자 1]   [연기자 2]

[면접관 1]   [면접관 2]

[지원자]

〈시뮬레이션〉

[지원자 1]   [지원자 2]   [지원자 3]

〈문답형〉

---

② 상황 면접 예시

상황 제시	인천공항 여객터미널 내에는 다양한 용도의 시설(사무실, 통신실, 식당, 전산실, 창고 면세점 등)이 설치되어 있습니다.	실제 업무 상황에 기반함
	금년에 소방배관의 누수가 잦아 메인 배관을 교체하는 공사를 추진하고 있으며, 당신은 이번 공사의 담당자입니다.	배경 정보
	주간에는 공항 운영이 이루어져 주로 야간에만 배관 교체 공사를 수행하던 중, 시공하는 기능공의 실수로 배관 연결 부위를 잘못 건드려 고압배관의 소화수가 누출되는 사고가 발생하였으며, 이로 인해 인근 시설물에 누수에 의한 피해가 발생하였습니다.	구체적인 문제 상황
문제 제시	일반적인 소방배관의 배관연결(이음)방식과 배관의 이탈(누수)이 발생하는 원인에 대해 설명해 보시오.	문제 상황 해결을 위한 기본 지식 문항
	담당자로서 본 사고를 현장에서 긴급히 처리하는 프로세스를 제시하고, 보수완료 후 사후적 조치가 필요한 부분 및 재발방지 방안에 대해 설명해 보시오.	문제 상황 해결을 위한 추가 대응 문항

3. 발표 면접

① 발표 면접의 특징
- 직무관련 주제에 대한 지원자의 생각을 정리하여 의견을 제시하고, 발표 및 질의응답을 통해 지원자의 직무능력을 평가하는 면접입니다.
- 발표 주제는 직무와 관련된 자료로 제공되며, 일정 시간 후 지원자가 보유한 지식 및 방안에 대한 발표 및 후속 질문을 통해 직무적합성을 평가합니다.

- 주요 평가요소
  - 설득적 말하기 / 발표능력 / 문제해결능력 / 직무관련 전문성
- 이미 언론을 통해 공론화된 시사 이슈보다는 해당 직무분야에 관련된 주제가 발표면접의 과제로 선정되는 경우가 최근 들어 늘어나고 있음
- 짧은 시간 동안 주어진 과제를 빠른 속도로 분석하여 발표문을 작성하고 제한된 시간 안에 면접관에게 효과적인 발표를 진행하는 것이 핵심

발표 면접의 형태

[면접관 1]　[면접관 2]　　　　　　　　[면접관 1]　[면접관 2]

[지원자]　　　　　　　　　　　[지원자 1]　[지원자 2]　[지원자 3]

〈개별 과제 발표〉　　　　　　　　　　〈팀 과제 발표〉

※ 면접관에게 시각적 효과를 사용하여 메시지를 전달하는 쌍방향 커뮤니케이션 방식
※ 심층면접을 보완하기 위한 방안으로 최근 많은 기업에서 적극 도입하는 추세

CHAPTER 04 면접전형 가이드 • 241

② 발표 면접 예시

1. 지시문

당신은 현재 A사에서 직원들의 성과평가를 담당하고 있는 팀원이다. 인사팀은 지난주부터 사내 조직문화관련 인터뷰를 하던 도중 성과평가제도에 관련된 개선 니즈가 제일 많다는 것을 알게 되었다. 이에 팀장님은 인터뷰 결과를 종합하려 성과평가제도 개선 아이디어를 A4용지에 정리하여 신속 보고할 것을 지시하셨다. 당신에게 남은 시간은 1시간이다. 자료를 준비하는 대로 당신은 팀원들이 모인 회의실에서 5분 간 발표할 것이며, 이후 질의응답을 진행할 것이다.

2. 배경자료

〈성과평가제도 개선에 대한 인터뷰〉

최근 A사는 회사 사세의 급성장으로 인해 작년보다 매출이 두 배 성장하였고, 직원 수 또한 두 배로 증가하였다. 회사의 성장은 임금, 복지에 대한 상승 등 긍정적인 영향을 주었으나 업무의 불균형 및 성과보상의 불평등 문제가 발생하였다. 또한 수시로 입사하는 신입직원과 경력직원, 퇴사하는 직원들까지 인원들의 잦은 변동으로 인해 평가해야 할 대상이 변경되어 현재의 성과평가제도로는 공정한 평가가 어려운 상황이다.

[생산부서 김상호]
우리 팀은 지난 1년 동안 생산량이 급증했기 때문에 수십 명의 신규인력이 급하게 채용되었습니다. 이 때문에 저희 팀장님은 신규 입사자들의 이름조차 기억 못할 때가 많이 있습니다. 성과평가를 제대로 하고 있는지 의문이 듭니다.

[마케팅 부서 김흥민]
개인의 성과평가의 취지는 충분히 이해합니다. 그러나 현재 평가는 실적기반이나 정성적인 평가가 많이 포함되어 있어 객관성과 공정성에는 의문이 드는 것이 사실입니다. 이러한 상황에서 평가제도를 재수립하지 않고, 인센티브에 계속 반영한다면, 평가제도에 대한 반감이 커질 것이 분명합니다.

[교육부서 홍경민]
현재 교육부서는 인사팀과 밀접하게 일하고 있습니다. 그럼에도 인사팀에서 실시하는 성과평가제도에 대한 이해가 부족한 것 같습니다.

[기획부서 김경호 차장]
저는 저의 평가자 중 하나가 연구부서의 팀장님인데, 일 년에 몇 번 같이 일하지 않는데 어떻게 저를 평가할 수 있을까요? 특히 연구팀은 저희가 예산을 배정하는데, 저에게는 좋지만….

4. 토론 면접

① 토론 면접의 특징

- 다수의 지원자가 조를 편성해 과제에 대한 토론(토의)을 통해 결론을 도출해가는 면접입니다.
- 의사소통능력, 팀워크, 종합인성 등의 평가에 용이합니다.

> - 주요 평가요소
>   - 설득적 말하기, 경청능력, 팀워크, 종합인성
> - 의견 대립이 명확한 주제 또는 채용분야의 직무 관련 주요 현안을 주제로 과제 구성
> - 제한된 시간 내 토론을 진행해야 하므로 적극적으로 자신 있게 토론에 임하고 본인의 의견을 개진할 수 있어야 함

토론 면접의 형태

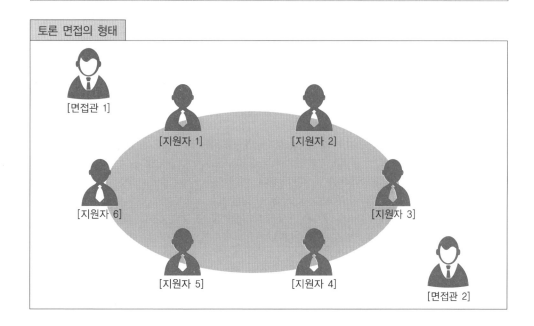

② 토론 면접 예시

고객 불만 고충처리

1. 들어가며

최근 우리 상품에 대한 고객 불만의 증가로 고객고충처리 TF가 만들어졌고 당신은 여기에 지원해 배치받았다. 당신의 업무는 불만을 가진 고객을 만나서 애로사항을 듣고 처리해 주는 일이다. 주된 업무로는 고객의 니즈를 파악해 방향성을 제시해 주고 그 해결책을 마련하는 일이다. 하지만 경우에 따라서 고객의 주관적인 의견으로 인해 제대로 된 방향으로 의사결정을 하지 못할 때가 있다. 이럴 경우 설득이나 논쟁을 해서라도 의견을 관철시키는 것이 좋을지 아니면 고객의 의견대로 진행하는 것이 좋을지 결정해야 할 때가 있다. 만약 당신이라면 이러한 상황에서 어떤 결정을 내릴 것인지 여부를 자유롭게 토론해 보시오.

2. 1분 자유 발언 시 준비사항

• 당신은 의견을 자유롭게 개진할 수 있으며 이에 따른 불이익은 없습니다.

• 토론의 방향성을 이해하고, 내용의 장점과 단점이 무엇인지 문제를 명확히 말해야 합니다.

• 합리적인 근거에 기초하여 개선방안을 명확히 제시해야 합니다.

• 제시한 방안을 실행 시 예상되는 긍정적·부정적 영향요인도 동시에 고려할 필요가 있습니다.

3. 토론 시 유의사항

• 토론 주제문과 제공해드린 메모지, 볼펜만 가지고 토론장에 입장할 수 있습니다.

• 사회자의 지정 또는 발표자가 손을 들어 발언권을 획득할 수 있으며, 사회자의 통제에 따릅니다.

• 토론회가 시작되면, 팀의 의견과 논거를 정리하여 1분간의 자유발언을 할 수 있습니다. 순서는 사회자가 지정합니다. 이후에는 자유롭게 상대방에게 질문하거나 답변을 하실 수 있습니다.

• 핸드폰, 서적 등 외부 매체는 사용하실 수 없습니다.

• 논제에 벗어나는 발언이나 지나치게 공격적인 발언을 할 경우, 위에서 제시한 유의사항을 지키지 않을 경우 불이익을 받을 수 있습니다.

1. 면접 Role Play 편성

• 교육생끼리 조를 편성하여 면접관과 지원자 역할을 교대로 진행합니다.
• 지원자 입장과 면접관 입장을 모두 경험해 보면서 면접에 대한 적응력을 높일 수 있습니다.

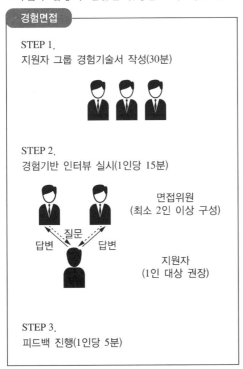

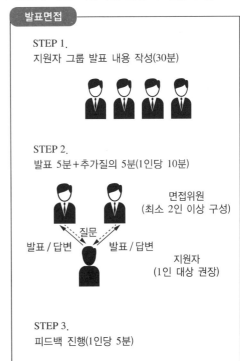

> **Tip**
>
> 면접 준비하기
> 1. 면접 유형 확인 필수
>   • 기업마다 면접 유형이 상이하기 때문에 해당 기업의 면접 유형을 확인하는 것이 좋음
>   • 일반적으로 실무진 면접, 임원면접 2차례에 거쳐 면접을 실시하는 기업이 많고 실무진 면접과 임원
>   면접에서 평가요소가 다르기 때문에 유형에 맞는 준비방법이 필요
> 2. 후속 질문에 대한 사전 점검
>   • 블라인드 채용 면접에서는 주요 질문과 함께 후속 질문을 통해 지원자의 직무능력을 판단
>   → STAR 기법을 통한 후속 질문에 미리 대비하는 것이 필요

05 │ 한국남동발전 면접 기출질문

한국남동발전의 면접전형은 직무면접과 종합면접으로 진행된다. 직무면접은 직군별 직무지식 및 회사관련 이해도를 평가하며, 15분 내외로 진행된다. 종합면접은 인성 및 조직적합도를 평가하며, 15분 내외로 진행된다.

1. 2024년 기출질문

- 한국남동발전에 지원하게 된 동기를 말해 보시오.
- 한국남동발전의 사명과 가치에 대해 설명하고, 이에 부합하기 위해 어떤 노력을 하였는지 말해 보시오.
- 지원 분야에 대한 본인의 강점을 말해 보시오.
- 본인의 생활신조가 무엇인지 말해 보시오.
- 발전 시설의 기술적 문제나 장비 고장과 관련된 상황을 처리하는 방법에 대해 말해 보시오.
- 발전 설비의 효율이나 성능 향상에 성공적으로 기여한 사례를 말해 보시오.
- 경량골재에 대해 설명해 보시오.
- 복수노조에 대한 본인의 생각을 말해 보시오.

2. 2023년 기출질문

- 1분 자기소개를 해 보시오.
- 갈등을 해결했던 경험이 있다면 말해 보시오.
- 갈등을 해결하면서 겪었던 어려움이 있었다면 무엇인지 말해 보시오.
- 한국남동발전에 입사하기 위해 어떻게 준비했는지 말해 보시오.
- 발전소 효율 향상에 기여할 수 있는 부분이 있다면 말해 보시오.
- 수소 에너지에 대한 본인의 생각을 말해 보시오.
- 지금까지 취업이 어려웠다면 그 이유에 대해 말해 보시오.
- 연료전지에 대해 설명해 보시오.
- 화력발전의 원리를 쉽게 설명해 보시오.
- 직장에 다녀본 경험이 있다면 직장 내에서 어려웠던 점에 대해 말해 보시오.

3. 2022년 기출질문

- 한국남동발전에 대해 아는 대로 말해 보시오.
- 연료전지가 무엇인지 설명해 보시오.
- 본인의 의사소통 역량을 보여줄 수 있는 사례를 말해 보시오.
- 한국남동발전의 발전소 현황과 추진 사업에 대해 말해 보시오.
- 본인의 스트레스 해소법에 대해 말해 보시오.
- 실패를 경험한 적이 있다면 말해 보시오.
- 안전사고 해결 방안에 대해 말해 보시오.

4. 2021년 기출질문

- MOF(계기용 변성기)에 대해 아는 대로 말해 보시오.
- 변압기에 대해 아는 대로 말해 보시오.
- 신재생에너지의 과부화에 대한 해결 방안을 말해 보시오.
- 본인의 강점에 대해 말해 보시오.
- 업무 수행 시 팀원이 협조적이지 않을 때 어떻게 행동해야 할지 말해 보시오.
- 최근 한국남동발전 기사를 접해 본 적이 있는가? 있다면 어떤 기사를 읽어 보았는가?
- 새로운 기술을 도입하여 실무에 적용시켜 본 적이 있는가?
- 공기업으로서 한국남동발전이 지켜야 할 덕목에 대해 말해 보시오.
- 공기업 직원으로서 갖춰야 하는 직업윤리에 대해 말해 보시오.
- 단체 생활에서 가장 중요하게 생각하는 것은 무엇인지 말해 보시오.
- 새로운 조직에 적응하는 본인만의 노하우가 있다면 말해 보시오.
- 갈등을 겪은 경험이 있다면 갈등이 생긴 이유와 해결 방안에 대해 말해 보시오.
- 지역사회와 한국남동발전의 상생방안에 대해 말해 보시오.
- 스스로 원칙을 지킨 경험이 있는가? 있다면 그 경험에 대해 말해 보시오.
- 한국남동발전이 추진 중인 사업이나 현재 이슈에 대해 하나를 말하고, 이에 대한 본인의 생각을 말해 보시오.
- 한국남동발전이 현재 사회에 기여하고 있는 활동에 대해 알고 있는 것이 있다면 말해 보시오.

5. 2020 ~ 2019년 기출질문

- 바이오매스 발전소 건설에 관해 토론하시오.
- 노후화된 화력발전소를 적절하게 운영·관리하는 방법을 찾으시오.
- 현재 육아정책이 적용되고 있다. 앞으로 한국남동발전은 어떤 방향으로 육아정책을 발전해 나가야겠는가?
- 고졸채용 확대로 인한 역차별에 대해 토론하시오.
- 병역기피 현상을 근절할 수 있는 해결방안에 대해 토론하시오.
- 남자들의 육아휴직에 대한 회사의 입장에 대해 토론하시오.
- 산업개발과 환경보존의 공존방안에 대해 토론하시오.
- 공기업 본사의 지방이전에 따른 지역균형개발의 영향에 대해 토론하시오.
- 이성친구의 집에 초대되어 밥을 먹을 때 어머님이 해주신 밥이 너무 맛이 없다면 어떻게 행동할 것인가?
- 상사가 무리한 부탁을 한다면 어떻게 대처할 것인지 말해 보시오.
- 4차 산업혁명 시대에서 한국남동발전이 나아가야 할 방향에 대해 말해 보시오.
- 여러 업무를 처리할 때 업무의 우선순위를 정하는 기준은 무엇인가?
- 다른 사람과의 갈등을 해결하는 본인만의 방법과 그 사례에 대해 말해 보시오.
- 무언가에 몰입한 경험에 대해 말해 보시오.
- 화학직무에서 어떤 일을 할 것 같은가?
- 업무 중에 후임의 실수로 고객이 화가 많이 났다면 어떻게 수습할 것인가?
- 가장 힘들었던 경험은 무엇인가?
- 가장 열정적으로 무언가에 임했던 경험에 대해 말해 보시오.
- 본인의 부족한 부분과 그것을 어떻게 극복했는지 말해 보시오.
- 한국남동발전에 대해 말해 보시오.
- 2차 필기전형을 준비하면서 어려웠던 점과 필기전형에서 개선할 점을 말해 보시오.
- 태양광 발전의 이용률은 12%인데, 풍력 발전의 이용률은 몇 %인가?
- 신입사원으로서 회사사람들과 잘 어울리기 위해 가장 중요하다고 생각하는 3가지가 무엇인가?
- 한국남동발전에 입사하기 위해 무엇을 준비했는가?
- 삼성전자에 근무했는데, 한국남동발전과 삼성전자의 가장 큰 차이점이 무엇이라 생각하는가?
- 스마트그리드에 관해 아는 대로 말해 보시오.
- 자기소개서에 작성한 장점 이외에 본인의 장점을 어필해 보시오.
- 최근 이슈에 관해 아는 것이 있는가?
- 타 전공자인데 왜 전기직을 선택했는가?

6. 2018년 기출질문

- 스마트팩토리 도입의 문제점과 해결방안에 대해 토론하시오.
- 바이오메스 발전의 효용성에 대해 토론하시오.
- 문제해결능력에 대한 경험을 말해 보시오.
- 갈등을 극복한 사례에 대해 말해 보시오.
- 대인관계에 있어 문제가 발생한다면 스트레스를 어떻게 해소하는가?
- 한국남동발전의 비전과 미션을 말하고, 본인이 기여할 수 있는 부분이 무엇인지 말해 보시오.
- 발전계통의 흐름을 아는 대로 말해 보시오.
- 가장 인상 깊었던 교수님에 대해 말해 보시오.
- 실수해서 팀에 문제를 일으킨 경험에 대해 말해 보시오.
- 현재 한국남동발전의 상황과 그 해결책에 대해 말해 보시오.
- 남들이 피하는 일을 먼저 나서서 성공한 일이 있다면 설명하고, 만일 그때로 돌아간다면 해 보고 싶은 더 좋은 방법을 말해 보시오.
- 많은 공기업 중 한국남동발전에 지원한 이유에 대해 말해 보시오.
- 다른 지원자보다 특출난 강점이 있다면 무엇인가?

성공한 사람은 대개 지난번 성취한 것보다 다소 높게,
그러나 과하지 않게 다음 목표를 세운다.
이렇게 꾸준히 자신의 포부를 키워간다.

- 커트 르윈 -

배우기만 하고 생각하지 않으면 얻는 것이 없고,
생각만 하고 배우지 않으면 위태롭다.

- 공자 -

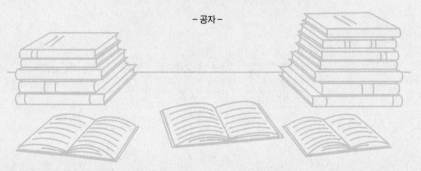

현재 나의 실력을 객관적으로 파악해 보자!

모바일 OMR
답안채점 / 성적분석 서비스

도서에 수록된 모의고사에 대한 객관적인 결과(정답률, 순위)를 종합적으로 분석하여 제공합니다.

OMR 입력   성적분석   채점결과

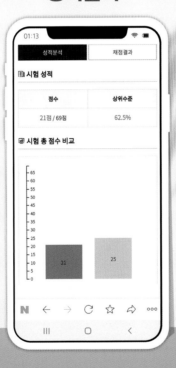

※OMR 답안채점 / 성적분석 서비스는 등록 후 30일간 사용 가능합니다.

도서 내 모의고사 우측 상단에 위치한 QR코드 찍기 → 로그인 하기 → '시작하기' 클릭 → '응시하기' 클릭 → 나의 답안을 모바일 OMR 카드에 입력 → '성적분석 & 채점결과' 클릭 → 현재 내 실력 확인하기

시대에듀

공기업 취업을 위한 NCS
직업기초능력평가 시리즈

2025
최신판

판매량
1위
한국남동발전
YES24

한국
남동발전

정답 및 해설

NCS+전공+최종점검 모의고사 4회

편저 | SDC(Sidae Data Center)

기출복원문제부터
대표유형 및
모의고사까지
**한 권으로
마무리!**

SDC는 시대에듀 데이터 센터의 약자로
약 30만 개의 NCS · 적성 문제 데이터를
바탕으로 최신 출제경향을 반영하여
문제를 출제합니다.

시대에듀

합격의 공식 시대에듀 www.sdedu.co.kr

Add+

특별부록

끝까지 책임진다! 시대에듀!

QR코드를 통해 도서 출간 이후 발견된 오류나 개정법령, 변경된 시험 정보, 최신기출문제, 도서 업데이트 자료 등이 있는지 확인해 보세요! **시대에듀 합격 스마트 앱**을 통해서도 알려 드리고 있으니 구글 플레이나 앱 스토어에서 다운받아 사용하세요. 또한, 파본 도서인 경우에는 구입하신 곳에서 교환해 드립니다.

01 | 2024년 주요 공기업
NCS 기출복원문제

01	02	03	04	05	06	07	08	09	10	11	12	13	14	15	16	17	18	19	20
②	④	③	②	③	④	⑤	③	②	③	④	⑤	③	②	③	①	④	②	①	⑤
21	22	23	24	25	26	27	28	29	30	31	32	33	34	35	36	37	38	39	40
①	②	①	④	③	③	②	④	③	②	②	④	②	④	③	④	①	②	④	③
41	42	43	44	45	46	47	48	49	50										
②	③	③	③	③	⑤	②	②	①	⑤										

01
정답 ②

제시문의 밑줄 친 '개'는 사람이 가축으로 기르는 포유류 동물을 말한다. 따라서 이와 유사한 의미로 쓰인 단어는 ㄹ, ㅁ이다.
ㄹ. 개싸움 : 투견이라고도 불리며, 일부러 개끼리 싸움을 붙여하는 경기를 말한다.
ㅁ. 개장국 : 보신탕의 다른 말로, 개고기에 각가지 양념을 넣어 끓인 국을 말한다.

오답분석

ㄱ. 육개장 : 얼큰하게 양념한 국에 삶은 소고기를 넣어 끓인 국을 말한다.
ㄴ. 입마개 : 추위를 막거나 입을 열지 못하게 입에 씌우는 도구로, 마스크의 역할을 하는 것을 말한다.
ㄷ. 개로 : 스위치가 있는 회로에 연결된 전구의 불빛을 끄기 위해 회로를 여는 것을 개로했다고 말한다.

02
정답 ④

접속사 '즉'은 이전 글의 맥락을 설명하는 역할을 하므로, 빈칸 앞 문장에서 언급한 '동양인과 서양인은 상대방의 감정을 읽는 방식이 다르다.'는 것과 유사한 의미의 내용이 이어져야 한다. 따라서 빈칸에 들어갈 내용으로 가장 적절한 것은 ④이다.

03
정답 ③

나열된 수는 짝수 개이므로 수를 작은 수부터 순서대로 나열했을 때, 가운데에 있는 두 수의 평균이 중앙값이다.
• 빈칸의 수가 7 이하인 경우 : 가운데에 있는 두 수는 7, 8이므로 중앙값은 $\frac{7+8}{2}=7.5$이다.
• 빈칸의 수가 8인 경우 : 가운데에 있는 두 수는 8, 8이므로 중앙값은 8이다.
• 빈칸의 수가 9 이상인 경우 : 가운데에 있는 두 수는 8, 9이므로 중앙값은 $\frac{8+9}{2}=8.5$이다.

따라서 중앙값이 8일 때 빈칸에 들어갈 수는 8이다.

04

정답 ②

1 ~ 200의 자연수 중에서 2, 3, 5 중 어느 것으로도 나누어떨어지지 않는 수의 개수는 각각 2의 배수, 3의 배수, 5의 배수가 아닌 수의 개수이다.

- 1 ~ 200의 자연수 중 2의 배수의 개수 : $\frac{200}{2} = 100$이므로 100개이다.

- 1 ~ 200의 자연수 중 3의 배수의 개수 : $\frac{200}{3} = 66 \cdots 2$이므로 66개이다.

- 1 ~ 200의 자연수 중 5의 배수의 개수 : $\frac{200}{5} = 40$이므로 40개이다.

- 1 ~ 200의 자연수 중 6의 배수의 개수 : $\frac{200}{6} = 33 \cdots 2$이므로 33개이다.

- 1 ~ 200의 자연수 중 10의 배수의 개수 : $\frac{200}{10} = 20$이므로 20개이다.

- 1 ~ 200의 자연수 중 15의 배수의 개수 : $\frac{200}{15} = 13 \cdots 5$이므로 13개이다.

- 1 ~ 200의 자연수 중 30의 배수의 개수 : $\frac{200}{30} = 6 \cdots 20$이므로 6개이다.

따라서 1 ~ 200의 자연수 중에서 2, 3, 5 중 어느 것으로도 나누어떨어지지 않는 수의 개수는 $200 - [(100+66+40) - (33+20+13)+6] = 200 - (206 - 66 + 6) = 54$개이다.

05

정답 ③

제시된 시는 신라시대 6두품 출신의 문인인 최치원이 지은 「촉규화」이다. 최치원은 자신을 향기 날리는 탐스런 꽃송이에 비유하여 뛰어난 학식과 재능을 뽐내고 있지만, 수레와 말 탄 사람에 비유한 높은 지위의 사람들이 자신을 외면하는 현실을 한탄하고 있다.

> **최치원**
> 신라시대 6두품 출신의 문인으로, 12세에 당나라로 유학을 간 후 6년 만에 당의 빈공과에 장원으로 급제할 정도로 학문적 성취가 높았다. 그러나 당나라에서 제대로 인정을 받지 못했으며, 신라에 돌아와서도 6두품이라는 출신의 한계로 원하는 만큼의 관직에 오르지는 못하였다. 「촉규화」는 최치원이 당나라 유학시절에 지은 시로 알려져 있으며, 자신을 알아주지 않는 시대에 대한 개탄을 담고 있다. 최치원은 인간 중심의 보편성과 그에 따른 다양성을 강조하였으며, 신라의 쇠퇴로 인해 이러한 그의 정치 이념과 사상은 신라 사회에서는 실현되지 못하였으나 이후 고려 국가의 체제 정비에 영향을 미쳤다.

06

정답 ④

네 번째 문단에서 백성들이 적지 않고, 토산품이 구비되어 있지만 이로운 물건이 세상에 나오지 않고, 그렇게 하는 방법을 모르기 때문에 경제를 윤택하게 하는 것 자체를 모른다고 하였다. 따라서 조선의 경제가 윤택하지 못한 이유를 부족한 생산량이 아니라 유통의 부재로 보고 있다.

[오답분석]

① 세 번째 문단에서 쓸모없는 물건을 사용하여 유용한 물건을 유통하고 거래하지 않는다면 유용한 물건들이 대부분 한 곳에 묶여서 고갈될 것이라고 하며 유통이 원활하지 않은 현실을 비판하고 있다.

② 세 번째 문단에서 옛날의 성인과 제왕은 유통의 중요성을 알고 있었기 때문에 주옥과 화폐 등의 물건을 조성하여 재물이 원활하게 유통될 수 있도록 노력했다고 하며 재물 유통을 위한 성현들의 노력을 제시하고 있다.

③ 여섯 번째 문단에서 재물을 우물에 비유하여 설명하고 있다. 재물의 소비를 하지 않으면 물을 길어내지 않는 우물처럼 말라 버릴 것이며, 소비를 한다면 물을 퍼내는 우물처럼 물이 가득할 것이라며 재물에 대한 소비가 경제의 규모를 늘릴 것이라고 강조하고 있다.

⑤ 여섯 번째 문단에서 비단옷을 입지 않으면 비단을 짜는 사람과 베를 짜는 여인 등 관련 산업 자체가 황폐해질 것이라고 하고 있다. 따라서 산업의 발전을 위한 적당한 사치(소비)가 있어야 함을 제시하고 있다.

07
정답 ⑤

'말로는 친한 듯 하나 속으로는 해칠 생각이 있음'을 뜻하는 한자성어는 '口蜜腹劍(구밀복검)'이다.
• 刻舟求劍(각주구검) : 융통성 없이 현실에 맞지 않는 낡은 생각을 고집하는 어리석음

오답분석
① 水魚之交(수어지교) : 아주 친밀하여 떨어질 수 없는 사이
② 結草報恩(결초보은) : 죽은 뒤에라도 은혜를 잊지 않고 갚음
③ 靑出於藍(청출어람) : 제자나 후배가 스승이나 선배보다 나음
④ 指鹿爲馬(지록위마) : 윗사람을 농락하여 권세를 마음대로 함

08
정답 ③

③에서 '뿐이다'는 체언(명사, 대명사, 수사)인 '셋'을 수식하므로 조사로 사용되었다. 따라서 앞말과 붙여 써야 한다.

오답분석
① 종결어미 '-는지'는 앞말과 붙여 써야 한다.
② '만큼'은 용언(동사, 형용사)인 '애쓴'을 수식하므로 의존명사로 사용되었다. 따라서 앞말과 띄어 써야 한다.
④ '큰지'와 '작은지'는 모두 연결어미 '-ㄴ지'로 쓰였으므로 앞말과 붙여 써야 한다.
⑤ '-판'은 앞의 '씨름'과 합성어를 이루므로 붙여 써야 한다.

09
정답 ②

'채이다'는 '차이다'의 잘못된 표기이다. 따라서 '차였다'로 표기해야 한다.
• 차이다 : 주로 남녀 관계에서 일방적으로 관계가 끊기다.

오답분석
① 금세 : 지금 바로. '금시에'의 준말
③ 핼쑥하다 : 얼굴에 핏기가 없고 파리하다.
④ 낯설다 : 전에 본 기억이 없어 익숙하지 아니하다.
⑤ 곰곰이 : 여러모로 깊이 생각하는 모양

10
정답 ③

한자어에서 'ㄹ' 받침 뒤에 연결되는 'ㄷ, ㅅ, ㅈ'은 된소리로 발음되므로 [몰쌍식]으로 발음해야 한다.

오답분석
① · ④ 받침 'ㄴ'은 'ㄹ'의 앞이나 뒤에서 [ㄹ]로 발음하지만, 결단력, 공권력, 상견례 등에서는 [ㄴ]으로 발음한다.
② 받침 'ㄱ(ㄲ, ㅋ, ㄳ, ㄺ), ㄷ(ㅅ, ㅆ, ㅈ, ㅊ, ㅌ, ㅎ), ㅂ(ㅍ, ㄼ, ㄿ, ㅄ)'은 'ㄴ, ㅁ' 앞에서 [ㅇ, ㄴ, ㅁ]으로 발음한다.
⑤ 받침 'ㄷ, ㅌ(ㄾ)'이 조사나 접미사의 모음 'ㅣ'와 결합되는 경우에는 [ㅈ, ㅊ]으로 바꾸어서 뒤 음절 첫소리로 옮겨 발음한다.

11
정답 ④

나열된 수의 규칙은 (첫 번째 수)×[(두 번째 수)−(세 번째 수)]=(네 번째 수)이다.
따라서 빈칸에 들어갈 수는 9×(16−9)=63이다.

12

정답 ⑤

제시된 수열은 $+3$, $+5$, $+7$, $+9$, … 씩 증가하는 수열이다.
따라서 빈칸에 들어갈 수는 $97+21=118$이다.

13

정답 ③

터널의 길이를 xm라 하면 다음과 같은 식이 성립한다.

$\dfrac{x+200}{60} : \dfrac{x+300}{90} = 10 : 7$

$\dfrac{x+300}{90} \times 10 = \dfrac{x+200}{60} \times 7$

$\rightarrow 600(x+300)=630(x+200)$

$\rightarrow 30x=54{,}000$

$\therefore x=1{,}800$

따라서 터널의 길이는 1,800m이다.

14

정답 ②

A반과 B반 모두 2번의 경기를 거쳐 결승에 만나는 경우는 다음과 같다.

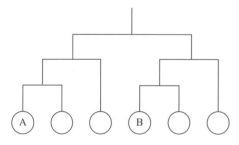

이때 남은 네 반을 배치할 때마다 모두 다른 경기가 진행되므로 구하고자 하는 경우의 수는 $4!=24$가지이다.

15

정답 ③

첫 번째 조건에 따라 ①, ②는 70대 이상에서 도시의 여가생활 만족도(1.7점)가 같은 연령대의 농촌(ㄹ) 만족도(3.5점)보다 낮으므로 제외되고, 두 번째 조건에 따라 도시에서 10대의 여가생활 만족도는 농촌에서 10대(1.8점)의 2배보다 높으므로 $1.8\times2=3.6$점을 초과해야 하나 ④는 도시에서 10대(ㄱ)의 여가생활 만족도가 3.5점이므로 제외된다. 또한, 세 번째 조건에 따라 ⑤는 도시에서 여가생활 만족도가 가장 높은 연령대인 40대(3.9점)보다 30대(ㄴ)가 4.0점으로 높으므로 제외된다.
따라서 마지막 조건까지 만족하는 것은 ③이다.

16

정답 ①

방사형 그래프는 여러 평가 항목에 대하여 중심이 같고 크기가 다양한 원 또는 다각형을 도입하여 구역을 나누고, 각 항목에 대한 도수 등을 부여하여 점을 찍은 후 그 점끼리 이어 생성된 다각형으로 자료를 분석할 수 있다. 따라서 방사형 그래프인 ①을 사용하면 항목별 균형을 쉽게 파악할 수 있다.

17

3월의 경우 K톨게이트를 통과한 영업용 승합차 수는 229천 대이고, 영업용 대형차 수는 139천 대이다.
139×2=278>229이므로 3월의 영업용 승합차 수는 영업용 대형차 수의 2배 미만이다.
따라서 모든 달에서 영업용 승합차 수는 영업용 대형차 수의 2배 이상이 아니므로 옳지 않은 설명이다.

오답분석

① 월별 전체 승용차 수와 전체 승합차 수의 합은 다음과 같다.
- 1월 : 3,807+3,125=6,932천 대
- 2월 : 3,555+2,708=6,263천 대
- 3월 : 4,063+2,973=7,036천 대
- 4월 : 4,017+3,308=7,325천 대
- 5월 : 4,228+2,670=6,898천 대
- 6월 : 4,053+2,893=6,946천 대
- 7월 : 3,908+2,958=6,866천 대
- 8월 : 4,193+3,123=7,316천 대
- 9월 : 4,245+3,170=7,415천 대
- 10월 : 3,977+3,073=7,050천 대
- 11월 : 3,953+2,993=6,946천 대
- 12월 : 3,877+3,040=6,917천 대

따라서 전체 승용차 수와 전체 승합차 수의 합이 가장 많은 달은 9월이고, 가장 적은 달은 2월이다.
② 4월을 제외하고 K톨게이트를 통과한 비영업용 승합차 수는 월별 3,000천 대(=300만 대)를 넘지 않는다.
③ 모든 달에서 (영업용 대형차 수)×10 ≥ (전체 대형차 수)이므로 영업용 대형차 수의 비율은 모든 달에서 전체 대형차 수의 10% 이상이다.
⑤ 승용차가 가장 많이 통과한 달은 9월이고, 이때 영업용 승용차 수의 비율은 9월 전체 승용차 수의 $\frac{140}{4,245}×100 ≒ 3.3\%$로 3% 이상이다.

18

정답 ②

제시된 열차의 부산역 도착시간을 계산하면 다음과 같다.
- KTX
  8:00(서울역 출발) → 10:30(부산역 도착)
- ITX-청춘
  7:20(서울역 출발) → 8:00(대전역 도착) → 8:15(대전역 출발) → 11:05(부산역 도착)
- ITX-마음
  6:40(서울역 출발) → 7:20(대전역 도착) → 7:35(대전역 출발) → 8:15(울산역 도착) → 8:30(울산역 출발) → 11:00(부산역 도착)
- 새마을호
  6:30(서울역 출발) → 7:30(대전역 도착) → 7:40(ITX-마음 출발 대기) → 7:55(대전역 출발) → 8:55(울산역 도착) → 9:10(울산역 출발) → 10:10(동대구역 도착) → 10:25(동대구역 출발) → 11:55(부산역 도착)
- 무궁화호
  5:30(서울역 출발) → 6:50(대전역 도착) → 7:05(대전역 출발) → 8:25(울산역 도착) → 8:35(ITX-마음 출발 대기) → 8:50(울산역 출발) → 10:10(동대구역 도착) → 10:30(새마을호 출발 대기) → 10:45(동대구역 출발) → 12:25(부산역 도착)
따라서 가장 늦게 도착하는 열차는 무궁화호로, 12시 25분에 부산역에 도착한다.

오답분석

① ITX-청춘은 11시 5분에 부산역에 도착하고, ITX-마음은 11시에 부산역에 도착한다.
③ ITX-마음은 정차역인 대전역과 울산역에서 다른 열차와 시간이 겹치지 않는다.
④ 부산역에 가장 빨리 도착하는 열차는 KTX로, 10시 30분에 도착한다.
⑤ 무궁화호는 울산역에서 8시 15분에 도착한 ITX-마음으로 인해 8시 35분까지 대기하며, 동대구역에서 10시 10분에 도착한 새마을호로 인해 10시 30분까지 대기한다.

19

정답 ①

A과장과 팀원 1명은 7시 30분까지 K공사에서 사전 회의를 가져야 하므로 8시에 출발하는 KTX만 이용할 수 있다. 남은 팀원 3명은 11시 30분까지 부산역에 도착해야 하므로 10시 30분에 도착하는 KTX, 11시 5분에 도착하는 ITX-청춘, 11시에 도착하는 ITX-마음을 이용해야 한다. 이 중 가장 저렴한 열차를 이용해야 하므로 ITX-마음을 이용한다. 따라서 KTX 2인, ITX-마음 3인의 요금을 계산하면 $(59,800 \times 2) + (42,600 \times 3) = 119,600 + 127,800 = 247,400$원이다.

20

정답 ⑤

A는 B의 부정적인 의견들을 구조화하여 B가 그러한 논리를 가지게 된 궁극적 원인인 경쟁력 부족을 찾아내었고, 이러한 원인을 해소할 수 있는 방법을 찾아 자신의 계획을 재구축하여 B에게 설명하였다. 따라서 제시문에서 나타난 논리적 사고의 구성요소는 '상대 논리의 구조화'이다.

오답분석

① 설득 : 논증을 통해 나의 생각을 다른 사람에게 이해·공감시키고, 타인이 내가 원하는 행동을 하도록 하는 것이다.
② 구체적인 생각 : 상대가 말하는 것을 잘 알 수 없을 때, 이미지를 떠올리거나 숫자를 활용하는 등 구체적인 방법을 활용하여 생각하는 것이다.
③ 생각하는 습관 : 논리적 사고를 개발하기 위해 일상적인 모든 것에서 의문점을 가지고 그 원인을 생각해 보는 습관이다.
④ 타인에 대한 이해 : 나와 상대의 주장이 서로 반대될 때, 상대의 주장 전부를 부정하지 않고 상대의 인격을 존중하는 것이다.

21

정답 ①

마지막 조건에 따라 C는 두 번째에 도착하게 되고, 첫 번째 조건에 따라 A - B가 순서대로 도착했으므로 A, B는 첫 번째로 도착할 수 없다. 또한 두 번째 조건에 따라 D는 E보다 늦어야 하므로 가능한 경우를 정리하면 다음과 같다.

구분	첫 번째	두 번째	세 번째	네 번째	다섯 번째
경우 1	E	C	A	B	D
경우 2	E	C	D	A	B

따라서 E는 항상 가장 먼저 도착했다.

22

정답 ②

전제 1의 전건(P)인 'TV를 오래 보면'은 후건(Q)인 '눈이 나빠진다.'가 성립하는 충분조건이며, 후건은 전건의 필요조건이 된다(P → Q). 그러나 삼단논법에서 단순히 전건을 부정한다고 해서 후건 또한 부정되지는 않는다(∼P → ∼Q, 역의 오류). 철수가 TV를 오래 보지 않아도 눈이 나빠질 수 있는 가능성은 얼마든지 있기 때문이다. 이러한 형식적 오류를 '전건 부정의 오류'라고 한다.

오답분석

① 사개명사의 오류 : 삼단논법에서 개념이 4개일 때 성립하는 오류이다(A는 B이고, A와 C는 모두 D이다. 따라서 B는 C이다).
③ 후건 긍정의 오류 : 후건을 긍정한다고 전건 또한 긍정이라고 하는 오류이다(P → Q이므로 Q → P이다. 이의 오류).
④ 선언지 긍정의 오류 : 어느 한 명제를 긍정하는 것이 필연적으로 다른 명제의 부정을 도출한다고 여기는 오류이다(A는 B와 C이므로 A가 B라면 반드시 C는 아니다. ∵ B와 C 둘 다 해당할 가능성이 있음).
⑤ 매개념 부주연의 오류 : 매개념(A)이 외연 전부(B)에 대하여 성립되지 않을 때 발생하는 오류이다(A는 B이고, C는 B이므로 A는 C이다).

23

K공단에서 위촉한 자문 약사는 다제약물 관리사업 대상자가 먹고 있는 약물의 복용상태, 부작용, 중복 등을 종합적으로 검토하고 그 결과를 바탕으로 상담, 교육 및 처방조정 안내를 실시한다. 또한 우리나라는 2000년에 시행된 의약 분업의 결과, 일부 예외사항을 제외하면 약사는 환자에게 약물의 처방을 할 수 없다. 따라서 약사는 환자의 약물점검 결과를 의사에게 전달하여 처방에 반영될 수 있도록 할 뿐 직접 처방할 수는 없다.

오답분석

② 다제약물 관리사업으로 인해 중복되는 약물을 파악하고 조치할 수 있다. 실제로 세 번째 문단의 다제약물 관리사업 평가에서 효능이 유사한 약물을 중복해서 복용하는 환자가 40.2% 감소되는 등의 효과가 확인되었다.
③ 다제약물 관리사업은 10종 이상의 약을 복용하는 만성질환자를 대상으로 약물관리 서비스를 제공하는 사업이다.
④ 병원의 경우 입원 및 외래환자를 대상으로 의사, 약사 등으로 구성된 다학제팀이 약물관리 서비스를 제공하는 반면, 지역사회에서는 다학제 협업 시스템이 미흡하다는 의견이 나오고 있다. 이에 K공단은 도봉구 의사회와 약사회, 전문가로 구성된 지역협의체를 구성하여 의·약사 협업 모형을 개발하였다.

24

제시문의 첫 번째 문단은 아토피 피부염의 정의를 나타내므로 이어서 연결될 수 있는 문단은 아토피 피부염의 원인을 설명하는 (라) 문단이다. 또한, (가) 문단의 앞부분 내용이 (라) 문단의 뒷부분과 연계되므로 (가) 문단이 다음에 오는 것이 적절하다. 그리고 (나) 문단의 첫 번째 문장에서 앞의 약물치료와 더불어 일상생활에서의 예방법을 말하고 있으므로 (나) 문단의 앞에는 아토피 피부염의 약물치료 방법인 (다) 문단이 오는 것이 가장 자연스럽다. 따라서 (라) – (가) – (다) – (나)의 순서로 나열해야 한다.

25

제시문은 뇌경색이 발생하는 원인과 발생했을 때 치료 방법을 소개하고 있다. 따라서 글의 주제로 가장 적절한 것은 '뇌경색의 발병 원인과 치료 방법'이다.

오답분석

① 뇌경색의 주요 증상에 대해서는 제시문에서 언급하고 있지 않다.
② 뇌경색 환자는 기전에 따라 항혈소판제나 항응고제 약물 치료를 한다고 하였지만, 글의 전체 내용을 담는 주제는 아니다.
④ 뇌경색이 발생했을 때의 조치사항은 제시문에서 언급하고 있지 않다.

26

2021년의 건강보험료 부과 금액은 전년 대비 $69,480-63,120=6,360$십억 원 증가하였다. 이는 2020년 건강보험료 부과 금액의 10%인 $63,120×0.1=6,312$십억 원보다 크므로 2021년의 건강보험료 부과 금액은 전년 대비 10% 이상 증가하였음을 알 수 있다. 2022년 또한 $76,775-69,480=7,295$십억 $> 69,480×0.1=6,948$십억 원이므로 건강보험료 부과 금액은 전년 대비 10% 이상 증가하였다.

오답분석

① 제시된 자료를 통해 확인할 수 있다.
② 연도별 전년 대비 1인당 건강보험 급여비 증가액을 구하면 다음과 같다.
- 2020년 : $1,400,000-1,300,000=100,000$원
- 2021년 : $1,550,000-1,400,000=150,000$원
- 2022년 : $1,700,000-1,550,000=150,000$원
- 2023년 : $1,900,000-1,700,000=200,000$원

따라서 1인당 건강보험 급여비가 전년 대비 가장 크게 증가한 해는 2023년이다.
④ 2019년 대비 2023년의 1인당 건강보험 급여비 증가율은 $\dfrac{1,900,000-1,300,000}{1,300,000}×100≒46\%$이므로 40% 이상 증가하였다.

27

'잎이 넓다.'를 P, '키가 크다.'를 Q, '더운 지방에서 자란다.'를 R, '열매가 많이 맺힌다.'를 S라 하면, 첫 번째 명제는 P → Q, 두 번째 명제는 ~P → ~R, 네 번째 명제는 R → S이다. 두 번째 명제의 대우인 R → P와 첫 번째 명제인 P → Q에 따라 R → P → Q이므로 네 번째 명제가 참이 되려면 Q → S인 명제 또는 이와 대우 관계인 ~S → ~Q인 명제가 필요하다.

오답분석

① ~P → S이므로 참인 명제가 아니다.
③ 제시된 모든 명제와 관련이 없는 명제이다.
④ R → Q와 대우 관계인 명제이지만, 네 번째 명제가 참임을 판단할 수 없다.

28

'풀을 먹는 동물'을 P, '몸집이 크다.'를 Q, '사막에서 산다.'를 R, '물속에서 산다.'를 S라 하면, 첫 번째 명제는 P → Q, 두 번째 명제는 R → ~S, 네 번째 명제는 S → Q이다. 네 번째 명제가 참이 되려면 두 번째 명제와 대우 관계인 S → ~R에 의해 ~R → P인 명제 또는 이와 대우 관계인 ~P → R인 명제가 필요하다.

오답분석

① Q → S로 네 번째 명제의 역이지만, 어떤 명제가 참이라고 해서 그 역이 반드시 참이 될 수는 없다.
② 제시된 모든 명제와 관련이 없는 명제이다.
③ R → Q이므로 참인 명제가 아니다.

29

모든 1과 사원은 가장 실적이 많은 2과 사원보다 실적이 많고, 3과 사원 중 일부는 가장 실적이 많은 2과 사원보다 실적이 적다. 따라서 3과 사원 중 일부는 모든 1과 사원보다 실적이 적다.

30

• A : 초청 목적이 6개월가량의 외국인 환자의 간병이므로 G-1-10 비자를 발급받아야 한다.
• B : 초청 목적이 국내 취업조건을 모두 갖춘 자의 제조업체 취업이므로 E-9-1 비자를 발급받아야 한다.
• C : 초청 목적이 K대학교 교환학생이므로 D-2-6 비자를 발급받아야 한다.
• D : 초청 목적이 국제기구 정상회의 참석이므로 A-2 비자를 발급받아야 한다.

31

나열된 수의 규칙은 [(첫 번째 수)+(두 번째 수)]×(세 번째 수)−(네 번째 수)=(다섯 번째 수)이다.
따라서 빈칸에 들어갈 수는 $(9+7)\times5-1=79$이다.

32

두 주사위 A, B를 던져 나온 수를 각각 a, b라 할 때, 가능한 순서쌍 (a, b)의 경우의 수는 6×6=36가지이다.
이때 $a=b$의 경우의 수는 (1, 1), (2, 2), (3, 3), (4, 4), (5, 5), (6, 6)인 6가지이므로 $a \neq b$의 경우의 수는 36−6=30가지이다.
따라서 $a \neq b$일 확률은 $\frac{30}{36}=\frac{5}{6}$이다.

33

$$\frac{(\text{빨간색 공 2개 중 1개를 뽑는 경우의 수})\times(\text{노란색 공 3개 중 2개를 뽑는 경우의 수})}{(\text{전체 공 5개 중 3개를 뽑는 경우의 수})}=\frac{_2C_1\times_3C_2}{_5C_3}=\frac{2\times3}{\frac{5\times4\times3}{3\times2\times1}}=\frac{3}{5}$$

34

정답 ④

A씨와 B씨가 만날 때 A씨의 이동거리와 B씨의 이동거리의 합은 산책로의 둘레 길이와 같다.

그러므로 두 번째 만났을 때 (A씨의 이동거리)+(B씨의 이동거리)=2×(산책로의 둘레 길이)이다. 이때 A씨가 출발 후 x시간이 지났다면 다음 식이 성립한다.

$$3x+7\left(x-\frac{1}{2}\right)=4$$

$$\rightarrow 3x+7x-\frac{7}{2}=4$$

$$\therefore x=\frac{15}{20}$$

그러므로 $\frac{15}{20}$ 시간, 즉 45분이 지났음을 알 수 있다.

따라서 A씨와 B씨가 두 번째로 만날 때의 시각은 오후 5시 45분이다.

35

정답 ③

모니터 화면을 분할하는 단축키는 '〈Window 로고 키〉+〈화살표 키〉'이다. 임의의 폴더나 인터넷 창 등이 열린 상태에서 '〈Window 로고 키〉+〈왼쪽 화살표 키〉'를 입력하면 모니터 중앙을 기준으로 절반씩 좌우로 나눈 후 열린 폴더 및 인터넷 창 등을 왼쪽 절반 화면으로 밀어서 띄울 수 있다. 이 상태에서 다른 폴더나 인터넷 창 등을 열고 '〈Window 로고 키〉+〈오른쪽 화살표 키〉'를 입력하면 같은 형식으로 오른쪽이 활성화된다. 또한, 왼쪽 또는 오른쪽으로 분할된 상태에서 〈Window 로고 키〉+〈위쪽 / 아래쪽 화살표 키〉'를 입력하여 최대 4분할까지 가능하다. 단 '〈Window 로고 키〉+〈위쪽 / 아래쪽 화살표 키〉'를 먼저 입력하여 화면을 상하로 분할할 수는 없다. 좌우 분할이 안 된 상태에서 '〈Window 로고 키〉+〈위쪽 / 아래쪽 화살표 키〉'를 입력하면 창을 최소화 / 원래 크기 / 최대 크기로 변경할 수 있다.

36

정답 ④

'〈Window 로고 키〉+〈D〉'를 입력하면 활성화된 모든 창을 최소화하고 바탕화면으로 돌아갈 수 있으며, 이 상태에서 다시 '〈Window 로고 키〉+〈D〉'를 입력하면 단축키를 입력하기 전 상태로 되돌아간다. 비슷한 기능을 가진 단축키로 '〈Window 로고 키〉+〈M〉'이 있지만, 입력하기 전 상태의 화면으로 되돌아갈 수는 없다.

오답분석

① 〈Window 로고 키〉+〈R〉 : 실행 대화 상자를 여는 단축키이다.
② 〈Window 로고 키〉+〈I〉 : 설정 창을 여는 단축키이다.
③ 〈Window 로고 키〉+〈L〉 : PC를 잠그거나 계정을 전환하기 위해 잠금화면으로 돌아가는 단축키이다.

37

특정 텍스트를 다른 텍스트로 수정하는 함수는 「=SUBSTITUTE(참조 텍스트,수정해야 할 텍스트,수정한 텍스트,[위치])」이며, [위치]가 빈칸이면 모든 수정해야 할 텍스트가 수정한 텍스트로 수정된다.
따라서 입력해야 할 함수식은 「=SUBSTITUTE("서울특별시 영등포구 홍제동","영등포","서대문")」이다.

[오답분석]
② IF(조건,참일 때 값,거짓일 때 값) 함수는 조건부가 참일 때 TRUE 값을 출력하고, 거짓일 때 FALSE 값을 출력하는 함수이다.
"서울특별시 영등포구 홍제동"="영등포"는 항상 거짓이므로 빈칸으로 출력된다.
③ MOD(수,나눌 수) 함수는 입력한 수를 나눌 수로 나누었을 때 나머지를 출력하는 함수이므로 텍스트를 입력하면 오류가 발생한다.
④ NOT(인수) 함수는 입력된 인수를 부정하는 함수이며, 인수는 1개만 입력할 수 있다.

38

제시된 조건이 포함되는 셀의 수를 구하는 조건부 함수를 사용한다. 따라서 「=COUNTIF(B2:B16,">50000")」를 입력해야 한다.

39

지정된 자릿수 이하의 수를 버림하는 함수는 「=ROUNDDOWN(버림할 수,버림할 자릿수)」이다. 따라서 입력해야 할 함수는 「=ROUNDDOWN((AVERAGE(B2:B16)),−2)」이다.

[오답분석]
① LEFT 함수는 왼쪽에서 지정된 차례까지의 텍스트 또는 인수를 출력하는 함수이다. 따라서 「=LEFT((AVERAGE(B2:B16)),2)」를 입력하면 '65'가 출력된다.
② RIGHT 함수는 오른쪽에서 지정된 차례까지의 텍스트 또는 인수를 출력하는 함수이다. 따라서 「=RIGHT((AVERAGE(B2:B16)),2)」를 입력하면 '33'이 출력된다.
③ ROUNDUP 함수는 지정된 자릿수 이하의 수를 올림하는 함수이다. 따라서 「=ROUNDUP((AVERAGE(B2:B16)),−2)」를 입력하면 '65,400'이 출력된다.

40

오전 10시부터 오후 12시까지 근무를 할 수 있는 사람은 B뿐이고, 오후 6시부터 오후 8시까지 근무할 수 있는 사람은 D뿐이다. A와 C가 남은 오후 12시부터 오후 6시까지 나누어 근무해야 하지만, A는 오후 5시까지 근무할 수 있고 모든 직원의 최소 근무시간은 2시간이므로 A가 오후 12시부터 4시까지 근무하고, C가 오후 4시부터 오후 6시까지 근무할 때 인건비가 최소이다.
각 직원의 근무시간과 인건비를 정리하면 다음과 같다.

직원	근무시간	인건비
B	오전 10:00 ~ 오후 12:00	10,500×1.5×2=31,500원
A	오후 12:00 ~ 오후 4:00	10,000×1.5×4=60,000원
C	오후 4:00 ~ 오후 6:00	10,500×1.5×2=31,500원
D	오후 6:00 ~ 오후 8:00	11,000×1.5×2=33,000원

따라서 가장 적은 인건비는 31,500+60,000+31,500+33,000=156,000원이다.

41

「COUNTIF(셀의 범위, "조건")」 함수는 어떤 범위에서 제시되는 조건이 포함되는 셀의 수를 구하는 함수이다. 판매량이 30개 이상인 과일의 수를 구해야 하므로 [C9] 셀에 들어갈 함수식은 「=COUNTIF(C2:C8, ">=30")」이다.

오답분석
① MID 함수 : 지정한 셀의 텍스트의 일부를 추출하는 함수이다.
③ MEDIAN 함수 : 지정한 셀의 범위의 중간값을 구하는 함수이다.
④ AVERAGEIF 함수 : 어떤 범위에 포함되는 셀의 평균을 구하는 함수이다.
⑤ MIN 함수 : 지정한 셀의 범위의 최솟값을 구하는 함수이다.

42

팔로워십의 유형

구분	자아상	동료 / 리더의 시각	조직에 대한 자신의 느낌
소외형	• 자립적인 사람 • 일부러 반대의견 제시 • 조직의 양심	• 냉소적 • 부정적 • 고집이 셈	• 자신을 인정해 주지 않음 • 적절한 보상이 없음 • 불공정하고 문제가 있음
순응형	• 기쁜 마음으로 과업 수행 • 팀플레이를 함 • 리더나 조직을 믿고 헌신함	• 아이디어가 없음 • 인기 없는 일은 하지 않음 • 조직을 위해 자신의 요구를 양보	• 기존 질서를 따르는 것이 중요 • 리더의 의견을 거스르지 못함 • 획일적인 태도와 행동에 익숙함
실무형	• 조직의 운영 방침에 민감 • 사건을 균형 잡힌 시각으로 봄 • 규정과 규칙에 따라 행동함	• 개인의 이익을 극대화하기 위한 흥정에 능함 • 적당한 열의와 수완으로 업무 진행	• 규정 준수를 강조 • 명령과 계획의 빈번한 변경 • 리더와 부하 간의 비인간적 풍토
수동형	• 판단과 사고를 리더에 의존 • 지시가 있어야 행동	• 하는 일이 없음 • 제 몫을 하지 못함 • 업무 수행에는 감독이 필요	• 조직이 나의 아이디어를 원치 않음 • 노력과 공헌을 해도 소용이 없음 • 리더는 항상 자기 마음대로 함

43

갈등의 과정 단계

1. 의견 불일치 : 서로 생각이나 신념, 가치관, 성격이 다르므로 다른 사람들과의 의견 불일치가 발생한다. 의견 불일치는 상대방의 생각과 동기를 설명하는 기회를 주고 대화를 나누다 보면 오해가 사라지고 더 좋은 관계로 발전할 수 있지만, 그냥 내버려 두면 심각한 갈등으로 발전하게 된다.

2. 대결 국면 : 의견 불일치가 해소되지 않아 발생하며, 단순한 해결방안은 없고 다른 새로운 해결점을 찾아야 한다. 대결 국면에 이르게 되면 감정이 개입되어 상대방의 주장에 대한 문제점을 찾기 시작하고, 자신의 입장에 대해서는 그럴듯한 변명으로 옹호하면서 양보를 완강히 거부하는 상태에 이르는 등 상대방의 입장은 부정하면서 자기주장만 하려고 한다. 서로의 입장을 고수하려는 강도가 높아지면 긴장은 높아지고 감정적인 대응이 더욱 격화된다.

3. 격화 국면 : 상대방에 대하여 더욱 적대적으로 변하며, 설득을 통해 문제를 해결하기보다 강압적 · 위협적인 방법을 쓰려고 하며, 극단적인 경우 언어폭력이나 신체적 폭행으로 번지기도 한다. 상대방에 대한 불신과 좌절, 부정적인 인식이 확산되면서 갈등 요인이 다른 요인으로 번지기도 한다. 격화 국면에서는 상대방의 생각이나 의견, 제안을 부정하고, 상대방은 그에 대한 반격을 함으로써 자신들의 반격을 정당하게 생각한다.

4. 진정 국면 : 계속되는 논쟁과 긴장이 시간과 에너지를 낭비하고 있음을 깨달으며, 갈등상태가 무한정 유지될 수 없다는 것을 느끼고 흥분과 불안이 가라앉으면서 이성과 이해의 원상태로 돌아가려 한다. 이후 협상이 시작된다. 협상과정을 통해 쟁점이 되는 주제를 논의하고 새로운 제안을 하고 대안을 모색하게 된다. 진정 국면에서는 중재자, 조정자 등의 제3자가 개입함으로써 갈등 당사자 간에 신뢰를 쌓고 문제를 해결하는 데 도움이 되기도 한다.

5. 갈등의 해소 : 진정 국면에 들어서면 갈등 당사자들은 문제를 해결하지 않고는 자신들의 목표를 달성하기 어렵다는 것을 알게 된다. 모두가 만족할 수 없는 경우도 있지만, 불일치한 서로 간의 의견을 일치하려고 한다. 갈등의 해소는 회피형, 지배 또는 강압형, 타협형, 순응형, 통합 또는 협력형 등의 방법으로 이루어진다.

44

원만한 직업생활을 위해 직업인이 갖추어야 할 직업윤리는 근로윤리와 공동체윤리로 나누어지며, 각 윤리의 덕목은 다음과 같다.
- 근로윤리 : 일에 대한 존중을 바탕으로 근면하고, 성실하고, 정직하게 업무에 임하는 자세
  - 근면한 태도(㉠)
  - 정직한 행동(㉤)
  - 성실한 자세(㉥)
- 공동체윤리 : 인간존중을 바탕으로 봉사하며, 책임감 있게 규칙을 준수하고, 예의바른 태도로 업무에 임하는 자세
  - 봉사와 책임의식(㉡)
  - 준법성(㉢)
  - 예절과 존중(㉣)

45

정답 ③

직장 내 괴롭힘이 성립하려면 다음의 행위 요건이 성립해야 한다.
- 직장에서의 지위 또는 관계 등의 우위를 이용할 것
- 업무상 적정 범위를 넘는 행위일 것
- 신체적·정신적 고통을 주거나 근무환경을 악화시키는 행위일 것

A팀장이 지위를 이용하여 B사원에게 수차례 업무를 지시했지만 이는 업무상 필요성이 있는 정당한 지시이며, 완수해야 하는 적정 업무에 해당하므로 직장 내 괴롭힘으로 보기 어렵다.

오답분석

① 업무 이외에 개인적인 용무를 자주 지시하는 것은 업무상 적정 범위를 넘은 행위이다.
② 업무배제는 업무상 적정 범위를 넘은 행위로, 직장 내 괴롭힘의 주요 사례이다.
④ A대리는 동기인 B대리보다 지위상의 우위는 없으나, 다른 직원과 함께 수적 우위를 이용하여 괴롭혔으므로 직장 내 괴롭힘에 해당한다.
⑤ 지시나 주의, 명령행위의 모습이 폭행이나 과도한 폭언을 수반하는 등 사회 통념상 상당성을 결여하였다면 업무상 적정 범위를 넘었다고 볼 수 있으므로 직장 내 괴롭힘에 해당한다.

46

정답 ⑤

S는 자신의 일이 능력과 적성에 맞다 여기고 발전을 위해 열성을 가지고 성실히 노력하고 있다. 따라서 S의 사례에서 나타난 직업윤리 의식은 천직의식이다.

> **직업윤리 의식**
> - 소명의식 : 자신이 맡은 일은 하늘에 의해 맡겨진 일이라고 생각하는 태도이다.
> - 천직의식 : 자신의 일이 자신의 능력과 적성에 꼭 맞다 여기고 그 일에 열성을 가지고 성실히 임하는 태도이다.
> - 직분의식 : 자신이 하고 있는 일이 사회나 기업을 위해 중요한 역할을 하고 있다고 믿고 자신의 활동을 수행하는 태도이다.
> - 책임의식 : 직업에 대한 사회적 역할과 책무를 충실히 수행하고 책임을 다하는 태도이다.
> - 전문가의식 : 자신의 일이 누구나 할 수 있는 것이 아니라 해당 분야의 지식과 교육을 밑바탕으로 성실히 수행해야만 가능한 것이라 믿고 수행하는 태도이다.
> - 봉사의식 : 직업 활동을 통해 다른 사람과 공동체에 대하여 봉사하는 정신을 갖추고 실천하는 태도이다.

47

경력개발의 단계별 내용

1. 직업선택
   - 최대한 여러 직업의 정보를 수집하여 탐색한 후 나에게 적합한 최초의 직업을 선택함
   - 관련 학과 외부 교육 등 필요한 교육을 이수함
2. 조직입사
   - 원하는 조직에서 일자리를 얻음
   - 정확한 정보를 토대로 적성에 맞는 적합한 직무를 선택함
3. 경력 초기
   - 조직의 규칙과 규범에 대해 배움
   - 직업과 조직에 적응해 감
   - 역량(지식, 기술, 태도)을 증대시키고 꿈을 추구해 나감
4. 경력 중기
   - 경력 초기를 재평가하고 더 업그레이드된 꿈으로 수정함
   - 성인 중기에 적합한 선택을 하고 지속적으로 열심히 일함
5. 경력 말기
   - 지속적으로 열심히 일함
   - 자존심을 유지함
   - 퇴직 준비의 자세한 계획을 세움(경력 중기부터 준비하는 것이 바람직)

48

A지점에서 출발하여 최단거리로 이동하여 B지점에 도착하기까지 가능한 경로의 수를 구하면 다음과 같다.

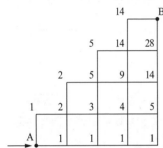

따라서 구하고자 하는 경우의 수는 14+28=42가지이다.

49

분침은 60분에 1바퀴 회전하므로 1분 지날 때 분침은 $\frac{360}{60}$=6° 움직이고, 시침은 12시간에 1바퀴 회전하므로 1분 지날 때 시침은 $\frac{360}{12\times60}$=0.5° 움직인다.

따라서 4시 30분일 때 시침과 분침이 만드는 작은 부채꼴의 각도는 6×30-0.5×(60×4+30)=180-135=45°이므로, 부채꼴의 넓이와 전체 원의 넓이의 비는 $\frac{45}{360}=\frac{1}{8}$이다.

50

2020 ~ 2023년 동안 전년 대비 전체 설비 발전량의 증감량과 신재생 설비 발전량의 증가량은 다음과 같다.

• 2020년

 전체 설비 발전량 : $563,040-570,647=-7,607$GWh, 신재생 설비 발전량 : $33,500-28,070=5,430$GWh

• 2021년

 전체 설비 발전량 : $552,162-563,040=-10,878$GWh, 신재생 설비 발전량 : $38,224-33,500=4,724$GWh

• 2022년

 전체 설비 발전량 : $576,810-552,162=24,648$GWh, 신재생 설비 발전량 : $41,886-38,224=3,662$GWh

• 2023년

 전체 설비 발전량 : $594,400-576,810=17,590$GWh, 신재생 설비 발전량 : $49,285-41,886=7,399$GWh

따라서 전체 설비 발전량의 증가량이 가장 많은 해는 2022년이고, 신재생 설비 발전량의 증가량이 가장 적은 해 또한 2022년이다.

오답분석

① 2020 ~ 2023년 기력 설비 발전량의 전년 대비 증감 추이는 '감소 - 감소 - 증가 - 감소'이지만, 전체 설비 발전량의 전년 대비 증감 추이는 '감소 - 감소 - 증가 - 증가'이다.

② 2019 ~ 2023년 전체 설비 발전량의 1%와 수력 설비 발전량을 비교하면 다음과 같다.

 • 2019년 : $7,270>570,647\times0.01\fallingdotseq5,706$GWh

 • 2020년 : $6,247>563,040\times0.01\fallingdotseq5,630$GWh

 • 2021년 : $7,148>552,162\times0.01\fallingdotseq5,522$GWh

 • 2022년 : $6,737>576,810\times0.01\fallingdotseq5,768$GWh

 • 2023년 : $7,256>594,400\times0.01=5,944$GWh

 따라서 2019 ~ 2023년 동안 수력 설비 발전량은 항상 전체 설비 발전량의 1% 이상이다.

③ 2019 ~ 2023년 전체 설비 발전량의 5%와 신재생 설비 발전량을 비교하면 다음과 같다.

 • 2019년 : $28,070<570,647\times0.05\fallingdotseq28,532$GWh

 • 2020년 : $33,500>563,040\times0.05\fallingdotseq28,152$GWh

 • 2021년 : $38,224>552,162\times0.05\fallingdotseq27,608$GWh

 • 2022년 : $41,886>576,810\times0.05\fallingdotseq28,841$GWh

 • 2023년 : $49,285>594,400\times0.05=29,720$GWh

 따라서 2019년 신재생 설비 발전량은 전체 설비 발전량의 5% 미만이고, 그 외에는 5% 이상이다.

④ 신재생 설비 발전량은 꾸준히 증가하였지만 원자력 설비 발전량은 2022년에 전년 대비 감소하였다.

02 | 2024 ~ 2023년 주요 공기업
전공 기출복원문제

01 기계

01	02	03	04	05	06	07	08	09	10	11	12	13	14	15	16	17	18	19	20
①	③	③	⑤	②	③	④	①	②	③	①	②	②	②	④	④	②	④	④	④
21	22	23	24	25															
④	②	②	③	④															

01
정답 ①

질량 1kg의 물을 1℃ 가열하는 데 필요한 열량은 1kcal이다. 따라서 질량 10kg의 물을 10℃에서 60℃로 가열하는 데 필요한 열량을 구하면 다음과 같다.

$$Q = cm \triangle t = 1 \times 10 \times (60 - 10) = 500\text{kcal} = 500 \times \frac{4.2\text{kJ}}{1\text{kcal}} = 2,100\text{kJ}$$

02
정답 ③

ㄴ. n몰의 단원자 분자인 이상기체의 내부에너지는 $U = \frac{3}{2}nRT$이다.

ㄷ. n몰의 단원자 분자인 이상기체의 엔탈피는 $H = U + W = \frac{5}{2}nRT$이다.

[오답분석]

ㄱ. n몰의 단원자 분자인 이상기체의 내부에너지는 $U = \frac{3}{2}nRT$이고, 이원자 분자인 이상기체의 내부에너지는 $U = \frac{5}{2}nRT$,

삼원자 이상의 분자인 이상기체의 내부에너지는 $U = \frac{6}{2}nRT$이다.

ㄹ. 이상기체의 무질서도를 표현한 함수는 엔트로피이다.

03
정답 ③

자동차가 안정적으로 선회하기 위해서는 양 바퀴의 회전수가 달라야 한다. 이를 조절하기 위해 사용하는 기어는 유성기어와 태양기어이다. 먼저, 외부로부터 전달받은 동력을 베벨기어를 통해 링기어에 전달하여 회전시킨다. 회전하는 링기어는 유성기어와 태양기어를 회전시킨다. 정상적인 직선 주행 중에는 양 바퀴의 회전수가 같으므로 유성기어와 태양기어가 같은 속력으로 회전하지만, 선회 시에는 양 바퀴에 작용하는 마찰저항이 서로 다르게 작용한다. 이를 유성기어, 태양기어에 전달하면 안쪽 바퀴의 회전저항은 증가하고 바깥쪽 바퀴의 회전수는 안쪽 바퀴의 감소한 회전수만큼 증가한다.

04

정답 ⑤

파텐팅은 오스템퍼링 온도의 상한에서 미세한 소르바이트 조직을 얻기 위하여 오스테나이트 가열온도부터 항온 유지 후 공랭시키는 열처리법이다.

오답분석

① 청화법 : 사이안화산칼륨 또는 사이안화나트륨을 이용하여 강 표면에 질소를 침투시켜 경화시키는 표면 처리법이다.
② 침탄법 : 재료의 표면을 단단하게 강화하기 위해 저탄소강을 침탄제 속에 묻고 가열하여 강 표면에 탄소를 침입시키는 표면 열처리법이다.
③ 마퀜칭 : 오스테나이트 구역에서 강 내부의 온도와 외부의 온도가 동일하도록 항온 유지 후 공랭하는 항온 열처리법이다.
④ 질화법 : 강 표면에 질소를 침투시켜 매우 단단한 질소화합물 층을 형성하는 표면 열처리법이다.

05

정답 ②

세레이션은 축과 보스를 결합하기 위해 축에 삼각형 모양의 톱니를 새긴 가늘고 긴 키 홈이다.

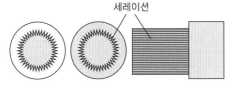

세레이션

오답분석

① 묻힘키 : 보스와 축 모두 키 홈을 파낸 후 그 구멍에 키를 끼워 넣어 보스와 축을 고정한 것이다.

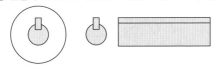

③ 둥근키 : 키 홈을 원모양으로 만든 묻힘키의 하나이다.

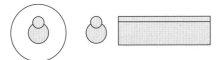

④ 테이퍼 : 경사도가 1/50 이하인 핀이다.

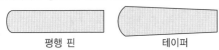

평행 핀　　　　　테이퍼

⑤ 스플라인 : 축과 보스를 결합하기 위해 다각형 또는 곡선 형태의 톱니를 새긴 가늘고 긴 홈이다.

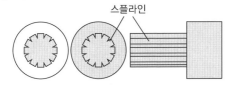

스플라인

06

정답 ③

카르노 사이클은 외부로부터 열을 받아 등온 팽창한다. 팽창한 기체는 외부와의 열 교환 없이 단열 팽창하고, 팽창한 기체는 열을 버리면서 등온 수축하게 된다. 이후 수축한 기체는 외부와의 열 교환 없이 단열 수축하여 처음 상태로 돌아온다. 이때 카르노 사이클은 흡열한 열량과 버린 열량의 차이만큼 일을 한다.

사바테 사이클은 복합 사이클, 또는 정적 – 정압 사이클이라고도 하며, 정적 가열과 정압 가열로 열을 받아 일을 한 후 정적 방열을 하는 열 사이클이다. 고속 디젤 기관에서는 짧은 시간 내에 연료를 연소시켜야 하므로 압축행정이 끝나기 전에 연료를 분사하여 행정 말기에 착화되도록 하면 공급된 연료는 정적 아래에서 연소하고 후에 분사된 연로는 대부분 정압 아래에서 연소하게 된다.

오답분석

① 오토 사이클 : 2개의 단열과정과 2개의 정적과정으로 이루어진 사이클로, 가솔린 기관 및 가스터빈의 기본 사이클이다.
② 랭킨 사이클 : 2개의 단열과정과 2개의 가열 및 팽창과정으로 이루어진 증기터빈의 기본 사이클이다.
③ 브레이턴 사이클 : 2개의 단열과정과 2개의 정압과정으로 이루어진 사이클로, 가스터빈의 기본 사이클이다.
⑤ 카르노 사이클 : 2개의 단열과정과 2개의 등온과정으로 이루어진 사이클로, 모든 과정이 가역적인 가장 이상적인 사이클이다.

열기관 사이클의 P – V 선도, T – S 선도

구분	P – V 선도	T – S 선도
오토 사이클		
브레이턴 사이클		
랭킨 사이클		
디젤 사이클		
사바테 사이클		
카르노 사이클		

08

정답 ①

페라이트는 탄소 함량이 매우 적어 무르므로 담금질 효과가 거의 없다.

09

정답 ②

오답분석

① 정하중 : 하중의 크기, 방향, 작용점이 일정하게 작용하는 하중이다.
③ 반복하중 : 하중이 일정한 크기와 일정한 작용점에서 주기적으로 반복하여 작용하는 하중이다.
④ 충격하중 : 한 작용점에서 매우 짧은 시간 동안 강하게 작용하는 하중이다.
⑤ 임의진동하중 : 하중의 크기, 방향, 작용점이 불규칙적으로 변하는 하중이다.

10

정답 ③

디퓨저는 유체의 운동에너지를 압력에너지로 변환시키기 위해 관로의 단면적을 서서히 넓게 한 유로이다.

오답분석

① 노즐 : 유체의 압력에너지를 운동에너지로 변환시키기 위해 관로의 단면적을 서서히 좁게 한 유로이다.
② 액추에이터 : 유압장치 등으로부터 에너지를 받아 시스템을 제어하는 기계장치이다.
④ 어큐뮬레이터 : 유압유의 압력에너지를 저장하는 유압기기이다.
⑤ 피스톤 로드 : 피스톤에 의해 변환된 힘을 외부로 전달하는 기기이다.

11

정답 ①

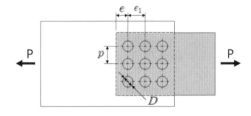

p : 피치
e : 마진
e_1 : 뒷피치
D : 리벳 지름

오답분석

② 피치 : 같은 줄에 있는 리벳의 중심 사이의 거리이다.
③ 뒷피치 : 여러 줄 리벳 이음에서 리벳의 열과 이웃한 열 사이의 거리이다.
④ 리드 : 나사가 1바퀴 회전할 때 축 방향으로 이동한 거리이다.
⑤ 유효지름 : 나사의 골지름과 바깥지름의 평균인 지름이다.

12

정답 ②

단면 1차 모멘트는 구하고자 하는 위치에 따라 음수가 나올 수도 있고, 0이 나올 수도 있고, 양수가 나올 수도 있다.

13

물체의 밀도를 ρ, 물체의 부피를 V, 유체의 밀도를 ρ', 유체에 물체를 둘 때 잠기는 영역의 부피를 V'라고 하자. $\rho g V = \rho' g V'$ 일 때 물체가 물에 뜨게 된다. 이때 $\rho' g V'$가 부력이며, 부력은 유체의 밀도와 유체에 잠기는 영역의 부피와 관련이 있다. 제시된 실험은 재질과 유체가 동일하고 형상이 다르므로 잠기는 영역의 부피가 변화한 것이다.

14

오답분석

① 회주철 : 가장 일반적인 주철이다.
③ 칠드주철 : 표면을 급랭시켜 경도를 증가시킨 주철이다.
④ 구상흑연주철 : Ni, Cr, Mo, Cu 등을 첨가하여 흑연을 구상화시켜 가공성, 내마모성, 연성 등을 향상시킨 주철이다.

15

탄소의 양과 탄소 연소 시 필요한 산소의 양의 비는 1 : 1이고 탄소의 원자량은 12, 산소의 원자량은 16이다.

따라서 $12 : 32 = 5 : x \rightarrow x = \dfrac{32 \times 6}{12} = 16$이므로 공기 내 산소의 비는 20%이고, 전체 공기의 양은 $\dfrac{16}{0.2} = 80$kg이다.

16

교번하중은 크기와 방향이 지속적으로 변하는 하중이며, 일정한 크기와 방향을 가진 하중이 반복적으로 작용하는 하중은 반복하중이다.

17

$\delta = \dfrac{PL}{AE} = \dfrac{4PL}{\pi d^2 E}$ 이므로

$1.5 \times 10^{-3} = \dfrac{4 \times 100 \times 10^3 \times 3}{\pi \times d^2 \times 250 \times 10^9} \rightarrow d = \sqrt{\dfrac{4 \times 100 \times 10^3 \times 3}{\pi \times 250 \times 10^9 \times 1.5 \times 10^{-3}}} \fallingdotseq 0.032\text{m} = 3.2\text{cm}$

18

단순보에서 등분포하중이 작용할 때,

최대 처짐량은 $\delta_{\max} = \delta_C = \dfrac{5wL^4}{384EI}$ 이므로

$\delta_{\max} = \dfrac{5 \times 8 \times 10^3 \times 5^4}{384 \times 240 \times 10^9 \times \dfrac{0.5 \times 0.2^3}{12}} \fallingdotseq 8.1 \times 10^{-4}\text{m} = 0.81\text{mm}$

19

외팔보에서 작용하는 등분포하중은 $\theta = \dfrac{wl^3}{6EI}$ 이므로

$\theta = \dfrac{10 \times 6^3}{6 \times 10,000} = 3.6 \times 10^{-2}\text{rad}$이다.

20

정답 ④

오답분석

① 레이놀즈(Re) 수로서 유체의 흐름 상태를 층류와 난류로 파악할 수 있다.

② 마하(Ma) 수로서 유체의 압축성을 파악할 수 있다.

③ 스토크(Stk) 수로서 유체 입자가 흐름을 따르는 정도를 파악할 수 있다.

21

정답 ④

체심입방격자에 해당하는 원소는 Cr, Mo, Ni, Ta, V, W 등이 있고, 면심입방격자에 해당하는 원소는 Ag, Al, Au, Cu, Ni, Pt 등이 있다.

22

정답 ②

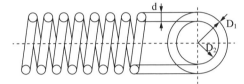

$\delta = \dfrac{8N_a D^3 P}{Gd^4}$ 이고 $c = \dfrac{D}{d}$ 이므로 $\delta = \dfrac{8N_a c^3 P}{Gd}$ 이다.

$300 = \dfrac{8 \times 100 \times 10^3 \times 300}{80 \times 10^3 \times d} \rightarrow d = \dfrac{8 \times 100 \times 10^3 \times 300}{80 \times 10^3 \times 300} = 10\text{mm}$

$10 = \dfrac{D}{10} \rightarrow D = 100\text{mm}$이므로 외경은 100mm이고 내경은 $100 - (10 \times 2) = 80\text{mm}$이다.

따라서 스프링의 평균 반지름의 길이는 $\dfrac{100 + 80}{2} = 90\text{mm}$이다.

23

정답 ②

$[\text{성능계수(COP)}] = \dfrac{Q_L}{W} = \dfrac{Q_L}{Q_H - Q_L} = \dfrac{T_L}{T_H - T_L}$

성능계수(COP; Coefficient Of Performance)
냉각기, 열펌프 등의 냉각 효율을 나타내는 척도이다.

24

정답 ③

주철은 강재에 비해 단단하지만 부서지기 쉽다.

25

정답 ④

오답분석

① 소성가공은 재료에 탄성한도보다 큰 외력을 가함으로써 발생하는 영구적으로 변형되는 성질인 소성을 이용한 가공이다.

② 잔류응력이 남아 있으면 제품이 변형될 수 있으므로 별도의 후처리를 통해 잔류응력을 제거하여야 한다.

③ 소성가공으로 제품 생산 시 주물에 비해 치수가 정확하다.

01	02	03	04	05	06	07	08	09	10	11	12	13	14	15	16	17	18	19	20
②	②	③	④	②	④	④	②	①	③	③	①	⑤	⑤	②	⑤	③	②	②	⑤
21	22	23	24	25															
③	②	④	③	③															

01

정답 ②

3상 무효 전력은 $P_r = 3I^2 X$이다. 따라서 $P_r = 3 \times 200^2 \times 20 = 2,400,000 \text{Var} = 2,400 \text{kVar}$이다.

3상 교류 전력
[유효전력(P)]$= 3 \times I^2 R$
[무효전력(P_r)]$= 3 \times I^2 X$
[피상전력(P_a)]$= 3 \times I^2 Z = \sqrt{P^2 + P_r^2}$

02

정답 ②

비례추이가 불가능한 것은 동손, 효율, 2차 출력이다.

03

정답 ③

유전물질을 넣기 전 평행판 축전기의 충전용량은 $C = \varepsilon_0 \dfrac{5S}{d}$ 이다. 이 평행판 축전기에 비유전율이 4인 유전물질로 면적의 $\dfrac{4}{5}$ 를 채운 후의 충전용량은 $C' = \left[(4 \times \varepsilon) \times \dfrac{4S}{d} \right] + \left(\varepsilon \times \dfrac{S}{d} \right) = \left(4 \times \dfrac{4}{5} C \right) + \left(\dfrac{1}{5} C \right) = \dfrac{17}{5} C$이다.

04

정답 ④

변압기의 병렬 운전 조건은 다음과 같다.
• 극성, 권수비, 1, 2차 정격 전압이 같아야 한다(용량은 무관).
• 각 변압기의 저항과 리액턴스비가 같아야 한다.
• 부하분담 시 용량에 비례하고 임피던스 강하에는 반비례해야 한다.
• 상회전 방향과 각 변위가 같아야 한다(3ϕ 변압기).
• 변압기의 결선 조합은 다음과 같아야 한다.

가능	불가능
$Y - Y$와 $Y - Y$	$Y - Y$와 $Y - \triangle$
$Y - \triangle$와 $Y - \triangle$	$Y - \triangle$와 $\triangle - \triangle$
$Y - \triangle$와 $\triangle - Y$	$\triangle - Y$와 $Y - Y$
$\triangle - \triangle$와 $\triangle - \triangle$	$\triangle - \triangle$와 $\triangle - Y$
$\triangle - Y$와 $\triangle - Y$	－
$\triangle - \triangle$와 $Y - Y$	－

05

정답 ②

VVVF(Variable Voltage Variable Frequency) 제어는 가변 전압 가변 주파수 제어로, 전력 변환 장치에 출력한 교류 전력을 두어 출력된 교류 전력의 실효전압과 주파수를 제어하는 기술이다. VVVF 제어는 전압, 전류, 주파수의 변동이 유동적이므로 전력 손실이 적다. 이에 따라 압연기기 등의 생산용 기기와 팬, 펌프설비 뿐만 아니라 철도, 전기자동차 등의 모터, 가전제품 등 다양한 분야에 적용되고 있다.

06

정답 ④

궤도와 선로 구조물의 구성요소

구분	궤도	선로 구조물	
구성 요소	• 레일 • 침목 • 도상	• 측구 • 철주 • 전차선 • 조가선 • 급전선 • 고압선 • 특별고압선 • 부급전선	• 통신선 • 신호기 • ATS지상자 • 임피던스본드 • 구배표 • km정표 • 방음벽

07

정답 ④

[오답분석]

① 고도 : 레일의 곡선부에서 운전의 안정성을 확보하기 위해 바깥쪽 레일을 안쪽 레일보다 더 높이는데, 그 높이의 차이를 말한다.
② 구배 : 선로의 기울기이며, 대한민국은 수평거리 1,000에 대한 고저차로 표시한 천분율로 표기한다.
③ 침목 : 차량의 하중을 분산하며 충격을 흡수하는 궤도재료이다.
⑤ 확도 : 곡선 궤도를 운행할 때 안쪽 궤도의 궤간을 넓히는 정도를 말한다.

08

정답 ②

궤간은 두 철로 사이의 간격으로, 궤간의 길이는 1,435mm를 국제 표준 규격으로 하며 이보다 넓으면 광궤, 좁으면 협궤로 본다.

09

정답 ①

[오답분석]

② 평균속도 : 열차의 운전거리를 정차시간을 제외한 실제 운전시간으로 나눈 속도이다.
③ 설계속도 : 이상적인 조건에서 차량이 주행할 수 있는 최고속도이다.
④ 균형속도 : 열차의 견인력과 열차가 받는 저항력이 같아 속도가 일정할 때의 속도이다.
⑤ 최고속도 : 허용조건에서 열차가 5초 이상 낼 수 있는 속력의 최댓값이다.

10

정답 ③

PP급전방식은 역간이 길고 고속 운행구간에 적합한 급전방식이다.

PP급전방식의 특징
- 선로 임피던스가 작다.
- 전압강하가 작다.
- 상대적으로 고조파의 공진주파수가 낮고 확대율이 작다.
- 회생전력 이용률이 높다.
- 급전구분소의 단권변압기 수를 줄일 수 있다.
- 역간이 길고 고속 운행구간에 적합하다.
- 급전구분소의 GIS설비가 다량 요구된다.
- Tie 차단 설비가 필요하다.

11

정답 ③

강체가선방식은 T-bar, R-bar로 구분하며, 대한민국에서는 전류용량이 큰 DC 1,500V 구간에서는 T-bar 방식, 전류용량이 작은 AC 25k 구간에서는 R-bar 방식을 사용한다. T-bar의 경우 표준길이는 10m이며, 2,100mm² 의 알루미늄 합금으로 bar의 아랫면에 볼트로 지지하는 방식이다. 반면, R-bar의 경우 표준길이는 12m이며, 2,214mm² 의 가선 도르래를 이용하여 가선한다.

12

정답 ①

변류기 사용 및 절연변압기 채용은 통신선의 유도장해를 줄이기 위한 통신선의 대응책이다.

통신선 유도장해 경감을 위한 전력선과 통신선에 대한 대책

구분	전력선	통신선
대책	• 통신선과 직각으로 교차하도록 한다. • 전력선과 통신선의 상호 간격을 크게 한다. • 전선의 위치를 바꾼다. • 소호리액터를 사용한다. • 차폐선을 설치한다. • 고장회선을 신속하게 차단한다. • 고주파 발생을 방지한다. • 고저항 중성점 접지 방식을 택한다. • 지중매설방식을 택한다.	• 전력선과 직각으로 교차하도록 한다. • 변류기를 사용하고 절연변압기를 채용한다. • 연피케이블을 사용한다. • 성능이 우수한 피뢰기를 설치한다. • 통신선, 통신기기의 절연능력을 향상시킨다. • 통신 전류의 레벨을 높이고 반송식을 이용한다. • 배류코일, 중화코일을 통해 접지한다.

13

정답 ⑤

직접조가식은 가공전차선의 조가방식 중 하나이다.

전차선로 가선방식과 가공전차선 조가방식의 분류

전차선로 가선방식	가공전차선 조가방식
• 가공식 − 가공단선식 − 가공복선식 − 강체식 • 제3궤조식	• 직접조가식 • 커티너리 조가방식 − 심플식 − 컴파운드식 − 사조식 • 강체가선방식 − T-bar방식 − R-bar방식

14

정답 ⑤

⑤는 직류송전방식의 특징에 대한 설명이다.

> **교류송전방식의 특징**
> • 변압기를 통한 승압 및 강압이 용이하다.
> • 3상 회전자계를 쉽게 얻을 수 있다.
> • 표피효과 및 코로나 손실이 발생한다.
> • 페란티 현상이 발생한다.
> • 주파수가 다른 계통끼리의 연결이 불가능하다.
> • 직류송전에 비해 안정도가 저하된다.

15

정답 ②

직류식 전기철도와 교류식 전기철도의 비교

직류식 전기철도	교류식 전기철도
• 고속 운전 시 효율이 나쁘다.	• 고속 운전 시 효율이 좋다.
• 변전소 중간 급전구분소가 필요하다.	• 변전소 설치 간격을 길게 할 수 있다.
• 사고전류의 선택적 차단이 어렵다.	• 사고전류의 선택적 차단이 용이하다.
• 전차선 설비에서의 전선이 굵다.	• 전차선 설비에서의 전선이 얇다.
• 차량가격이 저렴하다.	• 차량가격이 고가이다.
• 통신유도장해가 작다.	• 통신유도장해가 크다.

16

정답 ⑤

⑤는 직접조가식에 대한 설명이다.

> **커티너리 조가방식**
> 전기차의 속도 향상을 위해 전차선의 처짐에 의한 이선율을 적게 하고, 지지물 간 거리를 크게 하기 위해 조가선을 전차선 위에 기계적으로 가선한 후 일정한 간격으로 행거나 드로퍼에 매달아 전차선이 두 지지점 사이에서 궤도면에 대하여 일정한 높이를 유지하도록 하는 방식이다. 대한민국에서는 심플 커티너리를 표준으로 한다.

17

정답 ③

가공전차선의 조가방식
• 직접조가식 : 가장 간단한 구조로, 전차선 1조로만 구성되어 있다. 설치비가 가장 저렴하지만, 전차선의 장력, 높이를 일정하게 유지하기가 곤란하여 철도에서는 저속의 구내측선 등에서만 드물게 사용한다.
• 심플 커티너리 조가방식 : 조가선과 전차선의 1조로 구성되어 있고, 조가선에서 행거 또는 드로퍼에 의해 전차선이 궤도면과 평행하게 조가된 가선방식이다.
• 헤비 심플 커티너리 조가방식 : 심플 커티너리 조가방식과 구조가 동일하며, 가선의 중량을 늘리고 장력을 늘린 방식이다.
• 변Y형 심플 커티너리 조가방식 : 심플 커티너리식의 지지점 부근에 조가선과 나란히 가는 전선을 가선하여 안정화시킨 방식이다.
• 컴파운드 커티너리 조가방식 : 심플 커티너리 조가선과 전차선 사이에 보조가선을 가설하여 조가선에서 드로퍼로 보조 조가선을 매달고 보조 조가선에서 행거로 전차선을 구조한 방식이다.
• 헤비 컴파운드 커티너리 조가방식 : 컴파운드 커티너리 조가방식과 구조가 동일하며, 가선의 중량을 늘리고 장력을 늘린 방식이다.
• 합성 컴파운드 커티너리 조가방식 : 컴파운드 커티너리 조가방식의 드로퍼에 스프링과 공기 댐퍼를 조합한 합성소자를 사용한 방식이다.

18

정답 ②

오답분석

① 역상제동 : 전동기를 전원에 접속한 채로 전기자의 접속을 반대로 바꾸어 토크를 역으로 발생시켜 전동기를 정지 또는 역회전시키는 제동방식이다.

③ 회생제동 : 운동에너지를 전기에너지로 다시 회수하여 배터리 등의 저장장치에 에너지를 저장하는 제동방식이다.

④ 와류제동 : 전자석과 궤도의 상대적인 운동에 의하여 궤도면에 유기되는 와전류에 의해 발생하는 제동력으로 전동기를 정지하는 제동방식이다.

⑤ 와전류 레일제동 : 와류제동과 같은 원리이며, 레일에 근접하고 내부에 전자석이 내장된 브레이크 편을 장비하여 전자석에 의해 제동하는 방식이다.

19

정답 ②

두 지점 A, B의 전위차는 $V_{ab} = \dfrac{Q}{4\pi\varepsilon}\left(\dfrac{1}{a} - \dfrac{1}{b}\right)$이다. 따라서 $C = \dfrac{Q}{V} = \dfrac{Q}{\dfrac{Q}{4\pi\varepsilon}\left(\dfrac{1}{a} - \dfrac{1}{b}\right)} = \dfrac{4\pi\varepsilon ab}{b-a}$이다.

20

정답 ⑤

계자 권선 저항이 5Ω이므로 $V = I_f R_f$에서 $I_f \dfrac{V}{R_f} = \dfrac{V}{5}$이다.

$$V = \dfrac{950 \times \dfrac{V}{5}}{35 + \dfrac{V}{5}}$$

$$\rightarrow 35 + \dfrac{V}{5} = 190$$

$$\therefore V = 155 \times 5 = 775\text{V}$$

따라서 유기되는 전압은 775V이다.

21

정답 ③

$\mathcal{L}(e^{at}\sin\omega t) = \dfrac{\omega}{(s-a)^2 + \omega^2}$이므로 $\mathcal{L}(e^{2t}\sin\omega t) = \dfrac{\omega}{(s-2)^2 + \omega^2}$이다.

라플라스 변환표

$f(t)$	$\mathcal{L}[f(t)]$	$f(t)$	$\mathcal{L}[f(t)]$
t^n	$\dfrac{n!}{s^{n+1}}$	$\delta(t-a)$	e^{-as}
e^{at}	$\dfrac{1}{s-a}$	$e^{at}t^n$	$\dfrac{n!}{(s-a)^{n+1}}$
$\sin at$	$\dfrac{a}{s^2+a^2}$	$e^{at}\sin bt$	$\dfrac{b}{(s-a)^2+a^2}$
$\cos at$	$\dfrac{s}{s^2+a^2}$	$e^{at}\cos bt$	$\dfrac{s-a}{(s-a)^2+b^2}$
$\sinh at$	$\dfrac{a}{s^2-a^2}$	$e^{at}\sinh bt$	$\dfrac{b}{(s-a)^2-a^2}$
$\cosh at$	$\dfrac{s}{s^2-a^2}$	$e^{at}\cosh bt$	$\dfrac{s-a}{(s-a)^2-b^2}$

22

- 전류원이 개방되어 전압원만 있는 경우

  회로 전체에 흐르는 전류의 세기는 $I' = \dfrac{50}{10 + \dfrac{30 \times (10+20)}{30 + (10+20)}} = 2\text{A}$이고 시계 방향으로 흐른다.

  따라서 전류원이 개방되어 전류원만 있을 때 R_1에 흐르는 전류는 $2 \times \dfrac{10+20}{30+(10+20)} = 1\text{A}$이다.

- 전압원이 단락된 상태에서 전류원만 있는 경우

  R_1에 흐르는 전류는 $2 \times \dfrac{\dfrac{10 \times 30}{10+30} + 10}{\left(\dfrac{10 \times 30}{10+30} + 10\right) + 20} ≒ 0.93\text{A}$이고 시계 방향으로 흐른다.

따라서 중첩의 원리에 의해 R_1에 흐르는 전체 전류는 $1 + 0.93 = 1.93\text{A}$이다.

23

오버슈트는 어떤 신호의 값이 과도기간 중에 목표값보다 커지는 현상이고, 반대로 언더슈트는 어떤 신호의 값이 과도기간 중에 목표값보다 작아지는 현상이다. 오버슈트와 언더슈트를 반복하며 그 편차가 줄어들어 목표값에 수렴하게 된다.

24

RLC 직렬회로의 진동상태의 조건은 다음과 같다.

- 부족제동 : $R < \sqrt{\dfrac{L}{C}}$

- 임계진동 : $R = \sqrt{\dfrac{L}{C}}$

- 과제동 : $R > \sqrt{\dfrac{L}{C}}$

25

$$
\begin{aligned}
\text{div}E &= \left(\frac{\partial}{\partial x}i + \frac{\partial}{\partial y}j + \frac{\partial}{\partial z}k\right) \cdot (3x^2 yi - 7yzj + 5xz^2 k) \\
&= \left(\frac{\partial}{\partial x}i\right) \cdot 3x^2 yi - \left(\frac{\partial}{\partial y}j\right) \cdot 7yzj + \left(\frac{\partial}{\partial z}k\right) \cdot 5xz^2 k \\
&= 6xy - 7z + 10xz \\
&= 6xy + 10xz - 7z
\end{aligned}
$$

남에게 이기는 방법의 하나는 예의범절로 이기는 것이다.

– 조쉬 빌링스 –

PART 1

직무능력검사(공통)

01 | 의사소통능력

대표기출유형 01 | 기출응용문제

01
정답 ④

생리활성 물질은 항암 효과를 가지고 있는데, 새싹 채소와 성체 모두 이를 함유하고 있다.

[오답분석]
① 성체로 자라기 위해 종자 안에는 각종 영양소가 포함되어 있다.
② 새싹은 성숙한 채소에 비하여 영양성분이 약 3 ~ 4배 정도 더 많이 함유되어 있으며, 종류에 따라서는 수십 배 이상의 차이를 보이기도 한다.
③ 씨에서 바로 나왔을 때가 아닌 어린잎이 두세 개 달릴 즈음이 생명유지와 성장에 필요한 생리활성 물질을 가장 많이 만들어 내는 때이다.

02
정답 ④

시민 단체들은 농부와 노동자들이 스스로 조합을 만들어 환경친화적으로 농산물을 생산하도록 교육하고 이에 필요한 자금을 지원하는 역할을 했을 뿐, 이들이 농산물을 직접 생산하고 판매한 것은 아니다.

03
정답 ③

제시문에서 실재론은 세계가 정신과 독립적으로 존재함을, 반실재론은 세계가 감각적으로 인식될 때만 존재함을 주장하므로 두 이론 모두 세계는 존재한다는 전제를 깔고 있다.

[오답분석]
① 세 번째 문단에서 어떤 사람이 버클리의 주장을 반박하기 위해 돌을 발로 차서 날아간 돌이 존재한다는 사실을 증명하려고 하였으나, 반실재론을 제대로 반박한 것은 아니라고 하였다. 따라서 실재론자의 주장이 옳다는 사실을 증명하는 것은 아니다.
② 세계가 감각으로 인식될 때만 존재한다는 것은 반실재론자의 입장이다.
④ 버클리는 객관적 성질이라고 여겨지는 것들도 우리가 감각할 수 있을 때만 존재하는 주관적 속성이라고 하였다.

대표기출유형 02 | 기출응용문제

01
정답 ①

제시문의 첫 번째 문단에서는 '사회적 자본'이 늘어나면 정치 참여도가 높아진다는 주장을 하였고, 두 번째 문단에서는 '사회적 자본'의 개념을 사이버공동체에 도입하였으나 현실과 잘 맞지 않는다고 하면서 '사회적 자본'의 한계를 서술했다. 그리고 마지막 문단에서는 이 같은 사회적 자본만으로는 정치 참여가 늘어나기 어렵고 이른바 '정치적 자본'의 매개를 통해서만이 가능하다는 주장을 하고 있다. 따라서 ①이 글의 주제로 가장 적절하다.

02

정답 ④

제시된 기사에서는 대기업과 중소기업 간의 상생경영의 중요성을 강조하고 있다. 기존에는 대기업이 시혜적 차원에서 중소기업에게 베푸는 느낌이 강했지만, 현재는 협력사의 경쟁력 향상이 곧 기업의 성장으로 이어질 것으로 보고, 상생경영의 중요성을 높이고 있다. 또 세 번째 문단을 통해 대기업이 지원해준 업체의 기술력 향상으로 더 큰 이득을 보상받는 등 상생협력이 대기업과 중소기업 모두에게 효과적임을 알 수 있다. 따라서 '시혜적 차원에서의 대기업 지원의 중요성'은 기사의 제목으로 적절하지 않다.

03

정답 ②

제시문은 화성의 운하를 사례로 들어 과학적 진실이란 무엇인지를 설명하고 있다. 존재하지 않는 화성의 운하 사례를 들어 사회적인 영향 때문에 오류를 사실로 착각해 진실을 왜곡하는 경우가 있음을 소개함으로써 사실을 추구해야 하는 과학자들에게는 객관적인 증거와 연구 태도가 필요함을 강조하였다. 따라서 글의 제목으로 가장 적절한 것은 ②이다.

대표기출유형 03 | 기출응용문제

01

정답 ③

- (가) : 계몽이 공포를 몰아내는 목표를 추구해 왔다고 하였으므로 인간의 계몽 작업이 왜 이루어져 왔는지를 요약하는 문장인 ⓒ이 적절하다.
- (나) : 인간은 시간 속에 놓여 있는 존재라고 하였으므로 이해가 역사 속에서 가능하다는 내용의 ㉠이 적절하다.
- (다) : 권력과 지식의 관계가 대립이 아니라고 하였으므로 ⓛ이 적절하다.

02

정답 ④

미생물을 끓는 물에 노출하면 영양세포나 진핵포자는 죽일 수 있으나, 세균의 내생포자는 사멸시키지 못한다. 멸균은 포자, 박테리아, 바이러스 등을 완전히 파괴하거나 제거하는 것이므로 물을 끓여서 하는 열처리 방식으로는 멸균이 불가능함을 알 수 있다. 따라서 빈칸에 들어갈 내용으로는 '소독은 가능하지만, 멸균은 불가능하다.'는 ④가 가장 적절하다.

03

정답 ④

(라)의 앞 문단에서 정보와 지식이 커뮤니케이션 속에서 살아 움직이며 진화한다고 말하고 있기 때문에 (라)의 뒷 문단에는 정보의 순환 속에서 새로운 정보로 거듭나는 역동성에 대한 사례가 이어질 수 있다. 따라서 관광 안내 책자가 소비자들에 의해 오류가 수정되고 개정된다는 보기의 내용은 (라)에 들어가는 것이 가장 적절하다.

01

정답 ②

네 번째 문단에 언급된 손 모양이 생겨나는 과정을 통해 추론할 수 있는 내용이다.

오답분석
① 몸의 상처가 회복되는 것은 세포의 재생과 관련이 있으므로 적절하지 않은 추론이다.
③ 아포토시스를 이용한 항암제는 이미 유전자 변형으로 생겨난 암세포의 죽음을 유발하므로 유전자 변형을 막는다는 추론은 적절하지 않다.
④ 화학 약품은 유전자 변형을 일으키고 오히려 아포토시스가 일어나는 과정을 방해하므로 적절하지 않다.

02

정답 ③

제시문에 따르면 경덕왕 시기에는 통일된 석탑양식이 전국으로까지 파급되지는 못하고 경주에 밀집된 모습을 보였다.

오답분석
① 문화가 부흥할 수 있었던 배경에는 안정된 왕권과 정치제도가 깔려 있었다.
② 장항리 오층석탑 역시 통일 신라 경덕왕 시기에 유행했던 통일된 석탑양식으로 주조되었다.
④ 통일된 석탑양식 이전에는 시원양식과 전형기가 유행했다.

03

정답 ②

클라우드를 '그린 IT 전략'으로 볼 수 있는 것은 남는 서버를 활용하고 개인 컴퓨터의 가용률을 높여 자원을 유용하게 활용하기 때문이다.

01

정답 ②

'찌개 따위를 끓이거나 설렁탕 따위를 담을 때 쓰는 그릇'을 뜻하는 어휘는 '뚝배기'이다.

오답분석
① '손가락 따위로 어떤 방향이나 대상을 집어서 보이거나 말하거나 알리다.'의 의미를 가진 어휘는 '가리키다'이다.
③ '사람들의 관심이나 주의가 집중되는 사물의 중심 부분'의 의미를 가진 어휘는 '초점'이다.
④ '액체 따위를 끓여서 진하게 만들다, 약재 따위에 물을 부어 우러나도록 끓이다.'의 의미를 가진 어휘는 '달이다'이다(다려 → 달여).

02

정답 ②

ⓒ의 '데'는 '일'이나 '것'의 뜻을 나타내는 의존 명사로 사용되었으므로 '수행하는 데'와 같이 띄어 쓴다.

오답분석
㉠ '만하다' : 어떤 대상이 앞말이 뜻하는 행동을 할 타당한 이유를 가질 정도로 가치가 있음을 나타내는 보조 형용사이다. 보조 용언은 띄어 씀을 원칙으로 하나, ㉠과 같은 경우 붙여 씀도 허용하므로 앞말에 붙여 쓸 수 있다.
ⓒ '-만' : 다른 것으로부터 제한하여 어느 것을 한정함을 나타내는 보조사로 사용되었으므로 앞말에 붙여 쓴다.

03

- 고객에게 불편을 초레한 경우 : 초레 → 초래
- 즉시 계선·시정하고 : 계선 → 개선
- 이를 성실이 준수할 것을 : 성실이 → 성실히

01

정답 ④

A씨의 아내는 A씨가 자신의 이야기에 공감해주길 바랐지만, A씨는 아내의 이야기를 들어주기보다는 해결책을 찾아 아내의 문제에 대해 조언하려고만 하였다. 즉, 아내는 마음을 털어놓고 남편에게 위로받고 싶었지만, A씨의 조언하려는 태도 때문에 더 이상 대화가 이어질 수 없었다.

[오답분석]
① 짐작하기 : 상대방의 말을 듣고 받아들이기보다 자신의 생각에 들어맞는 단서들을 찾아 자신의 생각을 확인하는 것이다.
② 걸러내기 : 상대의 말을 듣기는 하지만 상대방의 메시지를 온전하게 듣는 것이 아닌 경우이다.
③ 판단하기 : 상대방에 대한 부정적인 판단 때문에, 또는 상대방을 비판하기 위하여 상대방의 말을 듣지 않는 것이다.

02

정답 ④

서희가 말하고 있는 비위 맞추기는 올바른 경청의 자세가 아닌 방해 요인이므로 이를 고치지 않아도 된다고 말하는 선미의 의견은 옳지 않다.

CHAPTER 01 의사소통능력 · 33

02 | 자원관리능력

대표기출유형 01 | 기출응용문제

01

정답 ④

팀원들의 모든 스케줄이 비어 있는 시간대인 16:00 ~ 17:00가 가장 적절하다.

02

정답 ①

• 치과 진료 : 수요일 3주 연속으로 진료를 받는다고 하였으므로 13일, 20일은 무조건 치과 진료가 있다.
• 신혼여행 : 8박 9일간 신혼여행을 가고 휴가는 5일간 사용할 수 있으므로 주말 4일을 포함해야 한다.
이 사실과 두 번째 조건을 종합하면, 2일(토요일)부터 10일(일요일)까지 주말 4일을 포함하여 9일 동안 신혼여행을 다녀오게 되고,
치과는 6일이 아닌 27일에 예약되어 있다. 신혼여행은 결혼식 다음 날 간다고 하였으므로 주어진 일정을 달력에 표시하면 다음과
같다.

일	월	화	수	목	금	토
					1 결혼식	2 신혼여행
3 신혼여행	4 신혼여행 / 휴가	5 신혼여행 / 휴가	6 신혼여행 / 휴가	7 신혼여행 / 휴가	8 신혼여행 / 휴가	9 신혼여행
10 신혼여행	11	12	13 치과	14	15	16
17	18	19	20 치과	21	22	23
24	25	26	27 치과	28 회의	29	30 추석연휴

따라서 A대리의 결혼날짜는 9월 1일이다.

03

정답 ①

• 인천에서 아디스아바바까지 소요 시간
  (인천 → 광저우)　　　　　3시간 50분
  (광저우 경유시간)　　　　＋4시간 55분
  (광저우 → 아디스아바바)　＋11시간 10분
  　　　　　　　　　　　　＝19시간 55분
• 아디스아바바에 도착한 현지 날짜 및 시각
  한국시각　　　8월 5일 오전 8시 40분
  소요 시간　　＋19시간 55분
  시차　　　　　－6시간
  　　　　　　　＝8월 5일 오후 10시 35분

04

정답 ④

- 인천에서 말라보까지 소요 시간

  (인천 → 광저우)　　　　3시간 50분

  (광저우 경유시간)　　　+4시간 55분

  (지연출발)　　　　　　+2시간

  (광저우 → 아디스아바바)　+11시간 10분

  (아디스아바바 경유시간)　+6시간 10분

  <u>(아디스아바바 → 말라보)　+5시간 55분</u>

  　　　　　　　　　　＝34시간

- 말라보에 도착한 현지 날짜 및 시각

  한국시각　　　　　　8월 5일 오전 8시 40분

  소요 시간　　　　　＋34시간

  <u>시차　　　　　　　−8시간</u>

  　　　　　　　　　＝8월 6일 오전 10시 40분

05

정답 ③

대화 내용을 살펴보면 A과장은 패스트푸드점, B대리는 화장실, C주임은 은행, K사원은 편의점을 이용한다. 이는 동시에 이루어지는 일이므로 가장 오래 걸리는 일의 시간만 고려하면 된다. 은행이 30분으로 가장 오래 걸리므로 17:20에 모두 모이게 된다. 따라서 17:00, 17:15에 출발하는 버스는 이용하지 못하며, 17:30에 출발하는 버스는 잔여석이 부족하여 이용하지 못한다. 따라서 17:45에 출발하는 버스를 탈 수 있고, 가장 빠른 서울 도착 예정시각은 19:45이다.

대표기출유형 02 　기출응용문제

01

정답 ②

뮤지컬을 관람할 동아리 회원 수를 x명이라고 하자.

$10,000x \geq 30 \times 10,000 \times \left(1 - \dfrac{15}{100}\right)$

$\rightarrow x \geq 30 \times \dfrac{85}{100}$

$\therefore x \geq 25.5$

따라서 26명 이상이면 단체관람권을 사는 것이 개인관람권을 구매하는 것보다 유리하다.

02

정답 ④

제품군별 지급해야 할 보관료는 다음과 같다.

- A제품군 : 300억×0.01=3억 원
- B제품군 : 2,000CUBIC×20,000=4천만 원
- C제품군 : 500톤×80,000=4천만 원

따라서 K공사가 보관료로 지급해야 할 총금액은 3억+4천만+4천만=3억 8천만 원이다.

03

정답 ④

라벨지 50mm, 1단 받침대, 블루투스 마우스 가격을 차례대로 계산하면 $(18,000 \times 2) + 24,000 + (27,000 \times 5) = 195,000$원이다. 그리고 블루투스 마우스를 3개 이상 구매하면 건전지 3SET를 무료로 증정하기 때문에 AAA건전지는 2SET만 더 구매하면 된다. 따라서 총 주문 금액은 $195,000 + (4,000 \times 2) = 203,000$원이다.

04

정답 ②

라벨지는 91mm로 사이즈 변경 시 SET당 5%를 가산하기 때문에 가격은 $(18,000 \times 1.05) \times 4 = 75,600$원이다. 3단 받침대의 가격은 1단 받침대에 2,000원씩을 추가하므로 $(24,000 + 2,000) \times 2 = 52,000$원이다. 그리고 블루투스 마우스의 가격은 $27,000 \times 3 = 81,000$원이고 마우스 3개 이상 구매 시 AAA건전지 3SET를 무료로 증정하기 때문에 따로 주문하지 않는다. 마지막으로 탁상용 문서수동세단기의 가격인 36,000원을 더해 총 주문 금액을 구하면 $75,600 + 52,000 + 81,000 + 36,000 = 244,600$원이다.

05

정답 ③

상 종류별로 수상인원을 고려하여, 상패와 물품의 총수량과 비용을 계산하면 다음과 같다.

상패 혹은 물품	총수량(개)	개당 비용(원)	총비용(원)
금 도금 상패	7	49,500원(10% 할인)	$7 \times 49,500 = 346,500$
은 도금 상패	5	42,000	$42,000 \times 4(1개 무료) = 168,000$
동 상패	2	35,000	$35,000 \times 2 = 70,000$
식기 세트	5	450,000	$5 \times 450,000 = 2,250,000$
신형 노트북	1	1,500,000	$1 \times 1,500,000 = 1,500,000$
태블릿PC	6	600,000	$6 \times 600,000 = 3,600,000$
안마의자	4	1,700,000	$4 \times 1,700,000 = 6,800,000$
만년필	8	100,000	$8 \times 100,000 = 800,000$
합계	-	-	15,534,500

따라서 상품 구입비용은 총 15,534,500원이다.

대표기출유형 03 기출응용문제

01
정답 ①

두 번째 조건에서 총구매금액이 30만 원 이상이면 총금액에서 5%를 할인해 주므로 한 벌당 가격이 $300,000 \div 50 = 6,000$원 이상인 품목은 할인적용이 들어간다. 업체별 품목 가격을 보면 모든 품목이 6,000원 이상이므로 5% 할인 적용대상이다. 따라서 모든 품목에 할인이 적용되어 정가로 비교가 가능하다.

마지막 조건에서 차순위 품목이 1순위 품목보다 총금액이 20% 이상 저렴한 경우 차순위를 선택한다고 했으므로 한 벌당 가격으로 계산하면 1순위인 카라 티셔츠의 20% 할인된 가격은 $8,000 \times 0.8 = 6,400$원이다. 정가가 6,400원 이하인 품목은 A업체의 티셔츠 이므로 팀장은 1순위인 카라 티셔츠보다 2순위인 A업체의 티셔츠를 구입할 것이다.

02
정답 ①

㉠ 분류기준에 따라 위험도와 경제성 점수 중 하나는 3.0점 초과, 다른 하나는 2.5점 초과 3.0점 이하여야 주시광종으로 분류된다. 이 기준을 만족하는 광종은 아연광으로 1종류뿐이다.

㉢ 모든 광종의 위험도와 경제성 점수가 각각 20% 증가했을 때를 정리하면 다음과 같다.

(단위 : 점)

구분	금광	은광	동광	연광	아연광	철광
위험도	$2.5 \times 1.2 = 3$	$4 \times 1.2 = 4.8$	$2.5 \times 1.2 = 3$	$2.7 \times 1.2 = 3.24$	$3 \times 1.2 = 3.6$	$3.5 \times 1.2 = 4.2$
경제성	$3 \times 1.2 = 3.6$	$3.5 \times 1.2 = 4.2$	$2.5 \times 1.2 = 3$	$2.7 \times 1.2 = 3.24$	$3.5 \times 1.2 = 4.2$	$4 \times 1.2 = 4.8$

이때 비축필요광종으로 분류되는 광종은 은광, 연광, 아연광, 철광으로 4종류이다.

[오답분석]

㉡ 분류기준에 따라 위험도와 경제성 점수 모두 3.0점을 초과해야 비축필요광종으로 분류된다. 이 기준을 만족하는 광종은 은광, 철광이다.

㉣ 주시광종의 분류기준을 위험도와 경제성 점수 중 하나는 3.0점 초과, 다른 하나는 2.5점 이상 3.0점 이하로 변경한다면 아연광은 주시광종으로 분류되지만, 금광은 비축제외광종으로 분류된다.

03
정답 ③

1) 예약가능 객실 수 파악

7월 19일부터 2박 3일간 워크숍을 진행한다고 했으므로 19일, 20일에 객실 예약이 가능한지를 확인하여야 한다. 호텔별 잔여객실 수를 파악하면 다음과 같다.

(단위 : 실)

구분	A호텔	B호텔	C호텔	D호텔
7/19	$88-20=68$	$70-11=59$	$76-10=66$	$84-18=66$
7/20	$88-26=62$	$70-27=43$	$76-18=58$	$84-23=61$

2) 필요 객실 수 파악

K공사의 전체 직원 수는 총 80명이다. 조건에 따르면 부장급 이상은 1인 1실을 이용하므로 4(처장)+12(부장)=16(명), 즉 16실이 필요하고, 나머지 직원 80−16=64명은 2인 1실을 사용하므로 총 $64 \div 2 = 32$실이 필요하다. 따라서 이틀간 48실이 필요하므로, A호텔, C호텔, D호텔이 워크숍 장소로 적합하다.

3) 세미나룸 현황 파악

총 임직원이 80명인 것을 고려할 때, A호텔의 세미나룸은 최대수용인원이 70명이므로 제외하며, D호텔은 4인용 테이블을 총 15개 보유하고 있어 부족하므로 제외된다.

따라서 모든 조건을 충족하는 C호텔이 가장 적절하다.

01

 정답 ④

제시된 조건을 정리하면 다음과 같다.

- 최소비용으로 가능한 많은 인원을 채용한다.
- 급여는 희망임금으로 지급한다.
- 6개월 이상 근무하되, 주말 근무시간은 협의 가능하다.
- 지원자들은 주말 이틀 중 하루만 출근하길 원한다.
- 하루 1회 출근만 가능하다.

위 조건을 모두 고려하여 근무스케줄을 작성해보면 총 5명의 직원을 채용할 수 있다.

근무시간	토요일	일요일
11:00 ~ 12:00	최지홍(7,000원) 3시간	박소다(7,500원) 3시간
12:00 ~ 13:00		
13:00 ~ 14:00		
14:00 ~ 15:00		우병지(7,000원) 3시간
15:00 ~ 16:00		
16:00 ~ 17:00		
17:00 ~ 18:00		
18:00 ~ 19:00	한승희(7,500원) 2시간	
19:00 ~ 20:00		
20:00 ~ 21:00		김래원(8,000원) 2시간
21:00 ~ 22:00		

※ 김병우 지원자의 경우에는 희망근무기간이 4개월이므로 채용하지 못한다.

02

 정답 ③

㉠ 각 팀장이 매긴 순위에 대한 가중치는 모두 동일하다고 했으므로 1, 2, 3, 4순위의 가중치를 각각 4, 3, 2, 1점으로 정해 네 사람의 면접점수를 산정하면 다음과 같다.
- 갑 : 2+4+1+2=9점
- 을 : 4+3+4+1=12점
- 병 : 1+1+3+4=9점
- 정 : 3+2+2+3=10점

면접점수가 높은 을, 정 중 한 명이 입사를 포기하면 갑, 병 중 한 명이 채용된다. 갑과 병의 면접점수는 9점으로 동점이지만 조건에 따라 인사팀장이 부여한 순위가 높은 갑을 채용하게 된다.

㉢ 경영관리팀장이 갑과 병의 순위를 바꿨을 때, 네 사람의 면접점수를 산정하면 다음과 같다.
- 갑 : 2+1+1+2=6점
- 을 : 4+3+4+1=12점
- 병 : 1+4+3+4=12점
- 정 : 3+2+2+3=10점

즉, 을과 병이 채용되므로 정은 채용되지 못한다.

ⓒ 인사팀장이 을과 정의 순위를 바꿨을 때, 네 사람의 면접점수를 산정하면 다음과 같다.

- 갑 : 2+4+1+2=9점
- 을 : 3+3+4+1=11점
- 병 : 1+1+3+4=9점
- 정 : 4+2+2+3=11점

즉, 을과 정이 채용되므로 갑은 채용되지 못한다.

03

 정답 ②

- 본부에서 36개월 동안 연구원으로 근무 → 0.03×36=1.08점
- 지역본부에서 24개월 근무 → 0.015×24=0.36점
- 특수지에서 12개월 동안 파견근무(지역본부 근무경력과 중복되어 절반만 인정) → 0.02×12÷2=0.12점
- 본부로 복귀 후 현재까지 총 23개월 근무 → 0.03×23=0.69점
- 현재 팀장(과장) 업무 수행 중
  - 내부평가결과 최상위 10% 총 12회 → 0.012×12=0.144점
  - 내부평가결과 차상위 10% 총 6회 → 0.01×6=0.06점
  - 금상 2회, 은상 1회, 동상 1회 수상 → (0.25×2)+(0.15×1)+(0.1×1)=0.75점 → 0.5점(∵ 인정 범위 조건)
  - 시행결과평가 탁월 2회, 우수 1회 → (0.25×2)+(0.15×1)=0.65점 → 0.5점(∵ 인정 범위 조건)

따라서 A과장에게 부여해야 할 가점은 3.454점이다.

03 | 문제해결능력

대표기출유형 01 | 기출응용문제

01

정답 ④

D팀은 파란색을 선택하였으므로 보라색을 사용하지 않고, B팀과 C팀도 보라색을 사용한 적이 있으므로 A팀은 보라색을 선택한다. B팀은 빨간색을 사용한 적이 있고, 파란색과 보라색은 사용할 수 없으므로 노란색을 선택한다. C팀은 나머지 빨간색을 선택한다.

A팀	B팀	C팀	D팀
보라색	노란색	빨간색	파란색

따라서 항상 참인 것은 ④이다.

[오답분석]

① · ③ 주어진 조건만으로는 판단하기 힘들다.

② A팀의 상징색은 보라색이다.

02

정답 ③

주어진 조건을 정리해 보면 다음과 같다.

구분	A	B	C	D
경우 1	호밀식빵	우유식빵	밤식빵	옥수수식빵
경우 2	호밀식빵	밤식빵	우유식빵	옥수수식빵

따라서 항상 참인 것은 ③이다.

[오답분석]

① · ② · ④ 주어진 조건만으로는 판단하기 힘들다.

03

정답 ④

제시된 조건들을 순서대로 논리 기호화하면 다음과 같다.

• 첫 번째 조건 : 재고

• 두 번째 조건 : ~설비투자 → ~재고

• 세 번째 조건 : 건설투자 → 설비투자('~때에만'이라는 한정 조건이 들어가면 논리 기호의 방향이 바뀐다)

첫 번째 조건이 참이므로 두 번째 조건의 대우(재고 → 설비투자)에 따라 설비투자를 늘린다. 세 번째 조건은 건설투자를 늘릴 때에만 이라는 한정 조건이 들어갔으므로 역(설비투자 → 건설투자) 또한 참이다. 이를 토대로 공장을 짓는다는 결론을 얻기 위해서는 '건설투자를 늘린다면, 공장을 짓는다(건설투자 → 공장건설).'라는 명제가 필요하다.

04

정답 ④

한 분야의 모든 사람이 한 팀에 들어갈 수는 없으므로 가와 나는 한 팀이 될 수 없다.

오답분석

① 한 분야의 모든 사람이 한 팀에 들어갈 수 없기 때문에 갑과 을이 한 팀이 되는 것과 상관없이 가와 나는 반드시 다른 팀이어야 한다.
② 두 팀에 남녀가 각각 2명씩 들어갈 수도 있지만, (남자 셋, 여자 하나), (여자 셋, 남자 하나)의 경우도 있다.
③ a와 c는 성별이 다르기 때문에 같은 팀에 들어갈 수 있다.

05

정답 ①

한 번 배정받은 층은 다시 배정받을 수 없기 때문에 A는 3층, B는 2층에 배정받을 수 있다. C는 1층 또는 4층에 배정받을 수 있지만, D는 1층에만 배정받을 수 있기 때문에, C는 4층, D는 1층에 배정받는다. 이를 표로 정리하면 다음과 같다.

A	B	C	D
3층	2층	4층	1층

따라서 항상 참인 것은 ①이다.

오답분석

②·③·④ 주어진 조건만으로는 판단하기 힘들다.

06

정답 ④

주어진 조건에 따라 엘리베이터 검사 순서를 추론해 보면 다음과 같다.

첫 번째	5호기
두 번째	3호기
세 번째	1호기
네 번째	2호기
다섯 번째	6호기
여섯 번째	4호기

따라서 6호기는 1호기 다다음에 검사하며, 다섯 번째로 검사하게 된다.

01

알파벳 순서에 따라 숫자로 변환하면 다음과 같다.

A	B	C	D	E	F	G	H	I	J	K	L	M
1	2	3	4	5	6	7	8	9	10	11	12	13
N	O	P	Q	R	S	T	U	V	W	X	Y	Z
14	15	16	17	18	19	20	21	22	23	24	25	26

'INTELLECTUAL'의 품번을 규칙에 따라 정리하면 다음과 같다.
• 1단계 : 9(I), 14(N), 20(T), 5(E), 12(L), 12(L), 5(E), 3(C), 20(T), 21(U), 1(A), 12(L)
• 2단계 : $9+14+20+5+12+12+5+3+20+21+1+12=134$
• 3단계 : $|(14+20+12+12+3+20+12)-(9+5+5+21+1)|=|93-41|=52$
• 4단계 : $(134+52)\div4+134=46.5+134=180.5$
• 5단계 : 180.5를 소수점 첫째 자리에서 버림하면 180이다.
따라서 제품의 품번은 '180'이다.

02

n번째에 배열하는 전체 바둑돌의 개수를 a_n개(단, n은 자연수)라고 하자.

제시된 규칙에 의하여 $a_1=1$, $a_2=1+2=3$, $a_3=1+2+3=6$, $\cdots$, $a_n=1+2+3+\cdots+n=\displaystyle\sum_{k=1}^{n}k=\dfrac{n(n+1)}{2}$

즉, 37번째에 배열하는 전체 바둑돌의 개수는 $a_{37}=\dfrac{37\times38}{2}=703$개이다.

제시된 그림을 보면 검은색 바둑돌은 홀수 번째에 배열된다. 홀수 번째에 있는 검은색 바둑돌의 개수를 b_{2m-1}개(단, m은 자연수)라고 하자. 제시된 규칙에 의하여 계산하면 다음과 같다.

m	$2m-1$	b_{2m-1}
1	1	1
2	3	$1+3=4$
3	5	$1+3+5=9$
$\cdots$	$\cdots$	$\cdots$
m	$2m-1$	$\displaystyle\sum_{k=1}^{m}(2k-1)=m^2$

즉, $2m-1=37$에서 $m=19$이므로 $b_{37}=19^2=361$개이다. 따라서 37번째에 배열된 흰색 바둑돌의 개수는 $703-361=342$개이므로 검은색 바둑돌이 흰색 바둑돌보다 $361-342=19$개 많다.

03

모든 암호는 각 자릿수의 합이 21이 되도록 구성되어 있다.
• K팀 : $9+0+2+3+x=21 \rightarrow x=7$
• L팀 : $7+y+3+5+2=21 \rightarrow y=4$
∴ $x+y=7+4=11$

04

정답 ④

• 1단계 : 주민등록번호 앞 12자리 숫자에 가중치를 곱하면 다음과 같다.

숫자	2	4	0	2	0	2	8	0	3	7	0	1
가중치	2	3	4	5	6	7	8	9	2	3	4	5
결과	4	12	0	10	0	14	64	0	6	21	0	5

• 2단계 : 1단계에서 구한 값의 합을 계산한다.

$4+12+0+10+0+14+64+0+6+21+0+5=136$

• 3단계 : 2단계에서 구한 값을 11로 나누어 나머지를 구한다.

$136 \div 11 = 12 \cdots 4$

• 4단계 : 11에서 3단계의 나머지를 뺀 수를 10으로 나누어 나머지를 구한다.

$(11-4) \div 10 = 0 \cdots 7$

따라서 빈칸에 들어갈 수는 7이다.

05

정답 ④

게임 규칙과 결과를 토대로 경우의 수를 따져보면 다음과 같다.

라운드	벌칙 제외	총 퀴즈 개수
3	A	15
4	B	19
5	C	21
	D	
	C	22
	E	
	D	22
	E	

ㄴ. 총 22개의 퀴즈가 출제되었다면, E가 정답을 맞혀 벌칙에서 제외된 것이다.

ㄷ. 게임이 종료될 때까지 총 21개의 퀴즈가 출제되었다면 C, D가 벌칙에서 제외된 경우로 5라운드에서 E에게는 정답을 맞힐 기회가 주어지지 않았다. 따라서 퀴즈를 푸는 순서가 벌칙을 받을 사람 선정에 영향을 미친 것을 알 수 있다.

[오답분석]

ㄱ. 5라운드까지 4명의 참가자가 벌칙에서 제외되었으므로 정답을 맞힌 퀴즈는 8개, 벌칙을 받을 사람이 5라운드까지 정답을 맞힌 퀴즈는 0개나 1개이므로 총 정답을 맞힌 퀴즈는 8개나 9개이다.

01

창의적 사고를 개발하는 방법
- 자유 연상법 : 어떤 생각에서 다른 생각을 계속해서 떠올리는 작용을 통해 어떤 주제에서 생각나는 것을 계속해서 열거해 나가는 방법 예 브레인스토밍
- 강제 연상법 : 각종 힌트에서 강제적으로 연결지어서 발상하는 방법 예 체크리스트
- 비교 발상법 : 주제와 본질적으로 닮은 것을 힌트로 하여 새로운 아이디어를 얻는 방법 예 NM법, Synetics

02

(가) 하드 어프로치 : 하드 어프로치에 의한 문제해결 방법은 상이한 문화적 토양을 가지고 있는 구성원을 가정하고, 서로의 생각을 직설적으로 주장하고 논쟁이나 협상을 통해 서로의 의견을 조정해 가는 방법이다.

(나) 퍼실리테이션 : 퍼실리테이션이란 '촉진'을 의미하며, 어떤 그룹이나 집단이 의사결정을 잘 하도록 도와주는 일을 의미한다. 퍼실리테이션에 의한 문제해결 방법은 깊이 있는 커뮤니케이션을 통해 서로의 문제점을 이해하고 공감함으로써 창조적인 문제 해결을 도모한다.

(다) 소프트 어프로치 : 소프트 어프로치에 의한 문제해결 방법은 대부분의 기업에서 볼 수 있는 전형적인 스타일로 조직 구성원들을 같은 문화적 토양을 가지고 이심전심으로 서로를 이해하는 상황을 가정한다.

03

분석적 사고
- 성과 지향의 문제 : 기대하는 결과를 명시하고 효과적으로 달성하는 방법을 사전에 구상하고 실행에 옮긴다.
- 가설 지향의 문제 : 현상 및 원인분석 전에 지식과 경험을 바탕으로 일의 과정이나 결과, 결론을 가정한 다음 검증 후 사실일 경우 다음 단계의 일을 수행한다.
- 사실 지향의 문제 : 일상 업무에서 일어나는 상식, 편견을 타파하여 사고와 행동을 객관적 사실로부터 시작한다.

04

설득은 논쟁이 아니라 논증을 통해 더욱 정교해지며, 공감을 필요로 한다. 나의 주장을 다른 사람에게 이해시켜 납득시키고 그 사람이 내가 원하는 행동을 하게 만드는 것이며, 이해는 머리로 하고 납득은 머리와 가슴이 동시에 공감되는 것을 말하고 이 공감은 논리적 사고가 기본이 된다. 따라서 ⊙의 내용은 상대방이 했던 이야기를 이해하도록 노력하면서 공감하려는 태도가 보이므로 '설득'임을 알 수 있다.

오답분석

② 상대의 생각을 모두 부정하지 않고, 상황에 따른 생각을 이해함으로써 새로운 지식이 생길 가능성이 있으므로 논리적 사고 구성요소 중 '타인에 대한 이해'에 해당한다.

③ 상대가 말하는 것을 잘 알 수 없어 구체적인 사례를 들어 이해하려는 것으로, 논리적 사고 구성요소 중 '구체적인 생각'에 해당한다.

④ 상대 주장에 대한 이해가 부족하다는 것을 인식해 상대의 논리를 구조화하려는 것으로, 논리적 사고 구성요소 중 '상대 논리의 구조화'에 해당한다.

05

⊙은 Logic Tree 방법에 대한 설명으로 문제 도출 단계에서 사용되며, ⓒ은 3C 분석 방법에 대한 설명으로 문제 인식 단계의 환경 분석 과정에서 사용된다. ⓒ은 Pilot Test에 대한 설명으로 실행 및 평가 단계에서 사용된다. 마지막으로 ⓔ은 해결안을 그룹화 하는 방법으로 해결안을 도출하는 해결안 개발 단계에서 사용된다. 따라서 문제해결절차에 따라 문제해결방법을 나열하면 ⓒ → ⊙ → ⓔ → ⓒ의 순서가 된다.

01

ㄱ. 부패금액이 산정되지 않은 6번의 경우에도 고발하였으므로 옳지 않은 설명이다.

ㄴ. 2번의 경우 해임당하였음에도 고발되지 않았으므로 옳지 않은 설명이다.

오답분석

ㄷ. 직무관련자로부터 금품을 수수한 사건은 2번, 4번, 5번, 7번, 8번으로 총 5건 있었다.

ㄹ. 2번과 4번은 모두 '직무관련자로부터 금품 및 향응수수'로 동일한 부패행위 유형에 해당함에도 2번은 해임, 4번은 감봉 1월의 처분을 받았으므로 옳은 설명이다.

02

예산이 가장 많이 드는 B사업과 E사업은 사업기간이 3년이므로 최소 1년은 겹쳐야 한다. 이를 바탕으로 정리하면 다음과 같다.

연도 예산 사업명	1차 20조 원	2차 24조 원	3차 28.8조 원	4차 34.5조 원	5차 41.5조 원
A	–	1조 원	4조 원	–	–
B	–	15조 원	18조 원	21조 원	–
C	–	–	–	–	15조 원
D	15조 원	8조 원	–	–	–
E	–	–	6조 원	12조 원	24조 원
실질 사용 예산 합계	15조 원	24조 원	28조 원	33조 원	39조 원

따라서 D사업을 첫해에 시작해야 한다.

03

글피는 모레의 다음날로 15일이다. 15일은 비가 내리지 않고 최저기온은 영하이다.

오답분석

① 12 ~ 15일의 일교차를 구하면 다음과 같다.

- 12일 : $11-0=11$℃
- 13일 : $12-3=9$℃
- 14일 : $3-(-5)=8$℃
- 15일 : $8-(-4)=12$℃

따라서 일교차가 가장 큰 날은 15일이다.

② 제시된 자료에서 미세먼지에 관한 내용은 확인할 수 없다.

③ 14일의 경우 비가 예보되어 있지만 낙뢰에 관한 예보는 확인할 수 없다.

04

확정기여형 퇴직연금 유형은 근로자가 선택하는 운용 상품의 운용 수익률에 따라 퇴직 급여가 달라진다.

오답분석

① 확정급여형과 확정기여형은 운영방법의 차이로 인해 퇴직연금 수준이 달라질 수 있다.
② 확정급여형에서는 기업부담금이 산출기초율로 정해지며, 이는 자산운용 수익률과 퇴직률 변경 시 변동되는 사항이다.
③ 확정급여형은 직장이동 시 합산이 어렵기 때문에 직장이동이 잦은 근로자들은 확정기여형을 선호할 것이라고 유추할 수 있다.

05

운용 현황에 관심이 많은 근로자인 (나) 유형은 확정기여형 퇴직연금 유형에 적합하다.

PART 2

합격의 공식 시대에듀 www.sdedu.co.kr

직무능력검사(사무)

01

정답 ④

산책로의 길이를 xm라 하면, 40분 동안의 민주와 세희의 이동거리는 다음과 같다.
(민주의 이동거리)$=40\times40=1,600$m
(세희의 이동거리)$=45\times40=1,800$m
40분 후에 두 번째로 마주친 것이므로 다음과 같은 식이 성립한다.
$1,600+1,800=2x$
$\rightarrow 2x=3,400$
$\therefore x=1,700$
따라서 산책로의 길이는 1,700m이다.

02

정답 ④

작년 A제품의 생산량을 x개, B제품의 생산량을 y개라고 하자.
$x+y=1,000 \cdots \bigcirc$
$\dfrac{10}{100}\times x-\dfrac{10}{100}\times y=\dfrac{4}{100}\times1,000 \rightarrow x-y=400 \cdots \bigcirc$
$\bigcirc$과 $\bigcirc$을 연립하면 $x=700$, $y=300$이다.
따라서 올해에 생산된 A제품의 수는 $700\times1.1=770$개이다.

03

정답 ③

K랜드 이용 횟수를 x회라고 하자. 이를 토대로 K랜드 이용 금액을 구하면 다음과 같다.
• 비회원 이용 금액 : $20,000\times x$원
• 회원 이용 금액 : $50,000+20,000\times\left(1-\dfrac{20}{100}\right)\times x$원

회원 가입한 것이 이익이 되려면 비회원 이용 금액이 회원 이용 금액보다 더 많아야 하므로 다음과 같은 식이 성립한다.
$20,000\times x>50,000+20,000\times\left(1-\dfrac{20}{100}\right)\times x$
$\rightarrow 20,000x>50,000+16,000x$
$\rightarrow 4,000x>50,000$
$\therefore x>12.5$
따라서 K랜드를 최소 13번 이용해야 회원 가입한 것이 이익임을 알 수 있다.

04

정답 ②

농도가 4%인 소금물의 양을 ag, 농도가 7.75%인 소금물의 양을 bg이라고 하면 다음과 같은 식이 성립한다.

$a+b=600 \cdots$ ㉠

$\dfrac{4}{100}a + \dfrac{7.75}{100}b = 600 \times \dfrac{6}{100} = 36 \cdots$ ㉡

㉡에 ㉠을 대입하여 정리하면 다음과 같다.

$4a + 7.75 \times (600 - a) = 3,600$

→ $3.75a = 1,050$

∴ $a = 280$

따라서 농도가 4%인 소금물의 양은 280g이다.

05

정답 ③

더 넣어야 하는 깨끗한 물의 양을 $x$kg이라고 하면 다음과 같은 식이 성립한다.

$\dfrac{5}{100} \times 20 = \dfrac{4}{100} \times (20 + x)$

→ $100 = 80 + 4x$

∴ $x = 5$

따라서 더 넣어야 하는 물은 5kg이다.

06

정답 ②

5명이 노란색 원피스 2벌, 파란색 원피스 2벌, 초록색 원피스 1벌 중 한 벌씩 선택하여 사는 경우의 수를 구하기 위해 5명을 2명, 2명, 1명으로 이루어진 3개의 팀으로 나누어 구하면 $_5C_2 \times _3C_2 \times _1C_1 \times \dfrac{1}{2!} = \dfrac{5 \times 4}{2} \times 3 \times 1 \times \dfrac{1}{2} = 15$가지이다.

이때 원피스 색깔 중 2벌인 색은 노란색과 파란색 2가지이므로 선택할 수 있는 경우의 수는 모두 $15 \times 2 = 30$가지이다.

07

정답 ④

644와 476을 소인수분해하면 다음과 같다.

• $644 = 2^2 \times 7 \times 23$

• $476 = 2^2 \times 7 \times 17$

즉, 644와 476의 최대공약수는 $2^2 \times 7 = 28$이다. 이때, 직사각형의 가로에 설치할 수 있는 조명의 개수를 구하면 $(644 \div 28) + 1 = 23 + 1 = 24$개이고, 직사각형의 세로에 설치할 수 있는 조명의 개수를 구하면 $(476 \div 28) + 1 = 17 + 1 = 18$개이다.

따라서 필요한 조명의 최소 개수를 구하면 $(24 + 18) \times 2 - 4 = 84 - 4 = 80$개이다.

08

정답 ③

제품의 원가를 x원이라고 하자.

제품의 정가는 $(1 + 0.2)x = 1.2x$원이고, 판매가는 $1.2x(1 - 0.15) = 1.02x$원이다.

50개를 판매한 금액이 127,500원이므로

$1.02x \times 50 = 127,500$

→ $1.02x = 2,550$

∴ $x = 2,500$

따라서 제품의 원가는 2,500원이다.

09

정답 ④

등산복 판매량을 x벌, 등산화 판매량을 y켤레라고 하자.

$x+y=40 \rightarrow x=40-y \cdots \bigcirc$

$2,000x+5,000y=110,000 \cdots \bigcirc\bigcirc$

$\bigcirc$과 $\bigcirc\bigcirc$을 연립하면

$2(40-y)+5y=110$

$\rightarrow 80+3y=110$

$\rightarrow 3y=30$

$\therefore y=10$

따라서 등산화는 10켤레를 팔았으며, 등산화 판매로 얻은 이익은 $10 \times 5,000 = 50,000$원이다.

10

정답 ①

2일 후 B씨와 C씨의 자산의 차액은 A씨의 2일 후의 자산과 동일하다.

$2y+2 \times 3-(y+2 \times 5)=5+2 \times 2 \rightarrow y=13$이므로 B씨의 잔고는 13달러, C씨는 26달러이다.

또한 x일 후의 B씨의 자산은 $(13+5x)$원, C씨는 $(26+3x)$원이 되므로 B씨의 자산이 C씨의 자산보다 같거나 많게 되는 날에 대한 부등식을 세우면 다음과 같다.

$13+5x \geq 26+3x$

$\rightarrow 2x \geq 13$

$\therefore x \geq 6.5$

따라서 7일 후에 B씨의 자산이 C씨의 자산보다 많게 된다.

대표기출유형 02   기출응용문제

01

정답 ④

매월 갑, 을 팀의 총득점과 병, 정 팀의 총득점이 같다. 따라서 빈칸에 들어갈 알맞은 수는 $1,156+2,000-1,658=1,498$이다.

02

정답 ②

통신회사의 기본요금을 x원이라 하면 다음과 같은 식이 성립한다.

$x+60a+(30 \times 2a)=21,600 \rightarrow x+120a=21,600 \cdots \bigcirc$

$x+20a=13,600 \cdots \bigcirc\bigcirc$

$\bigcirc$, $\bigcirc\bigcirc$을 연립하면

$100a=8,000$

$\therefore a=80$

03

정답 ③

자기계발 과목에 따라 해당되는 지원 금액과 신청 인원은 다음과 같다.

구분	영어회화	컴퓨터 활용	세무회계
지원 금액	$70,000$원$\times 0.5=35,000$원	$50,000$원$\times 0.4=20,000$원	$60,000$원$\times 0.8=48,000$원
신청 인원	3명	3명	3명

따라서 교육프로그램마다 3명씩 지원했으므로, 총 지원비는 $(35,000+20,000+48,000) \times 3 = 309,000$원이다.

04

정답 ①

업체별로 구매가격을 정리하면 다음과 같다.

- S전자 : 8대 구매 시 2대를 무료로 증정하기 때문에 32대를 사면 8개를 무료로 증정받아 32대 가격으로 총 40대를 살 수 있다. 32대의 가격은 80,000×32=2,560,000원이고, 구매금액 100만 원당 2만 원이 할인되므로 구매가격은 2,560,000−40,000= 2,520,000원이다.
- B마트 : 40대 구매금액인 90,000×40=3,600,000원에서 40대 이상 구매 시 7% 할인혜택을 적용하면 3,600,000×0.93 =3,348,000원이다. 1,000원 단위는 절사하므로 구매가격은 3,340,000원이다.

따라서 S전자가 B마트에 비해 82만 원 저렴하다.

05

정답 ③

상품별 고객 만족도 1점당 비용을 구하면 다음과 같다.

- 차량용 방향제 : 7,000÷5=1,400원
- 식용유 세트 : 10,000÷4=2,500원
- 유리용기 세트 : 6,000÷6=1,000원
- 32GB USB : 5,000÷4=1,250원
- 머그컵 세트 : 10,000÷5=2,000원
- 육아 관련 도서 : 8,800÷4=2,200원
- 핸드폰 충전기 : 7,500÷3=2,500원

할당받은 예산을 고려하여 고객 만족도 1점당 비용이 가장 낮은 상품부터 구매비용을 구하면 다음과 같다.

- 유리용기 세트 : 6,000×200=1,200,000원
  → 남은 예산 : 5,000,000−1,200,000=3,800,000원
- 32GB USB : 5,000×180=900,000원
  → 남은 예산 : 3,800,000−900,000=2,900,000원
- 차량용 방향제 : 7,000×300=2,100,000원
  → 남은 예산 : 2,900,000−2,100,000=800,000원
- 머그컵 세트 : 10,000×80=800,000원
  → 남은 예산 : 800,000−800,000=0원

즉, 확보 가능한 상품의 개수는 200+180+300+80=760개이고, 사은품 상자에는 2개의 상품이 들어가므로 사은품을 나누어 줄 수 있는 고객의 수는 760÷2=380명이다.

01

정답 ③

ㄴ. 연령대별 아메리카노와 카페라테의 선호율의 차이를 구하면 다음과 같다.

구분	20대	30대	40대	50대
아메리카노 선호율	42%	47%	35%	31%
카페라테 선호율	8%	18%	28%	42%
차이	34%	29%	7%	11%

따라서 아메리카노와 카페라테의 선호율 차이가 가장 적은 연령대는 40대임을 알 수 있다.

ㄷ. 20대와 30대의 선호율 하위 3개 메뉴를 정리하면 다음과 같다.
- 20대 : 핫초코(6%), 에이드(3%), 아이스티(2%)
- 30대 : 아이스티(3%), 핫초코(2%), 에이드(1%)

따라서 20대와 30대의 선호율 하위 3개 메뉴는 동일함을 알 수 있다.

오답분석

ㄱ. 연령대별 아메리카노 선호율은 20대는 42%, 30대는 47%, 40대는 35%, 50대는 31%로, 30대의 선호율이 20대보다 높음을 알 수 있다.

ㄹ. 40대와 50대의 선호율 상위 2개 메뉴가 전체 선호율에서 차지하는 비율을 구하면 다음과 같다.
- 40대 : 아메리카노(35%), 카페라테(28%) → 63%
- 50대 : 카페라테(42%), 아메리카노(31%) → 73%

따라서 50대의 선호율 상위 2개 메뉴가 전체 선호율에서 차지하는 비율은 70%를 넘지만, 40대에서는 63%로 70% 미만이다.

02

정답 ②

㉠ 근로자가 총 90명이고 전체에게 지급된 임금의 총액이 2억 원이므로 근로자당 평균 월 급여액은 $\dfrac{2억\ 원}{90명} ≒ 222만$ 원이다.

따라서 평균 월 급여액은 230만 원 이하이다.

㉡ 월 210만 원 이상 급여를 받는 근로자 수는 26+12+8+4=50명이다. 따라서 총 90명의 절반인 45명보다 많으므로 옳은 설명이다.

오답분석

㉢ 월 180만 원 미만의 급여를 받는 근로자 수는 6+4=10명이다. 따라서 전체에서 $\dfrac{10}{90} ≒ 11\%$의 비율을 차지하고 있으므로 옳지 않은 설명이다.

㉣ '월 240만 원 이상 월 270만 원 미만'의 구간에서 월 250만 원 이상 받는 근로자의 수는 주어진 자료만으로는 확인할 수 없다.

03

정답 ④

조건을 분석하면 다음과 같다.
- 첫 번째 조건에 의해 ㉠~㉣ 국가 중 연도별로 8위를 두 번 한 두 나라는 ㉠과 ㉣이므로 둘 중 한 곳이 한국, 나머지 한 곳이 캐나다임을 알 수 있다.
- 두 번째 조건에 의해 2020년 대비 2023년의 이산화탄소 배출량 증가율은 ㉡과 ㉢이 각각 $\dfrac{556-535}{535} \times 100 ≒ 3.93\%$와 $\dfrac{507-471}{471} \times 100 ≒ 7.64\%$이므로 ㉢은 사우디아라비아가 되며, 따라서 ㉡은 이란이 된다.
- 세 번째 조건에 의해 이란의 수치는 고정값으로 놓았을 때 2015년을 기점으로 ㉠이 ㉣보다 배출량이 커지고 있으므로 ㉠이 한국, ㉣이 캐나다임을 알 수 있다.

따라서 ㉠~㉣은 순서대로 한국, 이란, 사우디아라비아, 캐나다이다.

04

ⓒ B국의 대미무역수지와 GDP 대비 경상수지 비중은 각각 742억 달러, 8.5%로 X요건과 Y요건을 충족한다.

ⓒ 세 가지 요건 중 두 가지 요건만 충족하면 관찰대상국으로 지정된다.
- X요건과 Y요건을 충족하는 국가 : A, B, C, E
- X요건과 Z요건을 충족하는 국가 : C
- Y요건과 Z요건을 충족하는 국가 : C, J

C국가는 X, Y, Z요건을 모두 충족한다.

따라서 관찰대상국으로 지정되는 국가는 A, B, E, J로 4곳이다.

ⓔ X요건의 판단기준을 '대미무역수지 150억 달러 초과'로 변경할 때, 새로 X요건을 충족하는 국가는 H국이다. 그러나 H국은 Y요건과 Z요건을 모두 충족하지 않으므로 환율조작국이나 관찰대상국으로 지정될 수 없다. 따라서 옳은 설명이다.

오답분석

ⓐ X, Y, Z요건을 모두 충족하면 환율조작국으로 지정된다. 각 요건을 충족하는 국가를 나열하면 다음과 같다.
- X요건을 충족하는 국가 : A, B, C, D, E, F, G
- Y요건을 충족하는 국가 : A, B, C, E, J
- Z요건을 충족하는 국가 : C, J

따라서 환율조작국으로 지정되는 국가는 C국가이다.

05

그래프상에서 중소기업의 검색 건수는 2020년을 시작으로 매년 바깥쪽으로 이동하고 있으므로 옳은 설명이다.

오답분석

ㄱ. 상대적으로 그래프의 크기가 작은 2020년과 2021년의 검색 건수를 비교해 보면 외국인, 개인, 중소기업에서는 모두 2020년의 검색 건수가 적고, 대기업의 경우만 2023년이 크다. 이때 대기업의 검색 건수의 차이보다 외국인, 개인, 중소기업의 검색 건수 합의 차이가 더 크므로 전체 검색 건수는 2020년이 더 적다.

ㄷ. 2022년에는 외국인과 개인의 검색 건수가 가장 적었고, 대기업의 검색 건수가 가장 많았으므로 옳지 않은 설명이다.

02 | 정보능력

대표기출유형 01 | 기출응용문제

01

정답 ①

데이터베이스는 여러 개의 연관된 파일(㉠)을 의미하며, 파일관리시스템은 한 번에 한 개의 파일(㉡)을 생성, 유지, 검색할 수 있는 소프트웨어이다.

02

정답 ①

정보관리의 3원칙
• 목적성 : 사용목표가 명확해야 한다.
• 용이성 : 쉽게 작업할 수 있어야 한다.
• 유용성 : 즉시 사용할 수 있어야 한다.

03

정답 ②

ㄱ. 반복적인 작업을 간단히 실행키에 기억시켜 두고 필요할 때 빠르게 바꾸어 사용하는 기능은 매크로이다.
ㄷ. 같은 내용의 편지나 안내문 등을 여러 사람에게 보낼 때 쓰이는 기능은 메일 머지이다.

04

정답 ④

RFID 태그의 종류에 따라 반복적으로 데이터를 기록하는 것이 가능하며, 물리적인 손상이 없는 한 반영구적으로 이용할 수 있다.

> **RFID**
> 무선 주파수(RF; Radio Frequency)를 이용하여 대상을 식별(IDentification)하는 기술로, 정보가 저장된 RFID 태그를 대상에 부착한 뒤 RFID 리더를 통하여 정보를 인식한다. 기존의 바코드를 읽는 것과 비슷한 방식으로 이용되나, 바코드와 달리 물체에 직접 접촉하지 않고도 데이터를 인식할 수 있으며, 여러 개의 정보를 동시에 인식하거나 수정할 수 있다. 또한, 바코드에 비해 많은 양의 데이터를 허용함에도 데이터를 읽는 속도가 매우 빠르며 데이터의 신뢰도 또한 높다.

05

정답 ③

바이오스란 컴퓨터에서 전원을 켜면 맨 처음 컴퓨터의 제어를 맡아 가장 기본적인 기능을 처리해 주는 프로그램으로, 모든 소프트웨어는 바이오스를 기반으로 움직인다.

[오답분석]
① ROM(Read Only Memory)에 대한 설명이다.
② RAM(Random Access Memory)에 대한 설명이다.
④ 스풀링(Spooling)에 대한 설명이다.

06

정답 ③

ㄴ. 제3자에 대한 정보 제공이 이루어지더라도, 해당 내용이 조항에 명시되어 있고, 이용자가 동의한다면 개인정보를 제공하여도 된다. 번거롭지 않게 서비스를 제공받기 위해 정보 제공이 필요한 제3자에게 정보를 제공하는 것이 유용할 수도 있다. 따라서 단언적으로 개인정보를 제공하지 않아야 한다는 설명은 옳지 않다.

ㄹ. 비밀번호는 주기적으로 변경하여야 하며, 관리의 수월성보다도 보안을 더 고려하여 동일하지 않은 비밀번호를 사용하는 것이 좋다.

[오답분석]

ㄱ. 개인정보 제공 전 관련 조항을 상세히 읽는 것은 필수적 요소이다.

ㄷ. 정보수집 및 이용목적의 적합성 여부는 꼭 확인하여야 한다.

ㅁ. 정보 파기 여부와 시점도 확인하여야 한다.

대표기출유형 02　기출응용문제

01

정답 ①

엑셀 고급 필터 조건 범위의 해석법은 다음과 같다. 우선 같은 행의 값은 '이고'로 해석한다(AND 연산 처리). 다음으로 다른 행의 값은 '거나'로 해석한다(OR 연산 처리). 그리고 엑셀에서는 AND 연산이 OR 연산에 우선한다(행우선).

그리고 [G3] 셀의 「=C2>=AVERAGE($C$2:$C$8)」는 [C2] ~ [C8]의 실적이 [C2:C8]의 실적 평균과 비교되어 그 이상이 되면 TRUE(참)를 반환하고, 미만이라면 FALSE(거짓)를 반환하게 된다.

따라서 부서가 '영업1팀'이고 이름이 '수'로 끝나거나, 부서가 '영업2팀'이고 실적이 실적의 평균 이상인 데이터가 나타난다.

02

정답 ④

UPPER 함수는 알파벳 소문자를 대문자로 변경하며, TRIM 함수는 불필요한 공백을 제거하므로 'MNG-002KR'이 결괏값으로 출력된다.

03

정답 ②

ISNONTEXT 함수는 값이 텍스트가 아닐 경우 논리값 'TRUE'를 반환한다. [A2] 셀의 값은 텍스트이므로 함수의 결괏값으로 'FALSE'가 산출된다.

[오답분석]

① ISNUMBER 함수 : 값이 숫자일 경우 논리값 'TRUE'를 반환한다.

③ ISTEXT 함수 : 값이 텍스트일 경우 논리값 'TRUE'를 반환한다.

④ ISEVEN 함수 : 값이 짝수이면 논리값 'TRUE'를 반환한다.

04

정답 ②

VLOOKUP은 목록 범위의 첫 번째 열에서 세로 방향으로 검색하면서 원하는 값을 추출하는 함수이고, HLOOKUP은 목록 범위의 첫 번째 행에서 가로방향으로 검색하면서 원하는 값을 추출하는 함수이다. 즉, 첫 번째 열에 있는 '박지성'의 결석값을 찾아야 하므로 VLOOKUP 함수를 이용해야 한다. VLOOKUP 함수의 형식은 「=VLOOKUP(찾을 값,범위,열 번호,찾기 옵션)」이다. 범위는 절대참조로 지정해줘야 하며, 근사값을 찾고자 할 경우 찾기 옵션에 1 또는 TRUE를 입력하고 정확히 일치하는 값을 찾고자 할 경우 0 또는 FALSE를 입력해야 한다. 따라서 '박지성'의 결석 값을 찾기 위한 함수식은 「=VLOOKUP("박지성",$A$3:$D$5,4,0)」이다.

05

정답 ②

- [D11] 셀에 입력된 COUNTA 함수는 범위에서 비어있지 않은 셀의 개수를 구하는 함수이다. [B3:D9] 범위에서 비어있지 않은 셀의 개수는 숫자 '1' 10개와 '재제출 요망'으로 입력된 텍스트 2개로, 「=COUNTA(B3:D9)」의 결괏값은 12이다.
- [D12] 셀에 입력된 COUNT 함수는 범위에서 숫자가 포함된 셀의 개수를 구하는 함수이다. [B3:D9] 범위에서 숫자가 포함된 셀의 개수는 숫자 '1' 10개로, 「=COUNT(B3:D9)」의 결괏값은 10이다.
- [D13] 셀에 입력된 COUNTBLANK 함수는 범위에서 비어있는 셀의 개수를 구하는 함수이다. [B3:D9] 범위에서 비어있는 셀의 개수는 9개로, 「=COUNTBLANK(B3:D9)」의 결괏값은 9이다.

06

정답 ②

주어진 자료에서 원하는 항목만을 골라 해당하는 금액의 합계를 구하기 위해서는 SUMIF 함수를 사용해야 한다. SUMIF 함수는 「=SUMIF(범위,조건,합계를 구할 범위)」 형식으로 작성한다. 따라서 「=SUMIF(C3:C22,"외식비",D3:D22)」 함수식을 입력하면 외식비로 지출된 금액의 총액을 구할 수 있다.

PART 3

직무능력검사(기술)

01 | 기계
적중예상문제

01	02	03	04	05	06	07	08	09	10	11	12	13	14	15	16	17	18	19	20
④	③	②	④	④	④	①	①	④	③	①	①	③	①	①	②	②	①	①	③

21	22	23	24	25															
②	②	②	①	④															

01
정답 ④

분류 밸브는 유압원에서 2개 이상의 유압 회로에 분류시킬 때, 압력에 관계없이 일정하게 유량을 분할하여 흐르게 하는 밸브이다.

오답분석
① 브레이크 밸브 : 일종의 강압 밸브로, 브레이크를 가했을 때 브레이크관의 압력이 재빨리 내려가게 하는 밸브이다.
② 카운터 밸런스 밸브 : 한쪽 흐름에 배압을 만들고, 다른 방향은 자유 흐름이 되도록 만들어 주는 밸브이다.
③ 감압 밸브 : 유체의 압력을 감소시켜 동력을 절감시키는 밸브이다.

02
정답 ③

나사를 푸는 힘 $P' = Q\tan(p-\alpha)$에서
• P'가 0보다 크면, $p-\alpha>0$이므로 나사를 풀 때 힘이 든다. 따라서 나사는 풀리지 않는다.
• P'가 0이면, $p-\alpha=0$이므로 나사가 풀리다가 정지한다. 따라서 나사는 풀리지 않는다.
• P'가 0보다 작으면, $p-\alpha<0$이므로 나사를 풀 때 힘이 안 든다. 따라서 나사는 스스로 풀린다.

03
정답 ②

미끄럼 베어링은 베어링과 저널부가 서로 미끄럼 접촉을 하는 베어링으로, 면과 면이 접촉하여 축이 회전할 때의 마찰 저항은 구름 베어링보다 크지만, 하중을 지지하는 능력은 일반적으로 크다.

오답분석
① 구름 베어링(Rolling Bearing) : 베어링과 저널 사이에 볼이나 롤러를 넣어 회전 접촉을 하는 베어링이다.
③ 테이퍼 롤러 베어링(Taper Roller Bearing) : 테이퍼 붙은 롤러 베어링이다.
④ 스러스트 베어링(Thrust Bearing) : 하중이 축 방향으로 작용하는 베어링이다.

04
정답 ④

구성인선(Built Up Edge)은 재질이 연하고 공구재료와 친화력이 큰 재료를 절삭가공할 때, 칩과 공구의 윗면 사이의 경사면에 발생되는 높은 압력과 마찰열로 인해 칩의 일부가 공구의 날 끝에 달라붙어 마치 절삭날과 같이 공작물을 절삭하는 현상이다. 이러한 구성인선을 방지하기 위해서 절삭깊이를 작게 하고 절삭속도는 빠르게 하며, 윤활성이 높은 절삭유를 사용하고, 마찰계수가 작고 피가공물과 친화력이 작은 절삭공구를 사용한다.

05

- 탄성계수 : $E = 2G(1+\mu)$

- 전단탄성계수 : $G = \dfrac{E}{2(1+\mu)}$

06

미끄럼 베어링의 유체윤활의 경우 회전속도나 점도가 증가하면 마찰계수도 증가하고, 베어링면의 평균압력이 증가하면 마찰계수는 감소한다.

07

수격현상은 관내를 흐르는 유체의 유속이 급히 바뀌면 유체의 운동에너지가 압력에너지로 변하면서 관내 압력이 비정상적으로 상승하여 배관이나 펌프에 손상을 주는 현상이다. 송출량과 송출압력이 주기적으로 변하는 현상은 맥동현상이다.

맥동현상(Surging : 서징현상)
펌프 운전 중 압력계의 눈금이 주기적이며 큰 진폭으로 흔들림과 동시에 토출량도 변하면서 흡입과 토출배관에서 주기적으로 진동과 소음을 동반하는 현상이며, 영어로는 서징(Surging)현상이라고 한다.

캐비테이션(Cavitation : 공동현상)
유동하는 유체의 속도 변화에 의해 압력이 낮아지면 포화증기압도 함께 낮아지면서 유체 속에 녹아 있던 기체가 분리되어 유체 내부에 기포가 발생하는 현상으로, 이 기포가 관 벽이나 날개에 부딪치면서 소음과 진동이 발생하는 현상이다. 유체의 증기압보다 낮은 압력이 발생하는 펌프 주위에서 주로 발생한다.

08

공기스프링은 작동유체인 Air의 특성으로 2축이나 3축을 동시에 제어하기 힘들다.

09

강(Steel)은 철과 탄소 기반의 합금으로, 탄소함유량이 증가함에 따라 성질이 달라진다. 탄소함유량이 증가하면 경도, 항복점, 인장강도는 증가하고, 충격치와 인성은 감소한다.

탄소함유량 증가에 따른 강(Steel)의 특성
- 경도 증가
- 취성 증가
- 항복점 증가
- 충격치 감소
- 인장강도 증가
- 인성 및 연신율 감소

10

$$\delta = \frac{PL^3}{3EI} = \frac{PL^3}{3E} \times \frac{12}{bh^3} = \frac{8 \times 10^3 \times 1.5^3}{3 \times 200 \times 10^9} \times \frac{12}{0.3 \times 0.1^3} = 0.18 \times 10^{-2} \text{m} = 1.8 \text{mm}$$

11

정답 ①

밀폐된 공간 속에서는 어느 지점에서 압력은 일정하다는 파스칼의 원리를 바탕으로 유압프레스를 작동시킨다.

12

정답 ①

냉동 사이클의 성적계수 $\epsilon_r = \dfrac{(증발온도)}{(응축온도)-(증발온도)} = \dfrac{(저온체에서 흡수한 열량)}{(공급열량)}$ 이다.

이때, 10냉동톤의 흡수열량은 $3.85 \times 10 = 38.5$kW이며 필요한 이론동력은 공급열량이므로,

$(공급열량) = (흡수열량) \times \dfrac{(응축온도)-(증발온도)}{(증발온도)}$ 이다.

따라서 필요한 이론동력은 $38.5 \times \dfrac{(273+25)-(273-20)}{273-20} ≒ 6.85$kW이다.

냉동톤

0℃의 물 1톤을 24시간 동안 모두 0℃의 얼음으로 바꾸는 데 필요한 능력으로, 1시간당 소요되는 열량으로 나타내며, 단위는 RT이다(1RT=3,320kcal/hr).

13

정답 ③

CBN공구라고도 불리는 입방정 질화붕소(Cubic Boron Nitride)는 다이아몬드와 비슷한 성질을 가지고 있으며, 내열성과 내마모성이 뛰어나 철계금속이나 내열합금의 절삭에 사용한다.

[오답분석]

① 세라믹(Ceramic) : 무기질의 비금속재료를 고온(1,200℃)에서 소결한 것이다.
② 초경합금(Carbide) : 고속, 고온절삭에서 높은 경도를 유지할 수 있는 공구재료로, WC, TiC, TaC 분말에 Co를 첨가하여 만든다. 그러나 진동이나 충격을 받으면 쉽게 깨지는 재료이다.
④ 고속도강(High Speed Steel) : W(18%), Cr(4%), V(1%)이 합금되어 약 600℃까지 견딜 수 있다. 탄소강보다 2배의 속도로 절삭가공이 가능하며, 강력 절삭바이트나 밀링커터에 사용된다.

14

정답 ①

마그네슘의 비중은 1.74로 비중이 2.7인 알루미늄보다 작고, 열전도성과 전기전도율도 더 낮다. 또한 조밀육방격자이며 고온에서 발화하기 쉽고, 대기 중에서 내식성이 양호하다. 산이나 바닷물에 침식되기 쉽지만 비강도가 우수하여 항공기나 자동차 부품에도 사용되고 있다.

15

정답 ①

스피닝(Spinning)은 탄소강 판재로 국그릇이나 알루미늄 주방용품을 소량 생산할 때 사용하는 가공법(원뿔형 용기 또는 용기의 입구를 오므라들게 만드는 가공법)으로, 보통 선반과 작업 방법이 비슷하다.

[오답분석]

② 컬링 : 얇은 판재나 드로잉 가공한 용기의 테두리를 프레스나 선반 등으로 둥그렇게 굽히는 가공법이다.
③ 비딩 : 판재의 평편한 부분에 다이를 이용해 일정하게 생긴 줄 모양으로 돌기부를 만드는 가공법이다.
④ 플랜징 : 금속판재의 모서리를 굽혀 테두리를 만드는 가공법이다.

16

정답 ②

한계게이지는 허용할 수 있는 부품의 오차범위의 최대·최소를 설정하고 제품의 치수가 그 범위 내에 드는지 검사하는 기기이다.

오답분석

① 블록게이지 : 길이 측정의 표준이 되는 측정기기로, 공장용 측정기들 중에서 가장 정확한 기기이다.
③ 간극게이지 : 작은 틈새나 간극을 측정하는 기기로, 필러게이지라고도 불린다.
④ 다이얼게이지 : 측정자의 직선 또는 원호운동을 기계적으로 확대하여 그 움직임을 회전 지침으로 변환시켜 눈금을 읽을 수 있도록 한 측정기이다.

17

정답 ②

클러치 설계 시 유의사항은 균형상태가 양호해야 하고, 관성력이 작고 과열되지 않아야 하며, 단속을 원활히 할 수 있도록 해야 하고, 마찰열에 대한 내열성도 좋아야 한다.

18

정답 ①

단조가공은 기계나 다이를 이용하여 재료에 충격을 가해 제품을 만드는 가공법으로, 비행기 착륙기어나 크랭크축 등 응력을 크게 받는 제품의 제작에 사용한다.

오답분석

② 압연가공에 대한 설명이다.
③ 프레스가공에 대한 설명이다.
④ 인발가공에 대한 설명이다.

19

정답 ①

눈메움이나 무딤 발생 시 절삭성 향상을 위해 연삭숫돌 표면의 숫돌 입자를 제거하고, 새로운 절삭날을 숫돌 표면에 생성시켜 절삭성을 회복시키는 작업을 한다. 이때 사용하는 공구를 드레서, 방법을 드레싱이라고 한다.

오답분석

② 알루미나 등의 연마입자가 부착된 연마벨트로 제품 표면의 이물질을 제거하여 제품의 표면을 매끈하게 만든다.
③·④ 눈메움이나 무딤의 발생을 방지하기 위한 작업이다.

20

정답 ③

다이캐스팅(Die Casting)이란 용융금속을 금형(다이)에 고속으로 충진한 뒤 응고 시까지 고압을 계속 가해 주물을 얻는 주조법이다.

오답분석

① 스퀴즈캐스팅(Squeeze Casting) : 단조가공과 주조를 혼합한 주조법으로, 먼저 용탕을 주형에 주입한 후 금형으로 압력을 가하여 제품에 기공을 없애고 기계적 성질을 좋게 한다.
② 원심주조법(Centrifugal Casting) : 고속 회전하는 사형이나 금형주형에 용탕을 주입한 후 약 $300 \sim 3{,}000$rpm으로 회전시켜 원심력에 의해 주형의 내벽에 용탕이 압착된 상태에서 응고시켜 주물을 얻는 주조법이다.
④ 인베스트먼트주조법(Investment Casting) : 제품과 동일한 형상의 모형을 왁스(양초)나 파라핀으로 만든 다음 그 주변을 슬러리상태의 내화재료로 도포한다. 그리고 가열하면 주형이 경화되면서 왁스로 만들어진 내부 모형이 용융되어 밖으로 빠지고 주형이 완성되는 주조법이다.

21

금속을 비중의 크기에 따라 구분할 때 비중이 4.5인 티타늄보다 가벼운 금속을 경금속이라 하며, 일반적으로 마그네슘(1.74)과 알루미늄(2.7), 티타늄(4.5) 등이 경금속에 해당한다. 반면 중금속은 비중의 크기가 4 이상인 금속으로, 주석(5.8), 철(7.8), 니켈(8.9) 등이 있다.

ⓒ Mg(마그네슘) − 1.74
ⓔ Al(알루미늄) − 2.7

[오답분석]
㉠ Sn(주석) − 5.8
㉣ Fe(철) − 7.8
㉤ Ni(니켈) − 8.9

22

정답 ②

절삭속도 공식을 이용하여 주축의 회전수를 구하면 다음과 같다[v＝절삭속도(m/min), d＝공작물의 지름(mm), n＝주축회전수(rpm)].

$$v = \frac{\pi d n}{1,000}$$

$$\rightarrow 314 = \frac{3.14 \times 50 \times n}{1,000}$$

$$\rightarrow 314,000 = 157n$$

$$\therefore n = 2,000\text{rpm}$$

23

정답 ②

키의 전달강도가 큰 순서는 '스플라인＞경사키＞평키＞안장키(새들키)'이다.

24

정답 ①

가솔린기관과 디젤기관

구분	가솔린기관	디젤기관
점화방식	전기불꽃점화	압축착화
최대압력	$30 \sim 35[\text{kg/cm}^2]$	$65 \sim 70[\text{kg/cm}^2]$
열효율	작음	큼
압축비	$6 \sim 11:1$	$15 \sim 22:1$
연소실 형상	간단함	복잡함
연료공급	기화기 또는 인젝터	분사펌프, 분사노즐
진동 및 소음	작음	큼
출력당 중량	작음	큼

25

정답 ④

• δ(변형량)＝1일 때 스프링상수 $k = \dfrac{P}{\delta}$ (P : 응력)

• $\delta = \dfrac{1}{3}$ 일 때 스프링상수 $k = \dfrac{P}{\frac{1}{3}\delta} = \dfrac{3P}{\delta} = 3k$

02 | 전기 적중예상문제

01	02	03	04	05	06	07	08	09	10	11	12	13	14	15	16	17	18	19	20
①	③	①	③	②	②	④	②	②	②	③	②	④	③	③	③	①	②	④	③

21	22	23	24	25															
①	②	④	①	③															

01
정답 ①

직류 직권 전동기 속도 $n = K' \dfrac{V - I_a (R_a + R_s)}{I_a}$

(단자전압 $V = 110$V, 전기자 전류 $I_a = 10$A, 전기자 저항 $R_a = 0.3\,\Omega$, 직권 계자 권선 저항 $R_s = 0.7\,\Omega$, 기계정수 $K' = 2$)

$n = 2 \times \dfrac{110 - 10(0.3 + 0.7)}{10} = 20\text{rps} = 1,200\text{rpm}$

따라서 전동기의 속도는 1,200rpm이다.

02
정답 ③

$l = \dfrac{A}{\rho} R = \dfrac{\pi (0.6 \times 10^{-3})^2}{1.78 \times 10^{-8}} \times 20 ≒ 1,271\text{m}$

03
정답 ①

• 외부 $H = \dfrac{I}{2\pi r}$[AT/m] $\left(H \propto \dfrac{I}{r} \right)$: r에 반비례

• 내부 $H = \dfrac{rI}{2\pi a^2}$[AT/m] $(H \propto r)$: r에 비례

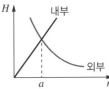

04
정답 ③

$P = VI\cos\theta = 90 \times 5 \times 0.6 = 270\text{W}$

05

송전선 안정도 향상 방법
- 전압변동률을 줄인다(속응여자방식, 중간 조상방식 등).
- 직렬 리액턴스를 작게 한다(병행 2회선 방식, 직렬 콘덴서 채택 등).
- 계통에 주는 충격을 작게 한다(고속차단기, 소속도 재폐로 방식 등).
- 고장이 나면 발전기 입·출력의 불평형을 작게 한다.

06

가공전선에 사용하는 전선의 비중, 즉 밀도는 작아야 한다.

전선의 구비조건
- 도전율이 클 것
- 비중(밀도)이 작을 것
- 부식성이 작을 것
- 기계적 강도가 클 것
- 가선공사가 용이할 것
- 내구성이 좋을 것
- 가격이 저렴할 것

07

발전기의 기전력보다 $90°$ 뒤진 전기자 전류가 흐르면 감자 작용 또는 직축 반작용을 한다.

08

용량 $C = \dfrac{Q}{V} = \dfrac{5 \times 10^{-3} \mathrm{C}}{1{,}000 \mathrm{V}} = 5 \times 10^{-6} \mathrm{F} = 5 \mu\mathrm{F}$

09

부동 충전은 정류기와 축전지를 부하에 병렬로 접속하고, 축전지의 방전을 계속 보충하면서 부하에 전력을 공급하는 방식이다. 부동기로서는 일반적으로 상용 전원에 의한 정류기가 사용되고, 부하에는 주로 부동기에서 전력이 공급된다.

오답분석
① 초충전에 대한 설명이다.
③ 세류 충전에 대한 설명이다.
④ 보충 충전에 대한 설명이다.

10

구분	단상 반파	단상 전파	3상 반파	3상 전파
직류전압	$E_d = 0.45E$	$E_d = 0.9E$	$E_d = 1.17E$	$E_d = 1.35E$
맥동 주파수	f	$2f$	$3f$	$6f$
맥동률	121%	48%	17%	4%

단상 반파의 직류전압은 $E_d = 0.45\mathrm{E}$이고 $I_d = \dfrac{E_d}{R}$ 이므로, $I_d = \dfrac{0.45 \times 100}{10\sqrt{2}} \fallingdotseq 3.2\mathrm{A}$이다.

11

정답 ③

소형은 5 ~ 10%의 슬립을 사용하며, 중대형은 2.5 ~ 5%의 슬립을 사용한다.

12

정답 ②

동기 발전기의 병렬운전 조건은 기전력의 크기, 위상, 주파수, 파형, 상회전 방향이 같아야 한다.

13

정답 ④

알칼리축전지는 열악한 사용 조건에서도 장기간 사용이 가능하여 중요한 예비 전원 등에 사용되고 있으며, 저온에서도 안정적이므로 전기차나 하이브리드 자동차에 사용되기도 한다.

오답분석

① 납축전지는 방전되면 황산의 농도가 묽어져 수명이 단축되고 충전이 어려워지므로 완전히 방전되기 전에 충전하여야 한다.
② 납축전지는 다른 2차 전지에 비해 경제적이지만, 전지의 용량에 비해 무거운 것이 단점이다.
③ 알칼리전지는 납축전지에 비해 가격이 비싸지만, 충전시간이 짧고 진동에 강하다.

14

정답 ③

케이블 공사에서 전선을 조영재의 아랫면 또는 옆면에 따라 붙이는 경우 전선의 지지점 간의 거리를 케이블은 2.0m 이하로 한다. 단, 사람이 접촉할 우려가 없는 곳에서 수직으로 붙이는 경우는 6.0m 이하로 한다(KEC 232.51).

15

정답 ③

전기자 반작용에서 감자작용이 발생할 경우 지상 전류 상태에서 리액턴스는 증가하여 유도되는 전류가 주자속을 감소시킨다.

16

정답 ③

$P = VI$에서 $I = \dfrac{P}{V} = 50A$이므로

발전기에서는 $E = V + R_a I_a = 207.5V$, 전동기에서는 $V = E + R_a I_a = 215V$(회전수가 같으므로 E도 같음)이다.

17

정답 ①

분당 동기속도 $N_s = \dfrac{120f}{P}$ 식을 이용하여 극수(P)를 구하면 $P = \dfrac{120f}{N_s} = \dfrac{120 \times 60}{900} = 8$극이다.

18

정답 ②

정격 전류가 30A 이하인 저압 전로의 과전류 차단기를 배선용 차단기로 사용하는 경우 정격 전류의 2배의 전류가 통과하였을 때 2분 이내에 자동으로 동작하여야 한다.

19

동기 전동기를 무부하 운전하고 그 계자전류를 조정하면 역률이 0에 가까운 전기자 전류의 크기를 바꿀 수 있는데, 동기 조상기는 이것을 이용해서 회로로부터 얻는 진상 또는 지상 무효전력을 조정하여 역률 조정에 사용한다.

[오답분석]
① 댐퍼 : 진동 에너지를 흡수하는 장치로 제진기, 흡진기라고도 한다.
③ 제동 권선 : 동기기 자극편의 전기자에 상대하는 면의 슬롯 안에 설치한 권선이다.

20

정답 ③

• 13개 직렬연결 시
  – 최저 전압 : $25 \times 13 = 325\text{V}$
  – 최고 전압 : $45 \times 13 = 585\text{V}$
  → 파워컨디셔너의 동작범위 초과
• 12개 직렬연결 시
  – 최저 전압 : $25 \times 12 = 300\text{V}$
  – 최고 전압 : $45 \times 12 = 540\text{V}$
따라서 파워컨디셔너의 동작범위 이내이므로 12장까지 직렬연결이 가능하다.

21

정답 ①

힘의 크기는 거리의 제곱에 반비례한다.

22

정답 ②

평행판 콘덴서 전극 사이에 유리판 삽입 : 콘덴서 직렬 구조

• 공기 $C = \dfrac{\varepsilon S}{d}$ 에서 $d = \dfrac{1}{2} = \dfrac{\varepsilon S}{\frac{1}{2}d} = \dfrac{\varepsilon S}{d} \times 2$

  C는 2배의 용량이 된다.
  ∴ $C_0 = 2 \times C = 2 \times 2\mu\text{F} = 4\mu\text{F}$

• 유리판 $C = \dfrac{\varepsilon S}{d}$ 에서 $d = \dfrac{1}{2}$, $\varepsilon = 9\varepsilon = \dfrac{9\varepsilon S}{\frac{1}{2}d} = \dfrac{\varepsilon S}{d} \times 18$

  C는 18배의 용량이 된다.
  ∴ $C_0 = 18 \times C = 18 \times 2 = 36\mu\text{F}$

등가회로에서

∴ $C_0 = \dfrac{4 \times 36}{4 + 36} = \dfrac{144}{40} = 3.6\mu\text{F}$

23

정답 ④

$E_S = AE_R + BI_R$, $I_S = CE_R + DI_R$ 에서 부하 단락 시 $E_R = 0$ 이다.

따라서 $E_S = BI_R = \dfrac{B}{D} E_S$ 이다.

24

정답 ①

양성자는 (+)전하이며, 전자는 (−)전하를 띠므로 양성자와 전자의 극성은 반대이다.

25

정답 ③

ㄱ. $R - L - C$ 병렬이므로 전압은 모두 같다.
ㄷ. 공진 시 전류는 저항 R에만 흐른다.
ㅁ. 공진 시 에너지는 저항 R에서만 소비된다.

오답분석

ㄴ. 어드미턴스 $Y = \dfrac{1}{R} + j\left(\omega C - \dfrac{1}{\omega L} \right) [\mho]$

$Y = \dfrac{1}{R} + j\dfrac{1}{X_c} - j\dfrac{1}{X_L} [\mho] = \dfrac{1}{R} + j\left(\dfrac{1}{X_c} - \dfrac{1}{X_L} \right),\ X_c = \dfrac{1}{\omega C},\ X_L = \omega L$ 대입

$= \dfrac{1}{R} + j\left(\dfrac{1}{\dfrac{1}{\omega C}} - \dfrac{1}{\omega L} \right) = \dfrac{1}{R} + j\left(\omega C - \dfrac{1}{\omega L} \right) [\mho]$

ㄹ. L과 C의 전류 위상차 : $-90°$와 $+90°$, 즉 $180°$ 위상차 발생)

$L[\mathrm{H}]$	$C[\mathrm{F}]$
$v > I\left(\dfrac{\pi}{2} \right)$	$v < I\left(\dfrac{\pi}{2} \right)$

03 | 화학
적중예상문제

01	02	03	04	05	06	07	08	09	10	11	12	13	14	15	16	17	18	19	20
④	①	④	②	④	③	③	①	③	④	④	②	①	②	③	④	③	②	①	③

21	22	23	24	25															
②	②	④	②	③															

01　　정답 ④

열전도도 값은 고체가 가장 크고, 액체, 기체 순서이다.

알루미늄	$k=174$
메탄올	$k=0.815$(액체)
	$k=0.0124$(기체)
메탄	$k=0.026$
납	$k=30$
니켈	$k=50$

02　　정답 ①

할로겐화 반응 중 가장 격렬한 반응은 플루오르화(Fluori-nation)이며, 역반응이 잘 일어나는 것은 요오드화(Iodination)이다.

03　　정답 ④

휘발도가 이상적으로 낮을 경우에는 최고 비점을 가지는 최고 공비 혼합물을 얻게 된다. 즉, 휘발도가 이상적으로 낮은 것은 다른 종류의 분자 간의 친화력이 큰 경우이다.

04　　정답 ②

$$\rho = \frac{M}{22.4} \times \frac{T_0}{T} = \left(\frac{29}{22.4}\right) \times \left(\frac{273}{300}\right) \fallingdotseq 1.18 \text{kg/m}^3$$

05　　정답 ④

비료용은 보통 $20.6 \sim 20.8\%$ N을 함유하는 산성 비료이다. 또한, 황산기(SO_4)는 강산이다.

06

정답 ③

기초 대사량은 심장 박동, 혈액 순환, 호흡 운동, 체온 유지 등 생명을 유지하는 데 필요한 최소한의 에너지량이다.

07

정답 ③

기존의 생물체 속에 다른 생물체의 유전자를 끼워 넣음으로써 기존의 생물체에 존재하지 않던 새로운 성질을 갖도록 하는 생물체를 유전자 변형 생물이라고 한다. 이를 위해 유전자 재조합 기술이 사용된다.

08

정답 ①

$$C + O_2 \rightarrow CO_2$$
$$\quad 12 \qquad 44$$
$$\quad 70 \qquad x$$

$$\therefore \ x = \frac{70 \times 44}{12} = 256.7 \text{kg}$$

$$(\text{탄산가스의 몰수}) = \frac{256.7}{44} = 5.83 \text{kg-mol}$$

09

정답 ③

$$N_{Re} = \frac{D\bar{u}\rho}{\mu}$$

D : 내경
$\bar{u}$: 유체의 평균 속도
ρ : 유체의 밀도
μ : 점도

$$\therefore \ f = \frac{16}{N_{Re}} = \frac{16}{\dfrac{10 \times 4 \times 1}{0.01}} = \frac{16}{4,000} = 0.004$$

10

정답 ④

증발관의 용량

$$q = UA\Delta t = 800 \times 1 \times (130 - 20) = 88,000 \text{kcal/hr}$$

11

정답 ④

$$\Delta S = \frac{Q}{T} = \frac{80,000}{273} = 293 \text{cal/K}$$

12

정답 ②

(몰분율) = (압력분율)

$$\frac{P_{H_2O}}{P} = \frac{5/18}{(200/29 + 5/18)} = 0.039$$

$$\therefore \ P_{H_2O} = P \times 0.039 = 1 \times 0.039 = 0.039 \text{atm} = 0.039 \times 760 = 29.64 \text{mmHg}$$

13

추제의 선택 조건
• 선택도 또는 선택성이 커야 한다.
• 회수가 용이해야 한다.
• 값이 싸고 화학적으로 안정해야 한다.
• 비점 및 응고점이 낮으며, 부식성과 유동성이 적고 추질과 비중차가 클수록 좋다.

14

정답 ②

절대습도는 몰습도라고도 하며, H[kg-H$_2$O/kg-dry gas] 또는 H_m[kg-mol H$_2$O/kg mol-dry gas]로 표현된다.

15

정답 ③

$0.1 \times 100 = 0.8 \times w$
→ $w = 12.5$kg
∴ (증발된 수분의 양)$= 100 - 12.5 = 87.5$kg

16

정답 ④

고립된 전체계의 엔트로피는 언제나 증가하지만 그 안에 속해 있는 개방계(바깥세계와 에너지와 물질을 모두 교환하는 계)의 경우 엔트로피가 감소할 수 있다(생물의 엔트로피). 이때 엔트로피의 개념은 열역학 제2법칙과 관련된다.

17

정답 ③

교반의 목적
• 성분의 균일화
• 물질 전달 속도의 증대
• 열전달 속도의 증대
• 물리적 변화의 촉진
• 화학적 변화의 촉진
• 분산액 제조

18

정답 ②

(용액 중 80%의 수분의 양)$= \dfrac{x}{10+x} \times 100 = 80\%$
→ $x = 40$
∴ (제거될 물의 양)$= 90 - 40 = 50$kg

19

정답 ①

이상기체의 법칙
$$P = \frac{nRT}{V} = \frac{W}{M}RT$$
[P : 압력, T : 온도, n : 몰수, W : 기체의 무게, M : 분자량, R : 기체상수($\fallingdotseq 0.082$)]
∴ $P = \dfrac{nRT}{V} = \dfrac{2 \times 0.082 \times 300}{50} = 0.984$

20

정답 ③

(CO$_2$로 변한 C의 양)$=66\text{kg}\times\dfrac{12}{44}=18\text{kg}$

(CO로 변한 C의 양)$=24\text{kg}-18\text{kg}=6\text{kg}$

$\therefore$ (CO의 양)$=6\text{kg}\times\dfrac{28}{12}=14\text{kg}$

21

정답 ②

(이상기체의 몰수)$=\dfrac{PV}{RT}=\dfrac{1\times1.12}{0.082\times273}\fallingdotseq0.05\text{mol}$

압축 후의 압력 $P_1V_1=P_2V_2$, $P_2=\dfrac{1.12}{0.2}\times1=5.6\text{atm}$

$\Delta G=nRT\ln\dfrac{P_2}{P_1}=0.05\times1.987\times273\times\ln\dfrac{5.6}{1}\fallingdotseq46.73\text{cal}$

22

정답 ②

유체의 속도

$\bar{\mu}=\dfrac{Q}{A}\times\dfrac{Q}{\dfrac{\pi D^2}{4}}=\dfrac{W}{\rho\dfrac{\pi}{4}D^2}$ 에서 $\bar{\mu}=\dfrac{W}{\rho\dfrac{\pi}{4}D^2}=\dfrac{31.4}{(0.75\times1,000)\dfrac{\pi}{4}\times(4\times10^{-2})^2}\fallingdotseq33.33\text{m/min}$

23

정답 ④

열전달 속도는 단면적과 온도차에 비례하고 두께에 반비례한다.

$\dfrac{dQ}{d\theta}=-kA\dfrac{dt}{dl}\,\text{kcal/hr}$

$\dfrac{dQ}{d\theta}$: 단위시간당 전달되는 열량(cal/hr)

$\dfrac{dt}{dl}$: 단위길이당 온도기울기(℃/m)

A : 단면적(m^2)

k : 열전도도(비례상수)

따라서 열전달의 추진력은 온도차이며, 저항은 두께이다.

24

정답 ②

• 층류 : $N_{Re}<2,100$

• 임계영역 : $2,100<N_{Re}<400$

• 난류 : $N_{Re}>4,000$

• Plug Flow : 유속의 분포가 항상 일정($\bar{\mu}=\mu_{\max}=$일정)

25

건식 인산 제조법의 특징

• 저품위 인광석을 처리할 수 있다.

• 인의 기화와 산화를 따로 할 수 있다.

• 고순도·고농도의 인산을 제조한다.

• Slag는 시멘트의 원료가 된다.

• 습식법과 달리 황산을 요하지 않는다.

PART 4

최종점검 모의고사

01 NCS 공통영역

01	02	03	04	05	06	07	08	09	10	11	12	13	14	15	16	17	18	19	20
④	②	③	①	④	③	②	④	④	④	④	④	③	①	①	④	④	③	④	①

21	22	23	24	25	26	27	28	29	30										
④	①	④	②	④	④	①	②	④	②										

01 문서 내용 이해 정답 ④

장피에르 교수 외 고대 그리스 수학자들의 학문에 대한 공통적 입장은 새로운 진리를 찾는 기쁨이라는 것이다.

오답분석

① · ③ 제시문과 반대되는 내용이므로 적절하지 않다.
② 제시문에 언급되어 있지 않아 알 수 없다.

02 내용 추론 정답 ②

제시문에는 두 개의 판이 만나고 있으며 서로 멀어지고 있다는 정보만 있을 뿐, 어느 판이 더 빠르고 느린지 절대 속도에 대한 자세한 정보는 없다.

오답분석

① 세 번째 문단의 '열점이 거의 움직이지 않는다는 것을 알아내고, 그것을 판의 절대 속도를 구하는 기준점으로 사용하였다. 과학자들은 지금까지 지구상에서 100여 개의 열점을 찾아냈는데, 그 중의 하나가 바로 아이슬란드에 있다.'는 내용으로 알 수 있다.
③ 두 번째 문단의 '지구에서 판의 경계가 되는 곳은 여러 곳이 있다. 그러나 아이슬란드는 육지 위에서 두 판이 확장되는 희귀한 지역이다.'라는 내용으로 알 수 있다.
④ 두 번째 문단의 '아이슬란드는 육지 위에서 두 판이 확장되는 희귀한 지역이다. ~ 틈이 매년 약 15cm씩 벌어지고 있다.'는 내용으로 알 수 있다.

03 빈칸 삽입 정답 ③

• ⊙의 '사람은 섬유소를 분해하는 효소를 합성하지 못한다.'라는 내용과 (나) 바로 뒤의 문장의 '반추 동물도 섬유소를 분해하는 효소를 합성하지 못하는 것은 마찬가지'라는 내용을 통해 ⊙의 적절한 위치는 (나)임을 알 수 있다.
• ⓒ은 대표적인 섬유소 분해 미생물인 피브로박터 숙시노젠(F)을 소개하고 있으므로 계속해서 피브로박터 숙시노젠을 설명하는 (라) 뒤의 문장의 앞에 위치해야 한다.

04 　문서 내용 이해　정답 ①

일반 시민들이 SNS를 통해 문제를 제기하면서 전통적 언론에서 뒤늦게 그 문제에 대해 보도하는 현상이 생기게 된 것이다.

[오답분석]
㉠·㉢ 현대의 전통적 언론도 의제설정기능을 수행할 수는 있지만, 과거 언론에 비해 의제설정기능의 역할이 약화되었다.
㉣ SNS로 인해 역의제설정 현상이 강해지고 있다.

05 　빈칸 삽입　정답 ④

제시문에서는 뛰어난 잠재력이 있는 인재만이 좋은 인재로 성장하는 것이 아니라, 리더의 기대와 격려, 관심에 따라 인재가 성장하는 것이라고 말하고 있다. 따라서 모든 구성원을 차별하지 말고 잠재력을 믿자는 내용의 ④가 빈칸에 들어갈 내용으로 가장 적절하다.

06 　글의 제목　정답 ③

제시문은 타인에 대한 기대가 그 사람의 성취에 크게 영향을 미친다는 실험 결과를 통해 리더의 역할에 대해 말하고 있다. 따라서 잠재력 있는 인재가 더 성장한다는 내용보다는, 리더의 역할에 따라 구성원의 역량이 발휘된다는 내용이 나와야 하므로 ③은 글의 제목으로 적절하지 않다.

07 　글의 주제　정답 ②

제시문은 '탈원전·탈석탄 공약에 맞는 제8차 전력공급기본계획(안) 수립 → 분산형 에너지 생산시스템으로의 정책 방향 전환 → 분산형 에너지 생산시스템에 대한 대통령의 강한 의지 → 중앙집중형 에너지 생산시스템의 문제점 노출 → 중앙집중형 에너지 생산시스템의 비효율성'의 내용으로 전개되고 있다. 즉, 제시문은 일관되게 '에너지 분권의 필요성과 나아갈 방향을 모색해야 한다.' 라는 점을 말하고 있다. 따라서 글의 주제로 가장 적절한 것은 ②이다.

[오답분석]
①·③ 제시문에서 언급되지 않았다.
④ 다양한 사회적 문제점들과 기후, 천재지변 등에 의한 문제점들을 언급하고 있으나 글의 주제를 뒷받침하기 위한 이슈이므로 글 전체의 주제로 보기는 어렵다.

08 　빈칸 삽입　정답 ④

제시문을 통해 4세대 신냉매는 온실가스를 많이 배출하는 기존 3세대 냉매의 대체 물질로 사용되어 지구 온난화 문제를 해결하는 열쇠가 될 것임을 알 수 있다.

09 　경청　정답 ④

경청의 5단계
㉠ 무시(0%)
㉡ 듣는 척하기(30%)
㉢ 선택적 듣기(50%)
㉣ 적극적 듣기(70%)
㉤ 공감적 듣기(100%)

PART 4

10 어휘

'신기롭다'와 '신기스럽다' 중 '신기롭다'만을 표준어로 인정한다.

[오답분석]

한글 맞춤법에 따르면 똑같은 형태의 의미가 몇 가지 있을 경우, 그중 어느 하나가 압도적으로 널리 쓰이면 그 단어만을 표준어로 삼는다.

① '-지만서도'는 방언형일 가능성이 높다고 보아 표준어에서 제외되었으며, '-지만'이 표준어이다.
② '길잡이', '길라잡이'가 표준어이다.
③ '쏜살같이'가 표준어이다.

11 인원 선발

A ~ E의 조건별 점수를 구하면 다음과 같다.

구분	직급	직종	근속연수	부양가족 수	주택 유무	합계
A	3점	5점	3점	–	10점	21점
B	1점	10점	1점	4점	10점	26점
C	4점	10점	3점	4점	–	22점
D	2점	3점	1점	6점	10점	22점
E	5점	5점	4점	6점	–	21점

C과장과 D주임의 경우 동점으로, 부양가족 수가 더 많은 D주임이 우선순위를 가진다. 따라서 가장 높은 점수인 B사원과 D주임이 사택을 제공받을 수 있다.

12 품목 확정

입사 예정인 신입사원이 총 600명이므로 볼펜 600개와 스케줄러 600권이 필요하다.
A ~ C도매업체 모두 스케줄러의 구매가격에 따라 특가상품 구매 가능 여부를 판단할 수 있으므로 스케줄러의 가격을 먼저 계산해야 한다.
• A도매업체 : 25만 원×6=150만 원
• B도매업체 : 135만 원
• C도매업체 : 65만 원×2=130만 원
A ~ C도매업체 모두 특가상품 구매 조건을 충족하였으므로 특가상품을 포함해 볼펜의 구매가격을 구하면 다음과 같다.
• A도매업체 : 25.5만 원(볼펜 300개 특가)+(13만 원×2SET)=51.5만 원
• B도매업체 : 48만 원(볼펜 600개 특가)
• C도매업체 : 23.5만 원(볼펜 300개 특가)+(8만 원×3SET)=47.5만 원
업체당 전체 구매가격을 구하면 다음과 같다.
• A도매업체 : 150만 원+51.5만 원=201.5만 원
• B도매업체 : 135만 원+48만 원=183만 원
• C도매업체 : 130만 원+47.5만 원=177.5만 원
따라서 가장 저렴하게 구매할 수 있는 업체는 C도매업체이며, 구매가격은 177.5만 원이다.

13 비용 계산

면당 추가료를 x원, 청구항당 심사청구료를 y원이라고 하자.
• 대기업 : (기본료)+$20x$+$2y$=70,000 ······ ㉠
• 중소기업 : (기본료)+$20x$+$3y$=90,000 ······ ㉡
  (∵ 중소기업은 50% 감면 후 수수료가 45,000원)
따라서 ㉡-㉠을 계산하면 y=20,000이므로 청구항당 심사청구료는 20,000원이다.

14 비용 계산

정답 ①

면당 추가료를 x원, 청구항당 심사청구료를 y원이라고 하자.
- 대기업 : (기본료)$+20x+2y=70,000$ …… ㉠
- 개인 : (기본료)$+40x+2y=90,000$ …… ㉡
  (∵ 개인은 70% 감면 후 수수료가 27,000원)

따라서 ㉡$-$㉠을 계산하면 $x=1,000$이므로 면당 추가료는 1,000원이다.

15 비용 계산

정답 ①

면당 추가료는 1,000원, 청구항당 심사청구료는 20,000원이다.
대기업 특허출원 수수료는 70,000원으로 (기본료)$+20×1,000+2×20,000$이므로 기본료는 10,000원이다.

16 인원 선발

정답 ④

승진시험 성적은 100점 만점이므로 제시된 점수를 그대로 반영하고 영어 성적은 5를 나누어서 반영한다. 성과 평가의 경우는 2를 나누어서 합산점수를 구하면 다음과 같다.

(단위 : 점)

구분	A	B	C	D	E	F	G	H	I	J	K
합산점수	220	225	225	200	277.5	235	245	220	260	225	230

이때, 합산점수가 높은 E와 I는 동료평가에서 하를 받았으므로 승진 대상에서 제외된다. 따라서 다음 순위자인 F, G가 승진 대상자가 된다.

17 품목 확정

정답 ④

한 달을 기준으로 S씨가 지출하게 될 자취방 월세와 자취방에서 대학교까지 왕복 시 거리비용을 합산하면 다음과 같다.
- A자취방 : $330,000+(1.8×2,000×2×15)=438,000$원
- B자취방 : $310,000+(2.3×2,000×2×15)=448,000$원
- C자취방 : $350,000+(1.3×2,000×2×15)=428,000$원
- D자취방 : $320,000+(1.6×2,000×2×15)=416,000$원

따라서 S씨가 선택할 수 있는 가장 저렴한 비용의 자취방은 D자취방이다.

18 시간 계획

정답 ③

엘리베이터는 한 번에 최대 세 개 층을 이동할 수 있으며, 올라간 다음에는 반드시 내려와야 한다는 조건에 따라 청원경찰이 최소 시간으로 6층을 순찰하고, 1층으로 돌아올 수 있는 방법은 다음과 같다.
1층 → 3층 → 2층 → 5층 → 4층 → 6층 → 3층 → 4층 → 1층
이때, 이동에만 소요되는 시간은 총 $2+1+3+1+2+3+1+3=16$분이다.
따라서 청원경찰이 6층을 모두 순찰하고 1층으로 돌아오기까지 소요되는 시간은 총 $60(=10분×6층)+16=76분=1시간 16분$이다.

PART 4

19 정답 ④

다른 직원들의 휴가 일정이 겹치지 않고, 주말과 공휴일이 아닌 평일이며, 전체 일정도 없는 21 ~ 22일이 가장 적절하다.

[오답분석]

① 3월 1일은 공휴일이므로 휴가일로 적절하지 않다.
② 3월 5일은 K공사 전체회의 일정이 있어 휴가를 사용하지 않는다.
③ 3월 10일은 주말이므로 휴가일로 적절하지 않다.

20 시간 계획 정답 ①

전체회의 일정과 공휴일(삼일절), 주말을 제외하면 3월에 휴가를 사용할 수 있는 날은 총 20일이다. 직원이 총 12명이므로 한 명당 1일을 초과하여 휴가를 쓸 수 없다.

21 명제 추론 정답 ④

주어진 조건을 정리해 보면 다음과 같다.

구분	미국	영국	중국	프랑스
올해	D	C	B	A
작년	C	A	D	B

따라서 항상 참인 것은 ④이다.

22 명제 추론 정답 ①

'물을 녹색으로 만든다.'를 p, '냄새 물질을 배출한다.'를 q, '독소 물질을 배출한다.'를 r, '물을 황색으로 만든다.'를 s라고 하면 $p \rightarrow q$, $r \rightarrow \sim q$, $s \rightarrow \sim p$가 성립한다. 첫 번째 명제의 대우인 $\sim q \rightarrow \sim p$가 성립함에 따라 $r \rightarrow \sim q \rightarrow \sim p$가 성립한다. 따라서 '독소 물질을 배출하는 조류는 물을 녹색으로 만들지 않는다.'는 반드시 참이 된다.

23 자료 해석 정답 ④

행사장 방문객은 시계 반대 방향으로 돌면서 전시관을 관람한다. 400명의 방문객이 출입하여 제1전시관에서 100명이 관람한다면 나머지 300명은 관람하지 않고 지나치게 된다. 따라서 A에서 홍보판촉물을 나눠 줄 수 있는 대상자는 300명이 된다. 그리고 B는 A를 거쳐서 오는 300명과 제1전시관을 관람하고 나온 100명의 인원이 합쳐지는 장소이므로 총 400명을 대상으로 홍보판촉물을 나눠 줄 수 있다. 이러한 개념으로 모든 장소를 고려해 보면 각 전시관과의 출입구가 합류되는 B, D, F에서 가장 많은 사람들에게 홍보판촉물을 나눠 줄 수 있다.

24 자료 해석 정답 ②

ⓒ 화장품은 할인 혜택에 포함되지 않는다.
ⓒ 이불은 가구가 아니므로 할인 혜택에 포함되지 않는다.

25 규칙 적용 정답 ④

• 형태 : HX(육각)
• 허용압력 : L(18kg/cm²)
• 직경 : 014(14mm)
• 재질 : SS(스테인리스)
• 용도 : M110(자동차)

26   자료 해석   정답 ④

각 펀드의 총점을 통해 비교 결과를 유추하면 다음과 같다.
- A펀드 : 한 번은 우수(5점), 한 번은 우수 아님(2점)
- B펀드 : 한 번은 우수(5점), 한 번은 우수 아님(2점)
- C펀드 : 두 번 모두 우수 아님(2점＋2점)
- D펀드 : 두 번 모두 우수(5점＋5점)

각 펀드의 비교 대상은 다른 펀드 중 두 개이며, 총 4번의 비교를 했다고 하였으므로 다음과 같은 경우를 고려할 수 있다.

i)

A		B		C		D	
B	D	A	C	B	D	A	C
5	2	2	5	2	2	5	5

표의 결과를 정리하면 D>A>B, A>B>C, B・D>C, D>A・C이므로 D>A>B>C이다.

ii)

A		B		C		D	
B	C	A	D	A	D	C	B
2	5	5	2	2	2	5	5

표의 결과를 정리하면 B>A>C, D>B>A, A・D>C, D>C・B이므로 D>B>A>C이다.

iii)

A		B		C		D	
D	C	C	D	A	B	A	B
2	5	5	2	2	2	5	5

표의 결과를 정리하면 D>A>C, D>B>C, A・B>C, D>A・B이므로 D>A・B>C이다.

ㄱ. 세 가지 경우에서 모두 D펀드는 C펀드보다 우수하다.
ㄴ. 세 가지 경우에서 모두 B펀드보다 D펀드가 우수하다.
ㄷ. 마지막 경우에서 A펀드와 B펀드의 우열을 가릴 수 있으면 A~D까지 우열순위를 매길 수 있다.

27   명제 추론   정답 ①

화요일은 재무팀 소속인 C의 출장이 불가하며, 수요일은 영업팀의 정기 일정인 팀 회의로 A, B의 출장이 불가하다. 또한 목요일은 B가 휴가 예정이므로, 금요일 및 주말을 제외하고 세 사람이 동시에 출장을 갈 수 있는 날은 월요일뿐이다.

[오답분석]
② 회계감사로 인해 재무팀 소속인 C는 본사에 머물러야 한다.
③ 수요일에는 영업팀의 정기 회의가 있다.
④ B가 휴가 예정이므로 세 사람이 함께 출장을 갈 수 없다.

28   창의적 사고   정답 ②

- A : 비판적 사고의 목적은 단순히 주장의 단점을 찾아내는 것이 아니라, 종합적인 분석과 검토를 통해 그 주장이 타당한지 아닌지를 밝혀내는 것이다.
- D : 비판적 사고는 논증, 추론에 대한 문제의 핵심을 파악하는 방법을 통해 배울 수 있으며, 타고난 것이라고 할 수 없다.

29 자료 해석

정답 ④

- 갑이 화장품 세트를 구매하는 데 든 비용
  - 화장품 세트 : 29,900원
  - 배송비 : 3,000원(일반배송상품이지만 화장품 상품은 30,000원 미만 주문 시 배송비 3,000원 부담)
- 을이 책 3권을 구매하는 데 든 비용
  - 책 3권 : 30,000원(각각 10,000원)
  - 배송비 : 무료(일반배송상품＋도서상품은 배송비 무료)

따라서 갑은 32,900원, 을은 30,000원이다.

30 자료 해석

정답 ②

- 사과 한 박스의 가격 : 32,000×0.75(25% 할인)＝24,000원
- 배송비 : 무료(일반배송상품, 도서지역에 해당되지 않음)
- 최대 배송 날짜 : 일반배송상품은 결제완료 후 평균 2～4일 이내 배송되므로(공휴일 및 연휴 제외) 금요일 결제완료 후 토요일, 일요일을 제외하고 늦어도 목요일까지 배송될 예정이다.

31 응용 수리 정답 ②

일의 양을 1이라고 하면 A, B가 하루에 할 수 있는 일의 양은 각각 $\frac{1}{4}$, $\frac{1}{6}$ 이다.

이때 B가 혼자 일할 기간을 x일이라고 하자.

$$\frac{1}{4} \times 2 + \frac{1}{6} \times x = 1$$

$$\therefore x = 3$$

따라서 B는 3일 동안 일을 해야 한다.

32 응용 수리 정답 ④

7일 중 4일을 골라 수영을 하는 경우의 수는 $_7C_4 = _7C_3 = \frac{7 \times 6 \times 5}{3 \times 2} = 35$가지이다. 또한, 두 번째 조건에 따라 수영을 하지 않는 날 중 이틀 동안 농구, 야구, 테니스 중 두 종목을 고르는 경우의 수는 $_3C_2 \times _3C_2 \times 2! = 18$가지이다. 마지막으로 남은 하루는 세 종목에서 한 종목을 택하므로 3가지 경우가 가능하다. 따라서 철수가 세울 수 있는 일주일 동안의 운동 계획의 경우의 수는 $35 \times 18 \times 3 = 1,890$가지이다.

33 응용 수리 정답 ③

증발한 물의 양을 xg이라 하자.

$$\frac{3}{100} \times 400 = \frac{5}{100} \times (400 - x)$$

$$\rightarrow 1,200 = 2,000 - 5x$$

$$\therefore x = 160$$

따라서 증발한 물의 양이 160g이므로, 남아있는 설탕물의 양은 $400 - 160 = 240$g이다.

34 응용 수리 정답 ②

우람이네 집에서 도서관까지의 거리를 $x$km라고 하자.

집에서 출발하여 도서관에 갔다가 집을 거쳐 우체국에 가는 데 걸리는 시간은 $\left(\frac{x}{5} + \frac{x+10}{3}\right)$시간이다. 이때, 이동하는 데 걸리는 시간이 4시간 이내여야 하므로 다음 식이 성립한다.

$$\frac{x}{5} + \frac{x+10}{3} < 4$$

$$\rightarrow 3x + 5(x+10) < 60$$

$$\rightarrow 8x < 10$$

$$\therefore x < \frac{5}{4}$$

따라서 도서관은 집에서 $\frac{5}{4}$km 이내에 있어야 한다.

PART 4

35 자료 이해   정답 ②

월간 용돈을 5만 원 미만으로 받는 비율은 중학생 89.4%, 고등학생 60%로 중학생이 고등학생보다 높다.

오답분석

① 용돈을 받는 남학생과 여학생의 비율은 각각 82.9%, 85.4%로 여학생이 더 높다.
③ 고등학교 전체 인원을 100명이라 한다면 그중에 용돈을 받는 학생은 약 80.8명이다. 80.8명 중에 용돈을 5만 원 이상 받는 학생의 비율은 40%이므로 80.8×0.4≒32.3명이다.
④ 전체에서 금전출납부의 기록, 미기록 비율은 각각 30%, 70%이다. 따라서 기록하는 비율이 더 낮다.

36 자료 이해   정답 ②

2023년 국제소포 분야 매출액의 2019년 대비 증가율은 $\dfrac{21,124-17,397}{17,397}\times100≒21.4\%$이므로 옳지 않은 설명이다.

오답분석

① 자료를 통해 2023년 4/4분기 매출액이 2023년 다른 분기에 비해 가장 높은 것을 확인할 수 있다.
③ 2023년 분야별 매출액의 2019년 대비 증가율은 다음과 같다.

- 국제통상 분야 : $\dfrac{34,012-16,595}{16,595}\times100≒105.0\%$

- 국제소포 분야 : $\dfrac{21,124-17,397}{17,397}\times100≒21.4\%$

- 국제특급 분야 : $\dfrac{269,674-163,767}{163,767}\times100≒64.7\%$

따라서 2023년 매출액 증가율이 2019년 대비 가장 큰 분야는 국제통상 분야의 매출액이다.

④ 2022년 국제통상 분야의 매출액 비율은 $\dfrac{26,397}{290,052}\times100≒9.1\%$이므로 10% 미만이다.

37 자료 계산   정답 ③

- 1인 1일 사용량에서 영업용 사용량이 차지하는 비중 : $\dfrac{80}{282}\times100≒28.37\%$

- 1인 1일 가정용 사용량의 하위 두 항목이 차지하는 비중 : $\dfrac{20+13}{180}\times100≒18.33\%$

38 자료 이해   정답 ②

수도권은 서울과 인천·경기를 합한 지역을 의미한다. 따라서 전체 마약류 단속 건수 중 수도권의 마약류 단속 건수의 비중은 22.1+35.8=57.9%이다.

오답분석

① • 대마 단속 전체 건수 : 167건
   • 코카인 단속 전체 건수 : 65건
   65×3=195>167이므로 옳지 않은 설명이다.
③ 코카인 단속 건수가 없는 지역은 강원, 충북, 제주로 3곳이다.
④ • 대구·경북 지역의 향정신성의약품 단속 건수 : 138건
   • 광주·전남 지역의 향정신성의약품 단속 건수 : 38건
   38×4=152>138이므로 옳지 않은 설명이다.

39 　자료 계산　　　　　　　　　　　　　　　　　　　정답 ①

광역시 저소득층 점유형태별 구성비는 나열된 항목인 자가, 전세, 보증부 월세, 월세, 사글세, 무상 순으로 $\frac{1}{2}$씩 수치가 감소하고 있다. 따라서 빈칸에 들어갈 수치는 $6.4 \times \frac{1}{2} = 3.2$이다.

40 　자료 이해　　　　　　　　　　　　　　　　　　　정답 ④

같은 물질에 대한 각 기관의 실험오차율의 크기 비교는 실험오차의 크기 비교로 할 수 있다.
물질 2에 대한 각 기관의 실험오차를 구하면 다음과 같다.
• A기관 : $|26 - 11.5| = 14.5$
• B기관 : $|7 - 11.5| = 4.5$
• C기관 : $|7 - 11.5| = 4.5$
• D기관 : $|6 - 11.5| = 5.5$
B, C, D기관의 실험오차의 합은 $4.5 + 4.5 + 5.5 = 14.5$이다.
따라서 물질 2에 대한 A기관의 실험오차율은 물질 2에 대한 나머지 기관의 실험오차율의 합과 같다.

[오답분석]

① • 물질 1에 대한 B기관의 실험오차 : $|7 - 4.5| = 2.5$
　• 물질 1에 대한 D기관의 실험오차 : $|2 - 4.5| = 2.5$
　즉, 두 기관의 실험오차와 유효농도가 동일하므로 실험오차율도 동일하다.
② 실험오차율이 크려면 실험오차가 커야 한다. 물질 3에 대한 각 기관의 실험오차를 구하면 다음과 같다.
　• A기관 : $|109 - 39.5| = 69.5$
　• B기관 : $|15 - 39.5| = 24.5$
　• C기관 : $|16 - 39.5| = 23.5$
　• D기관 : $|18 - 39.5| = 21.5$
　따라서 물질 3에 대한 실험오차율은 A기관이 가장 크다.
③ • 물질 1에 대한 B기관의 실험오차 : $|7 - 4.5| = 2.5$
　• 물질 1에 대한 B기관의 실험오차율 : $\frac{2.5}{4.5} \times 100 ≒ 55.56\%$
　• 물질 2에 대한 A기관의 실험오차 : $|26 - 11.5| = 14.5$
　• 물질 2에 대한 A기관의 실험오차율 : $\frac{14.5}{11.5} \times 100 ≒ 126.09\%$
　따라서 물질 1에 대한 B기관의 실험오차율은 물질 2에 대한 A기관의 실험오차율보다 작다.

41 　정보 이해　　　　　　　　　　　　　　　　　　　정답 ③

세탁기 신상품의 컨셉이 중년층을 대상으로 하기 때문에 성별이 아닌 연령에 따라 자료를 분류하여 중년층의 세탁기 선호 디자인에 대한 정보가 필요함을 알 수 있다.

42 　엑셀 함수　　　　　　　　　　　　　　　　　　　정답 ①

원하는 행 전체에 서식을 넣고 싶다면 [열 고정] 형태로 조건부 서식을 넣어야 한다. [A2:D9]까지 영역을 잡고 조건부 서식 → 새 규칙 → 수식을 사용하여 서식을 지정할 셀 결정까지 들어간 다음 「=$D2<3」 식을 넣고 서식을 넣으면 적용된다.

43 　정보 이해　　　　　　　　　　　　　　　　　　　정답 ③

고객의 신상 정보의 경우 유출하거나 삭제하는 것 등의 행동을 해서는 안 되며, 거래처에서 빌린 컴퓨터에서 나왔기 때문에 거래처 담당자에게 되돌려주는 것이 가장 적절하다.

44 정보 이해 **정답** ③

여러 셀에 숫자, 문자 데이터 등을 한 번에 입력하려면 여러 셀이 선택되어 있는 상태에서 〈Ctrl〉＋〈Enter〉를 눌러서 입력해야 한다.

45 정보 이해 **정답** ④

윈도에서 현재 사용하고 있는 창을 닫을 때는 〈Ctrl〉＋〈W〉를 눌러야 한다.

46 엑셀 함수 **정답** ①

보기의 SUMPRODUCT 함수는 배열 또는 범위의 대응되는 값끼리 곱해서 그 합을 구하는 함수이다.
「＝SUMPRODUCT(B4:B10,C4:C10,D4:D10)」는 (B4×C4×D4)＋(B5×C5×D5) …… ＋(B10×C10×D10)의 값으로 나타난다.
따라서 (가) 셀에 나타나는 값은 2,610이다.

47 엑셀 함수 **정답** ④

• COUNTIF : 지정한 범위 내에서 조건에 맞는 셀의 개수를 구한다.
• 함수식 : ＝COUNTIF(D3:D10,"＞＝2023-07-01")

오답분석

① COUNT : 범위에서 숫자가 포함된 셀의 개수를 구한다.
② COUNTA : 범위가 비어 있지 않은 셀의 개수를 구한다.
③ SUMIF : 주어진 조건에 의해 지정된 셀들의 합을 구한다.

48 엑셀 함수 **정답** ③

오답분석

①·② AND 함수는 인수의 모든 조건이 참(TRUE)일 경우에 성별을 구분하여 표시할 수 있으므로 적절하지 않다.
④ 함수식에서 "남자"와 "여자"가 바뀌었다.

49 엑셀 함수 **정답** ④

오답분석

① 등급은 [G2] 셀에 「＝IFS(RANK(E2,$E$2:$E$8)＜＝2,"A",RANK(E2,$E$2:$E$8)＜＝5,"B",TRUE,"C")」를 넣고 드래그하면 된다.
② 등수는 [F2] 셀에 「＝RANK(E2,$E$2:$E$8)」를 넣고 드래그하면 된다.
③ 최종점수는 [E2] 셀에 「＝ROUND(AVERAGE(B2:C2)*0.9＋D2*0.1,1)」를 넣고 드래그하면 된다.

50 엑셀 함수 **정답** ①

「＝VLOOKUP(SMALL(A2:A10,3),A2:E10,4,0)」을 해석해 보면, 우선 SMALL(A2:A10,3)의 함수는 [A2:A10]의 범위에서 3번째로 작은 숫자이므로 그 값은 '3'이 된다. VLOOKUP 함수는 VLOOKUP(첫 번째 열에서 찾으려는 값, 찾을 값과 결과로 추출할 값들이 포함된 데이터 범위, 값이 입력된 열의 열 번호, 일치 기준)으로 구성되므로 VLOOKUP(3,A2:E10,4,0) 함수는 A열에서 값이 3인 4번째 행, 그리고 4번째 열에 위치한 '82'가 결괏값으로 출력된다.

|01| 기계

31	32	33	34	35	36	37	38	39	40	41	42	43	44	45	46	47	48	49	50
②	③	③	④	②	③	②	①	④	①	②	②	①	③	②	①	①	③	③	①

51	52	53	54	55															
①	③	③	③	③															

31

연삭가공은 정밀한 입자가공이며, 치수정밀도는 정확한 편이다. 연삭입자는 불규칙한 형상, 평균적으로 큰 음의 경사각을 가졌으며, 경도가 크고 취성이 있는 공작물 가공에 적합하다.

32

먼저 그림을 보면 병렬로 겹쳐진 2개의 스프링이 다시 직렬로 4개 연결되어 있다.

이때 2개씩 겹친 부분은 병렬 겹침이므로 병렬 겹침 2개의 스프링상수(k병렬)=k병렬1+k병렬2=200+200=400이다.

이 병렬 겹침스프링 4개를 직렬로 연결한 직렬 스프링상수(k직렬)를 구하면

$$k직렬 = \cfrac{1}{\cfrac{1}{k직렬1}+\cfrac{1}{k직렬2}+\cfrac{1}{k직렬3}+\cfrac{1}{k직렬4}} = \cfrac{1}{\cfrac{1}{400}+\cfrac{1}{400}+\cfrac{1}{400}+\cfrac{1}{400}} = \frac{400}{4} = 100이다.$$

다음으로 스프링상수(k) 구하는 식을 응용해서 압축량 δ를 구하면

$$k = \frac{P}{\delta}\,[\text{N/mm}]$$

$$\therefore\ \delta = \frac{200}{100} = 2\text{mm}$$

스프링상수(k) 구하기

직렬연결 시	병렬연결 시
$k = \cfrac{1}{\cfrac{1}{k_1}+\cfrac{1}{k_2}}$	$k = k_1 + k_2$

※ 접시스프링 : 안쪽에 구멍이 뚫려 있는 접시모양의 원판스프링

33

수격현상은 배관 내의 압력차로 인해 진동과 음이 발생하는 것을 말한다.

34
정답 ④

저압주조법은 밀폐된 도가니에 압축공기를 불어넣고, 1기압 이하의 압력을 쇳물에 가하여 중력과 반대 방향으로 밀어 올려서 주입하는 주조 방법이다. 주입속도를 자유로이 조절할 수 있으며 복잡하거나 얇은 주물, 대형 주물 등의 주조가 가능하나, 생산성이 낮고, 금속의 종류에 제한이 있다는 단점이 있다.

오답분석
① 원심주조법 : 형상 틀에 쇳물을 주입한 후 고속으로 회전시켜 원심력으로 주물을 얻는 주조법으로, 라이너, 포신 등을 제작할 때 사용한다.
② 다이캐스팅 : 금형 다이에 고속으로 충진, 압입하는 주조법으로, 대량 생산에 적합하고, 주로 비철금속의 주조에 사용된다.
③ 셸 주조법 : 얇은 셸 모양의 주형을 사용해서 주물을 만드는 방법으로, 질이 좋은 주물이 되며, 치수의 정밀도가 매우 높기 때문에 주물의 기계가공이 적어도 되는 이점이 있다.

35
정답 ②

가늘고 긴 원통형의 공작물을 센터나 척으로 고정하지 않고 바깥지름 또는 안지름을 연삭하는 가공방법으로, 연삭숫돌바퀴, 조정숫돌바퀴, 받침날의 3요소가 공작물의 위치를 유지한 상태에서 연삭숫돌바퀴로 공작물을 연삭하는 것을 센터리스연삭(Centerless Grinding)이라 한다.

오답분석
① 크립피드연삭(Creep Feed Grinding) : 기존 평면연삭법에 비해 절삭깊이를 크게 하고 1회에서 수번의 테이블이송으로 연삭다듬질을 하는 방법이다.
③ 원통연삭(Cylindrical Grinding) : 숫돌바퀴의 회전운동과 주축대와 심압대 사이인 양 센터에 고정된 공작물의 회전·이송운동으로 원통의 내면과 외면, 측면 등을 연삭하는 가장 일반적인 연삭가공법이다.
④ 전해연삭(Electrolytic Grinding) : 전해작용에 의한 금속의 용해작용과 일반 연삭가공을 병행하는 가공법이다.

36
정답 ③

크리프(Creep) 현상은 재료에 일정한 하중 또는 응력을 준 상태에서 시간이 지남에 따라 변형이 증가하는 현상을 말한다.

37
정답 ②

절연저항을 측정하는 기구는 메거이다.

38
정답 ①

전해가공은 공작물을 양극으로 하고 공구를 음극에 연결하여 전기화학적 작용으로 공작물이 전기분해시켜 원하는 부분을 제거하는 가공법이다.

오답분석
② 방전가공 : 절연성의 가공액 내에서 전극과 공작물 사이에서 일어나는 불꽃방전에 의하여 재료를 조금씩 용해시켜 원하는 형상의 제품을 얻는 가공법이다.
③ 전자빔가공 : 진공 속에서 고밀도의 전자빔을 용접물에 고속으로 조사하여 물체에 국부적으로 고열을 발생시켜 구멍을 내거나 절단하는 방법이다. 주로 전자빔용접으로 불린다.
④ 초음파가공 : 공구와 공작물 사이에 연삭입자와 공작액을 섞은 혼합액을 넣고 초음파진동을 주면 공구가 반복적으로 충격을 가하여 공작물의 구멍, 연삭, 절단 등을 행하는 가공법이다.

39

가공도가 클수록, 가열시간이 길수록, 냉간가공도가 커질수록 재결정온도는 낮아진다. 재결정 시 강도가 약해지고 연성은 증가한다. 또한 재결정온도는 일반적으로 약 1시간 안에 95% 이상 재결정이 이루어지는 온도로 정의되며, 금속의 용융온도를 절대온도 T_m 이라 할 때, 재결정온도는 대략 $0.3 \sim 0.5\,T_m$ 범위에 있다.

40

용접봉의 심선을 둘러싸고 있는 피복제의 역할이 다양하기는 하나, 원래 수소의 침입을 방지하거나 그로 인해 발생되는 불량을 예방할 수는 없다.

41

키홈의 깊이가 깊어질수록 축의 직경은 작아지고, 직경이 작아지면 받는 힘(압력)은 커지므로 응력집중이 더 잘 일어난다. 따라서 파손의 우려가 커지므로 좋은 체결기구가 될 수 없다.

42

오답분석

① 플래시현상 : 금형의 주입부 이외의 부분에서 용융된 플라스틱이 흘러나와 고화되거나 경화된 얇은 조각의 수지가 생기는 불량현상으로, 금형의 접합부에서 발생하는 성형불량이다. 금형 자체의 밀착성을 크게 하기 위해 체결력을 높여 예방한다.
③ 플로마크현상 : 딥드로잉가공에서 성형품의 측면에 나타나는 외관결함으로, 성형재료의 표면에 유선 모양의 무늬가 있는 불량현상이다.
④ 제팅현상 : 게이트에서 공동부에 분사된 수지가 광택과 색상의 차이를 일으켜 성형품의 표면에 구불거리는 모양으로 나타나는 불량이다.

43

파스칼의 원리에 의해 A, B피스톤이 받는 압력은 동일하다.

따라서 $P_1 = P_2$ 이므로 $P_1 = \dfrac{F_1}{A_1} = \dfrac{F_1}{\pi \left(\dfrac{D_1}{2}\right)^2} = \dfrac{4F_1}{\pi {D_1}^2}$ 이 된다.

44

오토콜리미터(Autocollimeter)는 렌즈를 이용해 점광원에서 나온 빛을 평행 광선으로 만드는 콜리미터와 망원경을 조합한 형태로, 미세한 각도 변화를 측정한다. 망원경 내의 상의 위치가 이동하는 것을 이용하여 미소각도를 측정한다.

오답분석

① 직각자 : 2개의 직선자가 서로 직각으로 고정된 측정용 기구이다.
② 사인바 : 직각 삼각형의 2변 길이로 삼각함수에 의해 각도를 구하는 것으로, 삼각법을 이용하여 측정한다.
④ 각도 게이지 : 일종의 블록 게이지로 서로 조합하여 임의의 각을 만들어 사용한다.

45

와이어 컷 방전가공용 전극재료는 열전도가 좋은 구리, 황동, 흑연을 사용하여 성형성이 쉽지만, 스파크방전에 의해 전극이 소모되므로 재사용은 불가능하다. 사용되는 가공액은 일반적으로 수용성 절삭유를 물에 희석하여 사용하고, 와이어는 장력을 파단력의 $\dfrac{1}{2}$ 정도로 하며, 복잡하고 미세한 형상가공에 쓰인다.

46

• 카르노 사이클의 열효율

$$\eta = 1 - \frac{Q_L}{Q_H} = - \frac{T_L}{T_H} = 1 - \frac{273+27}{273+527} = 0.625$$

• 연료 소비량

$$F = \frac{(보일러 용량)}{(저위발열량) \times (효율)} = \frac{100 \times 10^6 \text{J/s}}{20 \times 10^6 \text{J/kg} \times 0.625} = 8\text{kg/s}$$

47

정답 ①

절대압력(P_{abs})이란 완전 진공상태를 기점인 0으로 하여 측정한 압력이다.

$P_{abs} = P_a(_{=atm},\ 대기압력) + Pg(게이지 압력)$

$\therefore\ P_{abs} = P_{a(=atm)} + P_g = 100 + 30 = 130\text{kPa}$

48

정답 ③

나사의 종류 및 특징

명칭		그림	용도	특징
삼각 나사	미터 나사		기계조립 (체결용)	• 미터계 나사 • 나사산의 각도 60° • 나사의 지름과 피치를 mm로 표시한다.
	유니 파이 나사		정밀기계 조립 (체결용)	• 인치계 나사 • 나사산의 각도 60° • 미, 영, 캐나다 협정으로 만들어져 ABC나사라고도 한다.
	관용 나사		유체기기 결합 (체결용)	• 인치계 나사 • 나사산의 각도 55° • 관용평행나사 : 유체기기 등의 결합에 사용한다. • 관용테이퍼나사 : 기밀 유지가 필요한 곳에 사용한다.
사각나사			동력전달용 (운동용)	• 프레스 등의 동력전달 용으로 사용한다. • 축방향의 큰 하중을 받는 곳에 사용한다.
사다리꼴나사			공작기계의 이송용 (운동용)	• 애크미나사라고도 불린다. • 인치계 사다리꼴나사(TW) : 나사산 각도 29° • 미터계 사다리꼴나사(Tr) : 나사산 각도 30°
톱니나사			힘의 전달 (운동용)	• 힘을 한쪽 방향으로만 받는 곳에 사용한다. • 바이스, 압착기 등의 이송용 나사로 사용한다.
둥근나사			전구나 소켓 (운동용, 체결용)	• 나사산이 둥근모양이다. • 너클나사라고도 불린다. • 먼지나 모래가 많은 곳에서 사용한다. • 나사산과 골이 같은 반지름의 원호로 이은 모양이다.
볼나사			정밀공작 기계의 이송장치 (운동용)	• 나사축과 너트 사이에 강재 볼을 넣어 힘을 전달한다. • 백래시를 작게 할 수 있고 높은 정밀도를 오래 유지할 수 있으며 효율이 가장 좋다.

49

정답 ③

응력집중이란 단면이 급격히 변화하는 부분에서 힘의 흐름이 심하게 변화할 때 발생하는 현상을 말하며, 이를 완화하려면 단이 진 부분의 곡률반지름을 크게 하거나 단면을 완만하게 변화하도록 한다. 또한 응력집중계수(k)는 단면부의 평균응력에 대한 최대응력의 비율로 구할 수 있으며, 계수값은 재질을 고려하지 않고 노치부의 존재 여부나 급격한 단면변화와 같은 재료의 형상 변화에 큰 영향을 받는다.

50

정답 ①

STD 11 : 합금공구강(냉간금형)

[오답분석]

② 탄소강 주강품(SC), 인장강도 360MPa 이상(360)
③ 기계 구조용 탄소강재(SM), 평균탄소함유량 0.42 ~ 0.48%(45C)
④ 일반 구조용 압연강재(SS), 최저인장강도 400N/mm² (400)

51

정답 ①

가스터빈은 압축, 연소, 팽창의 과정으로 작동되는 내연기관으로, 압축기에서 압축된 공기가 연소실에서 연료와 혼합되어 연소하면서 고온·고압으로 팽창한 힘으로 터빈을 움직여 에너지를 얻는 열기관 사이클이며, 실제 개방 사이클로 이루어진다. 또한 공기가 공급되며 냉각제 역할을 한다.

52

정답 ③

응력 – 변형률선도에서 재료에 작용한 응력이 항복점에 이르게 되면 하중을 제거해도 재료는 변형된다.
강(Steel)재료를 인장시험하면 다음과 같은 응력 – 변형률선도를 얻을 수 있다. 응력 – 변형률 곡선은 작용 힘에 대한 단면적의 적용방식에 따라 공칭응력과 진응력으로 나뉘는데, 일반적으로는 시험편의 최초 단면적을 적용하는 것을 공칭응력 혹은 응력이라고 하며 다음 선도로 표현한다.
• 공칭응력(Tominal Stress) : 시험편의 최초단면적에 대한 하중의 비
• 진응력(True Stress) : 시험 중 변화된 단면적에 대한 하중의 비

〈응력 – 변형률 곡선($\sigma - \varepsilon$ 경선도)〉

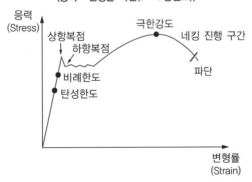

• 탄성한도(Elastic Limit) : 하중을 제거하면 시험편의 원래 치수로 돌아가는 구간으로 후크의 법칙이 적용된다.
• 비례한도(Proportional Limit) : 응력과 변형률 사이에 정비례관계가 성립하는 구간 중 응력이 최대인 점이다.
• 항복점(Yield Point, σ_y) : 인장시험에서 하중이 증가하여 어느 한도에 도달하면 하중을 제거해도 원위치로 돌아가지 않고 변형이 남게 되는 그 순간의 하중이다.
• 극한응력(Ultimate Stress, σ_u) : 재료가 파단되기 전에 외력에 버틸 수 있는 최대의 응력이다.
• 네킹구간(Necking) : 극한 강도를 지나면서 재료의 단면이 줄어들면서 길게 늘어나는 구간이다.
• 파단점 : 재료가 파괴되는 점이다.

53

카운터싱킹(Countersinking)은 접시머리나사의 머리가 완전히 묻힐 수 있도록 원뿔(원추형)자리를 만드는 작업이다.

54

베르누이 방정식이 성립하기 위해서는 비압축성 유동의 흐름이 되어야 한다.

오답분석

① 정상 상태로 시간에 대한 속도, 밀도 등의 변화가 없어야 한다.
② 비회전성 유동의 경우를 제외하고는 유선이 겹쳐서는 안 된다.
④ 점성력이 없는 상태, 즉 마찰력이 없어야 한다.

55

스프링의 최대 전단응력(τ)

$T = P \times \dfrac{D}{2}$, $T = \tau \times Z_p$를 대입하면 $\tau \times Z_p = \dfrac{PD}{2}$ 이다.

여기서 다시 $Z_p = \dfrac{\pi d^3}{16}$ 을 대입하면 $\tau \times \dfrac{\pi d^3}{16} = \dfrac{PD}{2}$ 이다.

$\tau = \dfrac{PD}{2} \times \dfrac{16}{\pi d^3}$ (여기서 D : 평균직경, d : 소선의 직경)

$\rightarrow \tau = \dfrac{8PD}{\pi d^3}$

$\therefore \dfrac{\tau_2}{\tau_1} = \dfrac{\dfrac{8PD}{\pi \left(\dfrac{d}{2}\right)^3}}{\dfrac{8PD}{\pi d^3}} = \dfrac{8PD\pi d^3}{8PD\pi \left(\dfrac{d}{2}\right)^3} = \dfrac{d^3}{\left(\dfrac{d}{2}\right)^3} = \dfrac{d^3}{\dfrac{d^3}{8}} = \dfrac{8d^3}{d^3} = 8$

31	32	33	34	35	36	37	38	39	40	41	42	43	44	45	46	47	48	49	50
①	①	④	①	④	②	②	④	②	③	①	④	②	④	①	③	③	②	②	①

51	52	53	54	55															
③	①	①	④	③															

31

정답 ①

과도 상태에서는 L, C 등의 회로 소자 또는 전원의 상태가 순간적으로 변화하는 경우에는 각 부분의 전압, 전류 등의 에너지가 순간적으로 정상 상태에 도달하지 못하고, 정상 상태에 이르는 동안 여러 가지 복잡한 변화를 하게 된다. 이러한 상태를 과도 상태라 하며, 정상 상태에 도달하기까지의 일정한 시간을 과도 시간이라 한다. 시상수의 값이 클수록 정상 상태에 도달하는 데 시간이 오래 걸린다.

32

정답 ①

$f_s = sf_1$ 이고, $s = \dfrac{n_0 - n_2}{n_0} = \dfrac{100 - 95}{100} = 0.05$

$\therefore f_2 = 0.05 \times 100 = 5\text{Hz}$

33

정답 ④

줄의 법칙에 따라 $H = I^2 Rt[\text{J}] = 10^2 \times 5 \times 1 \times 60 = 30{,}000\text{J}$이다.

34

정답 ①

사인 함수에 대한 무한 급수는 푸리에 급수이다.

35

정답 ④

$LI = N\phi$

$L = \dfrac{N\phi}{I} \,(\phi = BA \ \text{대입})$

$\quad = \dfrac{NBA}{I} \,(B = \mu H \ \text{대입})$

$\quad = \dfrac{N\mu HA}{I} \left(H = \dfrac{NI}{l} \ \text{대입} \right)$

$\quad = \dfrac{N\mu \dfrac{NI}{l} A}{I} = \dfrac{\mu A N^2}{l} [\text{H}]$

$\therefore L \propto N^2$ 에서 $L \propto (4)^2 = 16$배 증가

36

정답 ②

패러데이 법칙에서 유도되는 전압(기전력)은 $e = N\dfrac{d\varnothing}{dt}[\text{V}]$로 자속 변화량과 권수($N$)에 비례함을 알 수 있다.

37

$R = 10^4 \, \Omega$, $P = 10^4 \text{W}$이고, $P = I^2 RW$에서

$$I = \sqrt{\frac{P}{R}} = \sqrt{\frac{10^4}{10^4}} = 1\text{A}$$

38

유도 전동기의 고정자 권선은 일반적으로 다층 권선이 사용된다.

39

$I = \dfrac{V}{R_1 + R_2}[\text{A}]$, $P = I^2 R[\text{W}]$, $H = 0.24 I^2 Rt\,[\text{cal}]$이므로 R_2는 R_1보다 3배의 열을 발생시킨다.

40

한쪽 발전기의 여자를 늘리면 권선에 전류가 통해서 자속이 늘어나므로 부하 전류는 늘고, 그에 따라 전압도 증가한다.

41

단상 유도 전동기의 기동방법의 기동토크가 큰 순서는 '반발 기동형>반발 유도형>콘덴서 기동형>분상 기동형>셰이딩 코일형'이다.

42

구리전선과 전기 기계기구 단지를 접속하는 경우에 진동 등으로 인하여 헐거워질 염려가 있는 곳에는 스프링 와셔를 끼워 진동을 방지한다.

43

회전 변류기의 직류측 전압 조정 방법으로는 리액턴스 조정, 동기 승압기 사용, 전압 조정 변압기 사용, 유도 전압 조정기 사용 등이 있다.

44

자체 인덕턴스에 축적되는 에너지 $W = \dfrac{1}{2}LI^2[\text{J}]$이다. 따라서 자체 인덕턴스($L$)에 비례하고, 전류($I$)의 제곱에 비례한다.

45

분전반 및 배전반은 전기회로를 쉽게 조작할 수 있는 장소에 설치해야 하며, 기구 및 전선을 점검할 수 있도록 시설해야 한다.

46

피시 테이프는 배관에 전선을 삽입하기 위해 사용하는 공구이다.

47

정답 ③

비례 제어는 검출값 편차의 크기에 비례하여 조작부를 제어하는 동작으로, 정상 오차를 수반하고 사이클링은 없으나 잔류 편차 (Offset)가 발생한다.

48

정답 ②

동기 발전기의 병렬 운전 시 기전력의 크기는 같아야 하지만 다를 경우 무효순환전류가 흐른다. 이 때문에 전기자 반작용으로 고압 측에 감자작용이 일어나고, 전기자 권선에 저항 손실만 증가하여 권선이 가열된다.

49

정답 ②

전기력선의 성질
- 도체 표면에 존재(도체 내부에는 없음)
- $(+) \rightarrow (-)$ 이동
- 등전위면과 수직으로 발산
- 전하가 없는 곳에는 전기력선이 없음(발생, 소멸이 없음)
- 전기력선 자신만으로 폐곡선을 이루지 않음
- 전위가 높은 곳에서 낮은 곳으로 이동
- 전기력선은 서로 교차하지 않음
- (전기력선 접선방향)=(그 점의 전계의 방향)
- $Q[\text{C}]$에서 $\dfrac{Q}{\varepsilon_0}$개의 전기력선이 나옴
- 전기력선의 밀도는 전기장의 세기에 비례

50

정답 ①

전선의 접속 시 전선의 세기를 80% 이상 유지하며, 접속 부분에 전기저항이 증가하지 않도록 주의해야 한다.

51

정답 ③

동기 조상기를 운전할 때 부족여자로 운전하면 동기속도가 되려는 동기 전동기의 특성으로 인해 증자작용이 필요한 리액터처럼 작용한다. 반면 과여자로 운전하면 콘덴서로 작용한다.

52

정답 ①

쿨롱의 법칙에 의해 $F = k\dfrac{q_1 q_2}{r^2} = 9 \times 10^9 \times \dfrac{10 \times 20}{1^2} = 1,800 \times 10^9 \times 10^{-6} \times 10^{-6} = 1.8\text{N}$이다.

53

정답 ①

전력안정화장치(PSS; Power System Stabilizer)는 속응 여자 시스템으로 인한 미소 변동을 안정화시켜 전력계통의 안정도를 향상시킨다.

54

정답 ④

주파수 제어법은 인버터를 이용하는 속도 제어법으로, 계통 주파수를 어느 허용 변동폭 범위 내에 일정하게 유지하기 위해 계통 내의 총 발생전력과 총 소비전력 사이에 정해진 평형상태를 유지하도록 해주는 방법이다.

[오답분석]

① 극수 변환법 : 고정자 권선의 접속 상태를 변경하여 극수를 조절함으로 속도를 제어한다.
② 전압 제어법 : 토크와 전압의 관계를 이용하여 슬립을 변화시켜 속도를 제어한다.
③ 초퍼 제어법 : 반도체 사이리스터를 이용하여 직류 전압을 직접 제어한다.

55

정답 ③

펠티어 효과는 두 종류의 금속으로 하나의 폐회로를 만들고, 전류를 흘리면 양 접속점에서 한쪽은 온도가 올라가고 다른 쪽은 온도가 내려가서 열의 발생 또는 흡수가 생기며, 전류를 반대 방향으로 변화시키면 열의 발생과 흡수했던 곳이 바뀌는 현상이다.

[오답분석]

① 제백 효과 : 두 종류의 금속 접속면에 온도차를 주면 기전력이 발생하는 현상이다.
② 페란티 효과 : 송전선로가 무부하 또는 경부하로 되었을 때 수전단 전압이 송전단 전압보다 높아지는 현상이다.
④ 초전도 효과 : 금속, 합금, 화합물 등의 전기저항이 어느 온도 이하에서 전기저항이 0에 가까워지는 현상이다.

|03| 화학

31	32	33	34	35	36	37	38	39	40	41	42	43	44	45	46	47	48	49	50
③	②	④	④	②	②	②	①	①	④	①	①	③	②	②	①	③	④	②	①

51	52	53	54	55															
③	④	④	③	①															

31

정답 ③

암모니아 합성 반응이다.

오답분석

①·② 황, 황화철광 연소 반응이다.
④ Violet Acid 생성 반응이다.

32

정답 ②

오답분석

① 직류 가솔린 : 원유를 상압 증류하여 얻어지는 가솔린으로 옥탄가가 낮고 그 양도 적다.
③ 개질 가솔린 : 옥탄가가 낮은 가솔린을 촉매반응으로 방향족 탄화수소나 이소파라핀을 많이 함유하는 가솔린이다.
④ 알킬화 가솔린 : C2~C5의 올레핀과 이소부탄의 반응에 의하여 제조하는 옥탄가 높은 가솔린이다.

33

정답 ④

$$\frac{1}{K_L} = \frac{1}{k_L} + \frac{H}{k_G}, \quad \frac{1}{K_G} = \frac{1}{k_G} + \frac{1}{Hk_L}$$

34

정답 ④

오답분석

①·②·③ 비탄화수소 성분에 해당된다.

35

정답 ②

Raoult의 법칙
혼합물 중의 한 성분의 증기 분압은 그 성분의 몰 분율에 그 온도에서 순수 증기압을 곱한 것과 같다.

$p_A = P_A\,x_A$

$p_B = P_B(1-x)$

p_A, p_B : 저비점과 고비점 성분의 증기 분압

P_A, P_B : 각 성분의 순수상태의 증기압

PART 4

36

②

오답분석

①·③·④ 장유성 바니쉬의 특징에 해당한다.

37

정답 ②

습비용 $V_H = (0.082t_G + 22.4)\left(\dfrac{1}{29} + \dfrac{H}{18}\right)$[m³/kg-건조공기]에서

$V_H = (0.082t_G + 22.4)\left(\dfrac{1}{29} + \dfrac{0.02}{18}\right) = 0.915$

∴ $t_G = 40℃$

38

정답 ①

진공 증발관은 과즙이나 젤라틴 등과 같이 열에 예민한 물질을 증발할 경우 진공 증발을 하여 저온도에서 증발시킬 수 있으며, 열에 의한 변질을 방지할 수 있다.

39

정답 ①

(함수율) $= \dfrac{(수분의 \ 양)}{(건조고체의 \ 무게)} = \dfrac{10 - 9.5}{9.5} ≒ 0.052 = 0.05$(kg-H₂O/kg-건조고체)

부연: 0.05(kg-H_2O/kg-건조고체)

40

정답 ④

교반 소요 동력

(레이놀즈수) $= \left(\dfrac{D^2 N\rho}{\mu}\right)$로 변형하여 표시한다.

동력 $P = \left(\dfrac{K}{g_C}\right)\left(\rho N^3 D^5\right)$: 난류 영역에서 해당

D : 날개의 직경(m)

N : 날개의 속도(rpm)

ρ : 밀도(kg/m³)

μ : 유체의 점도(kg/m·sec)

P : 동력(kg·m/sec)

K : 상수

직경이 다른 두 날개의 직경과 속도 관계

$\dfrac{N_1}{N_2} = \left(\dfrac{D_1}{D_2}\right)^{-\frac{5}{3}}$

41

정답 ①

격막식 전해조에서 양극에는 염소의 과전압이 낮고 경제적인 흑연, 금속 전극(DSA)을 사용한다.

42

정답 ①

$1HP = 76kg \cdot m/sec = 550ft \cdot lb_f/sec$

43

정답 ③

니쉬(Nash) 펌프는 물이나 다른 액체를 넣은 타원형 용기를 회전하고, 그 용적 변화를 이용하여 기체를 수송하는 장치로, 유독성 기체를 수송하는 데 사용한다.

44

정답 ②

비말 동반은 증발관에서 비등하여 증발할 때 액체 중에 용질이 포함된 액체 방울이 증기와 함께 배출되는 현상을 말한다. 이는 증발할 때 용액 중에 용질이 섞여 나와 용질의 손실이 있으므로 코스트에 막대한 영향을 준다. 또한 증기와 함께 배출된 액체 방울에 용질이 포함되어 있으므로 응축액을 더럽히는 원인이 된다.

45

정답 ②

Miscella는 유지를 용제로 추출할 때 얻는 추제와 추질의 혼합물을 의미한다.

오답분석

① Cossette : 사탕수수의 얇은 조각을 말한다.
③ Half Miscella : Miscella에 고체가 섞인 것을 말한다.
④ Raffinate : 용제 추출 또는 분자체 등에 의한 흡착으로 추출 또는 흡착되지 않은 추잔상을 의미한다.

46

정답 ①

난류 확산(Eddy Diffusion)은 교반이나 빠른 유속 등에 의한 난류 상태에서 일어나는 확산이다. 난류 영역에서의 물질의 이동은 강한 난류 운동 때문에 층류 영역에서의 물질 이동보다 속도가 빠르다.

47

정답 ③

비교 습도(Percentage Humidity) : 절대 습도 H와 포화 절대 습도 H_S와의 비

$$H_P = \frac{H}{H_S} \times 100$$

$$= \frac{H_m}{H_{ms}} \times 100$$

$$= \frac{\dfrac{p}{P-p}}{\dfrac{p_S}{P-p_S}} \times 100$$

$$= H_R \times \frac{P-p_S}{P-p} \times 100$$

48

정답 ④

결정의 모양은 결정이 성장하는 조건에 따라 변화한다.

49

정답 ②

$$[\text{기공도}(\varepsilon)] = 1 - \frac{(\text{겉보기 밀도})}{(\text{진밀도})} = 1 - \frac{1.5}{2} = 0.25$$

50

정답 ①

몰랄 농도는 용매 1,000g 중에 들어 있는 용질의 몰수이므로 다음과 같은 식이 성립한다.

$$\therefore \ m = \frac{1,000 \times [\text{용질의 무게(g)}]}{(\text{용질의 분자량}) \times [\text{용매의 무게(g)}]} = \frac{1,000 \times 100}{192 \times 1,000} \doteqdot 0.52$$

따라서 몰랄 농도는 약 0.52이다.

51

정답 ③

인산은 인안, 황인안, 황가인안, 중과인산석회 등 인산비료로 가장 많이 사용되고 있다.

52

정답 ④

$$u = \sqrt{2gz} = \sqrt{2 \times 9.8 \times 10} = \sqrt{196} = 14\text{m/sec}$$

53

정답 ④

휘거나 금이 가기 쉬운 물질 혹은 굳은 표면층이 생기기 쉬운 물질은 때로 습윤 공기를 사용하여 건조시킬 필요가 있다. 이 경우 건조속도를 낮추기 위하여 공기와 고체 표면 사이의 습도차를 고의로 감소시킨다. 이에 따라 고체 내부로부터 외부로의 함수율 구배는 작아지고 수축의 영향이 감소된다.

54

정답 ③

Mixer Setter형 추출기는 액 – 액 추출 장치이다.

> **액체 추출 장치**
> 기계적 교반을 하는 형식과 유체 자신의 흐름에 의하여 교반하는 것이 있다. 액체 추출의 가장 간단한 것은 교반기가 붙어 있는 교반조에 추료와 추체를 넣어서 교반한 후 정치하여 양 액층을 분리하는 것이다. 이상적인 평형 조작을 할 수 있지만 정치시키는 데 시간이 많이 걸리므로 원료의 양이 많거나 몇 차례 접촉을 요구할 경우에는 사용하기 힘들다.

55

정답 ①

환류비 $R = \dfrac{L}{D}$

L : 환류액량(kg-mol/h)
D : 유출액량(kg-mol/h)

따라서 환류비를 크게 하면 제품의 순도는 높아지나 유출액량은 작아진다.

제**2**회 최종점검 모의고사

01 NCS 공통영역

01	02	03	04	05	06	07	08	09	10	11	12	13	14	15	16	17	18	19	20
④	③	④	④	①	④	②	②	①	①	①	③	④	③	④	①	③	③	③	④
21	22	23	24	25	26	27	28	29	30										
④	④	④	④	③	②	④	③	②	③										

01 글의 주제　　　　　　　　　　　　　　　　　　　　　　　　　　　　　　정답 ④

제시문의 두 번째 문단에서 전기자동차 산업이 확충되고 있음을 언급하면서 구리가 전기자동차의 배터리를 만드는 데 핵심 재료임을 설명하고 있으므로 '전기자동차 산업 확충에 따른 산업금속 수요의 증가'가 글의 핵심 내용으로 가장 적절하다.

오답분석
① 제시문에서 '그린 열풍'을 언급하고 있으나, 그 현상의 발생 원인은 제시하고 있지 않다.
② 제시문에서 산업금속 공급난이 우려된다고 언급하고 있으나 그로 인한 문제는 제시하고 있지 않다.
③ 제시문에서 언급하고 있는 내용이지만 핵심 내용으로 보기는 어렵다.

02 문서 내용 이해　　　　　　　　　　　　　　　　　　　　　　　　　　　　정답 ③

제시문에서 레비스트로스는 신화 자체의 사유 방식이나 특성을 특정 시대의 것으로 한정하는 오류를 범하고 있다고 언급하였다. 과거 신화시대에 생겨난 신화적 사유는 신화가 재현되고 재생되는 한 여전히 시간과 공간을 뛰어 넘어 현재화되고 있다.

03 내용 추론　　　　　　　　　　　　　　　　　　　　　　　　　　　　　　정답 ④

김씨에게 탁구를 가르쳐 준 사람에 대한 정보는 말로 표현할 수 있는 서술 정보에 해당하며, 이는 뇌의 내측두엽에 있는 해마에 저장된다.

오답분석
① 운동 기술은 대뇌의 선조체나 소뇌에 저장되는데, 김씨는 수술 후 탁구 기술을 배우는 데 문제가 없으므로 대뇌의 선조체는 손상되지 않았음을 알 수 있다.
② 김씨는 내측두엽의 해마가 손상된 것일 뿐 감정이나 공포와 관련된 기억이 저장되는 편도체의 손상 여부는 알 수 없다.
③ 대뇌피질에 저장된 수술 전의 기존 휴대폰 번호는 말로 표현할 수 있는 서술 정보에 해당한다.

04 글의 제목　　　　　　　　　　　　　　　　　　　　　　　　　　　　　　정답 ④

제시문은 혈관 건강에 좋지 않은 LDL 콜레스테롤을 높이는 포화지방과 LDL 콜레스테롤의 분해를 돕고 HDL 콜레스테롤을 상승하게 하는 불포화지방에 대해 설명하고 있다.

05 의사 표현

정답 ①

상대방의 잘못을 지적할 때는 모호한 표현은 설득력을 약화시키기 때문에 상대방이 알 수 있도록 확실하게 지적해야 한다.

06 어휘

정답 ④

포상(褒賞) : 1. 칭찬하고 장려하여 상을 줌
2. 각 분야에서 나라 발전에 뚜렷한 공로가 있는 사람에게 정부가 칭찬하고 장려하여 상을 줌. 또는 그 상

[오답분석]
① 보훈(報勳) : 공훈에 보답함
② 공훈(功勳) : 나라나 회사를 위하여 두드러지게 세운 공로
③ 공로(功勞) : 일을 마치거나 목적을 이루는 데 들인 노력과 수고. 또는 일을 마치거나 그 목적을 이룬 결과로서의 공적

07 맞춤법

정답 ②

'발(이) 빠르다'는 '알맞은 조치를 신속히 취하다.'는 의미의 관용구로 띄어 쓴다. 따라서 띄어쓰기가 옳은 것은 ②이다.

[오답분석]
① 손 쉽게 가꿀 수 있는 → 손쉽게 가꿀 수 있는
'손쉽다'는 '어떤 것을 다루거나 어떤 일을 하기가 퍽 쉽다.'의 의미를 지닌 한 단어이므로 붙여 써야 한다.
③ 겨울한파에 언마음이 → 겨울한파에 언 마음이
'언'은 동사 '얼다'에 관형사형 어미인 '-ㄴ'이 결합한 관형어이므로 '언 마음'과 같이 띄어 써야 한다.
④ 깃발 아래 한 데 뭉치자 → 깃발 아래 한데 뭉치자
'한데'는 '한곳이나 한군데'의 의미를 지닌 한 단어이므로 붙여 써야 한다.

08 글의 주제

정답 ②

제시문의 바다거북에게 장애가 되는 요인(갈증)이 오히려 목표를 이루게 한다(바다로 향하게 함)는 내용을 통해 이어질 내용의 주제로 ②가 가장 적절함을 알 수 있다.

09 빈칸 삽입

정답 ①

제시문은 '발전'에 대한 개념을 설명하고 있다. 빈칸 앞에는 '발전'에 대해 '모든 형태의 변화가 전부 발전에 해당하는 것은 아니다.' 라고 하면서 '교통신호등'을 예로 들고, 빈칸 뒤에는 '사태의 진전 과정에서 나중에 나타나는 것은 적어도 그 이전 단계에 내재적으로 나마 존재했던 것의 전개에 해당한다는 것이다.'라고 설명하고 있다. 이와 함께 첫 번째 문장을 고려한다면 ①이 빈칸에 들어가는 것이 가장 적절하다.

10 빈칸 삽입

정답 ①

- ㉠ : (가) 이후 '다시 말해서'가 이어지는 것으로 보아 앞에 비슷한 내용을 언급하고 있는 문장이 와야 한다. ㉠은 우주 안에서 일어나는 사건이라는 측면에서 과학에서 말하는 현상과 현상학에서 말하는 현상은 다를 바가 없음을 말하고, (가)에서는 현상학적 측면에서 볼 때, 철학의 구조와 과학적 지식의 구조가 다를 바가 없음을 말하고 있음으로 (가)에 들어가는 것이 가장 적절하다.
- ㉡ : 언어학의 특징을 설명하고 있다. (나)의 앞에서 철학과 언어학의 차이를 언급하고 있으며, 뒤 문장에서는 언어학에 대한 설명이 이어지고 있으므로 (나)에 들어가는 것이 가장 적절하다.

11 시간 계획

오전 심층면접은 9시 10분에 시작하므로, 12시까지 170분의 시간이 있다. 한 명당 15분씩 면접을 볼 때, 가능한 면접 인원은 170÷15≒11명이다. 오후 심층면접은 1시부터 바로 진행할 수 있으므로, 종료시간인 5시까지 240분의 시간이 있다. 한 명당 15분씩 면접을 볼 때 가능한 인원은 240÷15＝16명이다. 즉, 심층면접을 할 수 있는 최대 인원수는 11＋16＝27명이다. 27번째 면접자의 기본면접이 끝나기까지 걸리는 시간은 10분×27명＋60분(점심·휴식 시간)＝330분이다. 따라서 마지막 심층면접자의 기본면접 종료 시각은 오전 9시＋330분＝오후 2시 30분이다.

12 비용 계산

총 성과급을 x만 원이라 하면 각 사원의 성과급은 다음과 같다.

• A의 성과급 : $\left(\dfrac{1}{3}x+20\right)$만 원

• B의 성과급 : $\dfrac{1}{2}\left[x-\left(\dfrac{1}{3}x+20\right)\right]+10=\dfrac{1}{3}x$만 원

• C의 성과급 : $\dfrac{1}{3}\left[x-\left(\dfrac{1}{3}x+20+\dfrac{1}{3}x\right)\right]+60=\left(\dfrac{1}{9}x+\dfrac{160}{3}\right)$만 원

• D의 성과급 : $\dfrac{1}{2}\left[x-\left(\dfrac{1}{3}x+20+\dfrac{1}{3}x+\dfrac{1}{9}x+\dfrac{160}{3}\right)\right]+70=\left(\dfrac{1}{9}x+\dfrac{100}{3}\right)$만 원

$\rightarrow x=\dfrac{1}{3}x+20+\dfrac{1}{3}x+\dfrac{1}{9}x+\dfrac{160}{3}+\dfrac{1}{9}x+\dfrac{100}{3}$

$\therefore x=960$

따라서 총 성과급은 960만 원이다.

13 시간 계획

• A씨가 인천공항에 도착한 한국 날짜 및 시각

독일시각	11월 2일 19시 30분
소요시간	+12시간 20분
시차	+8시간
	=11월 3일 15시 50분

인천공항에 도착한 시각은 한국시각으로 11월 3일 15시 50분이고, A씨는 3시간 40분 뒤에 일본으로 가는 비행기를 타야 한다. 비행 출발 시각 1시간 전에는 공항에 도착해야 하므로, 참여 가능한 환승투어 코스는 소요시간이 2시간 이내인 엔터테인먼트, 인천시티, 해안관광이다. 따라서 A씨의 인천공항 도착시각과 환승투어 코스가 바르게 짝지어진 것은 ④이다.

14 시간 계획

7월 19~20일에 연차를 쓴다면 작년투자현황 조사를 1, 4일에, 잠재력 심층조사를 6, 7일에, 1차 심사를 11~13일에, 2차 심사를 15, 18, 21일에 하더라도, 최종결정과 선정결과 발표 사이에 두어야 하는 간격 하루가 부족하므로, 신규투자처 선정 일정에 지장이 가게 된다. 따라서 연차 사용이 불가능하다.

15 시간 계획

최대한 일정을 당겨서 작년투자현황 조사를 1, 4일에, 잠재력 심층조사를 6, 7일에, 1차 심사를 11~13일에, 2차 심사를 15, 18, 19일에 해야만 신규투자처 선정 일정에 지장이 가지 않는다. 그러므로 19일까지는 연차를 쓸 수 없다. 따라서 19일까지 2차 심사를 마치고 20~21일에 연차를 사용한다면 22일에 최종결정, 25일 혹은 26일에 발표를 할 수 있다.

16 품목 확정

정답 ①

과목별 의무 교육이수 시간은 다음과 같다.

구분	글로벌 경영	해외사무영어	국제회계
의무 교육 시간	$\dfrac{15점}{1점/h}=15시간$	$\dfrac{60점}{1점/h}=60시간$	$\dfrac{20점}{2점/h}=10시간$

이제까지 B과장이 이수한 시간을 계산해 보면, 글로벌 경영과 국제회계의 초과 이수 시간은 2+14=16시간이며, 해외사무영어의 부족한 이수 시간은 10시간이다. 초과 이수 시간을 점수로 환산하여 부족한 해외사무영어 점수 10점에서 16×0.2=3.2점을 제외하면 6.8점이 부족하다.

따라서 미달인 과목은 해외사무영어이며, 부족한 점수는 6.8점임을 알 수 있다.

17 비용 계산

정답 ③

영희는 누적방수액의 유무와 상관없이 재충전 횟수가 200회 이상이면 충분하다고 하였으므로 100회 이상 300회 미만으로 충전이 가능한 리튬이온배터리를 구매한다. 이때 누적방수액을 바르지 않은 것이 더 저렴하므로 영희가 가장 저렴하게 구매하는 가격은 5,000원이다.

[오답분석]

① • 철수가 가장 저렴하게 구매하는 가격 : 20,000원
  • 영희가 가장 저렴하게 구매하는 가격 : 5,000원
  • 상수가 가장 저렴하게 구매하는 가격 : 5,000원
  따라서 철수, 영희, 상수가 리튬이온배터리를 가장 저렴하게 구매하는 가격의 합은 20,000+5,000+5,000=30,000원이다.
② • 철수가 가장 비싸게 구매하는 가격 : 50,000원
  • 영희가 가장 비싸게 구매하는 가격 : 10,000원
  • 상수가 가장 비싸게 구매하는 가격 : 50,000원
  따라서 철수, 영희, 상수가 리튬이온배터리를 가장 비싸게 구매하는 가격의 합은 50,000+10,000+50,000=110,000원이다.
④ 영희가 가장 비싸게 구매하는 가격은 10,000원, 상수가 가장 비싸게 구매하는 가격은 50,000원이다. 두 가격의 차이는 40,000원으로 30,000원 이상이다.

18 품목 확정

정답 ③

B부서는 전분기 부서표창으로 인한 혜택을 받으나, D부서는 '의도적 부정행위' 유형의 사고가 3건 이상이므로 혜택을 받지 못한다. 주어진 정보에 따라 부서별 당월 벌점을 계산하면 다음과 같다.

부서	당월 벌점	전분기 부서표창 여부
A	(20×1)+(12×2)+(6×3)=62점	−
B	(20×1)+(12×4)+(6×2)−20=60점	○
C	(12×3)+(6×6)=72점	−
D	(20×3)+(12×2)=84점	○(혜택 못 받음)

따라서 벌점이 두 번째로 많은 부서는 C이다.

19 비용 계산

정답 ③

甲대리의 성과평가 등급을 통해 개인 성과평가 점수에 가중치를 적용하여 점수로 나타내면 다음과 같다.

(단위 : 점)

실적	난이도 평가	중요도 평가	신속성	총점
30×1=30	20×0.8=16	30×0.4=12	20×0.8=16	74

따라서 甲대리는 80만 원의 성과급을 받게 된다.

20 인원 선발

기타의 자격조건에 부합하는 사람을 찾아보면, 1961년 이전 출생자로 신용부서에서 10년 이상 근무하였고, 채용공고일을 기준으로 퇴직일로부터 2년을 초과하지 않은 홍도경 지원자가 가장 적합하다.

오답분석

① 퇴직일로부터 최근 3년 이내 1개월 감봉 처분을 받았다.
② · ③ 신용부문 근무경력이 없다.

21 자료 해석

먼저 층이 정해진 부서를 배치하고, 나머지 부서들의 층수를 결정해야 한다.
변경 사항에서 연구팀은 기존 5층보다 아래층으로 내려가고, 영업팀은 기존 6층보다 아래층으로 내려간다. 또한, 생산팀은 연구팀보다 위층에 배치돼야 하지만 인사팀과의 사이에는 하나의 부서만 가능하므로 6층 총무팀을 기준으로 5층 또는 7층 배치가 가능하다. 따라서 다음과 같이 4가지의 경우가 나올 수 있다.

층수	부서	부서	부서	부서
7층	인사팀	인사팀	생산팀	생산팀
6층	총무팀	총무팀	총무팀	총무팀
5층	생산팀	생산팀	인사팀	인사팀
4층	탕비실	탕비실	탕비실	탕비실
3층	연구팀	영업팀	연구팀	영업팀
2층	전산팀	전산팀	전산팀	전산팀
1층	영업팀	연구팀	영업팀	연구팀

따라서 생산팀은 어느 경우에도 3층에 배치될 수 없다.

22 자료 해석

조건에 따라 각 프로그램의 점수와 선정 여부를 나타내면 다음과 같다.

(단위 : 점)

운영 분야	프로그램명	가중치 반영 인기 점수	가중치 반영 필요성 점수	수요도 점수	비고
운동	강변 자전거 타기	12	5	–	탈락
진로	나만의 책 쓰기	10	7+2	19	
여가	자수 교실	8	2	–	탈락
운동	필라테스	14	6	20	선정
교양	독서 토론	12	4+2	18	
여가	볼링 모임	16	3	19	선정

수요도 점수는 '나만의 책 쓰기'와 '볼링 모임'이 19점으로 같지만, 인기 점수가 더 높은 '볼링 모임'이 선정된다. 따라서 하반기 동안 운영될 프로그램은 '필라테스'와 '볼링 모임'이다.

23 자료 해석

정답 ④

정규직의 주당 근무시간을 비정규직 1과 같이 줄여 근무 여건을 개선하고, 퇴사율이 가장 높은 비정규직 2에게 직무교육을 시행하여 퇴사율을 줄이는 것이 가장 적절하다.

[오답분석]

① 설문조사 결과에서 연봉보다는 일과 삶의 균형을 더 중요시한다고 하였으므로 연봉이 상승하는 것은 퇴사율에 영향을 미치지 않음을 알 수 있다.
② 정규직을 비정규직으로 전환하면 고용의 안정성을 낮추어 퇴사율을 더욱 높일 수 있다.
③ 직무교육을 하지 않는 비정규직 2보다 직무교육을 하는 정규직과 비정규직 1의 퇴사율이 더 낮기 때문에 적절하지 않다.

24 명제 추론

정답 ④

영래의 맞은편이 현석이고 현석의 바로 옆자리가 수민이므로, 이를 기준으로 주어진 조건에 맞추어 자리를 배치해야 한다.
영래의 왼쪽과 수민의 오른쪽이 비어 있을 때 또는 영래의 오른쪽과 수민의 왼쪽이 비어 있을 때는 성표와 진모가 마주보면서 앉을 수 없으므로 성립하지 않는다. 따라서 영래의 왼쪽과 수민의 왼쪽이 비어 있을 때와 영래의 오른쪽과 수민의 오른쪽이 비어 있을 때를 정리하면 다음과 같다.
• 영래의 왼쪽과 수민의 왼쪽이 비어 있을 때

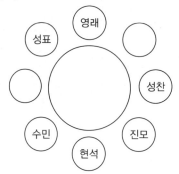

• 영래의 오른쪽과 수민의 오른쪽이 비어 있을 때

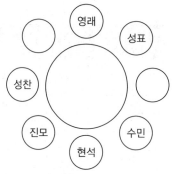

따라서 진모와 수민은 항상 한 명을 사이에 두고 앉는다.

25 명제 추론

세 사람의 판단 기준을 정리해 보면 다음과 같다.

- 갑 : 인지의 발달이나 외형의 수리(복원, 변형) 등은 동일개체로 보지만 복제에 대해서는 동일개체로 보지 않는다.
- 을 : 부품을 교체하거나 정신(소프트웨어)을 업그레이드한 종류는 원래 있던 원형과는 다른 것으로 보고 있다.
- 병 : 소프트웨어(정신)를 업그레이드하거나 복제한 제품은 신체적 손상이나 결함을 수리하거나 부품을 교체한 경우와 다르게 보고 있다.

따라서 위 판단 기준으로 보기를 추론해 보면 다음과 같다.

ㄱ. 을은 '왕자의 정신과 거지의 몸이 결합'되었다면 원래 거지와는 다르긴 해도 신체적 특징에 의해 거지라고 할 것이며, 병은 '왕자의 정신과 거지의 몸이 결합'되었다면 정신적 특징이 바뀌었으므로 거지가 아닌 왕자로 볼 것이다.

ㄷ. 병은 정신이 동일하면 같은 대상이라고 보기 때문에 옳은 판단이며, 갑은 복제된(t5) 것은 원래의 대상과 다르다고 생각하므로 역시 옳은 판단이다.

[오답분석]

ㄴ. 갑은 '두뇌와 신체를 일부 교체'했더라도(t2, t3) 원래의 철수(t1)와 같다고 생각할 것이며, 을은 (t2, t3)가 (t1)과 다르다고 생각할 것이므로 을의 입장은 옳지만 갑의 입장은 틀리게 판단한 것이다.

26 규칙 적용

발급방식에 따르면 뒤 네 자리는 아이디가 아닌 개인정보와 관련이 있다. 따라서 아이디를 구하기 위해서는 뒤 네 자리를 제외한 문자를 통해 구해야 한다.

- 'HW688'에서 방식 1의 역순을 적용하면 HW688 → hw688이다.
- 'hw688'에서 방식 2의 역순을 적용하면 hw688 → hwaii이다.

따라서 직원 A의 아이디는 'hwaii'임을 알 수 있다.

27 규칙 적용

1. 아이디의 알파벳 자음 대문자는 소문자로, 알파벳 자음 소문자는 대문자로 치환한다.
   - JAsmIN → jASMIn
2. 아이디의 알파벳 중 모음 A, E, I, O, U, a, e, i, o, u를 각각 1, 2, 3, 4, 5, 6, 7, 8, 9, 0으로 치환한다.
   - jASMIn → j1SM3n
3 · 4. 1 · 2번 내용 뒤에 덧붙여 본인 성명 중 앞 두 자리와 본인 생일 중 일자를 덧붙여 입력한다.
   - j1SM3n → j1SM3n김리01

28 규칙 적용

발급방식에 따르면 알파벳 모음만 숫자로 치환되므로 홀수가 몇 개인지 구하기 위해서는 전체를 치환하는 것보다 모음만 치환하는 것이 효율적이다. 제시된 문장에서 모음을 정리하면 IE i oo O o e IE이다. 이어서 방식 2를 적용하면 IE i oo O o e IE → 32 8 99 4 9 7 32이다. 따라서 홀수는 모두 6개이다.

29 창의적 사고

창의적 사고는 선천적으로 타고날 수도 있지만, 후천적 노력에 의해 개발이 가능하다.

[오답분석]

① 새로운 경험을 찾아 나서는 사람은 적극적이고 모험심과 호기심 등을 가진 사람으로, 창의력 교육훈련에 필요한 요소를 가지고 있는 사람이다.
③ 창의적인 사고는 창의력 교육훈련을 통해 후천적 노력에 의해서도 개발이 가능하다.
④ 창의력은 본인 스스로 자신의 틀에서 벗어나도록 노력하는 것으로, 통상적인 사고가 아니라 기발하고 독창적인 것을 말한다.

제2회 최종점검 모의고사 • 105

30 | 창의적 사고

정답 ③

비판적 사고를 발휘하는 데에는 개방성, 융통성 등이 필요하다. 개방성은 다양한 여러 신념들이 진실일 수 있다는 것을 받아들이는 태도로, 편견이나 선입견에 의하여 결정을 내려서는 안 된다. 융통성은 개인의 신념이나 탐구 방법을 변경할 수 있는 태도로, 비판적 사고를 위해서는 특정한 신념의 지배를 받는 고정성, 독단적 태도 등을 배제해야 한다. 따라서 비판적 평가에서 가장 낮은 평가를 받게 될 지원자는 본인의 신념을 갖고 상대를 끝까지 설득하겠다는 C지원자이다.

02 사무

31	32	33	34	35	36	37	38	39	40	41	42	43	44	45	46	47	48	49	50
③	①	④	④	②	③	④	②	①	④	③	③	③	④	②	①	④	①	④	①

31 | 응용 수리

정답 ③

10% 소금물의 양을 xg, 4% 소금물의 양을 yg이라 하면 다음과 같은 식이 성립한다.

$\left(\dfrac{10}{100} \times x\right) + \left(\dfrac{4}{100} \times y\right) = \dfrac{8}{100} \times (x+y) \cdots \text{㉠}$

$\left\{\dfrac{8}{100}(x+y-100)\right\} + 20 = \dfrac{12}{100}(x+y-100+20) \cdots \text{㉡}$

두 식을 간단히 정리하면

$x = 2y \cdots \text{㉠}'$

$x + y = 540 \cdots \text{㉡}'$

㉡'에 ㉠'을 대입하면 $2y+y=540$이므로 $y=180$이고 $x=360$이다.

따라서 처음에 농도가 10%인 소금물의 양은 360g이다.

32 | 응용 수리

정답 ①

작년 기획팀 팀원 전체 나이의 합은 $20 \times 35 = 700$세였다. 여기서 65세 팀원 A와 55세 팀원 B가 퇴직하였으므로 두 직원을 제외한 팀원 전체 나이의 합은 $700-(65+55)=580$세이다. 이때, 새로 입사한 팀원 C의 나이를 c세라고 하면, 다음의 등식이 성립한다.

$\dfrac{580+c}{19} = 32$

$\therefore c = 28$

따라서 팀원 C의 나이는 28세이다.

33 | 응용 수리

정답 ④

• 썩거나 안 익은 귤을 꺼낼 확률 : $\dfrac{10}{100} + \dfrac{15}{100} = \dfrac{25}{100}$

• 잘 익은 귤을 꺼낼 확률 : $1 - \left(\dfrac{10}{100} + \dfrac{15}{100}\right) = \dfrac{75}{100}$

따라서 한 사람은 잘 익은 귤, 다른 한 사람은 그렇지 않은 귤을 꺼낼 확률은 $2 \times \dfrac{75}{100} \times \dfrac{25}{100} = 37.5\%$이다.

34 응용 수리

회사에서 식당까지의 거리를 $x$km라 하면 은이가 이동한 시간은 $\dfrac{x}{3}$ 시간이고, 연경이가 이동한 시간은 $\dfrac{x}{3}-\dfrac{1}{6}=\dfrac{x}{4}$ 시간이므로 $x=2$이다. 이때, 효진이의 속력을 $y$km/h라 하면 다음과 같은 식이 성립한다.

$$\dfrac{2}{y}+\dfrac{1}{12}=\dfrac{2}{3}$$
$$\rightarrow \dfrac{2}{y}=\dfrac{7}{12}$$
$$\therefore y=\dfrac{24}{7}$$

35 자료 계산

대전의 지가변동율을 보면 2023년 10월부터 0.009%p씩 감소하고 있음을 알 수 있다. 따라서 2024년 1월 대전의 지가변동율은 0.237-0.009=0.228%임을 알 수 있다.

36 자료 이해

A국과 F국을 비교해 보면 참가선수는 A국이 더 많지만, 동메달 수는 F국이 더 많다.

37 자료 이해

사망자가 30명 이상인 사고를 제외한 나머지 사고는 A, C, D, F이다. 네 사고를 화재규모가 큰 순, 복구비용이 많은 순으로 각각 나열하면 다음과 같다.
• 화재규모 : A − D − C − F
• 복구비용 : A − D − C − F
따라서 옳은 설명이다.

오답분석
① 터널길이가 긴 순, 사망자가 많은 순으로 사고를 각각 나열하면 다음과 같다.
  • 터널길이 : A − D − B − C − F − E
  • 사망자 수 : E − B − C − D − A − F
  따라서 터널길이와 사망자 수는 관계가 없다.
② 화재규모가 큰 순, 복구기간이 긴 순으로 사고를 각각 나열하면 다음과 같다.
  • 화재규모 : A − D − C − E − B − F
  • 복구기간 : B − E − F − A − C − D
  따라서 화재규모와 복구기간의 길이는 관계가 없다.
③ 사고 A를 제외하고 복구기간이 긴 순, 복구비용이 많은 순으로 사고를 각각 나열하면 다음과 같다.
  • 복구기간 : B − E − F − C − D
  • 복구비용 : B − E − D − C − F
  따라서 옳지 않은 설명이다.

PART 4

기원이의 체중이 11kg 증가하면 71+11=82kg이다. 이 경우 비만도는 $\dfrac{82}{73.8} \times 100 \fallingdotseq 111\%$이므로 과체중에 도달한다.

따라서 기원이가 과체중이 되기 위해서는 11kg 이상 체중이 증가해야 한다.

[오답분석]
① • 혜지의 표준체중 : (158−100)×0.9=52.2kg
　• 기원이의 표준체중 : (182−100)×0.9=73.8kg
③ • 혜지의 비만도 : $\dfrac{58}{52.2} \times 100 \fallingdotseq 111\%$

　• 기원이의 비만도 : $\dfrac{71}{73.8} \times 100 \fallingdotseq 96\%$

　• 용준이의 표준체중 : (175−100)×0.9=67.5kg

　• 용준이의 비만도 : $\dfrac{96}{67.5} \times 100 \fallingdotseq 142\%$

　90% 이상 110% 이하면 정상체중이므로 3명의 학생 중 정상체중인 학생은 기원이뿐이다.
④ 용준이가 정상체중 범위에 속하려면 비만도 110% 이하여야 한다.

$$\dfrac{x}{67.5} \times 100 \leq 110\% \rightarrow x \leq 74.25$$

즉, 현재 96kg에서 정상체중이 되기 위해서는 약 22kg 이상 감량을 해야 한다.

ㄱ. 자녀가 1인인 가구의 경우 가구별 총급여액이 800만 원부터 1,300만 원까지의 구간에서 근로장려금은 140만 원이다.
ㄷ. 총급여액이 2,200만 원이고 자녀가 3인 이상인 가구의 근로장려금은 약 70만 원인데 비해, 총급여액이 600만 원이고 자녀가 1인인 가구의 근로장려금은 70만 원보다 많다.

[오답분석]
ㄴ. 무자녀 가구의 경우는 가구별 총급여액이 600만 원부터 900만 원까지의 구간에서 근로장려금이 70만 원으로 동일하다.
ㄹ. 총급여액이 2,000만 원인 가구라고 할 지라도, 무자녀인 경우와 자녀가 1인인 경우는 근로장려금이 지급되지 않는다.

제시된 자료를 토대로 각국의 청년층 정부신뢰율을 구하면 A는 7.6%, B는 49.1%, C는 57.1%, D는 80%이다. 우선 첫 번째 조건에 따라 두 국가 간의 수치가 10배 이상이 될 수 있는 것은 그리스와 스위스이므로, A는 그리스, D는 스위스임을 알 수 있다. 또한, 마지막 조건을 확인해 보면 D보다 30%p 이상 낮은 것은 B밖에 없으므로 B가 미국이 되며, 남은 C는 자동적으로 영국임을 알 수 있다.

41 정보 이해

정보화 사회의 심화로 정보의 중요성이 높아지면, 그 필요성에 따라 정보에 대한 요구가 폭증한다. 또한 방대한 지식을 토대로 정보 생산 속도도 증가하므로 더욱 많은 정보가 생성된다. 따라서 이러한 정보들을 토대로 사회의 발전 속도는 더욱 증가하므로 정보의 변화 속도도 증가한다.

오답분석

① 개인 생활을 비롯하여 정치, 경제, 문화, 교육, 스포츠 등 거의 모든 분야의 사회생활에서 정보에 의존하는 경향이 점점 더 커지기 때문에 정보화 사회는 정보의 사회적 중요성이 가장 많이 요구된다.
② 정보화의 심화로 인해 정보 독점성이 더욱 중요한 이슈가 되어 국가 간 갈등이 발생할 수 있지만, 실물 상품뿐만 아니라 노동, 자본, 기술 등의 생산 요소와 교육과 같은 서비스의 국제 교류가 활발해지므로 세계화가 진전된다.
④ 정보화 사회는 지식정보와 관련된 산업이 부가가치를 높일 수 있는 산업으로 각광받으나, 그렇다고 해서 물질이나 에너지 산업의 부가가치 생산성이 저하되지 않는다. 오히려 풍부한 정보와 지식을 토대로 다른 산업의 생산성이 증대될 수 있다.

42 정보 이해

관리자가 설정해 놓은 프린터를 프린터 목록에서 제거하려면 [관리자 계정]으로 접근해야 한다.

43 엑셀 함수

PROPER 함수는 단어 앞의 첫 글자만 대문자로 나타내고 나머지는 소문자로 나타내주는 함수이다. 따라서 'Republic Of Korea'로 나와야 한다.

44 정보 이해

World Wide Web(WWW)에 대한 설명으로, 웹은 3차 산업혁명에 큰 영향을 미쳤다.

오답분석

① 스마트 팜에 대한 설명이다.
② 3D프린팅에 대한 설명이다.
③ 클라우드 컴퓨팅에 대한 설명이다.

45 엑셀 함수

「=SMALL(B3:B9,2)」은 [B3:B9] 범위에서 2번째로 작은 값을 구하는 함수이므로 7이 출력되고, 「=MATCH(7,B3:B9,0)」는 [B3:B9] 범위에서 7의 위치 값을 나타내므로 4가 출력된다. 따라서 「=INDEX(A3:E9,4,5)」의 결괏값은 [A3:E9]의 범위에서 4행, 5열에 위치한 대전이다.

46 엑셀 함수

오답분석

② 결괏값에 출근과 지각이 바뀌어 나타난다.
③·④ 9시 정각에 출근한 손흥민이 지각으로 표시된다.

47 정보 이해

- (가) 자료(Data) : 정보 작성을 위하여 필요한 데이터를 말하는 것으로, 이는 '아직 특정의 목적에 대하여 평가되지 않은 상태의 숫자나 문자들의 단순한 나열'을 뜻한다.
- (나) 정보(Information) : 자료를 일정한 프로그램에 따라 처리·가공함으로써 '특정한 목적을 달성하는 데 필요하거나 특정한 의미를 가진 것으로 다시 생산된 것'을 뜻한다.
- (다) 지식(Knowledge) : '특정한 목적을 달성하기 위해 과학적 또는 이론적으로 추상화되거나 정립되어 있는 일반화된 정보'를 뜻하는 것으로, 어떤 대상에 대하여 원리적·통일적으로 조직되어 객관적 타당성을 요구할 수 있는 판단의 체계를 제시한다.

48 엑셀 함수

정답 ①

'AVERAGE(B3:E3)'는 [B3:E3] 범위의 평균을 나타낸다. 또한, IF 함수는 논리 검사를 수행하여 TRUE나 FALSE에 해당하는 값을 반환해 주는 함수이다. 즉, 「=IF(AVERAGE(B3:E3)>=90,"합격","불합격")」 함수는 [B3:E3] 범위의 평균이 90 이상일 경우 '합격'이, 그렇지 않을 경우 '불합격'이 입력된다. 따라서 [F3]~[F6]의 각 셀에 나타나는 [B3:E3], [B4:E4], [B5:E5], [B6:E6]의 평균값이 83, 87, 91, 92.5이므로 [F3]~[F6] 셀에 나타나는 결괏값으로 옳은 것은 ①이다.

49 엑셀 함수

정답 ④

LARGE 함수는 데이터 집합에서 N번째로 큰 값을 구하는 함수이다. 따라서 ④를 입력하면 [D2:D9] 범위에서 두 번째로 큰 값인 20,000이 산출된다.

오답분석

① MAX 함수는 최댓값을 구하는 함수이다.
② MIN 함수는 최솟값을 구하는 함수이다.
③ MID 함수는 문자열의 지정 위치에서 문자를 지정한 개수만큼 돌려주는 함수이다.

50 엑셀 함수

정답 ①

SUMIF 함수는 주어진 조건에 의해 지정된 셀들의 합을 구하는 함수이며, 「=SUMIF(조건 범위,조건,계산할 범위)」로 구성된다. 따라서 ①을 입력하면 계산할 범위 [C2:C9] 안에서 [A2:A9] 범위 안의 조건인 [A2](의류)로 지정된 셀들의 합인 42가 산출된다.

오답분석

② COUNTIF 함수는 지정한 범위 내에서 조건에 맞는 셀의 개수를 구하는 함수이다.
③ VLOOKUP 함수는 목록 범위의 첫 번째 열에서 세로방향으로 검색하면서 원하는 값을 추출하는 함수이다.
④ HLOOKUP 함수는 목록 범위의 첫 번째 행에서 가로방향으로 검색하면서 원하는 값을 추출하는 함수이다.

|01| 기계

31	32	33	34	35	36	37	38	39	40	41	42	43	44	45	46	47	48	49	50
②	②	②	③	①	④	②	④	③	②	③	④	③	①	③	①	③	④	①	①

51	52	53	54	55															
③	③	①	③	④															

31

정답 ②

하이드로포밍(Hydro – Forming)은 강관이나 알루미늄 압축튜브를 소재로 사용하며, 금형 내부에 액체를 넣고 강한 압력을 가하여 소재를 변형시킴으로써 복잡한 형상의 제품을 성형하는 제조방법이다.

오답분석

① 아이어닝(Ironing) : 딥드로잉된 컵 형상의 판재 두께를 균일하게 감소시키는 프레스가공법으로 아이어닝 효과라고도 한다. 제품 용기의 길이를 보다 길게 하는 장점이 있으나 지나친 아이어닝 가공은 제품을 파단시킬 수 있다.

③ 엠보싱(Embossing) : 얇은 판재를 서로 반대 형상으로 만들어진 펀치와 다이로 눌러 성형시키는 가공법으로 주로 올록볼록한 형상의 제품 제작에 사용한다.

④ 스피닝(Spinning) : 선반의 주축에 제품과 같은 형상의 다이를 장착한 후 심압대로 소재를 다이와 밀착시킨 후 함께 회전시키면서 강체 공구나 롤러로 소재의 외부를 강하게 눌러서 축에 대칭인 원형의 제품 만드는 박판(얇은 판) 성형가공법이다. 탄소강 판재로 이음매 없는 국그릇이나 알루미늄 주방용품을 소량 생산할 때 사용하는 가공법으로 보통선반과 작업방법이 비슷하다.

32

정답 ②

풀리의 각가속도(α)

$$\alpha = \frac{m(\text{블록의 질량}) \times g(\text{중력가속도}) \times r(\text{풀리의 반지름})}{[I(\text{풀리의 회전 관성모멘트}) + mr^2]}$$

33

정답 ②

오답분석

ㄴ・ㄷ. 기화기와 점화 플러그는 가솔린과 LPG 연료 장치와 관련된 장치이다.

34

정답 ③

스테인리스강은 일반 강재료에 Cr(크롬)을 12% 이상 합금하여 부식이 잘 일어나지 않는다. 스테인리스강에 탄소량이 많아지면 부식이 잘 일어나게 되므로 내식성은 저하된다.

구분	종류	주요성분	자성
Cr계	페라이트계 스테인리스강	Fe+Cr(12% 이상)	자성체
	마텐자이트계 스테인리스강	Fe+Cr(13%)	자성체
Cr+Ni계	오스테나이트계 스테인리스강	Fe+Cr(18%)+Ni(8%)	비자성체
	석출경화계 스테인리스강	Fe+Cr+Ni	비자성체

PART 4

35

정답 ①

변형량을 구하는 식은 $\delta = \dfrac{PL}{AE}$ 이다. (P : 하중, L : 길이, A : 단면적, E : 탄성계수)

따라서 $\delta = \dfrac{PL}{AE} = \dfrac{8 \times 10^3 \times 15 \times 10^3}{\pi \times 5^2 \times 210 \times 10^9 \times 10^{-6}} \fallingdotseq 7.3 \text{mm}$ 이다.

36

정답 ④

"M8"에서 M은 미터나사(M), 8은 호칭지름이 8mm임을 나타낸다.

37

정답 ②

절삭유의 역할 및 특징

• 공구와의 마찰을 감소시킨다.
• 다듬질면의 정밀도를 좋게 한다.
• 공구와 가공물의 친화력을 줄인다.
• 냉각작용과 윤활작용을 동시에 한다.
• 절삭된 칩을 제거하여 절삭작업을 쉽게 한다.
• 공구의 마모를 줄이고 윤활 및 세척작용으로 가공표면을 좋게 한다.
• 가공물과 절삭공구를 냉각시켜 공구의 경도저하를 막고 수명을 늘린다.
• 식물성 유제는 윤활성이 다소 떨어지나 냉각성능이 좋은 반면, 광물성유는 윤활성은 좋으나 냉각성능은 떨어진다.

38

정답 ④

아세틸렌 가스는 가연성 가스의 일종으로 화재의 위험이 있다.

39

정답 ③

방사선투과시험은 재료를 파괴하지 않고 용접부 뒷면에 필름을 놓고 용접물 표면에서 X선이나 γ선을 방사하여 용접부를 통과시키면, 금속 내부에 구멍이 있을 경우 그만큼 투과되는 두께가 얇아져서 필름에 방사선의 투과량이 많아지게 되므로 다른 곳보다 검게 됨을 확인함으로써 불량을 검출하는 방법이다.

비파괴시험법의 종류

내부결함	방사선투과시험(RT)
	초음파탐상시험(UT)
표면결함	외관검사(VT)
	누설검사(LT)
	자분탐상검사(MT)
	침투탐상검사(PT)
	와전류탐상검사(ET)

40

정답 ②

GC300의 GC는 회주철의 약자이며, 300N/mm^2는 최저인장강도를 나타낸다.

41

정답 ③

내연기관의 열효율 중 이론적으로 계산된 이론 열효율이 가장 크며, 크랭크축이나 기어의 손실을 반영한 제동 열효율이 가장 작다. 따라서 열효율의 순서대로 나열한다면 제동 열효율<도시 열효율<이론 열효율 순으로 나타낼 수 있다.

내연기관의 효율

종류	계산식
이론 열효율	사이클이 진행될 때 손실이 전혀 없다고 가정했을 때 피스톤이 한 일로 열량을 공급 열량으로 나눈 수이다.
도시 열효율	사이클이 진행될 때 약 24 ~ 28%의 열손실이 발생하며 피스톤에 하는 도시일과 공급된 총열량과의 비이다.
제동 열효율	정미 효율이라고도 불리며 피스톤이나 크랭크축의 마찰손실과 기어의 손실로 일부가 소비되어 실제로 도시 열효율보다도 작다.

42

정답 ④

제시된 설명은 플래시(Flash) 현상이 나타난 성형불량에 대한 대책이다.

[오답분석]

① 플로마크 현상 : 딥드로잉가공에서 나타나는 외관결함으로, 제품 표면에 성형재료의 줄무늬가 생기는 현상이다.
② 싱크마크 현상 : 냉각속도가 큰 부분의 표면에 오목한 형상이 발생하는 불량이다. 이 결함을 제거하려면 성형품의 두께와 러너와 게이트를 크게 하여 금형 내의 압력을 균일하게 한다.
③ 웰드마크 현상 : 플라스틱 성형 시 흐르는 재료들의 합류점에서 재료의 융착이 불완전하여 나타나는 줄무늬 불량이다.

43

정답 ③

연성파괴는 소성변형을 수반하면서 서서히 끊어지므로 균열도 매우 천천히 진행되면서 갑작스럽게 파괴된다. 또한 취성파괴에 비해 덜 위험하고, 컵 – 원뿔 파괴(Cup and Cone Fracture) 현상이 나타난다.

44

정답 ①

액체호닝(Liquid Honing)은 물과 혼합한 연마제를 압축공기를 이용하여 노즐로 고속으로 분사시켜 공작물의 표면을 곱게 다듬는 가공법이다.

[오답분석]

② 래핑(Lapping) : 랩(Lap)과 공작물의 다듬질할 면 사이에 랩제를 넣고 압력으로 누르면서 연삭작용으로 표면을 깎아내어 다듬는 가공법이다.
③ 호닝(Honing) : 드릴링, 보링, 리밍 등으로 1차 가공한 재료를 더욱 정밀하게 연삭하는 가공법이다.
④ 슈퍼피니싱(Superfinishing) : 입도와 결합도가 작은 숫돌을 낮은 압력으로 공작물에 접촉하고 가볍게 누르면서 진동으로 왕복 운동하면서 공작물을 회전시켜 제품의 표면을 평평하게 다듬질하는 가공법이다.

45

정답 ③

[오답분석]

① 윤활유는 압연하중과 토크를 감소시킨다.
② 마찰계수는 냉간가공일 때 더 작아진다.
④ 공작물이 자력으로 압입되려면 롤러의 마찰각이 접촉각보다 커야 한다.

PART 4

46

정답 ①

오답분석

② 미터보통나사 : 60°

③ 미터계(TM) 사다리꼴나사 : 30°

④ 인치계(TW) 사다리꼴나사 : 29°

47

정답 ③

비소모성 텅스텐봉을 전극으로 사용하고 별도의 용가재를 사용하는 용접법은 TIG(Tungsten Inert Gas)용접이다. MIG용접은 소모성 전극봉을 사용한다.

용극식과 비용극식 아크용접법

용극식 용접법 (소모성 전극)	용가재인 와이어 자체가 전극이 되어 모재와의 사이에서 아크를 발생시키면서 용접 부위를 채워나가는 용접방법으로, 이때 전극의 역할을 하는 와이어는 소모된다. 예 서브머지드 아크용접(SAW), MIG용접, CO_2용접, 피복금속 아크용접(SMAW)
비용극식 용접법 (비소모성 전극)	전극봉을 사용하여 아크를 발생시키고 이 아크열로 용가재인 용접을 녹이면서 용접하는 방법으로, 이때 전극은 소모되지 않고 용가재인 와이어(피복금속 아크용접의 경우 피복 용접봉)는 소모된다. 예 TIG용접

48

정답 ④

코킹(Caulking)은 물이나 가스 저장용 탱크를 리벳팅한 후 밀폐를 유지하기 위해 날 끝이 뭉뚝한 정(코킹용 정)을 사용하여 리벳머리 등을 쪼아서 틈새를 없애는 작업이다.

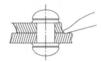

49

정답 ①

오답분석

• 롤러 체인, 웜 기어, 스플라인, 전자 클러치, 원추 마찰자 : 동력전달용 기계요소

• 드럼 브레이크 : 제동용 기계요소

• 공기스프링 : 완충용 기계요소

50

정답 ①

철의 밀도가 탄소의 밀도보다 2 ~ 3배가 더 크기 때문에 동일 체적인 경우 철이 탄소보다 무거운 것을 알 수 있다. 따라서 순수한 철에 탄소의 함유량이 높아질수록 합금되는 탄소강의 비중은 낮아진다.

Fe과 C의 비교

구분	밀도(ρ)	원자량
Fe(철)	$7.87g/cm^3$	55.8g/mol
C(탄소)	$1.8 \sim 3.5g/cm^3$	12g/mol

51

반달키는 홈이 깊게 가공되어 축의 강도가 약해지는 결점이 있으나 가공하기 쉽고, 60mm 이하의 작은 축에 사용되며 특히 테이퍼축에 사용하기 편리하다.

오답분석

① 평행키 : 상하의 면이 평행인 묻힘키이다.

② 경사키 : 보통 $\frac{1}{100}$ 기울기를 가진 키이다.

④ 평키 : 축에 키의 폭만큼 편평하게 깎은 자리를 만들어 보스에 만든 홈에 사용하는 키이다.

52

강의 열처리 조직의 경도는 '페라이트＜펄라이트＜소르바이트＜트루스타이트＜마텐자이트' 순서로 높아진다.

53

절탄기는 폐열을 회수하여 보일러의 연도에 흐르는 연소가스의 열을 이용하여 급수를 예열하는 장치로, 보일러의 효율을 향상시킨다.

54

오답분석

① Al : 면심입방격자

② Au : 면심입방격자

④ Mg : 조밀육방격자

금속의 결정 구조

종류	성질	원소	단위 격자	배위 수	원자 충진율
체심입방격자 (BCC; Body Centered Cubic)	• 강도가 크다. • 용융점이 높다. • 전성과 연성이 작다.	W, Cr, Mo, V, Na, K	2개	8	68%
면심입방격자 (FCC; Face Centered Cubic)	• 전기전도도가 크다. • 가공성이 우수하다. • 장신구로 사용된다. • 전성과 연성이 크다. • 연한 성질의 재료이다.	Al, Ag, Au, Cu, Ni, Pb, Pt, Ca	4개	12	74%
조밀육방격자 (HCP; Hexagonal Close Packed lattice)	• 전성과 연성이 작다. • 가공성이 좋지 않다.	Mg, Zn, Ti, Be, Hg, Zr, Cd, Ce	2개	12	74%

55

테르밋용접은 산화철분말과 알루미늄분말을 혼합하여 점화 시 약 2,800℃의 열이 발생되면서 산화철이 환원되어 생긴 철이 녹을 때, 이를 용접부에 주입하면서 용접하는 방법이다.

오답분석

① 플러그용접 : 위아래로 겹쳐진 판을 접합할 때 사용하는 용접법으로, 위에 놓인 판의 한쪽에 구멍을 뚫고 그 구멍 안의 바닥부터 용접하여 용가재로 구멍을 채워 다른쪽 부재와 용접하는 용접법이다.

② 스터드용접 : 점용접의 일종으로 봉재나 볼트와 같은 스터드(막대)를 판이나 프레임과 같은 구조재에 직접 심는 능률적인 용접법이다.

③ TIG용접 : 텅스텐(Tungsten) 재질의 전극봉으로 아크를 발생시킨 후 모재와 같은 성분의 용가재를 녹여가며 용접하는 특수용접법이다.

|02| 전기

31	32	33	34	35	36	37	38	39	40	41	42	43	44	45	46	47	48	49	50
④	④	④	②	③	④	②	④	④	③	②	①	②	④	④	②	④	④	③	①
51	52	53	54	55															
①	④	②	③	①															

31

정답 ④

$P = VI\cos\theta$

$I = \dfrac{P}{V\cos\theta} = \dfrac{22 \times 10^3}{220 \times 0.5} = 200A$

32

정답 ④

전기력선은 도체 표면에 수직으로 출입하므로 등전위면과 직각으로 교차한다.

33

정답 ④

보상 권선은 자극편에 슬롯을 만들어 여기에 전기자 권선과 같은 권선을 하고 전기자 전류와 반대 방향으로 전류를 통해서 전기자의 기자력을 상쇄하는 작용을 한다.

34

정답 ②

유효전력 $P = I^2 R$[W]으로, 유효전력은 전류의 제곱과 저항에 비례한다.

[오답분석]
① 저항 R만의 회로 : 허수부 0(역률 1)
③ RLC 회로에서 L 제거 시 : C 전류(진상)
④ 역률 개선 : C 추가(진상용 콘덴서)

35

정답 ③

전류 $i = 50\sin\left(\omega t + \dfrac{\pi}{2}\right)$의 $\dfrac{\pi}{2}$는 90°를 뜻하고 +이므로, 전류가 전압보다 90° 앞서는 콘덴서회로에 해당하는 용량성회로이다.

용량성 회로의 전압, 전류 및 전하의 순시값
• 전압 $v = V_m \sin\omega t$[V]
• 전류 $i = I_m \sin(\omega t + \pi/2)$[A]
• 전하 $q = CV = CV_m \sin\omega t$[C]

용량성 회로의 특성
• 정전기에서 콘덴서의 전하는 전압에 비례한다.
• 전압과 전류는 동일 주파수의 사인파이다.
• 전류는 전압보다 위상이 90° 앞선다.

36

정답 ④

최대 저항값은 모두 직렬로 연결할 경우이고, 최소 저항값은 모두 병렬로 연결할 때이다. 하나의 저항을 R이라고 할 때, 직렬 전체저항은 $4R$이며, 병렬 전체저항은 $\dfrac{R}{4}$이다. 따라서 최대 저항값인 직렬 전체저항은 최소 저항값인 병렬 전체저항의 16배이다.

37

정답 ②

전압과 전류가 동위상일 경우는 부하가 순저항일 경우이며, 위상차 $\theta = 0°$가 된다. 따라서 역률 $\cos\theta = \cos 0° = 1$이 된다.

38

정답 ④

유효전력 $P = P_1 + P_2 [\mathrm{W}] = 150 + 50 = 200\mathrm{W}$

단상전력계로 3상 전력 측정
- 1전력계법 유효전력 $= 3P$
- 2전력계법 유효전력 $= (P_1 + P_2)$
- 2전력계법 무효전력 $= \sqrt{3}(P_1 - P_2)$
- 3전력계법 유효전력 $= (P_1 + P_2 + P_3)$

39

정답 ④

저항체의 필요 조건
- 저항의 온도 계수가 작을 것
- 구리에 대한 열기전력이 적을 것
- 고유 저항이 클 것
- 내구성이 좋을 것

40

정답 ③

- 감극성 : $L_{eq} = L_1 + L_2 - 2M = 8 + 4 - (2 \times 4) = 4\mathrm{H}$
- 코일에 축적되는 자기에너지 : $W = \dfrac{1}{2}LI^2 = \dfrac{1}{2} \times 4 \times 5^2 = 50\mathrm{J}$

41

정답 ②

저압 퓨즈의 경우 30A 초과 60A 이하에서 2배의 전류가 통과할 경우 4분 이내에 자동적으로 동작하여야 한다.

42

정답 ①

같은 성질의 전기력선은 반발하며, 도체 내부에는 전기력선이 존재하지 않는다.

43

정답 ②

플로어 덕트 공사에 사용하는 전선은 옥외용 비닐절연전선을 제외한 절연전선을 사용한다.

44

정답 ④

콘크리트에 볼트나 특수못 등을 박아 넣는 공구는 드라이브이트이다.

[오답분석]
① 파이프 렌치 : 커플링을 이용하여 금속관을 접속할 때 커플링을 고정하는 공구이다.
② 볼트 클리퍼 : 펜치로 절단하기 힘든 굵기 이상의 두꺼운 전선을 절단하는 공구이다.
③ 노크아웃 펀치 : 분전반 및 배전반 금속함에 원형 구멍을 뚫기 위해 사용하는 공구이다.

45

정답 ④

트위스트 접속은 6mm^2 이하의 가는 단선인 경우 두 선을 분기 접속할 때 이용하는 접속법이다.

46

정답 ②

변압기유의 구비조건은 절연내력과 냉각효과가 크고, 절연유는 고온에서 화학적 반응을 일으키면 안 된다. 또한 침식, 침전물이 생기지 않고, 응고점은 낮고, 발화점이 높아야 하며, 산화되지 않아야 한다.

47

정답 ④

역률을 개선하기 위해 일반적으로 콘덴서 등이 활용되며, 진상용 콘덴서는 수변전 설비에서 발생하게 되는 역률을 개선하여 에너지 사용의 효율성을 증가시킨다.

48

정답 ④

[효율 $\eta(\%)] = \dfrac{(출력)}{(입력)} \times 100$이며, 이때 입력은 출력과 손실의 합이다. 발전기는 출력기준으로 효율을 계산한다.

따라서 출력기준으로 효율을 계산하면 $\eta_G = \dfrac{(출력)}{(출력) + (손실)} \times 100 = \dfrac{Q}{Q+L} \times 100$이 기준이 된다.

49

정답 ③

$$\cos\theta = \frac{(유효전력)}{(피상전력)} = \frac{P}{VI} = \frac{1,500}{100 \times 20} = 0.75$$

50

정답 ①

V결선의 부하용량 $P_v = \sqrt{3} P_1 = \sqrt{3} \times 20 = 34.64\text{kVA}$이다.

51

정답 ①

자유전자는 (−)전하를 가지므로 자유전자가 과잉된 상태는 음전하로 대전된 상태를 말한다.

[오답분석]

② (+)대전상태 : 전자가 다른 곳으로 이동하여 전자가 있던 자리에 양전하를 갖는 양공이 생성되어 양공으로 채워진 상태이다.

③ 중성상태 : 음전하와 양전하의 양이 같아 물체의 전하 합이 0인 상태이다.

④ 발열상태 : 화학반응 등에 의해 물체가 열이 나는 상태이다.

52

정답 ④

[오답분석]

① 전압의 실효값 $V = 200\text{V}\left[\because (\text{실효값}) = \dfrac{V_m}{\sqrt{2}} = \dfrac{200\sqrt{2}}{\sqrt{2}} = 200\right]$

② $(\text{전압의 파형률}) = \dfrac{(\text{실효값})}{(\text{평균값})} = \dfrac{\dfrac{V_m}{\sqrt{2}}}{\dfrac{2}{\pi}V_m} = \dfrac{\pi}{2\sqrt{2}} = 1.11$이므로 1보다 크다.

③ $(\text{전류의 파고율}) = \dfrac{(\text{최대값})}{(\text{실효값})} = \dfrac{I_m}{\dfrac{I_m}{\sqrt{2}}} = \sqrt{2}$

53

정답 ②

ㄴ. RL 직렬회로 임피던스 $Z = R + j\omega L$

$|Z| = \sqrt{(R)^2 + (\omega L)^2}\,[\Omega]$

ㄹ. 양호도(Quality Factor) $Q = \dfrac{1}{R}\sqrt{\dfrac{L}{C}}$

[오답분석]

ㄱ. 유도 리액턴스 $X_L = \omega L\,[\Omega]$

L소자는 전압이 전류보다 위상이 90° 앞선다.

ㄷ. RC 직렬회로 임피던스 $Z = R - j\dfrac{1}{\omega C}$

$|Z| = \sqrt{(R)^2 + \left(\dfrac{1}{\omega C}\right)^2}\,[\Omega]$

54

정답 ③

• 동일한 용량의 병렬 합성 용량

: $C_P = C + C + C + C + C = 5C[\text{F}]$

• 동일한 용량의 직렬 합성 용량

: $C_S = \dfrac{1}{\dfrac{1}{C} + \dfrac{1}{C} + \dfrac{1}{C} + \dfrac{1}{C} + \dfrac{1}{C}} = \dfrac{C}{5}[\text{F}]$

따라서 C_P가 C_S의 25배이므로 $C_P = 25C_S$이다.

55

정답 ①

합성수지 전선관공사에서 CD관과 관을 연결할 때 사용하는 부속품은 커플링이다.

오답분석

② 커넥터 : 전기 기구와 코드, 코드와 코드를 연결하여 전기 회로를 구성하는 접속 기구이다.
③ 리머 : 금속관이나 합성 수지관의 끝 부분을 다듬기 위해 사용하는 공구이다.
④ 노멀 밴드 : 직각으로 연장할 때 사용하는 전선관용 부속품이다.

|03| 화학

31	32	33	34	35	36	37	38	39	40	41	42	43	44	45	46	47	48	49	50
④	③	②	③	②	①	③	④	①	②	②	④	③	③	②	④	③	①	③	②

51	52	53	54	55															
②	①	③	①	④															

31

정답 ④

상압 증류의 잔유(중유, 아스팔트, 파라핀, 윤활유 등)에서 윤활유 같이 끓는점이 높은 유분을 얻을 때, 50mmHg 정도로 감압 증류한다.

32

정답 ③

추출률 $\eta = 1 - \dfrac{1}{(\alpha+1)^n} = 1 - \dfrac{1}{(3+1)} = 0.75$

33

정답 ②

응축한 액이 피막상으로 벽면에 붙어서 중력에 의해 흘러내리는 상태는 막상 응축이다.

막상 응축
응축한 액이 피막상으로 벽면에 붙어서 중력에 의해 흘러내리는 상태로, 응축할 때 방출하는 열량이 흘러내리는 응축액의 막을 통과하여 고체면에 전달된다. 액의 점도가 높을 때는 막이 두꺼워져서 저항이 커지므로 열전달속도는 적상 응축의 1/10 정도이다.

적상 응축
직접 증기와 접촉하는 고체면이 넓어서 열전달속도는 막상 응축의 2배 이상이 된다. 젖기 어려운 면에서도 온도차가 증가하고 적상에서 막상으로 되고, 미끄러운 면쪽이 거친 면보다 적상으로 되기 쉽다. 적상 응축에서는 물방울이 차가운 면으로부터 떨어지기 쉽기 때문에, 막상 응축보다도 응축속도가 빠르다.

34

정답 ③

오답분석

①·②·④ 단유성 바니쉬의 특성이다.

35
정답 ②

물은 다른 기체나 액체보다 열전도도가 크므로, 열원측의 열전달계수가 커진다.

36
정답 ①

냉매의 구비조건
- 비점이 적당히 낮을 것
- 증발잠열이 클 것
- 응축압력이 적당히 낮을 것
- 증기의 비체적이 적을 것
- 압축기 토출가스의 온도가 낮을 것
- 임계온도가 충분히 낮을 것
- 부식성이 적을 것
- 안전성이 높을 것
- 전기절연성이 좋을 것

37
정답 ③

$$R_m = R_1 \sin\alpha = 20 \times \sin 30 = 20 \times \frac{1}{2} = 10\text{cm}$$

38
정답 ④

직접 염료(Direct Dyes)란 수용성기로서 $-SO_3H$ 또는 $-COOH$기를 가지고 있으며, 수용액에서 Van der Waals 결합이나 수소 결합으로 셀룰로오스에 직접 염착되는 염료이다. 대부분이 아조 염료이며, 분자가 동일 평면 위에 있고, 양 끝에 $-NH_2$ 나 $-OH$를 갖는 짝이중 결합계가 깊게 연결된 가늘고 긴 분자로 되어 있다.

39
정답 ①

관석은 관벽에 침전물이 단단하고 강하게 부착되는 현상이며, 열전도도가 작기 때문에 증발 능력을 감소시키고, 연료 소비가 증가되는 원인이 된다. 대부분의 용질은 온도가 증가함에 따라 용해도가 증가하는 데 반해 $CaCO_3$, $CaSO_4$ 및 Na_2CO_3 Na_2CO_3 등은 온도가 올라가면 오히려 용해도가 떨어진다. 이러한 염류가 포함된 용액을 가열하면 이들이 관벽에 석출하여 관석을 형성하게 되는데 이때 모든 염이 관석을 생성하는 요인이 되는 것은 아니다.

40
정답 ②

공비 증류(Azeotropic Distillation)는 성분의 친화력이 크고 휘발성인 물질을 첨가하여 원료 중의 한 성분과 공비 혼합물을 만들어 고비점 성분을 분리시키고, 다시 새로운 공비 혼합물을 분리시키는 조작(공비제를 첨가제로 사용)이다.
예 알코올의 탈수 증류(Benzene 첨가)

41
정답 ②

$$j = \frac{f}{2}$$

$$f = \frac{16}{N_{Re}} = \frac{16}{2,000} = 0.008$$

$$\therefore j = \frac{0.008}{2} = 0.004$$

42

기체의 증습 원리
- 기체 중에 발생하는 증기를 혼입시키는 방법
- 기체 중에 고습도의 기체를 혼입시키는 방법
- 기체와 액체의 직접 접촉시키는 방법
  - 가열된 기체를 액체와 접촉
  - 액체를 순환시켜 단열 증습

43

정답 ③

기상조건 등을 고려해 해당 지역의 대기자동측정소 미세먼지(PM – 10)의 시간당 평균농도가 $150\mu g/m^3$ 이상 2시간 이상 지속인 때는 미세먼지 주의보를, $300\mu g/m^3$ 이상 2시간 이상 지속인 때는 미세먼지 경보를 발령한다(대기환경보전법 시행규칙 별표 7).

44

정답 ③

황안 비료의 제조 방법
석고법, 아황산법, 중화법(건식법, 습식법), C – A – S(Cyan – Ammon Schwefel)법

45

정답 ②

멘델레예프는 원자량에 따라 원소들을 배열하였다.

46

정답 ④

수산화나트륨(NaOH)
- 성질
  - 흰색의 반투명 고체이며 조해성이 있다.
  - CO_2를 흡수하여 Na_2CO_2가 된다.
  - NaOH 수용액은 Al, Zn 등과 반응하여 수소를 발생한다.
- 용도 : 펄프, 종이, 섬유, 비누 및 연료의 재료와 석유의 정제 등

47

정답 ③

용매에 비휘발성 용질을 첨가하면 용질의 양에 따라 증기압은 용매의 증기압보다 낮아진다. 따라서 용액의 비점은 용매의 비점보다 높아지게 되는데 이러한 현상을 비점 상승(BPR; Boiling Point Raising)이라 한다.

48

정답 ①

락카(섬유소 왁스)는 섬유소 에스테르를 알코올 또는 휘발유 등의 휘발성 용제에 용해시켜 놓은 것이다.

49

정답 ③

이슬점(Dew Point)이란 일정한 습도를 가진 증기와 기체 혼합물을 냉각시켜서 포화 상태가 될 때의 온도를 말한다. 이슬점을 찾기 위해서는 포화되지 않은 공기를 냉각시켜 포화 수증기량 곡선과 만나는 지점의 온도를 읽으면 된다.

50

정답 ②

염기의 성질을 띠는 물질로, 이온화한다.

오답분석

①·③·④ 산의 성질이다.

51

정답 ②

$$\text{(평균 반응 속도)} = \frac{\text{(기체의 부피 변화)}}{\text{(시간 변화)}} = \frac{(34-28)}{(90-60)} = \frac{1}{5} = 0.2\text{mL/초}$$

52

정답 ①

각 반응에 영향을 끼친 요인은 촉매이다.

53

정답 ③

열전도도(k)의 값은 실험적으로 구해지고, 크기는 물질에 따라 다르며, 같은 물질이라도 온도에 따라 변한다.

54

정답 ①

같은 주기 원소는 전자 껍질 수가 같으므로 A와 B는 같은 주기 원소이다. 같은 족 원소는 원자가 전자수가 같아 화학적 성질이 비슷하므로 A와 C는 같은 족 원소이다. 따라서 (가)는 A, (나)는 B, (다)는 C이다.

55

정답 ④

오답분석

① 그래핀(Graphene) : 흑연은 탄소들이 벌집 모양의 육각형 그물처럼 배열된 평면들이 층으로 쌓여 있는 구조인데, 이 흑연의 한 층을 그래핀이라고 한다. 2004년 영국의 가임(Andre Geim)과 노보셀로프(Konstantin Novoselov) 연구팀이 상온에서 투명테이프를 이용하여 흑연에서 그래핀을 분리하는 데 성공하였고, 이것으로 2010년 노벨 물리학상을 받았다. 그래핀은 두께 0.2mm로 화학적 안정성이 매우 높으며, 구리보다 100배 이상 전기가 잘 통하고 실리콘보다 100배 이상 전자 이동성이 빠르다. 또한, 열전도성이 높고 신축성도 뛰어나다는 장점이 있다. 이는 구부릴 수 있는 디스플레이, 손목에 차는 컴퓨터나 전자 종이 등의 재료가 될 수 있어 미래의 신소재로 주목받고 있다.

② 그라파이트(Graphite) : 흑연을 말하며, 수정과 같은 결정구조를 가지는 육방정계에 속하는 광물이다. 거의 순수한 탄소로 이루어져 있으며, 다이아몬드와 동질 이상이다. 전기의 양도체, 연필심·도가니·전기로·아크 등과 같은 전극 등에 사용되며 활마재로도 사용된다.

③ 탄소강(Carbon Steel) : 철과 탄소의 합금으로 0.05 ~ 2.1%의 탄소를 함유한 강을 말하며, 용도에 따라 적당한 탄소량의 것을 선택하여 사용한다.

우리의 모든 꿈은 실현된다.
그 꿈을 밀고 나갈 용기만 있다면.

– 월트 디즈니 –

한국남동발전 필기전형 답안카드

번호	①	②	③	④	번호	①	②	③	④	번호	①	②	③	④
1	①	②	③	④	21	①	②	③	④	41	①	②	③	④
2	①	②	③	④	22	①	②	③	④	42	①	②	③	④
3	①	②	③	④	23	①	②	③	④	43	①	②	③	④
4	①	②	③	④	24	①	②	③	④	44	①	②	③	④
5	①	②	③	④	25	①	②	③	④	45	①	②	③	④
6	①	②	③	④	26	①	②	③	④	46	①	②	③	④
7	①	②	③	④	27	①	②	③	④	47	①	②	③	④
8	①	②	③	④	28	①	②	③	④	48	①	②	③	④
9	①	②	③	④	29	①	②	③	④	49	①	②	③	④
10	①	②	③	④	30	①	②	③	④	50	①	②	③	④
11	①	②	③	④	31	①	②	③	④					
12	①	②	③	④	32	①	②	③	④					
13	①	②	③	④	33	①	②	③	④					
14	①	②	③	④	34	①	②	③	④					
15	①	②	③	④	35	①	②	③	④					
16	①	②	③	④	36	①	②	③	④					
17	①	②	③	④	37	①	②	③	④					
18	①	②	③	④	38	①	②	③	④					
19	①	②	③	④	39	①	②	③	④					
20	①	②	③	④	40	①	②	③	④					

※ 본 답안지는 마킹연습용 모의 답안지입니다.

한국남동발전 필기전형 답안카드

	1	2	3	4		21	1	2	3	4		41	1	2	3	4
1	①	②	③	④	21	①	②	③	④	41	①	②	③	④
2	①	②	③	④	22	①	②	③	④	42	①	②	③	④
3	①	②	③	④	23	①	②	③	④	43	①	②	③	④
4	①	②	③	④	24	①	②	③	④	44	①	②	③	④
5	①	②	③	④	25	①	②	③	④	45	①	②	③	④
6	①	②	③	④	26	①	②	③	④	46	①	②	③	④
7	①	②	③	④	27	①	②	③	④	47	①	②	③	④
8	①	②	③	④	28	①	②	③	④	48	①	②	③	④
9	①	②	③	④	29	①	②	③	④	49	①	②	③	④
10	①	②	③	④	30	①	②	③	④	50	①	②	③	④
11	①	②	③	④	31	①	②	③	④	51	①	②	③	④
12	①	②	③	④	32	①	②	③	④	52	①	②	③	④
13	①	②	③	④	33	①	②	③	④	53	①	②	③	④
14	①	②	③	④	34	①	②	③	④	54	①	②	③	④
15	①	②	③	④	35	①	②	③	④	55	①	②	③	④
16	①	②	③	④	36	①	②	③	④					
17	①	②	③	④	37	①	②	③	④					
18	①	②	③	④	38	①	②	③	④					
19	①	②	③	④	39	①	②	③	④					
20	①	②	③	④	40	①	②	③	④					

성 명

지원분야

문제지 형별기재란   Ⓐ Ⓑ
형 ( )

수 험 번 호
⓪ ① ② ③ ④ ⑤ ⑥ ⑦ ⑧ ⑨

감독위원 확인
(인)

본 답안지는 마킹연습용 모의 답안지입니다.

한국남동발전 필기전형 답안카드

성 명

지원 분야

문제지 형별기재란

( )형   Ⓐ   Ⓑ

수 험 번 호

⓪	⓪	⓪	⓪	⓪	⓪	⓪	⓪
①	①	①	①	①	①	①	①
②	②	②	②	②	②	②	②
③	③	③	③	③	③	③	③
④	④	④	④	④	④	④	④
⑤	⑤	⑤	⑤	⑤	⑤	⑤	⑤
⑥	⑥	⑥	⑥	⑥	⑥	⑥	⑥
⑦	⑦	⑦	⑦	⑦	⑦	⑦	⑦
⑧	⑧	⑧	⑧	⑧	⑧	⑧	⑧
⑨	⑨	⑨	⑨	⑨	⑨	⑨	⑨

감독위원 확인

(인)

번호	답란	번호	답란	번호	답란
1	① ② ③ ④	21	① ② ③ ④	41	① ② ③ ④
2	① ② ③ ④	22	① ② ③ ④	42	① ② ③ ④
3	① ② ③ ④	23	① ② ③ ④	43	① ② ③ ④
4	① ② ③ ④	24	① ② ③ ④	44	① ② ③ ④
5	① ② ③ ④	25	① ② ③ ④	45	① ② ③ ④
6	① ② ③ ④	26	① ② ③ ④	46	① ② ③ ④
7	① ② ③ ④	27	① ② ③ ④	47	① ② ③ ④
8	① ② ③ ④	28	① ② ③ ④	48	① ② ③ ④
9	① ② ③ ④	29	① ② ③ ④	49	① ② ③ ④
10	① ② ③ ④	30	① ② ③ ④	50	① ② ③ ④
11	① ② ③ ④	31	① ② ③ ④		
12	① ② ③ ④	32	① ② ③ ④		
13	① ② ③ ④	33	① ② ③ ④		
14	① ② ③ ④	34	① ② ③ ④		
15	① ② ③ ④	35	① ② ③ ④		
16	① ② ③ ④	36	① ② ③ ④		
17	① ② ③ ④	37	① ② ③ ④		
18	① ② ③ ④	38	① ② ③ ④		
19	① ② ③ ④	39	① ② ③ ④		
20	① ② ③ ④	40	① ② ③ ④		

※ 본 답안지는 마킹연습용 모의 답안지입니다.

〈절취선〉

한국남동발전 필기전형 답안카드

번호	①	②	③	④	번호	①	②	③	④	번호	①	②	③	④
1	①	②	③	④	21	①	②	③	④	41	①	②	③	④
2	①	②	③	④	22	①	②	③	④	42	①	②	③	④
3	①	②	③	④	23	①	②	③	④	43	①	②	③	④
4	①	②	③	④	24	①	②	③	④	44	①	②	③	④
5	①	②	③	④	25	①	②	③	④	45	①	②	③	④
6	①	②	③	④	26	①	②	③	④	46	①	②	③	④
7	①	②	③	④	27	①	②	③	④	47	①	②	③	④
8	①	②	③	④	28	①	②	③	④	48	①	②	③	④
9	①	②	③	④	29	①	②	③	④	49	①	②	③	④
10	①	②	③	④	30	①	②	③	④	50	①	②	③	④
11	①	②	③	④	31	①	②	③	④	51	①	②	③	④
12	①	②	③	④	32	①	②	③	④	52	①	②	③	④
13	①	②	③	④	33	①	②	③	④	53	①	②	③	④
14	①	②	③	④	34	①	②	③	④	54	①	②	③	④
15	①	②	③	④	35	①	②	③	④	55	①	②	③	④
16	①	②	③	④	36	①	②	③	④					
17	①	②	③	④	37	①	②	③	④					
18	①	②	③	④	38	①	②	③	④					
19	①	②	③	④	39	①	②	③	④					
20	①	②	③	④	40	①	②	③	④					

성명

지원분야

문제지 형별기재란   Ⓐ   Ⓑ
(   )형

수험번호

⓪	①	②	③	④	⑤	⑥	⑦	⑧	⑨
⓪	①	②	③	④	⑤	⑥	⑦	⑧	⑨
⓪	①	②	③	④	⑤	⑥	⑦	⑧	⑨
⓪	①	②	③	④	⑤	⑥	⑦	⑧	⑨
⓪	①	②	③	④	⑤	⑥	⑦	⑧	⑨
⓪	①	②	③	④	⑤	⑥	⑦	⑧	⑨
⓪	①	②	③	④	⑤	⑥	⑦	⑧	⑨

감독위원 확인

인

한국산업인력공단 필기시험 답안카드

성 명			

지원 분야			

문제지 형별기재란	( )형	Ⓐ	Ⓑ

수험번호	⓪	①	②	③	④	⑤	⑥	⑦	⑧	⑨
	⓪	①	②	③	④	⑤	⑥	⑦	⑧	⑨
	⓪	①	②	③	④	⑤	⑥	⑦	⑧	⑨
	⓪	①	②	③	④	⑤	⑥	⑦	⑧	⑨
	⓪	①	②	③	④	⑤	⑥	⑦	⑧	⑨
	⓪	①	②	③	④	⑤	⑥	⑦	⑧	⑨
	⓪	①	②	③	④	⑤	⑥	⑦	⑧	⑨

감독위원 확인	(인)

번호	답란	번호	답란	번호	답란
1	① ② ③ ④	21	① ② ③ ④	41	① ② ③ ④
2	① ② ③ ④	22	① ② ③ ④	42	① ② ③ ④
3	① ② ③ ④	23	① ② ③ ④	43	① ② ③ ④
4	① ② ③ ④	24	① ② ③ ④	44	① ② ③ ④
5	① ② ③ ④	25	① ② ③ ④	45	① ② ③ ④
6	① ② ③ ④	26	① ② ③ ④	46	① ② ③ ④
7	① ② ③ ④	27	① ② ③ ④	47	① ② ③ ④
8	① ② ③ ④	28	① ② ③ ④	48	① ② ③ ④
9	① ② ③ ④	29	① ② ③ ④	49	① ② ③ ④
10	① ② ③ ④	30	① ② ③ ④	50	① ② ③ ④
11	① ② ③ ④	31	① ② ③ ④		
12	① ② ③ ④	32	① ② ③ ④		
13	① ② ③ ④	33	① ② ③ ④		
14	① ② ③ ④	34	① ② ③ ④		
15	① ② ③ ④	35	① ② ③ ④		
16	① ② ③ ④	36	① ② ③ ④		
17	① ② ③ ④	37	① ② ③ ④		
18	① ② ③ ④	38	① ② ③ ④		
19	① ② ③ ④	39	① ② ③ ④		
20	① ② ③ ④	40	① ② ③ ④		

한국남동발전 필기전형 답안카드

번호	1	2	3	4	번호	1	2	3	4	번호	1	2	3	4
1	①	②	③	④	21	①	②	③	④	41	①	②	③	④
2	①	②	③	④	22	①	②	③	④	42	①	②	③	④
3	①	②	③	④	23	①	②	③	④	43	①	②	③	④
4	①	②	③	④	24	①	②	③	④	44	①	②	③	④
5	①	②	③	④	25	①	②	③	④	45	①	②	③	④
6	①	②	③	④	26	①	②	③	④	46	①	②	③	④
7	①	②	③	④	27	①	②	③	④	47	①	②	③	④
8	①	②	③	④	28	①	②	③	④	48	①	②	③	④
9	①	②	③	④	29	①	②	③	④	49	①	②	③	④
10	①	②	③	④	30	①	②	③	④	50	①	②	③	④
11	①	②	③	④	31	①	②	③	④	51	①	②	③	④
12	①	②	③	④	32	①	②	③	④	52	①	②	③	④
13	①	②	③	④	33	①	②	③	④	53	①	②	③	④
14	①	②	③	④	34	①	②	③	④	54	①	②	③	④
15	①	②	③	④	35	①	②	③	④	55	①	②	③	④
16	①	②	③	④	36	①	②	③	④					
17	①	②	③	④	37	①	②	③	④					
18	①	②	③	④	38	①	②	③	④					
19	①	②	③	④	39	①	②	③	④					
20	①	②	③	④	40	①	②	③	④					

성 명

지원분야

문제지 형별기재란 Ⓐ Ⓑ
형 ( )

수험번호

⓪	①	②	③	④	⑤	⑥	⑦	⑧	⑨
⓪	①	②	③	④	⑤	⑥	⑦	⑧	⑨
⓪	①	②	③	④	⑤	⑥	⑦	⑧	⑨
⓪	①	②	③	④	⑤	⑥	⑦	⑧	⑨
⓪	①	②	③	④	⑤	⑥	⑦	⑧	⑨
⓪	①	②	③	④	⑤	⑥	⑦	⑧	⑨
⓪	①	②	③	④	⑤	⑥	⑦	⑧	⑨

감독위원 확인

인

2025 최신판 시대에듀 한국남동발전
NCS + 전공 + 최종점검 모의고사 4회 + 무료NCS특강

개정9판1쇄 발행	2025년 02월 20일 (인쇄 2024년 11월 05일)
초 판 발 행	2017년 03월 10일 (인쇄 2017년 02월 15일)
발 행 인	박영일
책 임 편 집	이해욱
편 저	SDC(Sidae Data Center)
편 집 진 행	김재희 · 윤소빈
표지디자인	박수영
편집디자인	김경원 · 장성복
발 행 처	(주)시대고시기획
출 판 등 록	제10-1521호
주 소	서울시 마포구 큰우물로 75 [도화동 538 성지 B/D] 9F
전 화	1600-3600
팩 스	02-701-8823
홈 페 이 지	www.sdedu.co.kr
I S B N	979-11-383-8221-2 (13320)
정 가	25,000원

한국
남동발전

NCS+전공+최종점검 모의고사 4회

최신 출제경향 전면 반영

기업별 맞춤 학습 "기본서" 시리즈

공기업 취업의 기초부터 심화까지! 합격의 문을 여는 **Hidden Key!**

기업별 시험 직전 마무리 "모의고사" 시리즈

실제 시험과 동일하게 마무리! 합격을 향한 **Last Spurt!**

※ 기업별 시리즈 : HUG 주택도시보증공사/LH 한국토지주택공사/강원랜드/건강보험심사평가원/국가철도공단/국민건강
보험공단/국민연금공단/근로복지공단/발전회사/부산교통공사/서울교통공사/인천국제공항공사/코레일 한국철도공사/
한국농어촌공사/한국도로공사/한국산업인력공단/한국수력원자력/한국수자원공사/한국전력공사/한전KPS/항만공사 등

※도서의 이미지 및 구성은 변동될 수 있습니다.

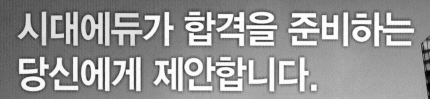

시대에듀가 합격을 준비하는
당신에게 제안합니다.

결심하셨다면 지금 당장 실행하십시오.
시대에듀와 함께라면 문제없습니다.

성공의 기회!
시대에듀를 잡으십시오.

NEXT STEP!

기회란 포착되어 활용되기 전에는 기회인지조차 알 수 없는 것이다.
– 마크 트웨인 –